生活·讀書·新知 三联书店

文化殖民与都市空间

与

王升远 著

侵华战争时期日本文化人的"北平体验"

图书在版编目（CIP）数据

文化殖民与都市空间：侵华战争时期日本文化人的"北平体验" ／王升远著．—北京：
生活·读书·新知三联书店，2017.12
ISBN 978 - 7 - 108 - 05690 - 0

Ⅰ．①文… Ⅱ．①王… Ⅲ．①日本人－文化活动－研究－北京市－1937～1945
Ⅳ．① K203 ② K313.46

中国版本图书馆 CIP 数据核字（2016）第 089491 号

责任编辑　马　翀
装帧设计　刘　洋
责任印制　张雅丽
出版发行　**生活·讀書·新知** 三联书店
　　　　　（北京市东城区美术馆东街 22 号 100010）
网　　址　www.sdxjpc.com
经　　销　新华书店
印　　刷　北京市松源印刷有限公司
版　　次　2017 年 12 月北京第 1 版
　　　　　2017 年 12 月北京第 1 次印刷
开　　本　635 毫米 × 965 毫米　1/16　印张 30.25
字　　数　353 千字
印　　数　0,001 - 6,000 册
定　　价　60.00 元
（印装查询：01064002715；邮购查询：01084010542）

序

王向远

　　王升远博士的博士论文即将由生活·读书·新知三联书店出版发行，遵升远嘱咐，也按惯例，我作为博士论文的指导教师，当以序言的方式向读者做一些必要的介绍和交代。

　　我与升远相识于 2005 年。那时我正在日本任教，到假期方可回国。一次，在即将离京返日的前两天，我接到一通来自上海的电话，对方自称是上海交通大学日语系的硕士生王升远，表示想跟我读书，并打算为此到京与我面谈。电话交流中，我在这个二十多岁的年轻人身上感受到了旺盛的求知欲和蓬勃的进取心。在北京见面聊天时，我觉得他在表达上的成熟程度，真不像是二十刚出头的年龄。而且与一般日语专业学生较为封闭的状态明显不同，他对日语、日本文学乃至比较文学的学术状况相当了解，对学术信息的捕捉也十分敏感，对不少社会问题有着自己的思考和判断，显然是块做学术的好料。道别时我将自己的著述赠他一套，并勉励他朝着学者的方向发展。三年后的 2008 年 9 月，升远考进北京师范大学文学院，进入我的门下，开始在职攻读中日比较文学的博士学位。

　　对于博士生的选题，我多年来的做法是先看看研究生自己选什么题，因为这能反映出他此前的基础、兴趣和想法，如果觉得不太理想，也不急于否定，而是在课上课下加以引导或诱导。升远入学前后多次跟我表示，他想要完成东北师范大学他的恩师徐冰教授多年前交给他的"任务"，即研究中国的日语教育史，想在这方面做博士论文，说自己对这个课题已经做了较长时间的准备，如果在此基础上写下去，想必较为顺手。我也觉得这个选题有价值，但又觉得博士生论文的选题应该是以"论"为之，"史"只可做"论"的依托，而且我们的专业是中日比较文学，要凸显中国背景，还需要有"文学"在，日语教育史方面的选题较难体现这一点。对此我和升远多次交流过，升远也以为然。我们也曾探讨在日语教育史相关的领域转换一下选题，例如研究"汉奸文学""附逆文学"也很有意思，但又意识到这个问题会受多方面因素牵制，恐怕难以展开不受干扰的研究。在这期间，升远一边听中文系的相关课程，一边在北京各大图书馆收集日语教育史方面的资料，并陆续在 CSSCI 源刊上发表了三篇相关论文。那时，我正在为上届博士生设计"日本文学中的中国都市"系列研究的选题，发现关于"日本文学与上海"方面的成果甚多，奇怪的是北京之于日本人及日本文学是极其重要的存在，而"日本文学与北京"的研究却一直还是空白。有一天，我和升远相约一起去逛书店，途中在车上谈及这个问题，我问升远对这个选题是否有兴趣，讵料二人一拍即合，足见他对选题的理解是很敏锐的。那时升远已经到了博二，猛然转到这个题目上，时间上看已经不早了，但我相信凭升远的能力和努力，是完全没有问题的。

　　正如我所期望的，就在此后的三年中，升远全力以赴，有板有眼地推进着研究，发表一篇篇单篇论文。到答辩时，在重要学术期刊上发表的相关论文已经有了十多篇。对于不到三十岁的年轻博士生而言，这是少见的，也是很不容易的。

升远的博士论文从都市空间视角切入，处理的是以日本侵华战争时期为中心的近现代日本文化人"北京（北平）体验"的问题，这是文学的选题，当然也是历史学的论题。在绪论中，作者便开宗明义地言明其历史认识和学术志向：

> 作为研究者，不想被作为论题的"北京"所压倒，而只是希图将其作为一种表述媒介，以日本作家的"北京（北平）体验"为时代标本或曰横断面，揭示近代以降中日日渐交恶、最终激烈交手的时期，日本知识界复杂、交错、纠缠的中国认识及战争认识。而对"内在复杂性"的追问、对其中多元交杂的混沌状态之呈现，毋宁说，其用意正在于对抗中日两国一般日本文学史、文化史、思想史论述中"一言以蔽之"的"通约暴力"所带来的遮蔽、斩经断络与绝对化倾向，及其背后急于为历史建立清晰"秩序"的进化论逻辑。

如此看来，升远似乎不满足于构筑起一面有关日本文学之北京书写的"知识之墙"，在他那里，北京不仅被对象化了，更被方法化了。作者旨在以"北京"为观察装置，透视、还原近现代日本历史、中日关系史本有的复杂、暧昧、纠葛与多面，以对抗线性文学史论述导致的文学研究之贫困。在我看来，中国的日本近现代文学研究的一个很大的问题便是在不少研究者笔下，文学作品沦为政治意识形态、国民性等空洞理论的奴隶，文学史沦为政治史、社会史的注脚，不少研究所呈现出的不是历史之"本然"，而是结论先行的"使然"或"想当然"。几个政治领袖、知识精英的中国观、战争观是否就能代表一个时代的主流，以某一种或几种概念工具是否便能把握战争时期中日关系史的脉动，我对此是颇有疑问的。葛兆光的《中国思想史》毋宁说正是在精英思想、经典思想的对立面建立起在各历史时期具有强大支配功能的一般民众思想史之论述体系——后者，才是历史长河的干流。在绪论中，升远又指出：

> 我愿将"作品—作家—流派—文学史"的关系比作"勋章—乘客—轮船—江河"。而我们的日本文学史教育与日本文学研究往往是让我们记住了巨大的轮船、优雅的乘客和耀眼的勋章，却未能让人看到承载着这一切的江河。在单纯的作家论、作品论之外，以北京（北平）人力车夫、北京（北平）天桥等为切入点的诸章节便试图从一个个小的视角切入，意在呈现、讨论日本"近现代"江河的蜿蜒流转。

在这里，作者的文学史观已很明晰了，他要呈现的是不仅有"勋章""乘客"，还有超越这一切的"江河"。

升远曾开玩笑说，有人善将三文鱼做得美味，有人可把土豆丝炒得可口，而他的博士论文则试图把两者都做得好吃。按我的理解，所谓"三文鱼"当然是指涉自身即有重要文学史地位的经典作家、经典作品，本书第六、七、八章处理的原本就备受关注的阿部知二、佐藤春夫等文学重镇即为此属；"土豆丝"应该是那些文学史的"边角料"或被惯常的历史书写所压抑、遮蔽的个体抑或群体，本书的第四、五两章提供的便是两种土豆丝菜品。这种雅俗并举、巨细兼容的策略背后显然是作者的匠心所在。

这种历史观、文学史观不仅支配了升远的"问题意识"生成机制以及这个看起来并不规整的框架结构，更决定了他文献的搜求方针、甄选眼光和解读策略。以近年来中日比较文学研究领域成果迭出的日本人的中国观／中国纪行、中国人的日本观／日本纪行之类研究为例，相关论著大都提供了丰富的材料，但整体看来多可视作因对象不同而做出的平行"位移"，因为透过近似的观察／认识装置只能看到似曾相识的风景，研究者的"主体性"便湮没在这些文献中。升远认为，近现代中日文学、文化关系相关问题若只局限在学界盛行的中日二元分析框架中阐释，常会因格局过小而流于浅层观察，难以触及根本，"中→中""日→日"模式下的自我表象、"中⇌日"模式下的"单向注视"乃至"双向对视"都缺乏阐释力和理论生产性。必须在中日彼此的相互性视点之外导入多极间的视点，将复数的对象与伸向自己的镜中相互反射出的自我与他者的形象集结起来，方可使"问题"从一个小的切口进入并得以充分展开，从而推及某种超越中日的普遍性。而多极间视点的发现及其引入机制、阐释框架的再创正是难点所在，也是这篇博士论文的鲜明特点。事实上，在这一点上升远的尝试是多样化的。

在书稿的第五章中，作者做了大量的文献考索工作，不仅从浩如烟海的中日近现代文学（广义意义）文本以及黑格尔的《历史哲学》、福泽谕吉的《文明论概略》等哲学、思想文本中撷取出"人力车（夫）"相关表述，并借助译本搜求到不少近代以降西洋人士对中、日两国人力车夫的相关评论、创作，通过对"中→中""日→日""西→西"的自我表象以及"中→日""日→中""西→日""西→中"的多面性文学镜像之梳理、细读，厘清了近代以降人力车从西洋越界东亚后在中日两国的历史境遇，以及人力车夫跌宕、凄惨的命运。然而，作者不满足于"把故事讲好"，

图穷匕见，据此所讨论的近代历史脉动中东亚近代性的明暗以及
"同情的国界"等理论问题才暴露了他的理论野心。显然，"人力
车（夫）"只是他的一种透视工具而已。同样，第四章中通过对
日本文化人北京（北平）天桥体验的讨论，思考西洋"文明"观
在近代东亚的境遇亦可作如是观，实证研究的文献功底和理论思
辨得到了较好的融汇。

升远对多极间视点的追寻和引入还体现在他对战争时期周作
人附逆问题的研究上。尽管周作人研究成果层出不穷，但一旦当
事涉战时道德问题、身份认同问题与民族主义情绪等复杂纠葛下
"亲日派"、附逆文人相关问题之讨论，或受民族主义情绪桎梏，
因人废言，将其钉死在历史耻辱柱上；或臆测揣摩、顾左右而言
他。坦率地说，在中国现代文学研究者、日本文学与文化研究者
"非不为也，实不能也"的无奈中，有语言、材料的问题，更有
视野的问题。关于此中病弊，我想升远说到了点子上：

> 迄今为止，中国现代文学研究界对北平沦陷时期周作人
> 的理解与论述过多地依赖当事人周作人的个人叙述、战时平外
> 人士或战争胜利后还平者隔阂不小的揣度与追忆。轻信当事人
> 的自我表白乃至辩白则难以与研究对象拉开距离，倚重"不在
> 场"者道听途说的评论更难免导向隔阂、成见的陷阱；即便以
> 上视角二合一，也总难免有褊狭之弊，因为缺乏了原本"在场"
> 的必要的"第三维"——战时日本人的观察与评论及战后日
> 本相关当事人的回忆等。

他甚至借用了卞之琳的那句"你（日本人）站在桥上看风景
（周作人），看风景的人（升远）在楼上看你（日本人）"（《断章》）

来解释自己与木山英雄立足点之不同及所看到的"风景"差异，这是一个精当的比方。他所关注的被表述的、镜像化的周作人，确乎是未曾被整体对象化的、周作人研究中始终被忽视实则又必不可少的观照维度。通过基于这一维度透视到的实像与虚像之解析，他不仅看到了战时作为周作人的参照物而被复活、"被歪曲了的鲁迅"表象背后的政治动机，还通过对周作人文学日译本的钩沉索隐和文本细读，发现了周作人"亲日派"形象形成机制与文学译介之间的深度关联，这显然为知堂研究或以周作人为代表的附逆文人、"亲日派"研究，战时中日文学文化关系研究等开辟了新的论域、提供了新的视角与可能。在 2013 年第 1 期《外国文学评论》杂志的编后记中，编者高度评价了升远等几位学者的"叙事能力"，文中指出"所谓论文写作的'叙事'能力，是指以几个层面或者几条线索的并置、呼应、交叉、重叠展现一种历史的纵深，它实际与个人的历史空间想象力有关"，这一评价我认为是比较客观、恰当的。

再来看看他是如何处理"三文鱼"的。众所周知，文献研究是日本学界的强项，甚至在我们所熟悉的中国现当代文学研究领域，他们也经常提示出新的文献、档案，让我们自愧弗如。据我所知，升远在视野、观念和方法上的一些新思路恰恰是建立在对新材料充分发掘的基础之上的；有些时候，情况是反过来的——他对新材料的发现正是新的视野和观念推动的。例如，他曾指出，在中国，侵华时期日本人的恶贯满盈几乎尽人皆知，但要问恶人究竟做过哪般恶事，除了抗战雷剧提供的极不可靠的信息，大多语焉不详，在各种口号盛行的当下中国，"抗日"和"反日"常常只是充斥着民族主义情绪的空洞口号，其对象常是模糊不清的，学术界的情状似无二致。而中国学者在新史料的发掘与阐释上的用功不勤，不仅将导致日本文学史、思想史论述的不可靠，更将使本民族的巨大历史创痛被彻底掩盖直至遗忘。而面对讲求数据、史料的日本学界，要与之分庭抗礼、辨明是非，就不能拾人牙慧、亦步亦趋，我们必须用新材料说话，以其人之道还治其人之身。如此看来，升远对那些为逃避战争责任追究而被有意销毁、讳饰的重要作品之"考古发掘"不仅有着重构"全黑时代"的日本文学史、思想史，探径布石的学术动机，更有着"拒绝遗忘"之历史自觉，这种历史使命感在"80 后"一代学者中显得尤为可贵。他说：

> 在某些特定的历史语境下，在日本文学视域中不愿重提的"往事"，置换到中国的研究视野，便不得不提——学者的立场应该是"拒绝遗忘"。当然，所谓"拒绝遗忘"，首先是基于对被忽视、被遮蔽文学作品的"考古发掘"与再评价，以此作为在材料、视野、观念与方法上发现反思日本近代文学史、思想史相关论述的契机，甚至以此为基础，在现实层面上，通过对其涉华活动、创作的全面呈现、冷静辨析，走向对日本文化人涉华战争责任的追究。

本书第七章和第八章处理的是日本著名作家、汉学家佐藤春夫战时的涉华活动与创作。在翻检了中日权威学者编写的各种佐藤春夫词条、年谱和传记之后，升远发现 1938 年佐藤的"北平之行"及其相关创作几乎被文学史"有意"地遗忘了。他广泛查阅了保田与重郎、佐藤春夫、周作人、钱稻孙、竹内好等同时期的相关作品，清晰地复原了此次行程之经纬，并通过对佐藤北平题材诗歌与小说的解读，厘清了这位"国策文学"作家在侵华战争时期向法西斯当局献媚、甘心为其效劳的投机趋时行径，重估了其在战时日本文学史、中日关系史上的意义，在有力、有效地批判了日本学术界的"不可靠文学史论述"之同时，也立场鲜明地批判了张承志等为加害国尊者讳的倾向。

通过对这位汉学家的个案研究，升远在严绍璗先生的"国际中国学"研究对象"四层面说"之外提出了"第五层面"，即"海外中国学家（汉学家）是如何以其涉华活动和创作直接或间接地介入、影响了中国政治、经济、文化诸领域的发展乃至其母国对华关系的进程"。这是一个可喜的理论发现。

由个案研究对既有理论或学术史定见提出疑问，并在此基础上拓展了其边界与可能，提出新的理论概括，这种学术思路也呈现在升远博士论文的其他各章节。本书第九章通过上世纪三四十年代长期活跃在北平的村上知行有关北平文人的论述，对萨义德"东方主义"的东亚适用度提出质疑，进而提出"东方内部的东方主义"这一新的理论形态。第六章通过对阿部知二之长篇小说《北京》的详尽解读，对战时阿部文学的"人道主义""理智主义"提出了质疑和批判，并令人信服地归结出其"行动主义"文学的实质。

升远的这部书全文三十万字。这些年来，博士论文越写越厚，水分越来越多，三十万字者也不少见。为挤出"水分"、经受学界同仁的审视，作者将所有章节都投稿发表。七年间，这本著作所有的章节都已通过在《外国文学评论》《外国文学研究》《中国比较文学》等重要学术期刊上的发表，而受到了学界同仁的关注。现在又以一部专著的形式出版发行，可以说是此前他的研究的总呈。

我和升远相识十多年了，一直目睹升远的刻苦努力和快速成长，目睹他从一个硕士生、博士生、青年教师，到以 31 岁的"低龄"晋升为教授乃至研究日本文学的博士生导师，我感到高兴和欣慰。对他而言，今后的路还很长很长。作为他的导师、他的朋友，唯望他持之以恒，戒骄戒躁，脚踏实地做一个"扫地僧"，如此，则未来尤为可期也。

　　是为序。

2016 年 2 月 22 日

凡　例

本书所引相关文献中所出现的"支那""北支""南支""中支"等均为近代以降日本对华蔑称。若以"中国"等置换，则无法呈现出日本的中国认识的基本特征。有鉴于此，本书引文均以原文原样录入，不做调整。

本书所参考相关日文文献的出版年月原本均为"明治 XX 年""大正 XX 年""昭和 XX 年"，虑及相关人物和事件与中国史、世界史进程的对应性以及中国读者的阅读习惯，均将其换算到公元纪年。

本书中所引日文文献凡未特别注明者，均为笔者自译，文责自负。

目 录

绪　论

日本文学研究视域中“北京”的问题化

一、“北京研究”的“内”与“外”

近年来，都市文化研究成为学界热点之一。在我国，该领域的研究也正日渐引起学界关注，从“隐学”走向“显学”。相形于“上海学”蔚为大观的研究成果，“因地名学”的“北京学”（“北京研究”可否成“学”此处暂且存疑）之兴起还是较为晚近的事。20 多年前，在一则随感《“北京学”》中率先提出“北京学”概念[1]的陈平原认定“不管作为千年古都，还是作为现代化都市，‘北京’都是个绝好的研究题目”。“作为八百年古都，北京的现代化进程更为艰难，从抵抗、挣扎到追随、突破，其步履蹒跚，更具代表性，也更有研究价值。”[2]

“北京研究”可以有多个面向，文学、史学、艺术学、地理学、经济学、生态学等，不一而足。当然，一座城市能成为传奇、神话，有赖于艺术家的塑造，就像本雅明认为巴黎是巴尔扎克“神话学”的繁殖地，正是巴尔扎克、雨果、福楼拜这些作家共同缔

---

[1] 陈平原：《“北京学”》，载《北京日报》1994 年 9 月 16 日。

[2] 陈平原：《北京记忆与记忆北京》，载陈平原、王德威编：《北京：都市想像与文化记忆》，北京：北京大学出版社，2005 年，序一，第 12 页。

造了巴黎的神话。具体到作为"文学场"（Literary Field）的北京研究，就不能不表彰几位编者与学者的贡献。如果说清代佚名人士编辑、陈高华校订的《人海诗区》（此书与《帝京景物略》《日下旧闻考》等计七十余种古籍均被列入"北京古籍丛书"出版）编选的元、明、清诗歌为今人触摸帝都旧影提供了可能，那么以下几种编著则为我们描绘 20 世纪"文学北京"的近姿提供了必要的颜料。姜德明编的《北京乎——现代作家笔下的北京（一九一九——一九四九）》（生活·读书·新知三联书店，1992 年，2005年再版）是一部限定严格的专题散文汇编。"所以举凡政治家、历史学家或其他科学工作者所写的关于北京的文章，虽然写得不坏也不收"；同是姜编的《如梦令——名人笔下的旧京》（北京出版社，1997 年）编选范围更为宽泛一些，选编者称"精选民国时期文人学者描写北京的散文随笔，内容涉及北京的风土人情、名胜古迹、社会变化、政治事件、文化活动等各个方面。选取的标准是：一有历史价值，二有文化价值，三有欣赏价值。既可满足研究北京历史风貌人们的要求，又能满足热爱北京的普通读者的需要"。[1] 刘一达主编的《读城——大师眼中的北京》（中国华侨出版社，2006 年）与姜编的思路大抵一致，所收作品的时段也大致相同，但时限略微放宽，新中国成立后的散文也时见其中。接着同一体例与眼光，邹仲之编的《抚摸北京——当代作家笔下的北京》（生活·读书·新知三联书店，2005 年）将注意力集中到 20 世纪下半叶，汇集了包括张中行、刘心武、张承志、周汝昌、季羡林、葛兆光、赵园、陈凯歌等当代文化人（以"作家"之名行"文化人"之实）的北京题材散文作品。实际上，此类作品集之编撰并非"前无古人"，实乃承续了 1936 年陶亢德编《北平一顾》

---

[1]　姜德明选编：《如梦令——名人笔下的旧京》，北京：北京出版社，1997 年，内容提要。

（宇宙风社版）和 1942 年李重光编《北京城》（"新京"的开明图书公司版，内容上与《北平一顾》多有重复）等的"散文"思路。以上数编为今人系统地解读"20 世纪的文学北京"提供了可资参考、比较且有一定内在连续性的文学文本，具有重要的文献价值。但编者自有编者的眼光和趣味，又兼篇幅所限，编录范围只能限定为"散文"，所呈现的也只是"散文北京"，却将小说、戏剧、诗歌等统统排除在外，大大限制了今人对现当代文化人北京书写之多面性、丰富性与复杂性的想象与认识。另一方面，由于沦陷时期特殊的政治文化氛围，其时"文学北平"是何种面目，从以上二编中都难以获知。

若论中国本土文学、文化视野中的"北京研究"，成就最大、成果最具启发意义的首推两位北京的"外乡人"——赵园与陈平原。前者的《北京：城与人》（上海人民出版社，1991 年）堪称探讨人与城市精神契约的典范，作者借助"京味"小说提供的文学材料，以知堂小品的笔调，从文化学、美学、民俗学、心理学、伦理学和语言学等角度入手，系统地考察了北京文化的基本风貌，多方面揭示了北京"城与人"之间相互影响、相互塑造的复杂文化关联。相较于赵园的"一己之得"、单打独斗，陈平原的"北京研究"则更成规模，野心更大。早在 2001 年，陈先生就为北京大学中文系研究生开设了"北京研究"专题课，《北京记忆与记忆北京》收录了作者个人"北京研究"的系列成果，其中收录的《文学的北京：春夏秋冬》《长向文人供炒栗——作为文学、文化及政治的"饮食"》等学术论文都是探讨"文学北京"的绝好范例。而陈氏与王德威合编的《北京：都市想像与文化记忆》（北京大学出版社，2005 年）作为同名国际学术研讨会论文之结集，视通古今、思接中外，从经济、宗教到艺术、传媒，以文化研究的宏

观视域为"北京研究"的横向拓展、纵向深化提供了多样化的视
角与思路，值得重视。

　　当然，除了内部视角的观照，"北京研究"的拓展与深化必
有赖于外部视角的介入与补充。从某种意义上说，当域外来客试
图窥斑见豹地了解中国的历史与现实，将"北京"作为"看懂中
国"的首要观察视窗是不为过的。日本文化人在北京的实地见闻、
体验以及有关北京的观察、评论，都会成为形塑一般日本民众中
国认识的重要媒介。1906 年来华访游的德富苏峰指出，"大体看
一看北京，清国当今的生活及思想状况就可以略见一斑"。[1]佛教
净土宗本愿寺教学参议部总裁武田笃初在为此书撰写的跋语中转
述教学参议部录事本多惠隆之语亦称：

　　　　自汉口至北京二千五百清里，其间有几多村落，及古来英
　　雄战争之地，一寓目于此，则今时风俗人情，及古来英雄一起
　　一伏之迹，可以概览矣。北京雍和宫，则可以卜喇嘛宗教之盛
　　衰矣；登八达岭眺万里长城，则往古御戎之遗址，今犹骇人目矣；
　　接李鸿章貌采，察其为人，则清国外交之巧拙可推知也。[2]

　　费正清（John King Fairbank，1907—1991）如此描述 20 世纪
初直至 1937 年北京的西方人之生活状况："本世纪初北京吸引了
许多西方人定居，因为近 1000 年来，北京一直是外族征服者和
汉族合作者的首都。（中略）1900 年，基督教联军（加上日本人）
镇压了试图驱逐他们的义和团运动以后，外国定居者更喜欢北

[1] 德富苏峰著，刘红译：《中国漫游记·七十八日游记》，北京：中华书局，2008 年，第 401 页。
[2] 教学参议部编：『清国巡游誌』，京都：仏教图书出版株式会社、1900 年、第 1—2 页。

京了。从 1901 年到 1937 年新征服者来临之前的这段时间，是外国人在北京少有的快乐时期，是一个外国人享有特权和特殊自由的时代，他们可以毫无阻碍地深入到中国人的生活中。"[1] 林语堂（1895—1976）的判断则与费氏有着时间意义上的连续性，他指出，"在一九四九年中国共产党掌握中央政权之前，北京曾经是世界上最大的开放性的都城之一。它吸引着来自世界各地的人们。巴黎和北京被人们公认为世界上两个最美丽的城市，有些人认为北京比巴黎更美"。[2] 正如周作人（1885—1967）在致汉学家青木正儿（1887—1964）的信中所声称的那样，"本国的人对于北京，是不会感到有什么好的地方，不过，在外国人——尤其是喜欢中国趣味的人——的眼里看来，还会发现一些特别的趣味和美的"。[3] 作为"国际大都市"、中国对外交往和文化交流的中心，从"汗八里"到"大都""北平""北京"，东方古都中从来不乏外国人的身影。左芙蓉的《北京对外文化交流史》（巴蜀书社，2008 年）粗疏地呈现了自元代以降数百年间，以北京为舞台的中外文化双向互动的历史。这是一部填补"北京研究"空白的开创性著作，值得重视；但是"史"的撰述体例使相关问题止于浮光掠影的描述。相比之下，中国社会科学院的赵晓阳先生则做了更多基础性的工作，其编译的《北京研究外文文献题录》（北京图书馆出版社，2007 年）更是一本不可多得的文献题录，收录了政治、经济、历史、宗教诸领域的外文文献凡十二章，网罗了包括英语、日语等主要语种在内的国外文献，尽管囿于外语语种与资料源多种因素，

---

[1] 费正清著，傅光明译：《观察中国》，北京：世界知识出版社，2001 年，第 46 页。

[2] 林语堂著，赵沛林等译：《辉煌的北京》，北京：群言出版社，2010 年，第 3 页。

[3] 周作人致青木正儿（1924 年 1 月 16 日，载 1976 年 5 月《明报月刊》第 125 期），引自周作人著，钟叔河编：《周作人文类编·日本管窥》，长沙：湖南文艺出版社，1998 年，第 145 页。

所编书目遗漏甚多。此外，一些作家以北京为背景的各种零散创作也因各种原因未被纳入编译范围，但这部文献题录依然为后来人的按图索骥、描绘域外的北京形象提供了极大的便利。

由于在政治和文化诸领域上的特殊地位，北京的域外形象在相当程度上也代表了外国视野中的中国（至少是传统中国）形象。但较之于中国文学中北京形象的研究较为丰硕的研究成果，外国文学与文化视野中的"北京研究"则乏善可陈。首次对北京的域外形象予以系统清理的当推吕超的《东方帝都：西方文化视野中的北京形象》（山东画报出版社，2008 年）。该著将"北京"纳入比较文学与比较文化的视野，以来京的诸多西方旅行家、传教士、商人、外交官、军人、记者、作家等所撰述的不同题材类型的作品为研究对象，运用比较文学形象学研究的方法，梳理了北京作为"东方帝都"在西方文化中的形象流变史及其中的诸多影响因素，特别是潜藏其中的异域文化动机。该作的开创性价值值得高度肯定，但由于作者"将本书定位为普及性的文化读物"，重历史意义上的脉络梳理而轻有价值个案的重点探析、重述而轻论，虽进行了一些理论探索，但不见深入；另外由于作者专攻所限，对东方文学中的北京形象只作为"西方文化视野"的参照系零星点缀于行文之中，所涉及者均为有中译本的作品，且单就日本文学而言，绝大多数重要文本未被纳入论域，但考虑到语言等因素限制，不应对作者求全责备。《东方帝都：西方文化视野中的北京形象》应是吕超博士论文《比较文学视域下的城市异托邦——以英语长篇小说中的老北京和老上海为例》（上海师范大学，2008 年）的衍生品。在后者中，作者通过语种限定和明确的理论指向将论域进一步缩小，借鉴了"异托邦"、城市文化、形象学、后殖民等理论，建构了城市"异托邦"的研究范式，重新讨论城市"异托邦"

的生成机制和研究范畴，在此基础上，分析了西方文学，特别是英语长篇小说中的老北京和老上海形象。较之《东方帝都：西方文化视野中的北京形象》，吕氏的博士论文对"异托邦"理论的丰富、探索和超越的雄心是值得肯定的。

二、 日本文学"北京研究"的路径与可能

从学理层面上来说，日本文学"北京研究"首先是与"日本人的中国认识"密切关联的问题。中日两国的相互认识在很大程度上左右着中日关系的发展态势，并对两国各自的对外政策、国际战略产生过深远的影响，甚至至今仍可在两国关系的阴晴冷暖中寻见踪迹。近代以降日本（人）之中国观的嬗变，折射出该国对中国、亚洲乃至世界的基本认识，其形成和演变是中日两国国力及其在东亚政治、文化舞台上角色转换的折射，对于理解中日关系的走向意义重大。

近年来，中国学界有关日本人中国观的研究，较成规模的专门研究主要有以下几种：杨栋梁主编《近代以来日本的中国观》（全六卷，江苏人民出版社，2012年）、刘家鑫著《日本近代知识分子的中国观："中国通"代表人物的思想轨迹》（南开大学出版社，2007年）、史桂芳著《近代日本人的中国观与中日关系》（社会科学文献出版社，2009年）、日本学者野村浩一著《近代日本的中国认识》（中央编译出版社，1999年）等。分而言之，刘家鑫的研究实则是以后藤朝太郎和长野朗两位"中国通"的中国认识为中心展开的。"中国通"是日本近代知识分子中的一个特殊而重要的群体，说特殊，是因为后藤与长野对中国人、中国社会文化的熟稔使其中国观与非"中国通"之间存在着相当的悬隔。

是作中，作者试图将以二人为代表的"中国通"与传统意义上的"大陆浪人"相区分，而将其置于"知识分子群体"的视域下予以考察，讨论了1906—1945年间两位中间派"中国通"的中国认识及其中日关系论的嬗变轨迹。从这个意义上来说，刘氏的个案研究具有一定学术价值。史桂芳的研究则是从历史学、政治学的角度对近代日本人中国观的流变做了宏观意义上的梳理，呈现了近代日本之中国观的流变脉络，但内容构成稍显粗疏空泛。几乎是同样的论题，在野村浩一那里则是在近代日本思想史的维度下予以观照的。该作选择以日本近代知识分子为切入点，大隈重信、内村鉴三、北一辉、宫崎滔天、尾崎秀实和橘朴等多是在近代日本有着重要影响的政治家、思想家、新闻家或"大陆浪人"，这就使其与刘著形成了同一命题之下的同构关系，在视野与方法上也颇具启发性。野村试图通过对几位重要人物的探讨，以点代面地勾勒出近代日本中国认识的嬗变轨迹，但这就不可避免地带来了一个问题：除大隈以外，其余论述对象之于中国的认识有着极大的近似性——对中国的历史、文明，中国的反帝反封建革命，中国的命运前途抱有极大的关心和期望，同时在日本的民族主义、帝国主义政策面前，又不得不做出不同程度的妥协甚至屈服。这固然代表着一部分知识分子的抉择，但却无法与"日本近代知识分子的中国观"画上等号，毋宁说，基于不同的知识结构、教育背景以及政治、文化立场，他们对华观念的差异无疑是极大的，但这些似乎并未在野村的著作中得到均衡的差异性呈现。较之以上诸论，杨栋梁主编的六卷本《近代以来日本的中国观》堪称该问题域中的集大成之作。这套丛书集合了南开大学日本研究院的研究力量，是杨栋梁主持的教育部哲学社会科学重大课题攻关项目"近代以来日本的中国认识及行动选择研究"的结项成果。尽管各卷水准略显参差，但总的来说，能从日本、中国和世界的共时性三维约束环境视角出发，历时性地考察日本近代以来之中国经验与中国因素的嬗变史，揭示了彼邦中国观的特点、演进规律及其本质，具有重要学术价值。白璧微瑕之处在于 "近代以来" 的宏大叙事必然导致的浮光掠影、浅尝辄止之弊。以与本研究关联较大的第四卷（1895—1945）为例，此卷覆盖了自甲午战争至 "二战" 结束、中日政治上纷争不断、从对立走向全面战争的半个世纪，但 28 万字的篇幅和章节设计显然无法呈现此时期日本文学史、文化史、思想史上的种种复杂、交错、纠缠的状况，尤其是从 "九一八事变" 至 "二战" 结束的十四年侵华战争时期（此部分作者只用一章的篇幅论述），日本对华认识及其政策变化更是云谲波诡，从 "脱亚入欧" 到 "兴亚抗欧（美）" 的巨大思想转变、政策调整带来的一系列思想、政治、军事、经济逻辑和行动，似乎很难以简单地用 "东亚门罗主义" 和 "中国蔑视论" 等概念工具断然切割。

较之政治史与思想史的视野，日本人的中国观若置于文学视野中加以考察，则会因诸种文体差异导致的实像、虚像的交错而呈现出不同的光彩；相应地，研究方法也宜 "因题而异"。与此相关的研究成果中值得注意的代表性著作有竹内实著《日本人眼中的中国形象》（春秋社，1966 年），村松定孝、红野敏郎等编著《近代日本文学中的中国形象》（有斐阁，1975 年），西原大辅著《谷崎润一郎与东方主义——大正日本的中国幻想》（赵怡译，中华书局，2005 年）等。竹内实的著作是一部基于特定视角的文学论文集，其中《三代的中国见闻》《明治汉学家的中国纪行》《某个汉学家的中国纪行》《漱石的〈满韩处处〉》《昭和文学中的中国形象》诸章节论及了明治、昭和时期日本文学中的中国形象，其中涉及竹添井井、冈千仞、内藤湖南、夏目漱石等作家中国题材创作及其中国观的相关问题，与本书在研究对象上有着较小范围的近似之处，但作为先行研究，其在方法上仍具有较高的参考价值。村松定孝等的编著属于专题作品汇释，14位日本知名学者、评论家以中江兆民、冈仓天心、森鸥外、夏目漱石、芥川龙之介、横光利一、阿部知二、竹内好、安部公房等近代作家的诸种中国题材文学创作为中心，以点带面地呈现了自1890年至1950年日本近代文学中的中国形象、日本文化人之中国观的流变轨迹，具有重要学术和史料价值。

另一位日本学者西原大辅的东京大学博士论文中译本刊行后在学术界产生了一定的影响，我国学界近来好从"东方主义"的视角思考近代以降日本人的中国体验和中国认识与此书的刊行不无关系。读过该作，确感视角新颖，但也并非没有疑问。葛兆光在其随笔《礼士胡同的槐花飘香：读罗耀信著〈北京风俗大全〉随想》一文中论及西方人、日本人的北京观察、体验和书写时提出了一个有趣的问题："奇怪的是，好像和我这样在老北京住过的人一样，日本人似乎也对北京特别有兴趣。（中略）不过，总有一个疑问在我心里存着。对于中国人来说，阅读旧北京的生活与风俗，似乎这只是怀旧，不过对于西洋人和东洋人来说，他们热衷于翻译、出版老北京的书，难道也跟着中国人一起怀旧？按照一种时髦的说法，西方人出版关于旧时中国的回忆，摄制有关历史上的东方的电影，是在理解、描述甚至重新建构一个与自己不同的国家和文明，通过确立'他者'来确立'自我'。（中略）这个说法是否有道理我不清楚，可是，这道理好像用不到日本人的身上。东洋的日本人为什么也那么热衷于老北京的旧事?"[1]在《久远的老北京情结》一文中,王晓平介绍的青木正儿旨在留存旧京旧俗而编的《北京风俗图谱》一书便是一例。[2]应该认识到,借用西方文论阐释东方问题的尝试本无可厚非,但是这将不可避免地遇到理论适用限度的问题。如果说"《东方主义》一书试图说明欧洲如何发明有关东方和东方人的想像,进而这种表述又如何作为一种工具被用于殖民主义的征服和控制"[3],那么,将爱德华·萨义德(Edward Said,1935—2003)的东方(主要指涉中东,伊斯兰世界)—西方(基督教世界)的二元对立概念套用到同处"东方"(日本在萨义德的理论框架中也归属"东方"之列)、在地缘政治上一衣带水并同处于汉文化圈的中日两国之相关问题的阐释上是否恰当?诚然,明治维新以降,日本在近代化(西洋化)道路上确有摆脱"东方"而归于"西方"的强烈意愿,但就像"拔着头发脱离地球"的实践一样,在文化身份认同上,日本总有些"剪不断,理还乱"的困惑与无奈,而对这种踟蹰与迷茫的探究与阐释也正是本书写作的重要任务。

除以上诸研究外,国内学界类似的研究还有以徐静波的《村松梢风的中国游历和中国观研究:兼论同时期日本文人的中国观》(载《日本学论坛》2001年第2期)及苏明《"诗意"的幻灭:中国游记与近代日本人中国观之建立》(载《学术月刊》2008年第8期)为代表的、从日本文化人中国纪行入手探讨日本人中国观的

[1] 葛兆光:《礼士胡同的槐花飘香:读罗耀信著〈北京风俗大全〉随想》,载《十月》1999年第1期,第151—152页。

[2] 王晓平:《久远的老北京情结》(原载《中华读书报》2007年7月18日),收入《日本中国学述闻》,北京:中华书局,2008年,第189—193页。

[3] 齐亚乌丁·萨达尔著,马雪峰、苏敏译:《东方主义》,长春:吉林人民出版社,2005年,第110页。

研究，但后者所借助的完全为中译文本，对未被译入中文世界的相关重要日文文本避而不谈，这一因语言能力所限而导致的"选择性"盲视使相关结论的得出过程不无可议之处。

前辈学者"说过的"为我们的"接着说"夯实了基础，但同时，无论在规模上，还是研究的视野与方法上，都为我辈留下了有待进一步开拓、挖掘和阐释的空间。其中一个薄弱点，便是日本文学／文化视野中的中国城市研究。之所以称之为"薄弱点"而非"空白点"，是由于"上海"已得到了中日学界（主要是日本方面）较多的关注和阐释，已有较为丰厚的积累。且不说为数不少的作家、作品专论，仅以广阔的视野来论述上海城市空间与日本知识分子关系的重要著作，管见所及就至少有刘建辉、赵梦云、和田博文等的单行本著作（相关评论详后）和木村泰枝的博士论文。2011 年 10 月复旦大学甚至组织了"近代百年日本文学中的上海（1900—2000）"专题国际研讨会，由此可见日本文学／文化视野中的"上海学"研究成果已蔚为壮观并走向深入。

这里似乎必须先回答一个绕不过的问题：为什么上海较早受到日本文化人的热情关注？诚如刘建辉先生在《魔都上海——日本知识人的"近代"体验》中所指出的那样，对于近代以降的日本西学志士们而言，上海和香港是距离其最近的"资本主义"最前线，直至今日，上海作为"文化他者"，其具备的各种文化杂糅的魔力及其中渗透着的"现代性"，仍使意欲"脱亚入欧"的日本人对其充满了无限憧憬，其研究价值也正在于此。然而，中日战争爆发的结果是"消失的不只是以往的日本作家关于'上海'的各种言论。在某种意义上，这场战争对普通日本人来说，上海的意义，说得更极端一些，'上海'本身的意义也一起消失了"。[1]尽管木村泰枝的博士论文《西方·日本·中国——日本人的"上海梦想"》（复旦大学，2008年）试图在刘建辉等前人的基础上尝试论述战争爆发后日本文学、文化视野中的"上海问题"，和田博文、竹松良明在《言语都市·上海（1840—1945）》[2]中也提示了日本侵华时期木村毅、吉屋信子、林房雄、杉山平助、石浜知行等文化人创作的为数不多的上海题材作品，但必须承认，就研究对象而言，日本文学"上海学"中的"黄金时段"显然已经过去。沿着这个思路下去，随着"上海"意义的消散，继之而起的又是什么？是伪满洲国，是北平。

翻检侵华时期日本文化人北平题材创作，你会发现"北平论述"的丰富、多维恐怕首先与北平的三重身份密切相关：作为中华传统文化符号、能勾起日本人文化乡愁的中华"古都"（文化北平），1928年南京被确定为首都背景下（北京改为"北平特别市"）的中国故都（历史北平）和日本侵华战争时期具有重要现实政治、军事意义的所谓"东亚建设的基地""东洋故都""兴亚首都"（政治／军事北平）。相应地，这三重身份的交错也使"北平"在日本文学、文化文本中的表达呈现出多维交杂的异彩和巨大的张力。其次，如果说近代以降，"魔都"上海作为东方的"西洋"首先引起了日本人的兴趣，那么，在北平沦陷以及日本人意图建立"东亚新秩序""大东亚共荣圈"，打击"鬼畜美英"的政治、文化语境下，北平的"东洋"意义则无可取代。

然而，在日本文学／文化视域中如此意义丰富的"北京问题"何以乏人问津？2011年，刘建辉先生在北京外国语大学日本学

---

[1] 刘建辉著，甘慧杰译：《魔都上海——日本知识人的"近代"体验》，上海：上海古籍出版社，2003年，第112页。

[2] 和田博文等：『言语都市·上海（1840—1945）』，东京：藤原书店、1999年、第171—176页。

研究中心做集中讲义，我借机就此向其请教。刘先生答，关于这个问题，日本学者中想做的人很多，但难度很大。在我看来，想做的人多，就意味着"北京"——作为一个"问题"，其意义与价值已逐渐被学界识者所发现、承认。而若问难在何处，借用陈平原的说法，"上海开埠百余年，其'西学东渐'的足迹十分明显，历史线索清晰，理论框架也比较容易建立。（中略）相对来说，作为古老中国的帝都，加上又是内陆城市，北京的转型更为痛苦，其发展的路径也更加曲折，很难套用现成的理论。读读西方关于城市研究的著述，你会感到很受启发，可用来研究北京，又总有些不太适用——在我看来，这正是北京研究的潜力所在。'北京学'必须自己摸索，因而更有理论创新的余地（后略）"[1]。显然，在陈先生意义上的"难度"基础之上，再附加以"日本""侵华战争"等词汇，将使原本复杂的问题更为复杂，意义更为丰富。日本文学"北京研究"之学术价值也存乎在这种种"复杂"背后的诸多"问题"中。这就提示我们，日本文学与文化视野中的"北京研究"须在材料、视野、观念、方法上有大胆的创想与开拓，不可食洋不化地用既有的理论视野生搬硬套，更不宜以陈旧的观念、方法和概念工具做削足适履式的切割。

日本文学与文化视域中的"北京研究"近乎荒芜的研究现状为吾人留下了不少有待进一步思考、解答的空间。然而，迄今为止，该领域还是一个先行研究较少、零散且不成体系的"冷门"。目前我所搜集到的文献资料显示，中日学界关于侵华战争时期日本文化人北平题材创作的研究成果少且零散，择其要者如下：

杉野要吉主编的《交争的中国文学与日本文学（沦陷下的北

---

[1] 陈平原：《"五方杂处"说北京》，引自《北京记忆与记忆北京》，北京：生活·读书·新知三联书店，2008年，第23页。

京 1937—45）》（三元社，2000 年）是较具代表性的中日共同研究的论文集，其中对竹内好、小林秀雄等在平活动的研究揭示了此时此地作为闯入者，日本文化人与中国各界微妙、紧张的关系纠葛及其两难处境；遗憾的是，该论文集中却未见涉及有关北平题材作品的文学内部研究。

王向远的《"笔部队"和侵华战争：对日本侵华文学的研究与批判》（昆仑出版社，2005 年）、《日本对中国的文化侵略——学者、文化人的侵华战争》（昆仑出版社，2005 年）和《中国题材日本文学史》（上海古籍出版社，2007 年）等著作以"文化侵略"的视角开辟了日本侵华史研究的新领域，其中对侵华时期日本文化人的北平题材创作及其文献分布亦略有涉及，但"史"的著述体例限制了相关专题的深入展开。

具体到作家论、作品论层面，芥川龙之介的《中国游记》及阿部知二的长篇小说《北京》是中日学界关注的焦点：中国学者中较有代表性的成果有王成的《林语堂与阿部知二的〈北京〉》（《中国现代文学研究丛刊》，2005 年第 4 期）、《阿部知二描绘的"北京"》（《阿部知二研究》通卷 11 号，2004 年 5 月）及秦刚的《芥川龙之介看到的 1921·乡愁的北京》（《人民中国》，2007 年第 9 期）等；日本学者/旅日华人学者的研究与本课题研究直接相关的成果，以对阿部知二之《北京》的研究为最多，如矢崎彰的《阿部知二与旧都北京——关于最初的中国体验与长篇〈北京〉》（载杉野要吉主编《交争的中国文学与日本文学（沦陷下的北京 1937—45）》、三元社，2000 年）、水上勋的《〈北京〉论》（载《阿部知二研究》，双文社，1995 年）、竹松良明的《〈北京〉与〈绿衣〉——关于其质的差异》（载《阿部知二论——"主知"的光芒》，双文社，2006 年）、《女人的两种面目——阿部知二〈北京〉私论》（《亚细亚游学》，2002 年第 6 期）等。此外，还有藤井省三的《芥川龙之介的北京体验——短篇小说〈湖南的扇〉和佐藤春夫〈女诫扇绮谭〉》（载《北京：都市想像与文化记忆》，北京大学出版社，2005年）、单援朝的《芥川龙之介与胡适——北京体验的一个侧面》（《语言与文艺》1991 年 8 月号）、张蕾的《芥川龙之介与中国——受容与变貌的轨迹》（国书刊行会，2007 年）及关口安义的《特派员芥川在中国看到了什么》（每日新闻社，1997 年）中的相关章节等。以上诸研究多通过扎实的实证研究，对芥川、阿部的北平题材创作进行了个案的探讨。其中得失将在后文专章有所论述，此处从略。

史料方面，小岛晋治主编的《中国见闻录集成》（游摩尼书房，1997—1999 年）及张明杰主编的《近代日本人中国游记》（中华书局，2007 年）部分重刊或译印了幕末至大正时期日本人的中国纪行，为今人提供了文献便利。北京市政协文史资料研究委员会编的《日伪统治下的北平》（北京出版社，1987 年）及伊东昭雄编的《人鬼杂居：日本军占领下的北京》（社会评论社，2001 年）集数十位亲历者的回忆，从一个侧面为理解北平沦陷区的文化生活状况及侵略者在平暴行提供了证言，具有重要文献价值。

前辈学者从文学、史学的视角对日本文化视阈中的北京（北平）问题做了一些可贵的探索，同时研究的空白点也随之浮现出来。由于过于强烈、自觉的文体意识，小说之外的散文、诗歌、随笔等鲜有关注，一些重要作家以北京（北平）为背景的创作极少甚至从未进入中日学界的关注视野，或未得到应有的重视：仅以单行本为例，据我的孤陋寡闻，至少有横光利一的随笔《北京与巴黎》、斋藤茂吉的《北平游记》和《北平漫吟》、尾崎士郎的《八达岭》、立野信之的《北京之岚：义和团变乱记》、小田岳夫的长篇小说《北京飘飘》和奥野信太郎以《随笔北京》为代表的随笔作品等。

另外，就像陈平原曾敏锐指出的那样，"阅读北京，最好兼及学者的严谨，文人的温情以及漫游者的好奇心"[1]，在"北京研究"视域中一些重要的非纯文学创作却乏人关注，单是单行本便至少有清见陆郎的《北京点描》、安藤更生的《北京导引记》及村上知行的《随笔北京》《北京十年》等以北京为背景的系列随笔作品。或许，这些非著名文化人的"非典型文本"恰因其具有日本社会对华集体想象物的意义而不可或缺。在这一点上，刘建辉的著作已给出了优秀的范例。《魔都上海》在"近代上海体验"这一论题下，将记者、作家、西学志士、出版业者统统纳入考察视野；从对日本知识分子在西方资本主义进出东亚的"最前线"——上海的体验与感悟做实证分析，揭示了日本现代化启动的国际文化背景，也为人们探讨近代中国的衰败过程提示了社会文化解析的路径。该著以日本知识分子对半殖民地中国的认识梳理近代日本人的精神变迁，结果也是作者在日本对近代中国的"再发现"。相对于刘建辉宏阔的文化视野，另一位旅日学者赵梦云则将视线聚焦于狭义意义上的"文学"，其代表作《上海·文学残像——日本作家的光和影》（田畑书店，2000年）以田冈岭云、芥川龙之介、横光利一等六位作家及其以上海为题材的创作为中心，探讨了近代日本作家的上海认识及以上海为镜鉴的近代日本民族主义、文化传统和感受性，并以此为切口，重新审视中日近代史。但换一个角度你会发现，从某种意义上说，将该书视为特定视角下（上海题材）的"作家论"文集也不为过，研究对象和论述体系呈现出一定的封闭性，这种日本式研究思路极大地限制了"问题意识"的呈现，这也就暗示了日本文学"北京研究"在方法上的另

---

[1] 陈平原:《北京记忆与记忆北京》，载陈平原、王德威编:《北京：都市想像与文化记忆》，北京：北京大学出版社，2005年，第6页。

一种可能。此类研究，我更倾向于取王向远提出的"题材"视野：

> 在这里，"题材"这一概念不同于比较文学法国学派所提
> 出的"形象学"中的所谓"形象"，所谓"日本文学的中国题材"；
> 也不同于"日本文学史上的中国形象"。"题材"当然可以涵盖
> "形象学"的研究对象——异国形象和异国想象，但同时它又
> 不限于异国形象及异国想象。它包括了异国人物形象，也包括
> 了异国背景、异国舞台、异国主题等；它包括了"想象"性的
> 虚构文学、纯文学，也包括了有文学价值的非纯文学——写
> 实性、纪实性的游记、报道、评论杂文等等。另一方面，文学
> 的题材史的研究既是文学研究的一种途径与方法，又不是一种
> 纯文学的研究。因为题材不是纯形式问题，它承载着丰富的社
> 会文化内容，对题材的研究本质上是一种文化研究，特别是文
> 学社会学的研究。[1]

从这个意义上来讲，本研究即属于特定历史文化语境下、特
定视角的"中国题材日本文学"研究。不否认传统的作家论、作
品论仍然有其学术价值，日本文学"北京研究"在起步阶段不
妨做些个案研究等基础性工作，但其后大可将视野放开，在材
料、视野与方法上有更大幅度的跨越与开拓。从历时的角度而
言，拓开视野更易描绘出日本文学、文化视野中北京书写的流变
轨迹。当然，跳出"文学"域限，共时地、横向地看，日本文化
视域中的北京研究也允许多样化的尝试——可以是艺术史上的
追溯、考证，也可以是建筑学、社会学等的考察，不一而足，大
有可为。

---

[1] 王向远：《中国题材日本文学史》，上海：上海古籍出版社，2007年，前言第2页。

　　基于这一认识，本书在视野、结构与整体思路上有如下思考。首先，依《广辞苑》的"文学"定义："借想象及情绪之力，用语言表现外界及内心的诗歌、小说、故事、戏曲、评论、随笔等。"在本书中，我不想将视野仅局限于狭义的"文学"，也不仅是所谓的"典型文本"，亦不限于"小说"，而试图在兼顾重要文人、学者经典论述的基础之上，不放过"非著名"人士所撰写的与论题密切相关的不同文体的、有代表性的重要作品。之所以这么说，是由于在战时语境下，北平是无需通过想象、虚构来构建的一个现实的、具体的、可以供各色人等实际踏访的空间，北平的意义便是通过各式不同类型文化人写作的各种不同类型文体作品的"五味杂陈"酿就的。有鉴于此，较之以孤立的作家论、作品论，以"问题"为纽带的文献综合更容易凸显特定历史文化语境下日本人之于北平的"集体想象"及其中的种种歧异、混沌与复杂的状态。其次，在结构上，我并不打算局限于传统的以作家、作品为中心的封闭格局，因为这种一元结构潜在的排他性、遮蔽性极大地限制了其他文本的进入，扼杀了围绕同一论题不同文本构成的互文网络内在的"对话"可能；相反，拟以"问题意识"的连缀布局谋篇，使与"问题"相关的文本可自由进出、自由"对话"，保持必要的开放性，力图实现"文史互证"。（历史学家就认为《鞑靼战记》"所记至详，直言不隐，足补我国正史之阙略"。[1]）再次，我试图将"务实"与"务虚"相结合，换言之，即在文、史、法、新（新闻出版）融通的视域下，在日本文化人在平活动、涉华言论、北平（中国）题材创作的关联中，讨论诸种文本的意义及特殊历史文化语境下作家写作的处境、动机及其影响与功能。

---

[1]　杜文凯编：《清代西人见闻录》，北京：中国人民大学出版社，1985年，第1—2页。

本研究拟思考并尝试回答如下几个问题：

1. 与上海作为"东方的西洋"之文化意义不同，作为一个文化符号，北京则是中国传统文化精神的象征，是观察传统中国精髓的最佳视窗。千百年来在政治、经济、文化诸领域，中国曾以引领者的姿态引导着日本的发展，而近代以降，中、日在东亚乃至世界的地位对换。从文化、思想的角度而言，日本人的自我身份认同也经历了复杂、曲折的转变历程，其中国认识也因此发生了裂变。在这一背景下，在日本对华侵略的历史语境下，日本文人、学者、旅人等是以怎样的眼神、何种心态面对荟萃了中国传统文化精髓却日渐衰败的"东洋故都"，并通过北平怀想历史、回应现实、预测未来，又是以何种姿态将其北平体验形诸文字，其中渗露出怎样的"中国观"，这是战时日本文学史、思想史的一个重要侧面，也是本研究拟回答的首要问题。

2. 高桥哲哉指出：

> 如果时代一旦进入某种潮流的话，那么无论哲学家们说什么，时代都不会改变。知识分子发言的影响力极其有限。欧洲思想最辉煌的时候是从 20 世纪上半叶开始到二战结束。从第一次世界大战到第二次世界大战这段最黑暗的时期，欧洲哲学呈现出了百花齐放的局面，出现了本雅明、阿伦特和阿多诺等哲学家。这些精神遗产被 20 世纪后半叶的研究者们作为谋生的手段。尽管如此，若问到他们的思想是否阻止了导致数千万人死亡的第二次世界大战的发生呢，其结果还是没有。[1]

无疑，北平沦陷时期，期待日本文人、作家、学者的北平书

---

[1] 高桥哲哉著，何慈毅、郭敏译：《反·哲学入门》，南京：南京大学出版社，2011 年，第 127 页。

写影响和改变日本军国主义的侵华战略与战局是不切实际的。在法西斯政权对新闻出版严厉介入、管制的背景下，出版社以商业主义为基础的多样性被无情剿杀，自此，媒体、出版业与"国策文学"、战争文学相互走近，结成了利益攸关、共谋共犯的利益—命运共同体，军国主义政权几乎不容许文学与政治保持距离，从日本内部对侵华战争批判、对法西斯国策不妥协的创作道路变得不可能。从这个意义上来说，日本文化人是如何被迫或者主动坐上驱驰的战车，其北平书写中寄寓着作者各自怎样的殖民想象、帝国想象和大东亚政治想象，其对北平的情感与"支那趣味"等又是如何交织其中的，国家意识形态的戕害与文化人作为个体的人性良知之间又存在着怎样复杂的关系纠葛等，都是本研究试图辨明的。我试图以此揭示日本文化侵略的运作机制及其效果，并在此基础上，走向对相关文化人战争责任的道义追问、对当代日本右翼战争观的质疑与批判，以此为日本侵华史、侵华时期的日本思想史的研究提供新的认知视角。

3. 近代以降，日本对华的傲慢、蔑视根植于"脱亚入欧"这一与欧美强国共进退，而与中国、东亚相区别、相分离并将其他者化的观念（当然，这一观念萌芽、滋长于前近代）。抗日战争爆发后，日本基于现实诉求调整了面对亚洲的战略姿态，在政治领域提出了"东亚共荣""中日提携"等泛亚主义话语；与之相呼应的是思想界"近代的超克""世界史的使命"等理论命题的提出。在这一政治、文化语境下，日本文学中的北平书写不可能依旧故我。本研究欲探讨的是，近代以降，尤其是日本侵华时期，中日关系的阴晴冷暖在何种程度上、以何种形式影响了日本文学中北平书写的系谱；具体到文学文本，"北平"在不同文体的文学文本中又是如何呈现出"虚实交错"的影像；"以文证史""以文补史"

乃至"以文纠史"的学术期待可否实现，如能实现，文学到底能够做什么。实际上，本研究不仅是一项文学研究，也是一项历史研究。在对文学文本塑造的"虚像"进行细致阐释、解读的同时，不忽略对"实像"意义上日本在平战争罪行的实证性思考。

4. 北平沦陷的后果之一便是北平文教机构及知识分子的南迁，这使中国文学视野中的"北平像"出现了相对的"空白期"，大大限制了今人对特殊时期北平都市空间、社会文化状况、北平人生存状态的认知。本研究试图通过对日本文学文本的解读、阐释，为以上问题的解答提供一个重要的、几乎不可或缺的"他者镜像"。通过此种观照，探讨日本统制下北平沦陷区的中国人精神状态、城市风貌及社会状况等。

5. 鲁迅在《上海文艺之一瞥》中说过："无论古今，凡是没有一定的理论，或主张的变化并无线索可寻，而随时拿了各种各派的理论来作武器的人，都可以称之为流氓。"[1]为避免成为鲁迅所批判的此类"流氓"，本研究试图通过一些较有代表性的个案研究检视相关理论的射程与限度。事实上，前述"葛兆光之问"与陈平原所谓的北京研究"无定法"之说都为本研究提出了不错的"问题点"和尝试突破的可能。例如，葛兆光认为"好像用不到日本人的身上"的萨义德式"东方主义"在中日两国是否完全用不上；其中或许蕴含着催生新的视角与理论的可能。齐亚乌丁·萨达尔（Ziauddin Sarder，1951—）曾指出，"东方主义原则中的主要部分，是由那些从未与东方有任何直接接触（除了通过书本）的各种类型的西方人的思考、想象以及写作来提供的"。[2]

---

[1] 鲁迅:《上海文艺之一瞥——八月十二日在社会科学研究会讲》(初载上海《文艺新闻》第20、21期)，引自《鲁迅全集（第4卷）二心集》，北京：人民文学出版社，2005年，第304页。

[2] 齐亚乌丁·萨达尔著，马雪峰、苏敏译:《东方主义》，长春：吉林人民出版社，2005年，第38页。

从这个意义上来说，西方文化视野中的"北京书写"充斥着的大量的虚构与想象，这就使比较文学"形象学"研究，萨义德式"东方主义"诸种理论、方法可以大施拳脚。而与此相对，由于中日之间一衣带水的地缘关系（不同于中国与西方诸国遥远的空间阻隔）、北平在日本侵华时期的重要现实意义，加之此间彼邦评论家、政治家、新闻人、旅行者、学生等各色人等可以在这座城市中自由踏访、感受这座城市，因此，宏观地看，其北平题材作品群中写实性的或基于"写实"的虚构居多，这便与西方文学中的中国形象产生了较大的距离。日本文学视野中的"北京书写"更是多方面的、全方位的，从研究的视角而言，较之前者更具发掘潜力。

6. 探究作为域外题材资源的"北京"在日本近代文学史、思想史中的位相与意义固然是本研究题中应有之义，然而作为研究者，不想被作为论题的"北京"所压倒，而只是希图将其作为一种表述媒介，以日本作家的"北京（北平）体验"为时代标本或曰横断面，揭示近代以降中日日渐交恶、最终激烈交手的时期，日本知识界复杂、交错、纠缠的中国认识及战争认识。而对"内在复杂性"的追问、对其中多元交杂的混沌状态之呈现，毋宁说，其用意正在于对抗中日两国一般日本文学史、文化史、思想史论述中"一言以蔽之"的"通约暴力"所带来的遮蔽、斩经断络与绝对化倾向，及其背后急于为历史建立清晰"秩序"的进化论逻辑。

同时，我愿将"作品—作家—流派—文学史"的关系比作"勋章—乘客—轮船—江河"。而我们的日本文学史教育与日本文学研究往往是让我们记住了巨大的轮船、优雅的乘客和耀眼的勋章，却未能让人看到承载着这一切的江河。在单纯的作家论、作品论之外，以北京（北平）人力车夫、北京（北平）天桥等为切入点的诸章节便试图从一个个小的视角切入，意在呈现、讨论日本"近现代"江河的蜿蜒流转。

必须承认，在此论题下可讨论的问题复杂、繁多，难以"毕其功于一役"（或许这也是"北京研究"之难所在），要使这一初步的、雏形状态的立方体变成多面体乃至球体，需要旷日持久的努力。陈平原曾如此提醒做博士论文的同行们：

> 做博士论文的人，除非特别没出息，否则都会努力把研究推进一步。希望自己的论文有一个全新的面貌，自然会考虑到新的理论、新的方法。问题在于，你的论述对象很可能经受不住你借用的理论之重压，因而纷纷解体——这对于史家来说，是很可悲的。我希望在对象的探讨中能发现问题，而这个问题最好有较大的发展潜力，这个潜力又能和新的知识结合起来。对于博士生来说，很可能问题意识比理论框架更重要。（中略）很多人不会写论文的原因，是误把教科书当论文写作的范本。教科书的特点是一、二、三平行罗列，而研究著作的特点是向前推进。起码就表面特征而言，一个是横的，一个是竖的。比如，告诉你杜甫诗有四个特点，一、二、三、四，中国农民战争有五大特征，一、二、三、四、五，这是平面罗列，不必深入研究，这是教科书。论文是找到一个问题，一步步往前推进，最后逼出令人信服的结论来。我希望我的研究题目缩小，但深度、厚度却大大增加。说形象点，做学术论文，研究要单刀直入，切忌贪多求全，四面开花。很多人的论文，一看就不是作研究的，单从题目就看得出来，因为只有"范围"而没有"问题"。[1]

---

[1] 陈平原：《博士论文只是一张入场券》，载《中华读书报》2003 年 3 月 5 日。

　　必须承认，本研究只能有选择性地初步呈现出其"冰山一角"，不求面面俱到的"大而全"（毋宁说，穷尽日本文化视域中"北京研究"的所有侧面是力有不逮的），以研究方法和研究视野上的更新与拓展为首要追求，力图做到"小而精"。对这些年学术界推崇"专著"的倾向，陈平原还曾批评说：

　　　　与当今中国学界之极力推崇"专著"不同，我欣赏精彩的单篇论文；就连自家买书，也都更看好篇幅不大的专题文集，而不是叠床架屋的高头讲章。前年撰一《怀念"小书"》的短文，提及"现在的学术书，之所以越写越厚，有的是专业论述的需要，但很大一部分是因为缺乏必要的剪裁，以众多陈陈相因的史料或套语来充数"。外行人以为，书写得那么厚，必定是下了很大功夫。其实，有时并非功夫深，而是不够自信，不敢单刀赴会，什么都来一点，以示全面；如此不分青红皂白，眉毛胡子一把抓，才把书弄得那么臃肿。只是风气已然形成，身为专家学者，没有四五十万字，似乎不好意思出手了。[1]

　　事实上，我对全面、宏大、体系化、玄虚化的"著作"是持谨慎怀疑态度的，也从未将其作为此生志业，更期待自己的研究提供的是通过发掘新的材料、通过与对象和"事态""状况"的对话中建立起的新的理论视野与问题意识，以制造出的一块块非但不够圆滑、反倒有些棱角、面目有些狰狞的"小砖头"为要。赵京华在评述其导师木山英雄的中国文学研究时称，"我们在他的论文中看不到抽象的概念推演和宏大的理论预设或者自明的逻

————————

[1]　陈平原：《我想象中的人文学》，参见 http://bjyouth.ynet.com/3.1/0811/01/3119670.html。
　　（2011 年 3 月 2 日查看）

辑前提，他常常是在综合把握史料的基础上，单刀直入直逼对象的问题所在"[1]，这种"'无方法'的方法"恰是木山学术的魅力所在，也是我所推崇的。我自揣没有重写日本文学史、思想史的资质与能力，但总想以一些坚硬的"中国产""小砖头"敲打、考验那些作为"主流"、作为"常识"而被理解与接受的日本近代文学史、思想史叙述中被遮蔽或被遗忘的暗流。同时，也期待这些"小砖头"若干年后也还经得起学界的推敲乃至击打。区区私心（野心），唯望读者诸君谅之。基于这一考虑，本研究不打算涉及问题的所有方面（事实上也是难以穷尽的），将以日本作家的"北平体验"为时代标本或曰横断面，在"虚与实""呈现与遮蔽""国家与个人"的二元对立、"城与人"的二位一体中逼近侵华时期日本知识界复杂、交错、纠缠的中国认识和战争认识及其折射出的战时日本近代文学史、思想史的内核。

三、自戒自省：日本文学研究的危机与突围之思

"中国学校的日本文学教育迄今已历 80 余载的风雨历程，总的说来，颇有些先天不足，后天畸形。毋庸讳言，如果说英美文学研究的繁盛是拜英语的全球霸权地位所赐，那么，除在抗战时期特殊历史文化语境下的病态繁荣外，中国的日本文学教育、研究很少获得与语言教育相匹配的地位，即使在日语已成为仅次于英语的第二大外语语种的今天。"[2]这一论断落实到日本文学研究领域恐怕也大致不差。将从事该语种教育者人员基数及其研究实

---

[1] 赵京华:《"无方法"的方法》, 载《读书》2003 年第 11 期, 第 135 页。

[2] 王升远:《越界与位相:"日本文学"在近代中国的境遇——兼及中国日本文学教育孕育期相关问题的探讨》, 载《上海师范大学学报》2010 年第 2 期, 第 96 页。

绩与学术影响相对比，不难发现，较之于英语文学、法语文学等主要语种文学研究，中国的日本文学、日本文化研究的相对衰败已几成学界共识。以"唯美（美国）主义"为典型的畸形学术生态导致的学科歧视、日语教师面对的经济诱惑等外部因素固难否认，但反躬求诸己，结合日本文学视域中"北京"问题化的思考历程，在我看来，近年来中国学界日本文学、文化研究的主要问题有四。

1. 在材料、视野与方法上的过度"日本化"，丧失了中国学者的本土立场和独特研究优势。近年来，大量留日学者归国，他们在日本高校或研究机构接受过日式的学术训练，为中国日本文学的研究带来了新的视野和方法，取得了不少令人瞩目的成绩。但若食"洋"不化、对其师承者缺乏必要的反思意识，将导致问题意识的趋同，既难"顶天"，在学科前沿上难与日本本土学者一决高下；又不"立地"，"中国视角"的缺失导致本土文化优势丧失，无异于自废武功，走向一种"悬空"状态。而这种"悬空"状态有时则会导致危险的后果。正如日本著名中国学学者安藤彦太郎（1917—2009）所指出的那样，"研究日本的古典，如果沉浸其中，甚至有变为日本人的走狗的危险。周作人的悲剧就很好地说明了这一点"。[1]作为中国学人，"本土文化体验"是先天优势，如何立足于此，充分发挥语言优势，在双边文化体验中寻找作为中国学人独具优势的研究课题，是摆在我们面前的重要课题。

2. 与其他学科的"科际对话"及相互建构意识与能力缺失导致的"自我边缘化"。日本文化是一种"杂种文化"（加藤周一语），这就决定了对其理解与研究的"复合"视角：不仅需要一般意义

---

[1]　安藤彦太郎著，卞立强译：《日本研究的方法论——为了加强学术交流和相互理解》，长春：吉林人民出版社，1982年，第32页。

上的跨学科知识储备，更需在"文学"框架下兼备跨越日、中、西的文学素养。不通西学则难以理解近代以降日本文学思潮起伏之脉络，作为中国研究者，如对本国思想、学术没有一定程度的理解与研究，则难以超乎汉学家之上对其学术做出准确、客观的定位与评价，更难以把握内含了汉文化因子的日本文化之演进规律。反之，若非做到"文学小层面"的打通和"跨学科大层面"的跨越，而满足于逼仄的视野，则将不可避免地导致独孤之败。与其他学科对话及相互建构能力之阙如导致本已在"外国文学"学科内部居于边缘地位（由学科代码上的"低人一等"可知）的"日本文学"被进一步"自我边缘化"，在知识界的处境岌岌可危。

3. 套用西方文论阐释东亚问题。固然，各种学术方法都应该得到应有的尊重，但从个人的经验来说，我对于所谓的"理论"一直持谨慎态度，更赞同葛兆光的看法：

> 说实话，我没有太新太多的理论方法，但我想，学术研究要有从观念到方法、到资料的连贯性。很多人都关心观念层面、思想层面的东西，但如果没有史料支持，只能停留在空洞笼统的论述里。我是在学校做教学的人，长期以来我们教育学生，要尊重学术基础研究的要素，都知道，文献资料就是首先不能忽视和绕开的。空谈思想谁都会，但你要把思想表达和学术基础结合，才算是有价值的东西。[1]

这一论述简言之便是王元化所谓"有思想的学术和有学术的思想"。而近年来以西方理论阐释中国问题、东亚问题成为一种

---

[1] 葛兆光口述，盛韵整理：《从历史看中国、亚洲、认同以及疆域——关于〈宅兹中国〉的一次谈话》，载《东方早报·上海书评》，2011 年 2 月 27 日。

时尚和潮流。要超越日本传统学术理路，凸显中国学者的独特优势有多重路径，有人顺应中国"学术风土"讨巧地选择了此一捷径。须强调的是，借西方理论阐发东方内部问题并非不可，但宜视研究对象而对相关理论做出适当的修正与调整，切不可"削足适履"；特别是落实到"剪不断、理还乱"的"东亚论述"，更需谨慎。2010 年，陈丹青在山东接受徐青峰的访谈时称：

> 你要知道今天这个艺术跟过去很大的不同就是，一个非常清晰的流派、主义、理论、观念越来越不重要了。现在进入一个全息状态，所谓"全息状态"，就是今天的一个人在今天的电脑面前和出版状态面前，你可以接触全人类从古到今各种各样的艺术，已经没有哪一种艺术是对的或者错的，是过时的或者没过时的。就看你在这么丰富的一个眼界面前，你在里头找各种小的空隙，能够把你自己想说的那点话说出来。而在说的过程中，你会找到一种方式，这种方式很可能别人用过，但是这种经验别人没有。所以你自己的经验，和别人的方式、手法，它有可能会出现一点新意，你就成了。（中略）在西方九十年代以来，没有一种理论可以给当代艺术一个明确的指导，说是走哪条线往前走，会达到一个什么地方，不可能了。[1]

坦白说，我对以既有"理论"为工具却使研究中的诸"问题"成为各种时髦理论之注脚的思路，持警惕和质疑态度；而是试图以"问题意识"布局谋篇，力求动用可以动用的一切适用的理论武器，尝试回答"问题"，并在这一过程中检视既有理论的"信度"与"限度"，探寻新的理论萌生点。当代日本思想家高桥哲哉强

---

[1]　http：// v.youku.com/v_show/id_XMjUwNTc1NzY4.html.（2011 年 8 月 2 日观看，录写）

调"问题意识优先"的论述亦于我心有戚戚：

> 当然，我也认为从哲学观点思考问题必须要有一个特定
> 的方法。比如胡塞尔的现象学就非常讲究方法论的要求。还有
> 当今在英美盛行的分析哲学中的一部分也是如此。不过，我则
> 感到这样一种形式太过拘束，不适合我。我反而是把问题放在
> 首位。近年来我所感兴趣的课题有战争、大屠杀、战争责任、
> 回顾、和平、历史等。如果为了思考这些问题，你纠缠于这样
> 的方法好而那样的方法不行的话，那就永远也不可能进入到关
> 键的"事态"本身中去了。为了研究作为问题的事态，应使用
> 所有可以使用的方法来解析自己的疑问，直到自己弄懂理解为
> 止。这就是我的哲学。[1]

2011年第4期《文学评论》的编后记中，编者评价陈大康的
《晚清小说与白话地位的提升》一文"没有宏大的理论词汇，却
有理论新意"，在我看来，这不仅应是中国文学研究的一种价值
追求，或许也同样适用于外国文学、比较文学与比较文化研究。
概言之，我的立场是，对形形色色的各种"理论"，不轻"信"、
不轻易"套用"，而重"疑"，重"小心求证"。说到这里我不禁
想到了冯友兰（1895—1990）关于"信古、疑古与释古"的说法：

> 我曾说过，中国现在之史学界有三种趋势，即信古、疑
> 古及释古。就中信古一派，与其说是一种趋势，毋宁说是一种
> 抱残守缺的人的残余势力，大概不久就要消灭；即不消灭，对
> 于中国将来的史学也是没有什么影响的。真正的史学家，对于

---

[1] 高桥哲哉著，何慈毅、郭敏译：《反·哲学入门》，南京：南京大学出版社，2011年，第3页。

史料，没有不加以审查而即直信其票面价值。疑古一派的人，所作的工夫即是审查史料。释古一派的人所作的工作，即是将史料融会贯通。[1]

将其中的"史料"置换为"理论"，相信此说依旧成立。

4. 语言本位而非学术本位。经与东京大学中文学科的藤井省三教授确认：日本大学及学术机构的中国文学教学、论文撰写、学会讨论皆使用日文，而非中文。道理很简单，由于学术受众主体是日本人，相关问题也容易在母语的呈现与讨论中引向深入。国内的日本文学、文化研究则恰恰相反。各专业外语大学、一般院校的日语专业多要求以日文写作学位论文，学术研讨几成教师、研究者版的"外语口语竞赛"。此中存在的"自我东方主义"倾向暂且不论，虑及学术术语原本晦涩难懂，学者的学术表达力与读者 / 听众的接受力都将经受本不必要的严峻考验，"自说自话"使学术讨论与争鸣难以达成，作为交流工具的"语言"本身反倒成了沟通障碍。就像鲁迅当年在致增田涉的信中抱怨的那样："但看这期《东方学报》，有日本学者用汉文发表论文，殊感惊异。究竟是打算给谁看的呢？"[2]反之亦然。

这些写在前头的话，与其说是与读者诸君讨论的，毋宁说，首先是要提醒自己全力克服、自省自戒的。

---

[1] 冯友兰：《〈古史辨〉第六册序》，收入《三松堂学术文集》，北京：北京大学出版社，1984 年，第 410 页。

[2] 鲁迅致增田涉（1934 年 9 月 12 日），载《鲁迅全集（第 14 卷）书信》，北京：人民文学出版社，2005 年，第 322 页。

第一章

明治时期日本文化人的北京体验
及其政治、文化心态

　　在进入具体的个案研究之前，我们有必要了解在日本文学、文化视域中，"北京"因素出现、传承的流变史，为梳理、描绘出作为底色的整体框架背景提供必要的知识谱系。

　　在中国文学研究界已冲破近、现、当代的代际区隔，"二十世纪中国文学""新文学整体观"已蔚为风尚的今天，本书前三章仍以明治、大正、昭和这样的年号为日本文学史、思想史划代看起来是"抽刀断水"的不智之举。新时代的开始，并非就在一声炮响中拉开序幕，历史的"非连续性"不过是其"连续性"的另一种形态；日本思想家柄谷行人在考察近代日本的话语空间时，也指出了此类操作的潜在风险："依靠明治、大正、昭和这些年号来区分历史，就会组成一个独立的话语空间，而忘却了与外部的关系。"[1]但藤笔者之所以以"明治时期""大正时期""昭和初期"作为论述时段，并非是没有意识到历史内在的连贯性、承续性，而是赞同柄谷的另一番论述：

---

[1] 柄谷行人著，王成译：《历史与反复》，北京：中央编译出版社，2011年，第48页。

　　如果是这样的话，全部放弃用年号的区分而用西历来思考即可吗？然而，也行不通。"明治文学"并不能单纯用19世纪和20世纪这样的概念来叙述，舍弃明治这个固有名词的话就会使某些东西消失。但是，这并非意味着日本存在着独特的"位相"或者封闭在内部的时间和空间。相反，这个固有名词包含着与外部的关联性，不允许内部的完结。而且，"明治的"或者"大正的"未必与天皇的在位时期严格对应。我们称呼"明治的"或者"大正的"，只要它们象征某一段历史的结构，就可以说它是确实存在的，废弃这样的名称就等于舍弃了这一段历史。[1]

一、都城迁移·来华路线·华夷秩序

　　逆溯两千多年的中日关系史，北京成为日本人眼中的中国视窗并非"由来已久"。尽管夏应元在《古代日本人来华活动路线研究》一文中提出的"到清代，因为日本执行锁国政策，无人来华"[2]一说不无疏漏，但其清理出的汉代以降日本人来华路线（即活动范围）却可资参考。东汉至隋朝间日本来华使者的路线状况，今已难考。夏氏援引了木宫泰彦在《日中文化交流史》中的推断，即自九州出发后，越朝鲜海峡，沿朝鲜半岛西南海岸北上，到乐浪郡，北上经陆路，到辽东半岛南端南下，经庙岛列岛到山东半岛的蓬莱。汉魏时期可能走这条路，而去南朝可沿前述路线，沿江苏海岸南抵建康。来华者在中国国内的活动则由青州、兖州、曹州抵达汴梁，再经洛阳到达长安。而前期遣唐使基本也沿袭了

[1] 柄谷行人著，王成译：《历史与反复》，北京：中央编译出版社，2011年，第48页。
[2] 夏应元：《古代日本人来华活动路线研究》，载《世界历史》1992年第6期，第14页。

这一路线，即所谓的"北路"。后期遣唐使改走南路，即由九州北部的筑紫出发，横渡东海抵达长江口岸附近诸港或近似路线，不过似乎也有飘摇迷失之时。以空海等奉敕从行的第 17 次遣唐使入唐路线为例，发自肥前国田浦，风雨飘摇抵达福州长溪县赤岸镇。登陆后空海等陆路过钱塘上流，出杭州，循运河而北，经苏州、淮阴，溯汴水而至洛阳，西出函谷关，后进长安。[1] 遣唐使的最终目的地多为唐都长安，主要活动地则为"两京"——洛阳与长安。北宋时期，入宋僧亦自南路而来，从长江口岸附近登陆，由南向北，活动中心是汴京，西达洛阳，最大的活动半径则是南抵天台山，北达五台。时至南宋，镰仓幕府派大量僧人来华学禅，这些僧人多自明州（今宁波）登陆，到江苏、浙江一带著名禅寺拜师求法。元灭宋后，来华僧人尽管有个别人被召入元大都（今北京）讲经说法，但与来宋学僧同样，将在苏浙一带著名禅寺的参禅修道作为主要目的，活动范围较前代广。遣明使循前人足迹，宁波登陆后旋即入京（明迁都前赴南京，迁都后赴北京），觐见明帝、进献方物、接受回赐。在京停留些时日折返宁波，择日返国。陈小法的研究亦称，"明代中日文化交流呈现出'两点一线'的特点。所谓'两点'是指登陆地宁波和北上终点北京。尤其是宁波，不仅在此地待命的人很多，而且滞留的时间也是最长。（中略）'一线'是指日本遣明使北上利用的京杭大运河。上京过程中，日本使节几乎是掰着手指一站一站经过运河的水驿到达北京"，此说基本理清了日本遣明使在华活动路线。[2] 夏应元指出，他们"无论在宁波、赴京途中、北京停留期间，都利用一

---

[1]　梁容若:《中日文化交流史论》, 北京: 商务印书馆, 1985 年, 第 140 页。

[2]　陈小法:《日本入明僧携回的中国物品——以策彦周良为例》, 载《甘肃社会科学》2010 年第 5 期, 第 89 页。

切机会游览名区胜境，巡拜著名禅寺，与中国文人交往，诗文唱和，请为他们的诗文作品作序跋等，进行一系列文化活动"。[1]

以夏文为线索，不难从东汉至明代中日交通史在其路线与活动范围上发现如下规律：日本来华者的足迹受中国都城迁移之影响较大，隋唐时的长安、洛阳，其后的汴梁、南京，元明时期的北京都吸引了来华学僧、使者较多的关注。然而，政治中心与文化中心并不总是"二合一"的，有时表现为一种分离形态，其中最为典型的便是元大都。如果说隋唐时期，日本还是以系统吸纳中国政治制度为第一要务，那么自北宋以降，以禅宗为中心的中日佛教文化交流成为两国往来的重要内容，而中国的著名禅寺则多在江浙。由夏氏描述可见，汉族政权第一次为北方蛮族所灭后，作为现实的"中国"和作为观念的"中华"分裂（"华夷变态"说），来华僧人仍将江南视为其憧憬的中国文化之根基，冀望在中国宝刹承嗣法统，回国弘法，故其求法活动仍限于此域。这一趋势至明代则有了明显的改观，尽管宁波一带仍是最重要的据点，但北京获得的关注远胜于此前，甚至是定都北京的元代。

由明代及之前日本人来华路线不难看出，长久以来中国的政治、文化中心位于西安及江南一带。804 年入唐的空海（774—835）在得知自己未得敕令入京时，特撰《请福州观察使入京启》称："今承不许随使入京，理须左右，更无所求。虽然，居诸不驻，岁不我与，何得厚荷国家之冯，空掷入矢之序！是故叹斯留滞，贪早达京。（中略）伏愿顾彼弘道，令得入京；然则早寻名德，速遂所志。"[2]空海的汉文修养与专诚感动了观察使，并于年末抵达长安。来华的虔诚、敬畏之心由日本入唐请益僧圆仁（793—

---

[1]　夏应元：《古代日本人来华活动路线研究》，载《世界历史》1992 年第 6 期，第 14 页。

[2]　陈福康：《日本汉文学史》（上），上海：上海外语教育出版社，2011 年，第 114 页。

864）的《入唐求法巡礼行记》中亦可窥见一斑。838 年抵唐、留唐十年、客居长安七年的圆仁在抵达清凉山麓时描述："岭上谷里。树木端长。无一曲戾之木。入大圣境地之时。见极贱之人。亦不敢做轻蔑之心。若逢驴畜。亦起疑心。恐是文殊化欤。举目所见。皆起文殊所化之想。圣灵之地，使人自然对境起崇重之心也。"[1] 历尽艰辛抵达长安的留学僧们也留下了不少吟咏京都长安的诗作。如愕隐慧崟（1366—1425，1386 年渡明，居留十余年）的《寒夜留客》，天祥（生平不详，室町时期入华僧人）的《长安春日作》皆为此属，对长安的向往即便在元定都大都后似乎也并未见有明显改变。雪村友梅（1290—1346，1307 年入元）在《杂语》中，入元僧友山士偲（1301—1370）在《题万年院》中皆流露此情。此外，在日虽未有入华请益经历者亦有人对长安心向往之，留下了不少吟咏诗篇。兰坡景茝（1417—1501，室町中期至战国时代临济宗僧人）的《花下思洛》、伊藤东涯（1670—1736，江户中期儒学者）的《春日雨中》皆为此类。较之于兼为政治、文化中心的长安，江南一带因其在文化、宗教、地理（特别应考虑日人入华路线）的特殊地位，亦为日人所重。入元的性海灵见（1314—1396）的诗作《莲》《怀江南》《春江》；入明的绝海中津（1336—1405）的《三生石》《多景楼》《雨后登楼》，策彦周良（1501—1579）的《西湖》等都是吟咏江南的名作。涉及本研究所关注的北京，日本来华请益者对其似乎还无暇顾及。即便在北京成为元明时期的国都之后，其之于日本来华求学者的吸引力仍不及长安、洛阳二京以及江南。日本人称其国都为"京洛"，足见长安、洛阳在一般日本人心中承载着远非北京可比的政治、文化意义。

　　须特别注意的是，自元代起，中日之间这种以佛教为纽带的、

---

[1]　圆仁:《入唐求法巡礼行记》，桂林：广西师范大学出版社，2007 年，第 91 页。

风平浪静的文化交流出现了若干"不和谐"的因素。蒙古人全面征服、统治了中国全土并西进欧洲，日本也直接迎来了北方异族的强势入侵。1404 年，迁都北京的明成祖朱棣赐予足利义满以"日本国王源道义"的印章，这被认为是日本被纳入朝贡体系的象征性事件。中日两国缔结了《永乐勘合贸易条约》，开启了勘合贸易时代。然而，明代也是倭寇对华大规模滋扰之肇端。从辽东、山东到广东漫长的海岸线上倭寇猖獗，戚继光率军抗倭，于 16 世纪中期基本平定了东南沿海的倭患。时至晚明，中日关系因丰臣秀吉（1537—1598）的异军突起及其海外扩张而骤然吃紧。王向远在《日本对中国的文化侵略——学者、文化人的侵华战争》中梳理了秀吉自追随织田信长以降对朝鲜及中国强烈的领土诉求和侵略构想。[1] 在秀吉的侵华迷梦中，迁都北京，乃是具有标志性意义的重要一环。1592 年 5 月，他在率兵 16 万侵略朝鲜途中意气风发："主公命各路准备渡海用船，急于前往大唐。上意将于今年之内入北京。（中略）主公进北京（中略）即定宁波府为日本港口。"[2] 尽管中、朝联军旷日持久的抗战使秀吉的海外扩张折戟沉沙，迁都北京成为泡影，但其侵略朝鲜，剑指中国、印度的构想与行动，都为其后来的"海外雄飞""大东亚共荣圈"等帝国主义理论之炮制、侵略战争之发动提供了思想传统和实践范本，遗毒甚剧。应注意的是，作为中国政治中心的"北京"最初在中日关系史上烙下深刻印记便是作为幻想中被征服的对象。

为抗日援朝，明廷"几举海内之全力"，国力大伤，客观上为努尔哈赤之崛起、膨胀乃至统一女真各部提供了难得的机遇。

---

[1] 王向远：《日本对中国的文化侵略——学者、文化人的侵华战争》，北京：昆仑出版社，2005 年，第 20 页。

[2] 国民精神文化研究所编：『国史资料集』（第 3 卷）、東京：竜吟社、1943 年、第 434—438 頁。

1644 年，满洲人大举挥师入关，定鼎中原，顺治帝迁都北京。孟晓旭的研究对清初中日关系的一个重要个案做了详尽的论析。[1] 1644 年 6 月，日本越前商人竹内藤右卫门等人漂至珲春一代，被掳杀后幸存的 15 人先被押解至盛京，而后随着满洲人入关，成为目睹满洲人入主中原的第一批人，他们为日本带来了大陆朝代更替的最新政治情报。刚定都北京的顺治帝以中华皇帝自居，希图以华夷秩序新领袖的名义将日本在"慕化主义"的支配下纳入清王朝新的统治秩序中，于是，翌年将漂流来华者假途朝鲜送归日本。日方接应者在书契中指清为"鞑靼"，用语不逊，他们对送返漂人更令人意外的举动在于声称要假道朝鲜，出兵中国。孟晓旭指出，日本当权者最终未步秀吉之后尘出兵海外，乃是出于因反清复明势力失败（如郑芝龙降清）而导致的对北京的忌惮。另一方面，尽管满洲人已入主中原，但日本是把自己作为另一个秩序的领袖来判断清遣送漂流民事件的。这样，日本对"夷狄"出身的清王朝的怀疑以及清对日消极的"不治主义"外交转向，使得中日在清初即渐行渐远，终德川时期两国未能建立起正式官方关系。

　　自东汉时期有史记载的中日关系起始时期直至清代中晚期，日本对华的关注渐由政治、文化层面的全面移植、模仿逐渐转入怀疑、相对化的冷静思考乃至于分庭抗礼阶段，由对华仰视转而渐趋平视、俯视，逐渐由古来的华夷秩序中之边缘地位转而秉持"华夷变态"的自我中心化观念、对本为"夷狄"的北方蛮族统治的现实中国产生疏离感，并最终产生了对现实中国的领土诉求。而在日本文化视野中，"北京"的意义也在此过程中逐渐生成：在

<hr />

[1]　孟晓旭：《1644 年日本越前国人的"鞑靼漂流"与清初中日关系》，载《历史教学》2008 年第 2 期，第 10—14 页。

征服中国的迷梦中，迁都中国政治中心北京成为极具号召力和蛊惑性的口号。从这个意义上来讲，对"北京"蠢蠢欲动的向往、对华侵略战争的策划也是明治以降日本数次对华侵略的思想源头。

即便如此，这并不意味着锁国时期的日本文学中全无"北京"因素。江户中期关西诗坛的汉诗人清田龙川（1747—1808）就曾作《蓟邱[1]览古》，诗云：

> 驱马蓟门北，乔木迷古国。
> 谁怜郭隗台，唯见生荆棘。
> 一自昭王去，萧条霸图息。
> 独有菘花开，余得黄金色。

此诗从韵律至用典都是极为平庸甚至拙劣的怀古之作。所谓"郭隗台"所用的乃是燕昭王千金买骨，重用老臣郭隗，罗致乐毅等名将，使燕国强盛一时之典。陈福康以此诗为论据提出"龙川当来过中国"[2]，这倒未必。首句"驱马蓟门北"极易造成"身临其境"的错觉，但显然，此句实乃对高适《自蓟北归》的直接挪用。略知战国史和唐诗者，吟出清田这般庸作并非难事，从这个意义上来讲，陈氏抱怨《日本禹域旅游诗注》等书未收录此诗似亦在情理之中。此处引述此诗，并非纠缠于诗人是否曾经亲临

---

[1] "蓟邱"，古地名，在北京城西德胜门外西北隅。《史记·乐毅列传》："乐毅报遗燕惠王书曰：'蓟丘之植，植于汶篁。'"张守节正义："幽州蓟地西北隅，有蓟丘。"明代沈榜《宛署杂记·古迹》："蓟丘，在县西德胜门外五里西北隅，即古蓟门也。旧有楼台并废，止存二土阜，旁多林木，翳郁苍翠，为京师八景之一，名曰'蓟门烟树'。"明代蒋一葵《长安客话·古蓟门》："今都城德胜门外有土城关，相传是古蓟门遗址，亦曰蓟邱。"

[2] 陈福康：《日本汉文学史》（中），上海：上海外语教育出版社，2011年，第191页。

北京之类的疑问，更非表彰其在日本汉文学史上的贡献，只想表明，至少在清代中晚期，北京已经是日本文学、文化中的一个元素了，尽管这可能是无关现实，只指向经典中的、虚幻的北京，是一种影响极为模糊、微弱甚至具有空想性的"虚像"。

1823 年，幕末知名经世家佐藤信渊（1769—1850）的《混同秘策》（后经人校对书名改为《宇内混同秘策》）在为日本勾勒其处理国际关系的政治地图时，提出了大胆的侵华设想。这一侵华路线图乃以"满洲"为中心，之所以如此，是因其距王都北京较远，尽管如此，其最终指向的似乎并非是中国的政治中心北京，而是南京："第九为亲征。当以熊本府兵从焉，先头之兵当直取江南地区，速攻南京应天府，以此为临时皇居。"[1] 在这个涉及"满洲"、朝鲜南海、江浙一带的侵华路线图中，并未如丰臣秀吉般狂妄到直接以中国国都为染指对象，而这也是锁国体制下的幕府的经济、军事实力所决定的（锁国体制下幕府独占与海外的交通，个人的海外交流被禁止），作为实像的"北京"在日本文学中的全面呈现还在明治开国之后。

二、"景山满目夕阳多"：作为文明盛衰隐喻的古都

19 世纪中期佩里叩关，幕府锁国统治寿终正寝。1867 年，明治天皇登基伊始便宣称将"开拓万里波涛，宣布国威于四方"。明治维新后，日本调转船头推进近代化（欧化），遽然跻身世界列强，中国人的对日思维由"轻日""征日"转向"师日"；而几乎与明治终结、大正改元同步，清廷三百年统治分崩离析，中国

---

[1] 尾藤正英著、島崎隆夫校注：『日本思想大系 45·安藤昌益 佐藤信淵』、東京：岩波書店、1977 年、第 432—435 頁。

随即进入民国时间。明治开国后，日本人不再满足于千年以来借由他人经验、或通过中国典籍而获取虚空感受，而逐渐倾向于向实地体验过渡，明治以降，来华者渐增。1883 年初，著名汉诗人成岛柳北（1837—1884）在为"东京府士族"曾根俊虎的《清国漫游志》以汉文序曰：

> 我邦能文之士好游者极多，而文以纪其行、诗以写其胜者亦不为少矣。然其所游不过诸尊所生之地，故其所记，彼袭此蹈，使人厌其陈腐焉。曰月濑探梅、曰芳野观樱、曰登富士山、曰游松岛，文章虽妙，诗句虽丽，而不过衒其伎俩，识者不取也。近年汽船往来，针路日辟，海外万里犹比邻，邦人出游诸国者何限，而能纪其行以传于世者寥寥无闻，岂不一大憾乎？[1]

明治时期（特别是甲午战后）中日以及朝鲜半岛（如釜山至京城的京釜铁道、京城到义州的铁道等）铁路事业的勃兴、发展以及日本近代旅游业的兴起都为日本人的中国行提供了极大的便利。北京的铁路交通枢纽地位决定了其将成为日本游客的"必经之地"；若选择陆路则可以经由朝鲜半岛陆路至辽东半岛，而后至京津，借京汉铁路之便利，纵贯中华南北（也可选择横滨—长崎—上海的海路路线）。日本政治家、文学家、新闻家、艺术家、宗教人士、军人等各阶层的各色人等基于各种目的来华访游，其驰骋范围也较前人大大拓宽，西至蜀、滇，南达粤、港，北抵东三省，足迹遍及辽、吉、京、津、冀、鲁、豫、苏、浙、赣、鄂、川、渝、滇、陕、粤、港、台诸地，并留下了为数甚丰的中国游记或中国题

---

[1] 曽根俊虎：『清国漫遊誌』、東京：續文舍、1883 年、頁数なし。

材文学作品。[1]美国的日本研究学者傅佛果（Joshua A. Fogel）广泛收集从幕末明治至 1945 年日本战败为止，日本人创作的中国游记，出版了 *The Literature of Travel in the Japanese Rediscovery of China 1862-1945*（Stanford: Stanford University，1996）。该书中提及众多来华的一流日本文学家，其中包括：森鸥外、二叶亭四迷、正冈子规、夏目漱石、迟冢丽水、田山花袋、佐佐木信纲、河东碧梧桐、与谢野晶子、永井荷风、正宗白鸟、斋藤茂吉、志贺直哉、木下杢太郎、北原白秋、谷崎润一郎、里见弴、菊池宽、长与善郎、久保田万太郎、村松梢风、久米正雄、芥川龙之介、佐藤春夫、吉川英治、金子光晴、吉屋信子、大佛次郎、横光利一、小林秀雄、中野重治、林芙美子、岛木健作等[2]，当然，事实上还有更多。明治时期的冈千仞等为数众多的汉诗人除外，至少还有芥川龙之介、长谷川如是闲、川端康成、岸田国士、伊藤整、小田岳夫等（后文详述）。而若将关注视野放大为"文化人"的话，那么内藤湖南、桑原骘藏等史学家，村上知行、山本实彦等新闻家、舆论家，竹内逸、桥本关雪等艺术家等将使这个名录的容量扩大到一个更大的规模。

对于近代日本人而言，北京可以是单纯的旅游目的地，也可以是日本人实地探察中国政情民俗 / 军事动向、了解中国传统文化 / 中国国民性的视窗；可以是以之为镜鉴反躬自省的契机与思想资源，也可以是了解汉文化基本构造与底色、思考所谓"黄色人种"的近代困境与未来进路的现实基点。从这个意义上来讲，

---

[1] 具体可参见王向远：《中国题材日本文学史》，上海：上海古籍出版社，2007 年。是著之论述重心亦在近代部分。

[2] 西原大辅著，赵怡译：《谷崎润一郎与东方主义：大正日本的中国幻想》，北京：中华书局，2005 年，第 26 页。

在各类文本中，作为个体的文人学者与北京这座城市的邂逅，极易在意识形态中被转换、放大为以北京为接点/舞台的，作为整体的民族、国家间的摩擦、对立甚或冲突。

近代以降，在中国的政治、文化中心，日本文化人的北京书写大致又可粗分为文明批评和政治观察（含国际关系评论）两类。先来讨论前者。

1873年3月，清廷与日本正式批准了《中日修好条规》，至此，因两国的海禁和锁国政策而中断了两百余年的正式交往得以恢复。从现有文献记录看，广濑淡窗（1782—1856）的弟子小栗栖香顶（1831—1905）是条约生效后最早造访北京的日本僧人之一，也是重启中断已久的中日佛教交流的重要人物。在神佛分离、神道教取代佛教成为国家意识形态核心、基督教借助西方列强的不平等条约在日本势不可挡、佛教地位一落千丈的历史语境下，香顶来华的首要目的在于与中国高僧商讨共同捍卫佛教之策。在《北京纪游》中，他提出了全球弘法方策："曰：'日本为首部，支那、印度为胸部，欧、弗为两腿，两米为两脚，以布教法于全地球。'曰：'布教自支那始，置本山于南京，置支院于十八省，以连枝为支那教主，选人才，分掌各省教务。'"[1] 由此不难看出在香顶的佛教布教全球构图中，日本居于首脑、支配地位的筹划与野心。香顶也对在华布教信心满满，曾书一绝云："一读琅然响北京，恍疑字字放光明。春风他日从东到，警醒群眠是此声。"[2] 在呈与本然的《护法论》中，香顶站在"亚洲"的立场上，以辅车相依、唇亡齿寒之理，倡导中、印、日"三国僧侣同心协力，护

---

[1] 小栗栖香顶著，陈继东、陈力卫整理：《北京纪事·北京纪游》，北京：中华书局，2008年，第141—142页。

[2] 同[1]，第182页。

法护国, 可以全亚洲之体面也"。[1]在北京师从龙泉寺本然上座一年后, 香顶离京返日。1876 年, 香顶来到上海, 于沪上创建了首家日本净土真宗东本愿寺别院, 开始了向中国人传播日本佛教的历史。当然, 这不过是近代中日文化关系之逆转以及"文化亚细亚主义""中日连横论"在宗教领域的折射。正如该作的整理者陈继东、陈力卫所指出的那样:

> 净土真宗为何在这一时期要与中国佛教界进行接触, 要在中国传播"日本佛教"(真宗)? 当时日本因文明开化而自负, 对其周围的"未开""半开"的各国显示了优越感, 同时, 为在欧美列强的攻势面前日益虚弱的邻国深感不安, 既想与西方列强共同瓜分近邻, 又欲与近邻协同抑制西方的扩张, 特别是在深受汉学熏陶、自觉其精神性支柱有赖于中国文化的一部分当政者、学者和宗教家, 他们更多地倾向于主动接近中国。[2]

汉学家内藤湖南(1866—1934)便是"深受汉学熏陶、自觉其精神性支柱有赖于中国文化"的重要代表。1899 年 9 月至 11 月间, 内藤来华访察, 并著成《燕山楚水》, 翌年由博文馆出版。是书几成其时日本青年游华的必备指南, 也是今人研究甲午战后中日关系、日本人中国观的重要文献。1894 年甲午战事方起之时, 内藤便写出了《所谓日本的天职》一文, 战后, 其论调全无调整:"现在我们即便奋发空前的雄略, 夺取辽东、燕京的山川土

---

[1] 小栗栖香顶著, 陈继东、陈力卫整理:《北京纪事·北京纪游》, 北京: 中华书局, 2008 年, 第 187 页。

[2] 同[1], 第 5 页。

地，扼吭拊背，控制禹域全境，而怎么能够在胡服辫发之后移风易俗呢。使四亿人口以我国富有灵泽的国语，来代替他们南北的官话，谈何容易。"[1]近代以降，在日本思想界，站在福泽谕吉式的近代文明论立场上，认为已成为东亚文明国的日本应引领守旧落后的中国走向进步者为数甚众。针对这一论调，内藤湖南结合中国文化的源流批驳曰："日本的天职，就是日本的天职，不是介绍西洋文明，把它传给中国，使它在东亚弘扬的天职；也不是保护中国的旧物卖给西洋；而是使日本的文明、日本的风尚风靡天下、光被坤舆的天职。我们因为国在东亚，又因为东亚各国以中国为最大，我们天职的履行必须以中国为主要对象。"[2]这番议论流露出的是对日本文化主体性的确认、高度的文化自信，以及企图对华文化输出、文化侵略的勃勃野心。

甲午战争日军的旗开得胜，不仅强化了汉学家面对中国的文化自信，更使视中国为"半开化国"的"近代"论者、进化论者们欣喜若狂。较之于前者，后者的对华姿态更为强硬。1894 年 8 月 1 日日本天皇发布宣战诏书的四天后，福泽谕吉（1835—1901）随即为之造势，呼吁万民齐心奋起，以获得最后的胜利。在福泽的"文明征服论"中，北京的意义至关重要：

　　如果日本的目的单在以日清两国之战这种战争的精神的话，我军的胜利已经很充分了。但如果要以文明的势力使四百余州风靡、使四亿人民得仰日新之余光的话，一定要长驱而冲入北京的首府，扼其喉而使其立即降伏于文明之师。我们切望

---

[1] 内藤湖南著，吴卫峰译：《燕山楚水》，北京：中华书局，2007 年，第 179 页。

[2] 同 [1]，第 183 页。

尽快见到旭日之旗在北京城的朝日中飘扬，使文明之光招摇四百余州的整个领土。[1]

甲午一战为日本文坛反思其创作现状提供了重要契机。评论家高山樗牛（1871—1902）在对写实主义小说做系统批判之时便举出了甲午战争期间文坛弊病的实例。在《小说革新的时机——对非国民小说的诘难》（原载《太阳》第4卷第7号,1898年4月）一文中，高山氏如此批评文坛上的"非国民"：

> 这种弊害最明显的表现，是在日清战争的时期。当我国军队越海西渡，举国上下正热心于国家精神大运动之时，人才济济的小说界到底又做了些什么？（中略）偶有二流以下的小说家写写战争作品，他们便以"趋时"进行声讨。我几乎怀疑这些小说家是否还有资格做一个日本国民。像这样，战争和文学之间初则形同陌路，终则分道扬镳。（中略）呜呼！国民对这样的文学家又能说什么呢？这些作家自身又何以如此面对现实社会呢？[2]

高山樗牛所期待的，是关注中国、关注战争的文学家，是类似于福泽谕吉这样的"爱国"文化人，是"国民作家"。当然，高山的批评也可以视为日本发动的十四年侵华战争时期，日本文坛全面右倾化背景下所谓"笔部队"诞生的理论先声之一。

---

[1] 福沢諭吉:『直ちに北京に働く可し』(1894年8月5日)、『福沢諭吉全集』(第14卷)、東京: 岩波書店、1961年、第501頁。

[2] 高山樗牛:《小说革新的时机——对非国民小说的诘难》，引自王向远编译:《日本古典文论选译·近代卷（下）》，北京: 中央编译出版社，2012年，第456页。

　　当然，"彼长"源于"此消"，日本文化人对本国文化主体性的自觉、向中国"文化输出"的谋划乃至实践，与曾作为日本楷模的中国在晚清时期的全面衰败、在内政外交上的全面被动有着直接关系。前述香顶之来京是受到了其同门、1873 年 3 月随外务大臣副岛种臣（1828—1905）赴京签订《日清修好条规》的长三洲（1833—1895）之影响。1871 年，时任大学少丞的长三洲随钦差大臣伊达宗城（1818—1892）、外务权大丞柳原前光（1851—1894，1874 年派为驻北京特命公使，辅助内务卿大久保利通对中国的外交谈判）来华。尽管在此次谈判中，日本已经显示出侵华野心，但终究"物伤其类"，深受汉学影响的长三洲的北京之旅还是留下了伤感之句：

　　　　渚宫水殿带残荷，秋柳萧疏太液波。
　　　　独自金鳌背上望，景山满目夕阳多。

　　　　　　　　　　　　　　　　——《燕山杂句》

　　　　团团十个古光同，剥蚀篆文谁勒功？
　　　　阅尽兴亡千载事，伤心无语卧秋风。

　　　　　　　　　　　——《题石鼓，在燕京文庙戟门内》[1]

　　作为一位汉诗人，来到素所向往的中华帝都，未看到盛世之象，却在景山看到了凋敝、萧索的景致，在文庙体会到中国传统

---

[1]　以下引用汉诗文未注明出处者即引自陈福康的《日本汉文学史》（上海：上海外语教育出版社，2011）及孙东临编著《日人禹域旅游诗注》（武汉：武汉出版社，1996），不另注，谨向二位先生的扎实工作致敬。

文化全无生机的惨状，二诗并读，读到的是长三洲眼中清帝国夕阳西下、已濒危殆的景况。事实上，长三洲在帝都伤心无语的失落也正是近代以降日本汉诗人吟咏北京的主流基调。"追古"有时意在"抚今"，在古时英雄争衡之地思考老大国的兴败今昔，赋予历史纵深感更易凸显出中国由文明古国、世界帝国至近代弱国的变迁轨迹，以及与之逆向的、日本由闭关锁国的旧体制中及时警醒、追赶西洋列强的近代化历程。

如果说长三洲的北京之旅只是短暂的逗留，那么著名汉诗人冈千仞（1833—1914，于1884—1885年间来华访游三百余天）在中国较长时段的观察颇值得注意。其中，《观光纪游》中收入的《燕京日记》（卷上、卷下）以及《观光游草》（卷下）的《燕蓟览古廿律》都是其北京游的作品。张明杰在整理《观光纪游》时撰文提出"与使馆人员、尤其是与访日的王韬的交游，成了促使冈千仞赴华游历的主要动机之一"[1]的观点。通览该书，实情恐怕并非如此，倒是其友元田直在为冈千仞的游记所作序言中道出了冈氏中国行的"问题意识"："物久则化，数穷则变。印度希腊往古文明国，而今皆不能保其旧。乌知今之汉土果不若汉唐宋明之盛乎？往昔我朝取于隋唐为法，今也取于米于英于法于独（即美、英、法、德四国——笔者注）。而汉土则邈若不闻。顾汉土岂无可取者乎？我友冈君振衣有所感于此，将一游汉土问其俗。"来华一探虚实的结果是让访者失望的。在《燕蓟览古廿律》中，冈氏作小引曰："燕京金元以来帝都，感往伤来，寄感慨于山河，凭今吊古，寓讽刺于歌咏，赋览古廿律，

---

[1] 冈千仞著，张明杰整理：《观光纪游·观光续记·观光游草》，北京：中华书局，2009年，第4页。

以纪游。"[1]在《顺天府》诗前小引中，冈氏描述："明世宗定鼎北京，规模宏大。觉罗氏嗣兴，累康熙、乾隆之营筑，堑壁之壮，宫关之丽，穷绝前代。唯粤匪乱后，内外多故，大厦宏第，损坏不修，康庄广衢，陷为壑谷状。贫民褴褛乞食路旁，使人惨然败兴。"[2]

　　在北京，琉璃厂是具有文化地标意义的"京都雅游之所"，中国文化兴衰气象可由此一叶知秋。在《清国巡游志》中，来访者难掩失望之情："十二日，上午在市内散步，来到刘福寺街、琉璃厂街，（中略）未遇珍奇之物，却多有假货赝品。"[3]1898年来中国游历的东京切偲会会员中村作次郎（1858—？）在其《支那漫游谈》中以一个古董商人的视角记录了琉璃厂街的观感："支那的古董店有很多商品，只是面向日本的东西很少。因为支那是一个革命多的国家，明代以前的陶器、即宋元前后的好古董反倒在日本，而在其本家支那反倒没有。当今北京周边的商品多为清朝的物件。"[4]八年后的1906年6月，著名新闻家、思想家、评论家德富苏峰（1863—1957，1942年出任大日本文学报国会会长，被认为是主张战争政策的主要发言人，日本战败后被定为甲级战犯）在《七十八日游记》中也同样指出，"琉璃厂我去过几次，每次都想或许会找到什么有意思的事，可是到今天为止还没有任何收获"。1917年第二次来京，"到了北京就先去了琉璃厂，（中略）

---

[1] 冈千仞著，张明杰整理：《观光纪游·观光续记·观光游草·序》，北京：中华书局，2009年，第303页。

[2] 同[1]，第303页。

[3] 教学参议部编：『清国巡遊誌』，京都：仏教図書出版株式会社、1900年、第220—221頁。

[4] 中村作次郎：『支那漫遊談』（切偲会，1899）、参考版本为小島晋治監修『幕末明治中国見聞録集成』（第三卷）、東京：ゆまに書房、1997年、第302—303頁。

花了半天的时间寻觅，别说宋元的东西，就是明朝的善本也很难找到"。[1]

　　千年古都衰败之象不仅可征于琉璃厂一隅。苏峰还看到了北京古迹的零落、荒凉，踏访明十三陵时，甚至看到了"墓地已经变得非常破旧，这里没有牌位，没有香炉，就连燕子都敢大胆地来筑巢"，并将在北京目睹的一切归因为中国人对自己精心构造起来的建筑"鲜克有终"的漠然。[2]诗人、作曲家、翻译家小林爱雄（1881—1945）也持类似观点："凡在支那看到的建筑，其结构都颇大，荒颓之状到处可见。建造之时规模极为雄大，其后荒废、置之不顾是为常态，此由宫城的墙壁的坍塌便可知矣。"[3]同时，他强调，各名胜古迹处的守门人不顾文化保护之重任的疯狂敛财成了古都破败的又一要因。小林爱雄参观天坛祈年殿时称"瓦虽是粗制滥造，但却坚固耐久，送上一美元，看门人便会去损坏了给你带过来，真是可爱而又可耻之极。在他们的眼中，全无什么国家。不，恐怕是没有思考自己之外事物的余地吧。这个国家的人们极端个人主义的实际倾向，在他们身上展现得淋漓尽致。若有数百外国人前来，想要所有瓦片，那么一瞬间房顶便将成为裸体"。对日本游客来说，在北京最觉不快的恐怕便是在各宗教／文化胜地遭遇索要钱财的门卫，文庙、天坛、雍和宫无不尽然。来到雍和宫，小林爱雄发现"在安定门东的喇嘛庙也有前述的要饭门卫，不送钱是不会开门的"。在孔子庙，他又感慨："但，这门为黄金而开，那黄瓦可以四美元买下，看了这些，不知地下的

---

［1］德富苏峰著，刘红译：《中国漫游记·七十八日游记》，北京：中华书局，2008年，第93、404页。

［2］同［1］，第406、409页。

［3］小林爱雄：『支那印象記』，東京：敬文館、1911年、第153頁。

孔子会作何感想？"[1]在 1912 年出版的《支那风韵记》中，作者
川田铁弥（1873—？）来到孔子庙等处，称"革命之际，国民的
头脑中看似也无保存风致等观念，只要出钱，寺院、堂宇的宝物
都可以交给外国人的愚蠢值班人似乎也不少"。[2]类似情形在大正
期间日本文化人的北京纪行中仍屡见不鲜。正如内藤湖南所批评
的那样，在日本人看来，中国的杂乱无章与"中国国民性"是密
切关联的，这也正凸显了中国人"趋于实利、不解风雅的性格"。[3]
在出版于 1894 年的《亚细亚大陆旅行日志并清韩露三国评论》中，
作者原口藤一郎（生卒年不详）在论及中国国都时，在推赏以北
京为核心的中国文明史之悠久的同时，也批评了北京的"不洁"、
建筑的破败以及原本"勇冠四百余州"的满洲旗人入关化为"都
人"的堕落，并警告称："我国首府东京之人士宜以北京为鉴，勿
在我东海之滨造出第二个北京。"[4]

　　不洁、敲诈勒索、重一己之利而斯文扫地，凡此种种都指向
了文化大国的衰落及中国人国民性的卑劣、不端。然而，最为致
命的恐怕是在面对"孔子之门墙"时，却看到作为数千年来东亚
文明之灵魂与根基的孔教在近代中国业已失效的现实。在参观孔
庙时，小林爱雄称："孔子以'修身齐家治国平天下'作为大法，
以为四亿万民众的师表虽是事实，但今天（中略）又会赢得几许
尊敬？这一支那道德之大则而今又有几许权威？"他认为，在澎
湃的近代新思潮面前，孔教将如"黎明的星光一样"消退，自南
至北，中国本有的儒教及印度传来的佛教等宗教都将在西欧思

[1]　小林爱雄：『支那印象記』、東京：敬文館、1911 年、第 143—144、151、156 頁。

[2]　川田鉄彌：『支那風韻記』、東京：大倉書店、1912 年、第 20 頁。

[3]　内藤湖南著，吴卫峰译：《燕山楚水》，北京：中华书局，2007 年，第 51 頁。

[4]　原口藤一郎：『亜細亜大陸旅行日誌併清韓露三国評論』、大阪：青木嵩山堂、1894 年、
　　　第 38—44 頁。

潮面前黯然失色。[1]冈千仞在北京与李鸿章、李慈铭、丁韪良等中外名士交谈时，也曾直言"余费平生精神于无用经史，追悔无及"[2]，或责难儒生所学无用，纸上谈兵怎纾国难[3]，以北京为窗口观察中国衰落之因的同时，省思明治以降日本"避虚学、就实学"的崛起轨迹。综上，日本文化人对中国传统文化的衰败、无序之描述，在文化思想的本质层面对中国的彻底否定，对中国国民性鄙俗的批评等，都为日本对华的武力征服、文化侵略制造了逻辑合理性。

三、"可怜燕蓟非吾有"：作为政情探察之窗的帝都

内藤湖南感叹，"中国大陆确实是一望之下容易鼓舞雄心的地方。所以，即便是文人词客这样的闲游者，在那里的笔谈也动则纵论形势"[4]。与前述文人气的"徒伤悲"相比，不少来京探察者更为注重的是现实的、作为与日本国家利益休戚相关、与日本的亚洲战略紧密关联的"政治北京"。当然，在中国的政治心脏思考中国的政治状况，连带提出日本的应对之策似乎也在情理之中。看到因1860年10月英法联军入侵而损毁的圆明园、万寿寺，冈千仞曾赋诗云：

兵祸当年何惨其，玉楼金殿尽残堕。

唯将荡矣委天数，谁不慨乎思往时。

［１］小林愛雄:『支那印象記』，東京:敬文館、1911年、第156—157頁。

［２］冈千仞著，张明杰整理:《观光纪游·观光续记·观光游草》，北京:中华书局，2009年，第114页。

［３］同［２］，第130—131页。

［４］内藤湖南著，吴卫峰译:《燕山楚水》，北京:中华书局，2007年，第202页。

荒径草埋红玟瑁，败砖人蹈碧琉璃。

中兴诸将英谟足，闻道八旗征法夷。

——《圆明园》

人寿古来无百年，呼为万寿后人怜。

凄凉金地噪寒鹊，狼籍宝阶堆败砖。

祇树林春摇落日，昆明池蘸廓寥天。

朘将膏血涂堂塔，至竟佛缘是恶缘。

——《万寿寺》[1]

　　冈千仞对北京倾颓的书写中强调了西方外来入侵的因素，所谓"闻道八旗征法夷"是对清廷统治者蒙昧无知、夜郎自大的嘲讽，而"呼为万寿后人怜"更是对清帝不知人寿几何、妄自尊大终致灭国之灾的抨击。然而，眼见西方列强在华利益的迅速扩张，日本最终开始了与西方列强分食中国的谋划，甲午战争的爆发更加剧了这一倾向。明治汉诗人野口宁斋（1867—1905）在为内藤湖南的《燕山楚水》所作《学徒的暑假旅行》中对日本人的中国纪行提出了这般期待："我希望他们再进入到内陆地区，去探寻那些中国诗人自古以来咏怀抒情、而现在依然能尝到羁旅辛苦的地方，或踏访东三省、山东这些新近被欧洲强国侵占的地方，以备思考战略雄图。"[2]野口的话意味深长。在甲午战争胜利并迫使清政府签订了丧权辱国的《马关条约》之背景下，所谓"以备思考战略雄图"，实质上表明了以欧洲列强为典范、进一步对华侵略

[1]　冈千仞著，张明杰整理：《观光纪游·观光续记·观光游草》，北京：中华书局，2009年，第304页。

[2]　内藤湖南著，吴卫峰译：《燕山楚水》，北京：中华书局，2007年，第5页。

的意图。在为内藤送别的诗中，野口竟有"束手君臣涕泪多，他年风雨哭铜驼。可怜燕蓟非吾有，如此江山奈尔何"[1]之句。此句固有对中国任人欺凌、国土沦丧之兔死狐悲之意，更昭然明示了对中国领土的觊觎。在"王气中原竭，八维纷似麻"（幸德秋水：《送内藤湖南游清国》）之际游华，其时供职于《万朝报》的内藤湖南以汉学家的内行眼光和新闻记者的务实姿态提出了不少迥异于前人的涉华论述。在北京，内藤并未与同时代者那样去拜访高官名流，在他看来，"在位的名公巨卿接见时的一些谈话，虽然表示出他们极大的善意，但要知道很难产生什么实际的功效。（中略）如果想了解中国的现状，不如通过和那些希望有所作为的士大夫、不得志的人的深交来获得"。[2]值得充分注意的是，归国后在《中国问题的南京北京》（1900 年 3 月）一文中，针对日本的中国问题研究者重南京而轻北京的偏向，内藤湖南提出了痛切批评：

> 中国问题的研究家们，近来突然把注意力集中在南京，这委实是一需要留意的现象。（中略）但是在学校以外的事业，我倒不赞成在南京用力过多。（中略）到底近来的中国研究家们，为什么轻视中国北部，这是我难以理解的地方。（中略）而北京实际是排外党的巢穴，国人游于那里，竟没有可以谈话的人，感到压抑、不快，于是就没有了在这里做事情的心情。但是，北京公使馆正是有接受局外重要人物的刺激的必要。而且如果有人能和北京的内外人士广为交流，暗中培植我们的势力，这对我国在中国的事业的影响，远非其他地方可比。事

---

[1] 内藤湖南著，吴卫峰译：《燕山楚水》，北京：中华书局，2007 年，第 13 页。
[2] 同 [1]，第 207 页。

实上，英、俄等国都是采取这个方针才有了那样的结果。观察泰晤士记者莫理逊的势力和行动，基本就可以理解了。（中略）现在往往为了在南方倾注力量，以至于出现了认为可以不派人到北京的声音，这可是大错特错。[1]

由此可见，较之一般文化人，作为"支那通"，内藤湖南的识见更为独到、务实，他强调中国政治心脏北京之于外国对华势力渗透的重要意义，并着眼长远提出应在北京"暗中培植我们的势力"，取徐图缓进之策而非急切冒进之途。

近代以降，闭关自守的北京之政治动向甚至人民运动多与外国势力的渗透、入侵密切相关。1900年4月、5月间奉命考察"清韩"的村木正宪（1867—？）初入北京地界时发现，"支那政府看来彻底地厌恶文明，铁道止于马家堡，电车亦限于永定门外，将城内定为神圣、文明空气不得侵入之地，贪作太平之梦"。[2]在1900年6月出版的《清国巡游志》中，日本佛教人士痛斥北京清兵的腐败，曰："路过一练兵场。炮声阵阵不绝，或许是训练的将官多贪于安眠舍宅（中略）仅闻炮声即可推测兵士之勤怠，而兵士又以大放空炮欺骗将官。清兵之腐败已至此欤！"[3]如此腐败，清廷的"太平之梦"显然是守不住的。19世纪末，义和团运动兴起，八国联军侵华。1900年6月11日，日本书记官杉山彬（1862—1900）前去迎接入京的西摩尔联军，在永定门外被董福祥所率领的武卫后军（甘军）所杀。事后荣禄亲赴日本使馆道歉。1900年

[1] 内藤湖南著，吴卫峰译：《燕山楚水》，北京：中华书局，2007年，第203—205页。
[2] 村木正宪：『清韩纪行』（1900），参考版本为小岛晋治监修『幕末明治中国见闻录集成（第五卷）』，东京：ゆまに书房、1997年、第507—508页。
[3] 教学参议部编：『清国巡游志』，京都：仏教図书出版株式会社、1900年、第282页。

8月13日，包括日本在内的八国联军兵临北京城下，8月16日，北京沦陷，"两宫西狩"，帝都因八国联军的烧杀抢掠而遭遇浩劫。最终，清廷与列强签订了丧权辱国的《辛丑条约》，其中包含以那桐为专使大臣，向日本天皇为杉山彬事件道歉、巨额赔偿以及外国可以在北京至山海关之间驻扎军队（事实上，清廷对外国在京驻兵权的承认也成为1937年卢沟桥事变的直接诱因之一）、清政府保证镇压排外行为、划定使馆区并不准中国人居住等条款。

事实上，在此期间思想家陆羯南（1857—1907）已在《日本》杂志发表文章，以清政府不镇压义和团运动反而唆使其对抗列强为由，声称："已经不能将北京朝廷作为一国之政府加以对待（中略）极端而言，现在的北京朝廷已经丧失了统治臣民的能力，这对于国际和平而言是有害的，列国应该首先断然铲除这一和平的障碍。"为了打倒清政府的统治，陆羯南建议日本应该援助南方革命派，通过革命推翻清朝统治。[1]

关于此次事变，日本文人学者有不少纪实性记载。日本人将当时北京的守城称为"北京笼城"。其时，日本方面指挥官、政界名士东海散士（柴四郎）之弟柴五郎炮兵中佐（柴五郎著，大山梓编《北京笼城》，大空社，2003年）、前线作战的守田利远大尉（《北京笼城日记》，石风社，2003年）以及当时在京的服部宇之吉（服部宇之吉著，大山梓编《北京笼城日记》，大空社，2003年）都留下了宝贵的战时日记，为今人在中日双边甚至多边的史料中逼近历史真实提供了文献上的可能。有趣的是，1935年11月，"北平日本大使馆陆军武官室"刊行了疑似供内部流通用的小册子《清事变北京笼城记》。在序言中，炮兵中佐高桥坦表

[1] 杨栋梁：《近代以来日本的中国观》（第一卷 总论），南京：江苏人民出版社，2012年，第118—119页。

示"义和团事变北京笼城中我们先辈的伟绩,吾长敬慕之。同时,作为宝贵的教训,我痛感有必要编纂详尽的小册子以备有事之际参考之需"。[1] 关于前辈在"北京笼城"时期的历史记忆在日本发动侵华战争前夕骤然"复活",暗示了义和团事变的历史经验/教训在日本人看来已成为足资借镜的前车之鉴。日本全面侵华时期出版的立野信之的《北京之岚:义和团变乱记》(博文馆,1944年)也是以此为题材创作的长篇小说。

根据《辛丑条约》,东交民巷成为各国大使馆专用地区,大街上有碉堡和炮台,八个出入口设有坚固的铁门,成为荷枪实弹的外国警官担当警戒的治外法权地带,中国的国家主权和民族尊严受到极大挑战,以至于清末有人作诗讽曰:"长安门外御河桥,轿马纷纷事早朝。不料皇宫居冠地,炮台高筑欲凌霄。"在英国人托马斯·霍奇森·利德尔看来,"在使馆区内,人们很难相信自己是在中国,更不相信是在北京。这里已变得完全欧化。宽敞的街道,碎石铺的路,平整的人行道,良好的排水设施等等。我相信所有这些改良都发生在 1900 年后。(中略)任何中国人如果没有充足的理由,是不许进入使馆区的"。[2] 正如费正清所指出的那样,

本世纪初北京吸引了许多西方人定居,因为近 1000 年来,北京一直是外族征服者和汉族合作者的首都。(中略)1900 年,基督教联军(加上日本人)镇压了试图驱逐他们的义和团运动以后,外国定居者更喜欢北京了。从 1907 到 1937 年新征服者

[1] 北平日本大使館陸軍武官室編:『清事変北京籠城記』、油印物、未公開出版、はしがき。

[2] 托马斯·霍奇森·利德尔著,陆瑾、欧阳少春译:《帝国丽影》,北京:北京图书馆出版社,2005 年,第 113—114 页。

来临之前的这段时间，是外国人在北京少有的快乐时期，是一个外国人享有特权和特殊自由的时代，他们可以毫无阻碍地深入到中国人的生活中。（中略）从 1901 到 1937 年间，一个在北京有很好社会关系的英国人，可以享有最大限度的自由，追求个人的目的和欢乐，而对其后果却可以不负责任。北京是外国人扮演浪漫角色的温床。[1]

八国在"国中国"东交民巷的特权也在相当程度上左右了其后日本来京者的北京书写。小林爱雄描述称，"进入门（正阳门——引者）内，所谓公使馆街的东交民巷之形势真令漫游者大吃一惊。即英国、德国、荷兰、美国、俄国、法国、奥匈帝国、意大利及日本各使署（即公使馆）门面相接，各设驻屯军，严肃而威风。看了这小小一带的支那分割，便可知各国势力之消长。而被迫如此乃是团匪之乱的结果。每有事变，支那便强使小人物们承担这种损失"[2]。

义和团运动的后续赔偿事宜一直持续到 1906 年德富苏峰来华之时。来到北京的苏峰由街头上为清还义和团事件赔偿金的募捐看到了"恢复国权热和排外热呈现出合为一体的趋势，真为清国着想的人就不能不担忧这个现象了""恢复国权运动到底要发展到什么地步才会止住呢？这个运动如果和下层社会的排外运动合为一体的话，情况会发展成什么样呢？我的这种担心究竟是不是杞人忧天呢？"[3]苏峰由街路的平整、街头警察及政府要员的家

---

[1] 费正清著，傅光明译：《观察中国》，北京：世界知识出版社，2001 年，第 46、49 页。

[2] 小林爱雄：『支那印象记』，東京：敬文館、1911 年、第 138—139 页。

[3] 德富苏峰著，刘红译：《中国漫游记·七十八日游记》，北京：中华书局，2008 年，第 400—401 页。

庭摆设看到了北京的"西化",但也指出"清国"能否因政体等的不断变动而逐渐与世界文明潮流合流尚存疑问。苏峰的北京之行先后受到张百熙、袁世凯、段祺瑞、冯国璋、梁启超、段芝贵、曹汝霖、汤化龙、徐世昌等中国政要的接见。作为名重一时的舆论家,苏峰的北京(中国)评论较之朋辈走马观花、浮光掠影的表象化观察更显敏锐、深刻。更须注意的是,这些观察、评论登载于苏峰本人主持的《国民新闻》上,即时地影响着其时一般日本民众对中国时局、中日关系的认识与判断。

较之于前述诸观察与评论,20世纪之初,东京帝国大学法科教授户水宽人(1861—1935)北京之行后的议论则更具实际的对策价值。在出版于1903年的《东亚旅行谈》中,户水称:

> 在支那,我感到的是政治改革之困难。荣禄氏乃唯今第一流的权势家,任何人都无法与之对抗。大家大都只知向荣禄献媚,真欲改革支那政治者并不多。若如袁世凯那般过于断然地施行改革的话,就无法保住现今的地位。我认为荣禄氏并非通常日本人所说的亲俄派。他恐怕是一个圆滑之人,既不伤害俄国人感情,又不伤害日本人感情,左右逢源,以为一时之计。不止荣禄一人,其他支那人也不明了日本与俄国孰强孰弱。因为不明此事,因此无法断然任用日本人谋划支那内治之改革。在日本人看来,尽管已对支那人如此热心,而支那人却未拉近日本人以实行内政之改革,真是毫无意义。但实际上,支那人若不懂得日本人之价值,这便是无可奈何之事。现今,即便奋起,以口舌向支那输入日本式的文明,也不会奏效。我想,北京大学堂也不过是告朔饩羊。若真欲向支那传扬日本式的文明,在支那树立日本之势力,也只有战争了。非是对支那开战,而

是对俄国开战，当然，日本将获胜。日本一胜，支那与朝鲜将
倾心于日本，学习日本。那时再向此两国宣扬日本式文明就不
难了。今日需要的便是唯一一场战争。不明此事者，不足与论
支那现今之情。[1]

户水宽人认定了以荣禄为首的中国主政者在日俄之间骑墙观
望、对日本虚与委蛇的事大主义倾向。为此，一贯主张对俄强硬
的他（日俄期间，此人曾因此受到停职处分，后因东京帝国大学
教授会对政治介入教育、学术的强烈抵制方得幸免，史称"户水
事件"）提出以俄国为开战对象以杀鸡儆猴，震慑中国；以武力
为先导，在其威压下对华输入日本文明、扩大日本在华势力。较
之于小栗栖香顶、内藤湖南等的对华文化侵略的构想与实践，户
水的言论则更具谋略性和前瞻性。1904 年日俄战争爆发，日本战
而胜之，以及其后东北亚政治、军事局势的风云变幻印证了户水
教授洞若观火的谋略与远见。

在日本改元前夕——明治四十五年六月（西历 1912 年，本
年 7 月 30 日日本改元"大正"）——日本的前田利定子爵（1894—
1944）来华。前田的政治家身份决定了其北京之行必然是实地探
查、探明虚实的政治观察之旅。1912 年 6 月 16 日，前田利定谒
见"民国第一巨人""民国老雄"的袁世凯，言语中流露出对袁
氏的赞佩。通过与袁氏的接触，他认定尽管袁世凯立于一国元首
之地位，机智术数有余，但憾乎缺乏一统天下万众之德。[2]在写
作于同年 6 月 18 日的"支那短话"中，前田指出，推翻了清朝专
制统治虽然使中国初步具备了"共和之形骸"，但国基未稳、各

---

[1] 戸水寛人：『東亜旅行談』、東京：有斐閣書房、1903 年、第 214—215 頁。
[2] 前田利定：『支那遊記』（非売品）、1912 年、第 107—108、214—215 頁。

省独立、中央主权威力不振、国政纷乱如麻，很难预测国家将陷入怎样的分裂局面，甚或被列强瓜分亦未可知。故此，前田认为，"作为与支那国境相接、利害甚大的我国，我以为如不身处其时地考虑利害关系，并做好适当的准备与决心，届时将留下百年之悔"。前田认为中国人固有的民族性——个人主义、傲慢、忘恩——使得共和政体在中国难以成功；在经济层面，南北方差异极大，新内阁的创立难以脱离有着强大财力支撑的南方代表；基于这一考虑，前田指出，与其他列强单独支持南方或单独支持北方的做法不同，日本采取"不偏袒"的策略对南北方都表同情的外交手腕是得当的。路过煤山（即景山——引者注），遥拜宫殿，前田联想到"天子"乃幅员广阔的中国统一之"楔子"，一旦废除了君主制，中国则将失去"民心集注之目标"，并强调"支那的将来将如何，中华民国之前途终将怎样? 作为日东圣天子之民，生逢这一太平盛世真乃无上之喜"。[1] 猎物的垂死，意味着狩猎者的机遇。一个月后，前田子爵所歌颂的"日东圣天子"明治天皇驾崩，明治时代终结。明治天皇在位数十年，文治武功，使日本由贫弱的东方小国跻身世界列强，在普通日本民众心中具有崇高、神圣的地位，在日本史上也具有划时代的重要意义。在 1912 年出版的《支那风韵记》的序言中，川田铁弥表示："这个小册子与先帝最为烦心的国土问题有所关联。念及旅行之时，正是明治最后的年月，余实是感慨无际。"[2] 甚至于"到达八达岭绝壁，在长城的城墙上，游赏这天下一大壮观，可以遥拜东天（中略）高呼万岁，大叫快哉"。[3] 就像杨栋梁所指出的那样，"日俄战争的胜利，

[1] 前田利定：『支那遊記』（非壳品）、1912 年、第 118—122 頁。

[2] 川田鉄彌：『支那風韻記』、東京：大倉書店、1912 年、小序 3。

[3] 川田鉄彌：『支那風韻記』、東京：大倉書店、1912 年、第 39 頁。

使日本自信成为世界一等国，国民亦成了世界一流国民。（中略）媒体和御用文人（中略）挖空心思地为日本所以成为'一等国'进行着诠释，将日本战胜的原因归结于日本文明的精神要素"[1]，而明治天皇显然是日本近代崛起并对外侵略的核心精神要素。

可以认为，在日本文学、文化视域中，帝都北京的形象由虚而实，由"无足轻重"而变得"举足轻重"始于明治时期。如果说明治时期日本文化人透过上海看到了南方中国、体验到西方的"近代"文化气氛，那么同时期来京的日本文化人既在北京"一叶知秋"探察了近代中国政治、文化态势与走向，更试图在此发现对中国"一剑封喉"的现实方策。

由此上论述可知，兔死狐悲，物伤其类，深受汉文化浸染的汉学家与佛僧的北京之行多充溢着感伤、失落的情调。这种失落源于以帝都萧索破落的景观为表象的中国传统文化的衰败、孔教在近代中国的失效以及"礼仪之邦"国民的鄙俗化堕落等，甚至贯穿了大正乃至昭和前期日本文化人的北京题材创作。与此相对，在经历明治维新而迅速跻身世界强国的日本之子民看来，曾经作为"文化高地"的中国光环不再，一落千丈成了待填补的文化洼地，于是出现了汉诗人的倒戈（冈千仞"哀其不幸，怒其不争"且对自己的学习史"悔不当初"即具典型意义）。带着北京之行获得的高度文化自信和"此消彼长"的自觉，为实现对华文化输出、文化侵略，日本人开始了理论层面的谋划（如内藤湖南、户水宽人等）和实践层面的探索（如小栗栖香顶等），当然，文化侵略只是一个层面，领土、经济利益等层面的利益诉求使日本对

---

[1] 杨栋梁：《近代以来日本的中国观》（第一卷 总论），南京：江苏人民出版社，2012年，第 127—128 页。

华走向了侵略扩张的道路。甲午战后，胜利一方的日本加入了与西方列强联手侵华的道路。近代北京也因此被强制染上了"世界色彩"，因为其"咽喉"意义，遂成为列强在华利益争衡、外交纷争的枢纽地带。《辛丑条约》中有关列强在京驻兵等条款以及作为治外法权地带的"国中国"东交民巷都使中国的主权与民族尊严遭受了极大的挑战，成为中国近代史上难以磨灭的国耻，也极大左右了明治末期乃至大正、昭和前期来京（平）日本文化人的北京（北平）体验甚至中国论述。

必须认识到，明治时期日本文化人的"北京体验"只是日本之中国侵略、扩张的一个重要表征和侧面。这一时期的实地踏查、政治观察与评论不仅左右了此时期的中日关系格局，更为大正、昭和时期日本对华的峥嵘渐露、乃至于全面侵略奠定了理论与实践基础，成为后来者北京体验、中国论述（在知识界，较具典型意义的是日本全面侵华时期的"笔部队"）的重要源头。安藤彦太郎认为，"对古典中国的尊敬和对现实的中国的轻蔑，是明治以来日本人当中培植起来的中国观的特点"。[1] 从这个意义上来说，对于明治时期来京的日本文化人而言，北京诚然是一座让物伤其类者留下几滴鳄鱼的眼泪，又让守候在垂死猎物附近狩猎者留下涎水的"伤城"。

---

[1] 安藤彦太郎著，卞立强译：《日本研究的方法论——为了加强学术交流和相互理解》，长春：吉林人民出版社，1982年，第4页。

第二章

大正时期日本文化人的北京体验
及其政治、文化心态

　　1912 年 7 月 30 日，明治天皇驾崩，日本历史进入大正时代。
汉学家吉川幸次郎（1904—1980）认为，"大正时代，是日本人
对中国最不怀敬意的时期"，"是日本人对中国的蔑视到了绝顶，
或者说是处于低谷，与此相伴中国方面对日本的感情也非常的不
好。所谓排日运动到了顶点"。[1]"身在此山中"的吉川固然不免
偏颇（昭和时期爆发的日本对华长达十四年的侵华战争显然是较
之大正时期更"不怀敬意"的），但日本对华的负面情感与负面
认识持续累积与强化却是实情。较之明治时期，大正至昭和前期
（1912—1945），日本政府承袭了前人对华侵略的逻辑思维与行动
惯性，并在此基础上加快了对外征伐的脚步，最终发动了对华的
十四年侵略战争。日本对华侵略的日益加剧引发了中国从官方到
民间的反抗，成为以 1919 年的五四运动为高潮的反日爱国运动与
以十四年抗战为顶点（某种意义上的）和终结的中国反侵略战争
之历史诱因。
　　通过阅读体验以及经由人际网络的耳闻口传，明治前贤的中

---

[1] 吉川幸次郎著，钱婉约译：《我的留学记》，北京：光明日报出版社，1999 年，第 7、10 页。

国论述在相当程度上形塑了大正至昭和前期日本文化人有关中国的知识体系及其中国观，但与此同时，如前所述，就如同侵略与反抗的因果相生、相伴相随一样，与此前大有不同的是，在这段中日"非友好"历史进程中，日本文化人的中国观察、评论与民国时期中国的政治走向，中国文化界的亲日／抗日舆论以及中国官方到民间的反日、抗日运动乃至战争之间存在着显著而多样的互动关系。尽管以"中国停滞论""中国蔑视论"为底色的中国认识在日本思想界占有主导地位，但这并不妨碍日本文化人对中国浓厚的兴趣。竹内实曾指出："时至昭和的某个时期，日本人来中国是无需签证和日本政府的护照的，这里是无需准备去'外国'时的繁琐手续、可供'亡命'的理想之境。不仅是地理意义上的接近，在日本人的心理构造上，与中国也是零距离的。"[1]这其中不少日本文化人甚至直接参与到中日种种交涉甚至战争之中，对中日关系的走向产生了直接而深刻的影响。

当中国因素在日本近代化的进程中逐渐由"想象空间"置换至"现实空间"，作为中国的政治心脏，北京的意义就变得非同小可，是"魔都上海"所无法取代的。而大正时期，异域猎奇的"中国情趣"之盛行成为日本人大量来华的重要诱因，与之相对应的是，东亚交通网络的迅猛发展（自 1918 年起，日本的各旅行社开始发售"日满鲜巡游券""日支周游券""日满联络券"）也在现实层面上为日本来华者的中国首都（古都）体验提供了空前的时机与可能，就如竹内实所指出的那样，"一般说来，大正以后直至战败期间日本人的北京生活，可以说，对于'北京情结'患者

[1]　竹内実：『日本人にとっての中国像』、東京：春秋社、1966 年、第 388 頁。

而言，是理想的蜜月时代。他们忘记了自己是日本人——或者因为是日本人反而更能切身接触到北京市井的时代"。[1]这也使得这一时期日本文化人的北京题材创作呈现出前所未有的井喷之势，诸种创作的文本中承载的日本文化人的中国认识、战争认识及其与中日关系演进之间的复杂、纠葛关系值得深入讨论、辨析。

一、热爱中国的名与实

在中国改朝、日本换代的十九世纪初，日本诗人、作曲家、翻译家小林爱雄成了站在中日两国历史界点上的越境见证者。"一九一一年晚秋听着南清革命军的战报"[2]，小林为自己的《支那印象记》写出了自序。此书中，小林记述了某晚与伊集院公使、青木少将以及在京"支那通"等的会面，其中与"某氏"有这样一节对话：

> "是的。支那人是国家观念淡薄的个人主义者。那也没什么，但总觉得尚未有定型的文明思想形式。说起来，从西洋来看，日本或许也是如此，总之，支那在这一点上荒废地更甚。因此作为东洋人的我们必须去开拓支那，共同研究、手把手地热情导引。"
>
> "不管怎么说，必须要思考从前日本恭敬地派遣遣唐使期间支那的情况。因为今天的富人未必就是明天的富人。尽管如此，现代支那思想与欧洲近代思想颇为相似，岂非趣事？或许

---

[1] 竹内实：『日本人にとっての中国像』，東京：春秋社、1966 年、第 387—388 頁。

[2] 小林爱雄：『支那印象記』，東京：敬文館、1911 年、序第 11 頁。

支那已出色地解释并融合了西方的思想。"

"总之，作为东洋的财富源和空地，西洋对支那已经觉醒并已开始活动，都是非同小可的。"

"是的。看到长江上各国轮船的竞争，看了北京的各国形势，看了各大都市列国商人的活动，我觉得，应该有更多的日本人来研究支那、在支那经营事业。"

"重建支那文明的理想……"

"重建支那文明的理想……实现这一目标虽然还前路漫漫，但大体上每年以五六十万人口的速度递增的日本人，将来将把尸骨葬于支那何处的青山呢？"

"您回到日本的话，请告诉同胞们研究支那吧，到支那来吧，到支那经营一番事业吧，热爱支那吧。"

"热爱支那吧。……实际上必须要热爱支那。"[1]

从以上对话中提取关键词组，可组成如下的话题连缀：热爱中国——研究中国——重建中国文明——手把手导引——开拓中国——东洋财富源和空地——更多的日本人来中国——经营事业——西洋——竞争。以"热爱"之名，日本文化人、政界人士露骨地表现出对华殖民、左右中国发展路向的野心以及在与列强竞争在华权益方面不甘人后的焦虑与旺盛的侵华欲望。

八年后，严重的亡国危机引发了北京学生的激烈抗议，五四运动爆发，其后中国国内抗日气氛持续发酵、膨胀，而在这场声势浩大的运动中也依稀隐现着在京日本文化人的身影。其

[1]　小林愛雄:『支那印象記』、東京：敬文館、1911年、第147—148頁。

中，以非同寻常的方式让曹汝霖从其宅后门逃走[1]、又将受伤的章宗祥送至日本公使馆避难[2]的中江丑吉（1889—1942，中江兆民之子，1914年作为袁世凯顾问有贺长雄的秘书来京，时年25岁）的在京活动尤值得关注。傅佛果指出，事实上，"中江不同于其同时代的绝大多数日本人，他是当时最激进的反帝主义者之一"。或因此故，傅佛果认为，"中江代表了一系列与我们关于战前和战中中日历史的许多假设不完全符合的矛盾"，"这样一个人物，并不适合现代东亚史的通常叙述框架"。[3]而就是这样一位亲手挽救了与日本帝国主义有着某种联系的"亲日派"性命的人，在日本侵华时期，非但未曾参与抵抗日本帝国主义的运动，还忠告曹汝霖不要屈服于要求其加入华北傀儡政府的压力[4]，亲自谢绝并说服友人拒绝协力日本侵华战争的任何邀请，他坚持称日本对中国的侵略为侵略（而非日本政府官方所美化的"事变""圣战"等表述方式），坚信日本已走上毁灭与自我毁灭之

---

[1] 曹汝霖在其回忆录中称，五四事发当天，"适日友中江丑吉闻讯赶到，见仲和倒在地上，他亦认识，即推开学生，将仲和连抱带拖，出了后门，藏在对面油盐店，把门而立，说日本腔的中国话，这是我的朋友，你们要打即打我，我不怕! 他虽知自卫之法，亦已受铁杆打伤多处，臂背红肿，经月余才愈"。参见曹汝霖:《曹汝霖一生之回忆》，北京: 中国大百科全书出版社，2009年，第207页。

[2] 竹中宪一著，天津编译中心译:《北京历史漫步》，北京: 中国文史出版社，1991年，第5页。

[3] 傅佛果著，邓伟权、石井知章译:《中江丑吉在中国》，北京: 商务印书馆，2011年，中文版序第1、2页。

[4] 曹汝霖在回忆录中称，华北将成立伪政府时，土肥原贤二和特务机关长喜多骏一来劝曹汝霖出任政府主席，"中江丑吉闻此消息，特由北京来津见我说，听说日本军部方面已定设立华北临时政府，要请君为主席，君意怎样? 我答，土肥原及喜多都已来劝过，我已决绝坚辞。他即起立，对我一鞠躬，说道，我来即是问君主意。君决意不就，好极了，我也放心了。他又说，君若出来，自信能为百姓谋福祉，为两国谋和平，即拼此老命，也还值得。不然的话，还是保全晚节吧。（中略）日本人劝我不当伪主席者，惟中江一人而已"。参见曹汝霖:《曹汝霖一生之回忆》，北京: 中国大百科全书出版社，2009年，第338页。

路,[1] 展现出作为敏锐的洞察力、知识分子的良知和"不合作的批判力"。

严格的日常安排及对在华日本人社会的各种活动漠不关心,不少在京日本人把中江视为怪人。事实上,中江丑吉在北京的日本朋友并不多,这些人主要包括《顺天时报》记者桥川时雄(1894—1983)、日本领事馆巡查兼北京历史地理的民间学者石桥丑雄(1892—?)、中国研究者兼左翼政治活动家铃江言一(1894—1945)和为贫穷少女开设崇贞学园的基督教实业家清水安三(1891—1988)等。

"1921 年,正当中江热衷于古代中国(研究)之际,铃江却开始沉浸于当时中国庶民的生活之中"[2],在中江眼里,他奉为"终生之师"的铃江言一才"是个真正参加中国革命的男子汉"。五四运动高潮时,铃江前往北京,成为"新中国社"的记者,他主动接近运动中枢北京大学的马列小组,积极投入中国革命[3],"这个人可能是唯一一个与中国共产党组织的中枢人物有公开及秘密接触的日本人,还可能是唯一一个加入中国共产党而没有同时保留日本共产党党籍的日本人。(中略)他与日本的激进主义者圈子没有任何联系,却把自己奉献给了中国"[4]。若对 1922 年铃江对北京男女劳动者和激进的组织者等的采访活动及其与五四运动中居于中枢地位的学生活动家的接触有所了解,便不难发现,竹中宪一的判断——"中江是在书斋里观察中国的,而铃江则是热情

---

[1] 傅佛果著,邓伟权、石井知章译:《中江丑吉在中国》,北京:商务印书馆,2011 年,第 180—181 页。

[2] 同 [1],第 41 页。

[3] 竹中宪一著,天津编译中心译:《北京历史漫步》,北京:中国文史出版社,1991 年,第 3 页。

[4] 同 [1],第 40、42 页。

地献身于中国革命、具有中国风度的人物"[1]——精确地概括出
了二人性格及其在京活动的主要特征。

　　在战后出版的《北京清谭·体验的中国》中，中江丑吉的另
一位友人清水安三回忆了五四运动当天的情形及日本居留民的反
应。据其描述，当天一位日本医师驱车在游行人群中喊着"躲开！
躲开！"并气焰嚣张地试图穿越而过时，被人打成轻伤；此外，
旁观游行的日本小学生由于模仿中国人"大家起来，国家快要
亡！"（引用清水描述中的中文——笔者注）而被人用石头砸伤。
为此，在京的日本人召开居留民大会，试图向国内乞师求援。会
上，唯清水一人仗义执言、举手反对，指责此事件乃是日本人的
嚣张刺激了中国人的神经所致[2]，这也为今人逼近五四运动之真
实情状提供了另一个必要的认知维度。值得一提的是，清水的对
华友好并非只停留在口头上。1919年，中国北方大旱，华北饿殍
遍野。清水号召人们出资赈灾，在朝阳门外建起灾童收容所，收
养近八百名灾童。1928年，清水又在朝阳门外的灾民聚居区创办
崇贞学园，致力于面向下层社会子弟的平民教育。关于此番经历，
清水安三在出版于1939年的《朝阳门外》中有详细论述，可资
参考。[3]除劳神于学园事务外，身为日文杂志《北京周报》记者
的清水始终关注中日关系的动向。对日本在华的扩张政策，他心
情复杂、矛盾："我有一颗十分爱日本民族的心。但同时又有一种
把中国的忧患当成自己忧患的心情。"对于在京日本人的"一等国
民"心理，清水批评道："人不能看见自己的脸，从这个意义上说，
中国人的眼睛是一面很好的镜子。""观中国人的神情，可以领悟

---

［1］竹中宪一著，天津编译中心译：《北京历史漫步》，北京：中国文史出版社，1991年，第3页。

［2］清水安三：『北京清譚·体验的中国』、東京：教育出版株式会社、1975年、第121—123頁。

［3］清水安三：『朝陽門外』、東京：朝日新聞社、1939年、第43—214頁。

到自己的丑陋。"而对日本人在中国的丑行，清水深以为耻："日本人要再修饰一下自己。不从心里开始修饰，不触动灵魂，就不能有热爱之情，与中国携起手来是不可能的。"[1] 显然，清水对中国的"热爱"较之小林爱雄之流等要真切得多，但其正义言行是军部所不能接受的，《北京周报》被迫停刊。

应该认识到，在日本知识界整体向右转、民族主义情绪高涨的艰难时刻，怀着知识分子的良知，在中国参与革命、救援国人的义举更值得高度评价，从这个意义上来说，中江丑吉、铃江言一、清水安三等脱离故国，以他乡为故乡的日本左翼文化人五四前后在北京的活动及其意义，乃至其中国认识的局限等都是现代中日关系史研究领域亟待进一步探究的思想课题。

1919 年夏，东京高等商业学校东亚俱乐部一行来华环游，北京自然是其中的重要一站。来访者感到，"总的说来，支那的建筑是雄壮的、豪奢的、讲求色彩美，因此具有挑拨性（前文称，华丽的皇城建筑易引起袁世凯之类所谓英杰之士的称帝野心——引者）。在这里完全找不到简易的、不施任何色彩的、静思的、森严之气袭人的我国古来白木建筑之风格。霸道主义与王道主义的差异在这无心的建筑物中也可寻见片影"。[2] 来到东交民巷的外国使馆，他们目睹了各使馆即时应战式的地理选址及军事配备，感叹这些虽是义和团运动的产物，但"在支那来说，是可悲的。而且，在其国内却无法看到自觉这一耻辱、隐忍持久地蓄积实力以张兴国大志的磅礴意气，这更是可悲的事"。[3] 登上崇文门附近的城墙，他们感到："这正阳门一带的城墙，只委与外国人占有，

---

[1] 王升远：《清水安三的中国情缘》，载《环球时报》2007 年 3 月 8 日。

[2] 東京高等商業学校東亜俱楽部編：『中華三千哩』，東京：大阪屋号書店、1920 年、第 219 頁。

[3] 東京高等商業学校東亜俱楽部編：『中華三千哩』，東京：大阪屋号書店、1920 年、第 233 頁。

自己人却不可登上一步。由于各国公使馆的所在地便在接近这城墙之处，因此北清事变（八国联军侵华——引者注）以来，处于各国的共同守备之下。这实际上是与上海各公园'支那人禁止入内'一样，是给支那人以侮辱性待遇的标本。支那的新派人士啊，要对此刻骨铭心，勿忘誓言恢复！"[1]东京高等商业学校东亚俱乐部一行对中国"国将不国"之境况的感同身受，在充斥着"中国蔑视论""中国亡国论"气氛的日本，该俱乐部对中国"哀其不幸，怒其不争"、对中国革命真切期待在近代以降日本人的北京纪行中实属罕见，值得注意。

　　1923 年 4 月，日本著名自由主义思想家鹤见祐辅（1885—1973）的《偶像破坏期的支那》出版。1924 年东京的大日本雄辩会社将其中的《北京的魅力》等杂文辑为一册，出版了《思想·山水·人物》。在写作于 1928 年的该书译者题记中，译者鲁迅称该文集"爽爽快快地写下去，毫不艰深，但也分明可见中国的影子"。有趣的是，对此杂文集的翻译是自《北京的魅力》一文开始的。[2]鲁迅曾批评中国译者不应急切将芥川的《中国游记》那般对中国批评激烈的文本译入中国知识界，曰："芥川写的游记讲了中国的坏话，在中国评价很不好。但是那是介绍者(翻译者)的作法不当，本来是不该急切地介绍那些东西的。我想让中国的青年更多读芥

---

[1]　東京高等商業学校東亜俱楽部編：『中華三千哩』，東京：大阪屋号書店、1920 年、第 226 頁。

[2]　鶴見祐輔：『偶像破壊期の支那』，東京：鉄道時報局、1923 年、第 92—120 頁。1928 年 3 月，鲁迅在该集子的译序中称，《北京的魅力》乃"两三年前，我从这杂文集中翻译"的。按照这一线索探下去，鲁迅提到的应该是鹤见氏出版于 1923 年 4 月的《偶像破坏期的支那》，亦有可能是 1924 年"大日本雄辩会讲谈社"出版的杂文集。王彬彬的研究（《鲁迅对鹤见祐辅〈思想·山水·人物〉的翻译》，载《天津社会科学》2008 年第 3 期）显示，在大日本雄辩会的出版本出版后的一两个月之内，鲁迅即在北京购得此书，但其翻译是有选择性的，并非忠实、原本的翻译。以下引文引自鹤见祐辅著，鲁迅译：《思想·山水·人物》，北京：人民文学出版社，2007 年，第 166—173 页。

川的作品，所以打算今后再译一些。"[1] 与此相对，鹤见祐辅的这部杂文集则平缓得多，语气温和，似乎无关政治时局：

> 我走近车窗去，更一审视北京的城墙。暴露在五百年的风雨中，到处缺损，灰色的外皮以外，还露出不干净的黄白色的内部；既不及围绕维尔赛的王宫的砖，单是整齐也不如千代田城的城濠的石块。但是，这荒废的城墙在游子的心中所引起的情调上，却有着无可比类的特异的东西。令人觉得称为支那这一个大国的文化和生活和历史的一切，就渗进在这城墙里。环绕着支那街道的那素朴坚实的城墙的模样，就是最为如实地象征着支那的国度的。（中略）
>
> 看过雄浑的都市和皇城之后，旅行者就该立在地上，凝视那生息于此的几百万北京人的生活和感情了。这样子，就会感到一见便该谩骂似的支那人的生活之中，却有我们日本人所难于企及的"大"和"深"在。（中略）恰恰两年前，也是五月的初头，夜间从圣舍拔斯丁启行，翌朝六点，到西班牙的首都马德里，寓在列芝旅馆里，即刻打开窗门，眺望外面的时候，也就起了这样的感觉。那里，我独自叫道：——"就像到了北京似的！"这并非因为在有"欧洲的支那"之称的西班牙，所以觉得这样。乃是展开在脚下的马德里的街市，那情调，总很像北京的缘故。而现在，我却在二年后的今日，来到北京，叫着——"就像到了马德里似的！"了。马德里和北京，在我，都是心爱的都市。（中略）
>
> 倾耳一听，时时，听到轰，轰的声音。正是大炮的声音。

---

[1] 增田涉：『魯迅の印象』、東京：大日本雄弁会講談社、1956 年、第 236 頁。

现在战争正在开手了。是长辛店的争夺战。（中略）张作霖所率的奉天军，正据了这丘陵，和吴佩孚所率的直隶军战斗。奉直战争的运命，说得大，就是支那南北统一的运命所关的战争，（中略）这平和的古城（中略）说有十数万的军队，正在奔马一般驰驱，在相离几十里的那边战斗，是万万想不到的。这是极其悠长的心情的战争。我的心情，仿佛从二十世纪的旅馆中，一跳就回到二千年前的《三国志》里去了。（中略）他初到北京时，依着生在新的美洲的人们照例的癖气，对于古的事物是怀着热烈的仰慕的。（中略）

　　我一面陶醉在支那生活的空气中，一面深思着对于外人有着"魅力"的这东西。元人也曾征服支那，而被征服于汉人种的生活美了；满人也征服支那，而被征服于汉人种的生活美了。现在西洋人也一样，嘴里虽然说着Democracy呀，什么什么呀，而却被魅于支那人费六千年而建筑起来的生活的美。一经住过北京，忘不掉那生活的味道。大风时候的万丈的沙尘，每三月一回的督军们的开战游戏，都不能抹去这支那生活的魅力。（中略）在北京的街上走着的时候，我们就完全从时间的观念脱离。这并非仅仅是能否赶上七点半钟夜饭的前约的程度；乃是我们从二十世纪的现代脱离了。眼前目睹着悠久的人文发达的旧迹，生息于六千年的文化的消长中，一面就醒过来，觉得这是人生。（中略）支那人的镇静，纡缓的心情，于是将外国人的性急征服了。[1]

　　在该文集中，还有另一篇无关"北京"的散文值得注意。鹤见在《自以为是》中批判了部分日本文化人妄自尊大、唯"日"独尊的傲慢心态：

[1] 鹤见祐辅著，鲁迅译：《思想·山水·人物》，北京：人民文学出版社，2007年，第166—173页。

　　日本人始终安住在《源氏物语》和《徒然草》的传统中，
做着使日本语成为世界语的梦，粗粗一看，固然是颇象勇敢的，
爱国底的心境似的。但其中，却含有背反着人类文化的发达的，
许多的危险。（中略）

　　以一个民族，征服全世界，已经是古老的梦了。波斯，
罗马，蒙古，拿破仑，就都蹉跌在这一条道路上。然而摄取了
世界的文化，建设起新文明来的民族，却在史上占得永久的地
位的。蕞尔的雅典的文化，至今也还是世界文明的渊源。[1]

　　由此不难看出，鹤见主张的是文化的包容性，倡导以豁达的
胸襟摄取诸国文明的精髓，从而重建日本新文明，其谛观中国的
视线颇有些"以中国为方法"的意味；这与大正、昭和前期大多
数日本文化人带着强烈排他性的近代价值观，将古老的中国文明
弃如敝屣、拒绝在与不同于西方近代文明以及全面受其影响的日
本文明之外承认中国文明应有的地位及其价值的立场形成了鲜明
的对照。跨出国与国的政治、军事纠葛，站在多元文化论的立场
上，应该承认"山川异域，风月同天"；因为国家利益是有国界的，
而艺术是跨越了国界的。以《自以为是》为参照，鹤见祐辅的《北
京的魅力》便是站在这样一种文明观的立场上，发现在"该谩骂
似的支那人的生活之中，却有我们日本人所难于企及的'大'和
'深'在"。客观地说，来到北京，为紫禁城乃至北京、中国之"大"
大为震撼的日本人为数不少（甚至可以说十之八九）；然而，在
两国对峙、国家利益纠葛的时代，超越了感官层面，鹤见祐辅将
本国人多有非议的"野蛮国度"之文明视为"他山之石"，站在
人类文明史的高度上予以高度评价的文化心态是弥足珍贵的，这

---

[1] 鹤见祐辅著，鲁迅译：《思想·山水·人物》，北京：人民文学出版社，2007年，第77页。

与竹内逸（后详）站在美术评论家的立场上，耽于感官审美的"北京热爱"又有着根本的不同。

二、政情观察者的忧与思

事实上，清水安三是因读到了德富苏峰的《中国漫游记》，到唐招提寺了解了鉴真大师的事迹而对中国产生兴趣的。暌违十一年后，1917 年苏峰第二次来到北京"深度游"，此番他依旧不改政论家本色，对北京的观察视角是政治性的。在北京饭店的房间里他写道"白玉观音菩萨既不排日也不亲日。她对任何人都一视同仁，一副笑眯眯的慈善模样"。[1] 带着对民国动态不确定性的思考，苏峰常作醉翁之想。在天坛，他看到了"绿瓦残损的地方用普通的瓦涂成绿色掩补上了。而且现在也有些绿色开始脱落露出了黑色的部分。从一件事就可以看出万件事，袁世凯自始至终都是在搞欺掩的把戏，其欺掩的本性在这里也毫无保留地暴露了出来。（中略）他的帝制也不过是昙花一现的一场梦而已，谁会是那取代袁翁统一中国之人呢？"[2] 苏峰指出，袁氏死后，其幽灵还掌握着中国政治的中枢，但袁氏不以国家大事为重的利己作风被其亲信赓续，中国前途堪忧。

同年 7 月来京、曾任《东京每日新闻》总编、众议院议员、宪政会干事长的关和知（1870—1925）、大隈信常（大隈重信养子，1871—1947）一行来京。在崇文门大街一带，关和知一行看到了清廷为义和团运动时期被杀的德国公使克林德（Klemens Freiherr von Ketteler，1853—1900）修建的石碑。1901 年清朝战败后，与

---

[1] 德富苏峰著，刘红译：《中国漫游记·七十八日游记》，北京：中华书局，2008 年，第 102 页。
[2] 同[1]，第 83—84 页。

十一国签订《辛丑条约》，其第一款便是：清廷派醇亲王载沣赴
德国就克林德被杀事向德皇致歉，并在克林德被杀处建一座品级
相当的石牌坊。看到了清帝在石碑上用拉丁文、德文和汉文三种
文字撰写的道歉文字，关和知等直言此乃位于帝都中央地段之
"国辱"。[1] 来访者如此描述其眼中的北京城："支那的都市必以
城墙绕之，城市宛如城郭，北京的城郭是城郭中之大者。（中略）
可谓壮观无比，然试攀城墙，崇文门西百步之遥有德国炮台，正
阳门东一百五十步处有美国炮台，此乃义和团事件之变时筑造者，
宫城完全朝向帝国的炮门，其命运系于其上。由此可知，谈支那
之独立为期尚远。"[2] 关氏等显然通过城市的布局看到了因列强在
华特权而造成的半殖民地状态，即便已进入民国时期，中国在列
强的挟制之下实现独立尚未可期。在参观文华殿、武英殿时，关
和知睹物思人，念及袁世凯当年为称帝将这里粉饰一新，又亲率
百官赴天坛举行祈天盛典，以皇帝自任的丑态，不禁感慨："呜呼，
英雄乎？奸雄乎？观袁氏亡后支那的国状，不难想见，他至少是
一个卓越之才。"[3] 作为政治家，关和知等的北京之行重在与中国
当权政治精英的对话。他注意到"民国当政大官多为留日秀才"，[4]
在京期间，他们受到梁启超、曹汝霖、林长民、汤化龙、范源濂
等执政精英们之招宴，并与段祺瑞、陆宗舆、江庸、刘宗杰等政
要会面。无论是与"鬼才"梁启超讨论中国币制改革问题，还是
访问段祺瑞时与其关于南北统一问题的讨论，与冯国璋讨论普及
日语、推动中国学生留日问题，抑或对"才人"、亲日派曹汝霖

---

[1]　関和知等：『西隣遊記』（非売品）、1918 年、第 105—106 頁。

[2]　関和知等：『西隣遊記』（非売品）、1918 年、第 104 頁。

[3]　関和知等：『西隣遊記』（非売品）、1918 年、第 107 頁。

[4]　関和知等：『西隣遊記』（非売品）、1918 年、第 115 頁。

在中日外交中左右斡旋的评价[1]，关和知等都着眼当下，密切关注中国政局、中日关系的动态趋向，臧否之间深入思考。

1920 年，同是新闻家、从《大阪每日新闻》主编任上退休的渡边巳之次郎（1869—1924）在其游记《老大国的山河——余与朝鲜及支那》一书中则宣称："我此行重点并不在以探查之态度与人接触，而在于带着雅怀和诗情观察支那社会，在各地的名山大川俯仰今昔，点燃胸中那片埋没已久的旧柴。"[2] 渡边在京期间与《顺天时报》社长渡边哲信氏交谈，并表示对其旅行谈及中国观兴趣浓郁。[3] 尽管如此，在拜会"青木中将"时所关注的话题仍离不开"支那的政情和对支方策"。[4] 在北京拜会了时任龙关铁矿督办的陆宗舆，谈论中日时政并论及双方政治家，从言谈中，渡边认为陆氏的大声激语、慷慨激昂在其他中国人中难得一见，"完全是日本式的做派"，且陆氏在言谈中多次提到"曹陆、曹陆"，渡边从中看出了二者作为"亲日派"惺惺相惜，忠于"亲日之计"。[5] 其后又赴北京大学拜访了李大钊和罗家伦。结束了为期六天的北京之行，渡边巳之次郎作《三百年间荣华之梦》一文，称：

> 余既已在长城验证秦皇伟业，访游明清的故宫、寝陵，更见清朝的宫殿苑囿，不得不为支那这一伟大的古董国、史迹国、残败国而感动震惊。特别是今宣统幼帝为亡清留下了一块肉，关闭了故宫的一部分，以革命而新成立的民国，不但未能

［1］ 関和知等：『西隣遊記』（非売品）、1918 年、第 110—116 頁。

［2］ 渡辺巳之次郎：『老大国の山河：余と朝鮮及び支那』、東京：金尾文淵堂、1921 年、第135 頁。

［3］ 渡辺巳之次郎：『老大国の山河：余と朝鮮及び支那』、東京：金尾文淵堂、1921 年、第 186 頁。

［4］ 渡辺巳之次郎：『老大国の山河：余と朝鮮及び支那』、東京：金尾文淵堂、1921 年、第 137 頁。

［5］ 渡辺巳之次郎：『老大国の山河：余と朝鮮及び支那』、東京：金尾文淵堂、1921 年、第 218 頁。

完全执行清室优待条件，且星霜迁移，孙氏以来总统更替已有五人、将近十次而尚未得安定，徐总统现虽谦让宽仁，以和平统一之态度待之，却危如累卵，还未及清朝三百年之梦，念及此处，又更觉感慨。民国不要再成一新古董就好。[1]

视中国为古董国的视角，应是福泽谕吉观念的余音。福泽在其名作《文明论概略》中称，"不论世上任何国家的人民，凡是迷惑于旧习的，一定喜欢夸耀他们的历史如何古老悠久，历史越久，就越加珍视，恰如古玩家珍爱古董一般。（中略）世界上的事物，并非因为陈旧古老就有价值"。[2]福泽以降，恋旧怀古即意味着现实中文明水准的低下，几乎成为西方近代文明观派生出的必然逻辑。尽管已改朝换代，但来到天坛参观时，面对这一"荒园废墟"，渡边感到"民国的命运，亦朝夕难测"。[3]言辞之间，渡边对民国的未来并不乐观，对中国能否成为"文明国家"深感忧虑。

不难看出，日本新闻家、政治家与北京政界精英的密切会面、交流有着浓重的政情观察色彩。苏峰自不待言，《每日新闻》亦是在当时舆论界首屈一指的舆论重镇，他们在北京对中国政局的观察及认识与评论将即时地回馈到国内，以其特定视角、特定立场下塑造的"客观性"影响上至决策当局、下至一般平民的中国时局认识及其对中日关系走向的理解与判断。

---

[1] 渡辺巳之次郎：『老大国の山河：余と朝鮮及び支那』、東京：金尾文淵堂、1921年、第243頁。

[2] 福泽谕吉著，北京编译社译：《文明论概略》，北京：商务印书馆，1959年，第27—28页。

[3] 渡辺巳之次郎：『老大国の山河：余と朝鮮及び支那』、東京：金尾文淵堂、1921年、第241頁。

三、北京指南的利与害

据傅佛果的考察，"在 1910 年代中期，住在北京的日本人仅有 500 人左右（中略）这些北京居民中，大多是受雇于日本公司北京分公司的商人、日本报纸的记者、编辑（一些人为以中国为基地的报纸工作，另一些则作为日本报社的特派员而工作）、在大使馆工作的日本政府官员以及从军事问题到农学教育问题的顾问"。[1] 其后，随着大正时期"支那趣味"的蔚然成风，来华日本人渐多，而北京更是首当其冲地成为关注的焦点，可以视为表征的便是上世纪 20 年代初两部日本人撰写的北京指南之刊行。

大正时期影响较大的第一部北京指南书籍作者便是丸山昏迷（1895—1924，原名丸山幸一郎）。前述渡边氏之来京受到了在京日本记者的欢迎，并专门设宴接风，其中参加欢迎宴会的记者中便有丸山氏。丸山是日文报纸《新支那》周刊和《北京周报》的编辑、记者。他于 1919 年来北京，因在北京大学旁听《中国小说史略》课程而与鲁迅结缘。1922 年，又因创刊日本时事政论文化综合周刊《北京周报》及编稿等事宜，经常出入周氏兄弟合居的八道湾 11 号寓所，而丸山昏迷与鲁迅的频繁交往则是在 1923 年，在这一年的《鲁迅日记》中，丸山昏迷的名字共计出现了 18 次。于是，也就有了一篇署名"昏迷生"的日本人研究鲁迅的专论《周树人》，该文重点介绍和评论了鲁迅文学创作的成就，为日本第一篇单独推介鲁迅创作成就的重要论述。丸山与李大钊也关系密切，曾任《北京周报》记者的丸山昏迷，曾在该刊"支那和支那关系人物介绍"一栏中撰有《李大钊氏》《周作人氏》等。据山道健太郎所著《巴黎社会一百年与日本》中介绍，李大钊于 1920

---

[1]　傅佛果著，邓伟权、石井知章译：《中江丑吉在中国》，北京：商务印书馆，2011 年，第 27 页。

年 10 月曾加入日本社会主义同盟，在这个同盟里，李大钊结识
了丸山昏迷等，因此在北京，丸山便常出入李大钊寓所，征询他
对时局的意见，并将李氏的相关文章刊载于《北京周报》。[1]清水
安三曾回忆说："最早接触北京的思想家和文人的，实际上是丸山
昏迷君，许多日本的思想家和文人来游，都是丸山昏迷君陪他们
到李大钊先生家里去的。说实话，我自己也是该君陪着去拜访李
大钊的。"[2]

　　1921 年丸山的《北京》在北京出版，作者在自序中称："北
京是现代支那人文之渊薮，同时也是东亚外交的中心舞台。若不
懂北京却去讨论日支共荣、东亚大计，我想恐怕在其根本上就不
免有着缺陷。欧战以来，日支关系越发紧密，与此同时，国人来
北京游玩者渐次增多，真是可喜可贺的现象。"[3]无独有偶，翌年
（1922 年），芥川的友人、在京中国民俗学家中野江汉（1889—
1950）出版了《北京繁昌记》。而中野的写作初衷正如其所描述的
那样，"大正四年（1915 年）秋，初次来到北京的我最先遇到的
难题便是，没有能正确认识北京的、详尽的国文指南书"。[4]由此
可见，丸山与中野的北京指南是有补阙之功的。从内容构成上而
言，丸山的著作分北京的概观、旧皇城、东城、西城、北城、外城、
近郊、远郊、北京的风俗、北京的国人（指日本人——笔者注）、
北京的耶稣教、北京的货币、北京的度量衡、中国剧、中国旅行
注意事项、北京诸机关和北京及其近县著名景点等章节，以 666
页的长篇幅全方位地向日本人展示了北京历史与现状之全景，极

---

[1] 参见王洁主编：《李大钊北京十年·交往篇》，北京：中央编译出版社，2010 年，第
　　210—211 页。

[2] http：//history.eastday.com/h/20140707/u1a8200712.html.（2014 年 11 月 21 日查看）

[3] 丸山昏迷：『北京』、发行者：丸山幸一郎、1921 年、第 1 页。

[4] 中野江汉著、中野達编『北京繁昌記』、東京：東方書店、1993 年、凡例第 1 页。

具指南价值；而后者原本乃是在《京津日日新闻》上自 1919 年 2 月起连载了 286 回的报道之拔萃，其子中野达将余部编为《续·北京繁昌记》出版。不同于丸山的撰述思路，中野的兴趣更多地集中在名胜古迹的陈列上。管见所及，丸山的《北京》至少在 1923 年已出版了增订版；中野的著作之第一卷于 1922 年 8 月 5 日刊行后，两个月后的 10 月 15 日便增订再版，第二卷 9 月 15 日刊，20 日便再版，由此可知，"北京"——这个异域都市的前世今生已在当时的日本知识界引起了广泛的重视，建构、形塑了读者有关北京的"前理解"（Pre-understanding）——包括空间认知和政治想象。

　　较之明治时代的高桥谦、宫内猪三郎等对北京词条式的介绍[1]以及其后出现的作为中国指南之一章节的"北京"，这两部北京指南将包括历史与现实在内的北京知识系统地介绍到日本知识界，在为后来者的北京之行提供了必要向导的同时，必须认识到此类指南书籍也为日本对华侵略战争的发起，尤其是日本对沦陷北京之殖民统治的推行提供了必要的参考，是"北京"在日本文化语境中由想象的／历史的／抽象的而走向现实的／现时的／具象的标志性事件。从这个意义上讲，20 世纪三四十年代出版的高木翔之助的《北京与天津》（北支那经济通讯社，1938 年）、安藤更生的《北京指南》（新民印书馆，1943 年；1941 年 11 月初版，至1943 年 1 月已印行 10 版），以及更为专业化的滨一卫、中丸均卿合著之《北平的中国戏》（秋丰阁，1936 年），原任东大讲师和研究员、其后入北京大学理学院和华北综合研究所任教的藏田延男

---

[1] 1884 年即已来华并纵横中国南北的高桥谦在十年后出版的《支那时事》中简略而又系统地介绍了中国的地理、历史、制度诸项及中国各主要都邑及运输状况，其中"北京"词条解释云："清国京城，一称顺天府，即古之燕京。"类似简单介绍也出现在翌年出版的宫内猪三郎著《清国事情探检录》中，高橋謙、『支那時事』，東京：嵩山房、1894 年、第 115 頁；宫内猪三郎、『清国事情探検録』、東京：学文会、1895 年、第 1 頁。

之《北京西山》（学术论文与随笔集，兴亚书局，1944年），大槻亲的《北京日本人史考》（新华社，1940年）都是其延长线上的作品。

四、"不甚美好"的明与暗

马尔坎·布莱德贝里（Malcolm Bradbury）在《文学地图》的引言中称，几乎所有文学作品都可能成为旅游指南。[1]包括游记在内的日本文化人之北京题材作品对于一般日本读者而言所具有的指南价值是不言而喻的。

1921年，芥川龙之介（1892—1927）受大阪每日新闻社的派遣来华，这是芥川一生中唯一一次海外旅行，也是当年中日文化界的重要事件，引起了广泛关注，其北京向导之一便是在京的中野江汉。以中国之行为题材，芥川相继发表了《上海游记》《江南游记》《长江游记》《北京日记抄》（发表于1925年6月号的《改造》），加上未曾发表的《杂信一束》合为一册，取名《支那游记》，1925年11月由改造社出版。

就在来华周游的芥川经历了诸多期待落空、已厌倦了中国之旅时，"合欢与槐树紧紧环绕着黄色琉璃瓦的紫禁城"[2]却给了他意外的惊喜。到了北京的芥川"所关心的也渐由'新支那的面目'变为'支那趣味的爱好'"。[3]在《新艺术家眼中的中国印象》中，芥川称："从南方来到北方一看，眼界为之一变。所见之物皆在

---

[1] 陈平原：《"五方杂处"说北京》，载《北京记忆与记忆北京》，北京：生活·读书·新知三联书店，2008年，第18页。

[2] 芥川龙之介著，秦刚译：《中国游记》，北京：中华书局，2007年，第161页。

[3] 藤井省三：《芥川龙之介的北京体验——短篇小说〈湖南的扇〉和佐藤春夫的〈女诫扇绮谭〉》，载陈平原、王德威编：《北京：都市想像与文化记忆》，北京：北京大学出版社，2005年，第490页。

无声地展现着大中华和几千年古文明的风采，我不禁被其雄浑和博大所深深地打动。（中略）我在中国从南到北旅行了一圈，最中意的城市莫过于北京了，因此我在北京停留了大约一个月。那里的确是一个住起来十分舒心的地方。"[1]在致国内友人的明信片中，芥川得意地介绍自己身着便宜、凉爽的中国夏装四处游逛的状态，声称："我每日身穿中国服装东奔西走，（中略）我亦认为应来北京留学一两年。"（6月24日致下岛勋美术明信片）"我现在客居北京，北京不愧王城之地。我每日身着中国服装各处看戏。"(6月24日致中原虎雄美术明信片）"合欢弄花随风舞，我着唐装四处行。"（6月27日致小穴隆一美术明信片）在1921年6月21日致室生犀星的明信片上，芥川称："来到北京三天，我已经深深着迷。即使不住东京，若能客居北京亦可心满意足。昨晚去三庆园听戏。归途经过前门，上弦月高挂，其景色令我穷于描述。与北京的壮丽相比，上海不过蛮市而已。"7月12日致小穴隆一的明信片中，芥川称："我已到天津。此处与上海毫无区别，同为蛮市之地。北京令我眷恋，此情如何排遣？"[2]在《杂信一束》中的"天津"中，芥川有这样的表述：

　　我："走在这样的西洋式街道上，真有一种莫可名状的乡愁啊。"

　　西村："您还是只有一个小孩吗？"

　　我："不，我不是想回日本，而是想回北京！"[3]

---

[1] 原载『日華公論』8卷8号（1921年8月1日），引自芥川龙之介著，秦刚译：《中国游记》，北京：中华书局，2007年，第165页。

[2] 芥川龙之介著，高慧勤、魏大海主编：《芥川龙之介全集》（第5卷），济南：山东文艺出版社，2005年，第385—387页。

[3] 芥川龙之介著，秦刚译：《中国游记》，北京：中华书局，2007年，第162页。

不难看出，从中国南方来到北方，芥川看到了"政治中国"与"文化中国"的两种不同面相，而他对北京的热爱与对上海、天津的蔑视是相伴相生的。正如秦刚所指出的那样，"称上海为'蛮市'，自然是指与北京悠久的历史风貌相对比之下的上海的殖民地色彩"。[1] 换言之，所谓的"蛮"更多地指向了津沪两城不合时宜、与东方文化格格不入的"租界文化"气质。据横光利一透露，"芥川龙之介曾对我抱怨说，他一去上海，脑子里就尽转着政治一类的事，觉得很困惑"。[2] "大象打架，草地遭殃"，在上海与天津，"租界文化"自然而然地会让人联想到以此为角力场、列强间激烈的政治角逐及与之相伴相生的中国人之抵抗。

在其反面，深受中国古典文化熏染的芥川对东方帝都、作为中国传统文化符号的北京之喜好与认同也顺理成章。藤井省三细致地考察了芥川龙之介在北京与友人之间的通信书简，敏锐地指出，在长沙时还以日语口语文体写信的芥川到了北京即开始频繁使用汉文训读体或者候文文体向本国的友人传达在京的感受。在藤井看来，"在'壮观'的'王宫之地'北京的中国传统文化的强力作用下，刺激了芥川的'支那兴趣'，于是'支那兴趣'高扬的芥川身穿中国服装，开始写汉文体的书简了吧"。[3] 尽管如此，芥川对北京也并非毫无微词。与其他不少来京日本人一样，在雍和宫喇嘛庙芥川看到了斯文全无、淫邪而怪奇的雕像，看到了万寿

---

[1] 秦刚：《芥川龙之介的中国之行与〈中国游记〉（译者序）》，载《中国游记》，北京：中华书局，2007 年，第 8 页。

[2] 横光利一著，李振声译：《感想与风景》，桂林：广西师范大学出版社，2005 年，第 85 页。

[3] 藤井省三：《芥川龙之介的北京体验——短篇小说〈湖南的扇〉和佐藤春夫的〈女诫扇绮谭〉》，载陈平原、王德威编：《北京：都市想像与文化记忆》，北京：北京大学出版社，2005 年，第 494—495 页。

山难谈优雅甚至品位低俗的景致："万寿山的宫殿泉石，足见西太后的品位之低。垂满柳枝的岸边，有一个奇丑无比的大理石画舫。这也是名声极大的一处景点。若是对着石头船都能感叹万千的话，那么面对铁制的军舰岂不是要晕厥过去？"[1]此外，芥川在窑台听中野江汉介绍，苦力的老婆们就在面前的芦苇丛中卖淫。

日本学者关口安义认为芥川对中国之行的批判乃是出于关心中国、关注中国民众而生发出的苦口良言，[2]高洁指出，"《中国游记》中批评中国的言论并不是出自芥川龙之介的幻灭之情，而是来源于芥川向中国的有识之士和沉醉于'中国趣味'的日本人传递中国社会沉重现实的急切之情"。[3]必须承认，当我们将观察视线聚焦到芥川的北京之行，你会发现身着中国服装试图自觉融入东方古都的芥川对晚清以降中国文化的衰落确然充满了痛惜。

芥川对上海、天津租界文化的鄙夷以及对北京东洋气息的热爱，让人想到了他在北京的另一位向导、美术评论家兼随笔家竹内逸（1891—1980）。1927 年 5 月竹内出版了《支那印象记》，是书中作者提及史密斯（一译"明恩溥"，Arthur Henderson Smith，1845—1932）的《中国人的气质》，声称史氏在该书中所归纳的——中国与哥伦布发现新大陆时基本没有任何改变，中国人对新事物缺乏融合心——便是中国人的特质；并指出，基于这一认识才能"在北京观察我热爱的支那"：

正阳门车站！

---

[1] 芥川龙之介著，秦刚译：《中国游记》，北京：中华书局，2007 年，第 155 页。

[2] 関口安義：『特派員芥川龍之介：中国でなにを視たのか』，東京：毎日新聞社、1997 年、第 136 頁。

[3] 高洁：《"疾首蹙额"的旅行者：对〈中国游记〉中芥川龙之介批评中国之辞的另一种解读》，载《中国比较文学》2007 年第 3 期，第 97 页。

　　站在车站前，可以看到巍然高耸的北京城之正门正阳门。要问我为什么爱北京，为何怀念北京，主要理由只有一个。那就是，天空满是灿烂的星斗。古来，吟诵星星、以星寄意的诗人不胜枚举，我的意思不仅是这种意义上的，在干燥的支那北部的原野之一隅，被牢固的城塞所包围的北京上空，星星就似将要散落般嵌在天空，其光亮就似下不完的雨一般，呈现出绘画意义上的美。

　　星，星，星。

　　大约一个月的时间，我每天眺望星空，满足着我对北京爱的饥渴。（中略）

　　正如波特兰·罗素在其《支那问题》中所说的那样，在以北京为佛堂的支那这一寺院内，因背后有戈壁大沙漠和西藏高原，近代异国人的入侵只能靠海路推进。这又与自三世纪至五世纪从四面八方相继侵入罗马帝国的哥特族使罗马文明的崩溃、急转直下不同，以北京为佛堂的笼城状态忍受着外侵之压迫，并逐渐在压迫面前低下了头。敌人攻进万寿山，北京城壁上被装设了炮列，每逢此时便会招致长江开港、南支那分割、胶州湾欧化、南满洲租界等结果。因此，在那些地方，支那本土文明与外侵文明杂处，总之，其势力在异国人统治之下。但，这是佛堂北京，元明清四十君主君临的北京。正如与神户很早便开始欧化相反，京都依然持续着旧态和旧风习的生活一样，北京现今还强烈地将支那特有的文明与生活作为宝藏，作为东洋值得赞美的大都愉悦旅人之眼。

　　在日本，有所谓"朝露情绪"的说法，北京没有。有过几次，我跨在驴背上冒雨到长江沿岸看朝雾。北京也没有。（中略）但读者会把北京漫天的黄尘蒙古风视为不快之一，这是错的。那是与我们的朝雾情绪相对的北京情绪。（中略）要看北京，感受北京，或者可以在城壁上散步，或者登上北京饭店的屋顶。在日本的话，有时会因远处云笼雾罩而看不分明，还有时会因烟囱的烟气而朦胧不清。而在干燥之地、不太能看得到烟囱、人口百万的北京，远处的东西只会看起来很小，不会烟笼雾罩看不清。[1]

　　竹内逸对北京的热爱与芥川不乏相通之处，由于曾同游北京，其审美倾向的趋同、彼此影响的痕迹尚难断定，但在凸显北京之"东洋"意义这一点上却是殊途同归。竹中宪一指出，"芥川龙之介的心情异常激动。他肯定看到了北京街头的一派朝气蓬勃景象。然而，这不过是旅行者龙之介的匆匆一瞥。就在他访问北京的两年前，即 1919 年 5 月 4 日，为抗议日本对华'二十一条'而爆发的'五四'运动及其后的排日运动，还有他滞京期间成立的（1921年 7 月）中国共产党，他是不曾看到的"。[2]我关心的是，竹内与芥川在中国政治心脏浓厚的这种反日氛围中，只谈风月，不谈国事的姿态，其背后到底隐藏着什么。竹内深知，北京乃中国的权力心脏，北京"俯首"则意味着举国"称臣"，租界之设、国土之割莫不如此。在装设着炮列的城壁上散步并感受着"北京情绪"，竹内本应深知其超然物外的审美体验乃是建立在其母国军国主义基于坚船利炮的对华侵略之基础之上；仰望星空，"满足着我对北京爱的饥渴"，却未能让人看到"爱"从何来。

　　著名作家田山花袋（1871—1930）的北京论却似乎恰与竹内相反。1923 年 5 月初至 6 月间，田山在"南满洲铁道株式会社"

---

[1] 竹内逸：『支那印象記』、東京：中央美術社、1927 年、第 322—325 頁。

[2] 竹中宪一著，天津编译中心译：《北京历史漫步》，北京：中国文史出版社，1991 年，第 2 页。

的邀请下来华，此次旅行，田山留下了《北京一夜》（原版本未详）、《北京来鸿》（『北京から』，自 1924 年 6 月 2 日至 27 日连载于《满洲日日新闻》夕刊）两篇纪行文。在《北京一夜》中，田山称："我在北京。在世界之谜的都市北京。仅这么想着，我的心便因好奇心或是寂寞感而颤抖。"[1]田山的北京体验与思考更集中地展现在《北京来鸿》一文中。在北京，田山亲眼感受到日本文化乃是中国文化移植而成，参观紫禁城的宫殿让其联想到平安京，并较为客观地指出，古时中国之于日本的意义相当于当下之欧洲。此外，作为一位杰出的艺术家，田山对北京官殿早晚沦为废墟的前景感到忧虑，他指出，民国政府是靠不住的，相比之下，模仿了中国的奈良，其古老的建筑至今完好保存。尽管田山在是文中自称非国家主义者、非爱国主义者，但他仍然认为这是完全受惠于"万世一系"的天皇统治。前述东京高等商业学校东亚俱乐部一行 1919 年夏来到武英殿参观宝物时曾感慨："进入这宝山玉殿，感到不愧是大国。与日本不同，其技术之巧拙暂且不论，其材料的丰富性真让人感到吃惊。"[2]而看到了同样的珍宝，田山却认为，此处陈列者多为明以后之器物，而殷周时代的藏品近乎于土器、陶器，算不上艺术品，类似于药师寺、唐招提寺的佛像与金堂在北京则更是无处可觅，北京的天坛、万寿山虽规模宏大却无美可言。在短短的一篇散文中，田山三次提到了"呼吸"之难，这人造的、与自然对立的都城，让人感到压抑不已。在崇尚与自然和谐共生的日本人那里，发出此种感慨毋宁说是顺理成章、

---

[1] 田山花袋:『北京の一夜』、『定本田山花袋全集』（第 27 卷）、京都：臨川書店、1995 年、第 444 頁。

[2] 東京高等商業學校東亜倶楽部編:『中華三千哩』、東京：大阪屋号書店、1920 年、第 218 頁。

意料之中的。

大正时期，日本知识界的"支那趣味"蔚为风气。1922 年，《中央公论》的第一期上刊出了以谷崎润一郎的《所谓"支那趣味"》为代表的五篇短文，在日语中"支那"与"趣味"一词首次作为一个固定词组在公开刊物中出现。谷崎润一郎在其文中指出：

> 所谓"支那趣味"，单说是趣味的话听起来无关痛痒，但意想不到的是似乎与我们的生活有着很深刻关系。我们今天的日本人基本完全吸收了西欧的文化，看似已被其完全同化；但我惊异于在我们血管深处所谓"支那趣味"仍旧是根深蒂固，而特别是近来感触颇深。将东洋艺术视作落伍艺术不放在眼里，只向往、醉心于西洋文物之人到了某个时期还是会复归到了日本趣味，最终又趋于支那趣味，基本是平常的情形，而我也是这类人中之一员。（中略）但说到今天五十岁以上的绅士，多少有些教养者的思想、学问和趣味等，大概都是由支那传统构成的基调。（中略）
>
> 对于有着如此魅力的支那趣味，我有种望着故乡山河般不可思议的向往，同时，还怀有着一种畏惧。（中略）现阶段我会尽力反抗着支那趣味，但仍会时常带着一种想见父母的心情，悄悄回到那里。[1]

有论者指出，"支那趣味"表达了日本文人的怀旧情绪和异国情调。日本作家在阅读中国古代典籍过程中形成了"文本中国"的幻想，与他们到中国旅行时所目睹的现实形成了巨大反差。这

---

[1] 谷崎潤一郎：『支那趣味と云ふこと』(『中央公論』1922 年 2 月号)、『谷崎潤一郎全集』(第 22 巻) より、東京：中央公論社、1983 年、第 121—123 頁。

些文本的共同特征是：有浓厚的浪漫主义色彩，又充满殖民主义者对他者的偏见。从对文本中国的向往，到对现实中国的失望，日本作家对中国的美好想象逐步破灭，并认为这是萨义德式东方主义的一种表现。[1]"文章中国"与"现实中国"的落差固然是导致日本人种种失望，继而产生了文明高下论、生发出"殖民心态"的内在逻辑或许无法断然否认，田山花袋的北京观察中很难说全无此种意义上的居高"俯视"；但同时也应该承认的是，无关国家利益与殖民扩张的、日本本民族固有的民族性与审美意识也是影响日本人北京论述的重要因素。在崇尚自然美、有着"缩小意识"[2]的日本人看来，在沙漠中建造紫禁城完全是与自然对峙的举动，无美可言的论断不难理解；然而在中国的文化中心发出对中国传统文化的轻蔑之语，无异于对曾千百年地影响着日本文化的中国文明价值之根本否定。从艺术的世界走出来，在北京街头，田山感受到北京有如其幼时所见之东京，脏乱无章。在与他人的问答中，田山指出，尽管与曾经的东京相似，但中国是否能像日本那般实现近代觉醒却是可疑的，因为中国人奉行的是"物质万能主义"，是没有精神、没有感情的"物质主义"。[3]从某种意义上说，田山的文明批判确然点明了要害。

　　如果说幕末明治时期日本文化人的"北京体验"还是零星的、个人化的，那么伴随着大正时期竹内实所谓的"北京情结"患者蜜月时期的到来，以及日本文化界"支那趣味"的蔚然成风，来

---

[1] 李雁南：《大正日本文学中的"支那趣味"》，载《国外文学》2005 年第 3 期，第 105—109 页。

[2] 参看李御宁著，张乃丽译：《日本人的缩小意识》，济南：山东人民出版社，2003 年。

[3] 田山花袋：『北京から』，『定本田山花袋全集』（第 27 卷）、京都：臨川書店、1995 年、第 566—581 页。

京日本人开始逐渐增多，北京题材创作与出版也呈现出前所未有的井喷之势。

大正时期日本文化人北京体验中有两个显著的特点不容忽视。首先，在京"支那通"影响巨大，成为后来者北京认识、中国认识的主要源头之一。由前所述不难看出，丸山昏迷、清水安三、中江丑吉、铃江言一、中野江汉等在京"支那通"之间形成了一个紧密的人际关系网络，[1]其思想与文本之间存在着显在的互文痕迹。他们不仅充当了日本文化人探访中国政界、文化界精英的桥梁、媒介；同时，作为一个群体、作为来京日本文化人的主要向导，其对北京风土人情和空间的想象、以北京为视窗的中国政治观察等，都在相当程度上塑造、决定了芥川龙之介等后来者中国观察的对象、视角和逻辑。然而，必须承认，即便是常年旅居北京的"支那通"，因其视野、思维的局限，也常有"以北京代中国"之弊，这便是周作人针对日文《北京周报》上的涉华评论所激烈批评的"'支那通'之不通"："北京只是北京，不能代表中国呀！（中略）日本的'支那通'见了一地方的情形，一个人的事件，便以为全支那都是如此，妄下论断，即使别无恶意，也已荒谬可笑，足以证明'支那通'之多不通了。"[2]从这个意义上来说，在京"支那通"试图通过北京窥斑见豹地观察中国已有以偏概全之弊，在其影响下，那些来京短暂逗留、走马观花、满足于"体验"而不求甚解的漫游者（文化人）们大多满足于道听途说的知识，其涉华认知被"支那通"的"全面"与"深刻"所覆盖，

---

[1] 清水安三甚至在《北京清谭》中回忆了1922年日共领导人佐野学受日本共产党"大检举"的影响逃到北京后，清水本人与中江丑吉、李大钊等合力营救他的往事。清水安三：『北京清谭·体验の中国』より、東京：教育出版株式会社、1975年、第94—98頁。

[2] 周作人：《"支那通"之不通》(原载《语丝》第143期，1927年8月)，引自周作人著、钟叔河编：《周作人文类编·日本管窥》，长沙：湖南文艺出版社，1998年，第698—699页。

难以揭示被权威们遮蔽的"中国面相"，原本片面化、表层化的"中国表象"无法被及时"纠偏"。最终，这两个群体著述的广泛流布又进而营构了一般日语读者"窥豹"（北京认识、中国认识、中日关系认识）之"管"，"误解的谱系"也就雏形初现。

其次，日本左翼文化人、宗教人士作为个体越界中国的活动和创作产生的正面影响。同前所述，面对其母国与中国的国家利益之争，铃江言一、清水安三、中江丑吉等以他乡为故乡的文化人超越国界，对日本侵华的批判或与中国左翼人士的联动都从某种程度上甚至改变了中国现代史、中日关系史的轨迹，但其思想的内在复杂性依然是值得深入探究的课题。

再次，还应注意到大正时期大部分来京文化人对其母国侵华批判的"无意识"。无论是东京高等商业学校东亚俱乐部一行来京时的"哀其不幸，怒其不争"的真情流露，抑或鹤见祐辅站在人类文明发展史的宏观视野对日本自大的自警自诫、对中国文化博大精深的赞赏，无论竹内逸作为美术评论家对北京之美的沉醉，抑或芥川龙之介基于"东洋趣味"，对北京的深情留恋，这些热爱北京的日本文化人似乎都有意无意地忽视了其可以在北京漫游的前提正是日本曾／正作为列强之一参与分食中国这一历史／现实状况的日甚一日，而其母国侵略中国态势便这样被掩盖、置换、湮没了。

当然，如果说小林爱雄"以爱为名"宣扬对华侵略是赤裸裸的殖民言论；那么，田山花袋对中国的"古董国"定性实则继承了福泽谕吉以降"以世界为方法，以中国为目的"的"中国文明批判"论调，而那些政情观察者和北京指南的作者的观察和著述也客观上助推了现实层面上为日本对华战略提供足资参考的决策依据，这些也都是不可忽视的。

第三章

昭和初期日本文化人的北京（北平）体验及其政治、文化心态

在史学界，一般以"昭和初期"指称 1926 至 1945 年的二十年。有关这一时期的"历史结构"，日本历史学者纐缬厚认为可以如此概括其特殊性，即"'总体战时期的民主主义'和'战争时期的法西斯主义'混杂的时代"。[1]与此相呼应，侵华战争时期极为活跃的日本浪漫派作家保田与重郎（1910—1981）战后追忆，"从现实上看，文学和思想都是空白的时代是从昭和初期开始出现的"。[2]若槻泰雄的表述也与此同调，"在那场民族大悲剧之下，文学是如何的贫困，足以留传后世的作品几乎没有"。[3]纐缬与保田、若槻有关时代政治特征和文学、思想生产的论述中存在着相当程度上的因果关系。在我看来，后两者所谓的"空白""贫困"指向了国家意识形态对文学的威压、胁迫、戕害所导致的文学、

---

[1] 纐缬厚著，申荷丽译：《我们的战争责任：历史检讨与现实省思》，北京：人民日报出版社，2010 年，第 13 页。

[2] 保田与重郎：『日本浪曼派の時代』（至文堂刊、1969）、『保田与重郎全集』（第 36 卷）、東京：講談社、1987 年、第 12 页。

[3] 若槻泰雄著，赵自瑞等译：《日本的战争责任》，北京：社会科学文献出版社，1999 年，第 401 页。

思想生产的"空心化"——大量炮制、畸形繁荣的国策文学、战争文学具有典型的价值空心化、口径限定化、营养殆无化的"康乐果结构"。在这一时期"量大质劣"的"国策文学"生产线上，"中国"与"战争"依然是日本文化人的"兴奋剂"（不论主动抑或被动），"作为日本文学课题的支那"[1]成为时代热点。这既可视作大正时期"支那趣味"之余绪，是作家试图在创作题材上有所突破的自发选择；更是军部着意引导、推动知识界关注"时局"、鼓动其支持对华侵略战争的结果，是后者在政府舆论管控高压线下有限的选项之一。

一、身处"排日之都"的三种批判

1928 年 4 月，24 岁的吉川幸次郎（1904—1980）来到北京大学留学。多年后，这位著名汉学家在忆及北京留学生涯时慨叹："1931 年是'九一八'发生之年，我是在此之前的四月回国的。这是怎么说呢？也算是一种幸运吧。"同时，他意识到：

> 更大的幸运是当时国民党政府的原则是排日。如小学教科书里就写着这样的内容，现在，这方面的内容不大有人提起，总之，是一些令我们日本人不愉快的内容。如日本是如此的小国，中国是如此的大国，而小国却欺侮着大国，等等，都在教科书中写着。另外，刚到北京，首先映入眼帘的就是前门，现在也还存在着吧。
> （中略）在前门阁楼上，每隔一根柱子就有一块大木板，上面黑底白字地写着"打倒"，然后是跳过二块木板，然后是

---

[1] 郭沫若：『日本文学の課題としての吾が母国』『文芸』4 卷 6 号（1936 年 6 月）、第 47 頁。

"帝国主义"。也就是说原来是"打倒日本帝国主义"，大概是受到日本政府的抗议，或是国民政府的排日气氛正好稍稍缓解，就把"日本"二字除掉了，但除掉的二块木板，谁都知道是"日本"。在北京的中心地点，挂着如此大字的大幅标语，我每次乘人力车从这里通过，总是有一种复杂的心情。

这就像是一种象征，表面上是排日运动，但实际上，在中日战争爆发之前的这段时间内，中国的对日感情倒不如说是不错的。特别是北京大学的先生们，对我这样的日本留学生是十分当回事儿的。所以，我的感觉有点像现在的美国青年来到日本所感到的气氛。（中略）总之，当时中国对日本的感情并没有口号喊得那么坏。不久就有"9·18事变"，其后又有卢沟桥事变。总之，我处于这样的一个战争的前夕时期，是一大幸运。这也是我一生中最幸福的时期。[1]

在我看来，"北大先生们"对吉川的重视毋宁说折射出近代中日文化关系逆转后，中国知识分子在面对近代"先进国""文明国"青年时的一种复杂、微妙的文化心理——正如吉川自己所说的，那是"美国青年来到日本所感受到的气氛"。尽管面对"排日"氛围心情复杂，但吉川仍认为这是其一生中"最幸福的时期"和日本"留中外史上的兴盛期"。他在为考古学家水野清一（1905—1971）所写的挽词中表示：

同是在北京的留学生，北边六条胡同本愿寺居住的塚本善隆及后来的大渊慧真（中略）南边船板胡同日本旅馆一二三馆的加藤常贤、玉井是博，及其后的楠本正继，绒线胡同的奥

[1]　吉川幸次郎著，钱婉约译：《我的留学记》，北京：光明日报出版社，1999年，第38—40页。

村伊久良夫妻借住在盛伯羲祭酒故居，我也曾短期在那里居住过。西边东厂胡同有供职于东方文化事业委员会的桥川时雄、杉村勇造，这些人跟住在西城的仓石先生同样也有密切的往来。这是留中外史上的兴盛期，却没有艳闻。而从日本短期来访的学者也很多，其中如滨田耕作、原田淑人、梅原末治等，也都与他结下了最深的缘分。[1]

这份挽词部分地勾勒出上世纪 30 年代初期在平日本文化精英的人际网络。那时，与吉川同年来平、战后成为日本汉学界巨擘的仓石武四郎以京都大学副教授、文部省在外研究员的身份留学北京大学。《述学斋日记》记录了他与吉川身着中国人服饰一丝不苟地学着汉语，与陈寅恪、陈垣、吴承仕、马裕藻等交游并向其请益的平淡日子。这两位立足中国、思考中国、与中国学者保持着密切关系的"支那通"青年之"幸福感"恐怕只是在华修习汉学这一特殊情境所营造的学院派"学者幻觉"，很难将其视作判断现实层面中日关系的依据。事实上，出了中国，"中国化"的生活方式便给仓石带来了麻烦。1930 年 8 月 5 日归国时，仓石在神户港便遭遇了非难："关吏待余以支那人，言语无状，遂告其令，伊仰天无言。然而待遇中国如此无礼，可想而知，神户国门有此失态，国耻莫之甚矣！"[2]"支那通"青年的愤怒可见一斑。最值得注意的是，即使在日本政府有关侵略战争的言论管控极为严厉的 1942 年，仓石仍以极大的勇气坦言："日本人对于中国的思考，对于中

[1] 吉川幸次郎：『水野清一君挽詞』（初出：1973 年 5 月『水野清一博士追悼集』）、『吉川幸次郎全集』（第 23 卷）、東京：筑摩書房、1986 年（3 刷）、第 636 頁。

[2] 仓石武四郎著，荣新江、朱玉麒辑注：《仓石武四郎中国留学记》，北京：中华书局，2002 年，第 207 页。

国必须承担的责任，也一年重似一年。正因为如此，指导者应有的宽阔胸襟，并籍此反省自己的事情也很多。"[1]在日本文学的"全黑时代"，仓石以"知其不可而为之"的勇气与良知提出的这一建言展现出的对华善意以及作为知识分子的独立思考弥足珍贵。

在吉川、仓石来京的同年，国民政府迁都南京；同年6月21日，改北京为"北平"，设北平特别市。北京从"帝都"、民国"首都"转变为"中华故都""文化古都"，但其在教育领域的核心、关键地位依旧，被国际人士称作"中国的波士顿"。中国政治文化生活中的这一重大变动相应地影响到日本文化人观察北平的视角。1930年11月，受"满铁"邀请，歌人斋藤茂吉（1882—1953）赴满洲与北平访游。在其后出版的《北平游记》中，作者便使用了北京的新名——北平。作为歌人，斋藤在《连山》中留下了吟咏北平名胜与风土人情的和歌。来平路上，他从"山海关上能看到日之丸旗帜，那里站着两个日本兵士"，在秦皇岛也看到了一个日本兵，"这里离海近，据说日本船也会来到这里"。11月9日晚，斋藤抵平，住在日本人经营的扶桑馆。他表示，"'满洲'—北平"之旅最让其在意的是中国国内的"排日"氛围，滞平期间他还得到了东亚经济调查局编译、新近出版的《支那国定排日读本》。[2]在该书中，编者佐藤贞次郎节选了当时中国学校教科书及报刊中记载的"排日事件"并冠以"国定"二字，试图面向日本读者制造中国民众的抗日运动根源于政府鼓动的舆论倾向。有论者指出："日本视中国的反日民族主义为国民政府推行反日教育与反日政

---

[1] 倉石武四郎:『燕京大学の落成式』(『文芸春秋』1942年1月号)，引自仓石武四郎著，荣新江、朱玉麒辑注:《仓石武四郎中国留学记》，北京:中华书局，2002年，第215页。
[2] 斎藤茂吉:『満洲遊記·北平遊記』，『斎藤茂吉全集』(第7卷)、東京:岩波書店、1973年、第234頁。

策的结果，过分夸大报道在个别地区发生的反日事件——其中不少是日本军人等谋略所为，致使对华'恐怖感'与憎恶感在日本人中间扩散。负责外交交涉的外务省官僚们批判中国政府从背后操纵'反日'运动以利于对日交涉。"[1]在"排日"的意义上，北平之行似乎使斋藤在实际的中国体验与手中读本之间发现了对应关系。参观北平首日，作者即看到了处死马贼的一幕，并听到周围的日本人议论"昨天那家伙在从扶桑馆前路过的时候，说了句'日本鬼子回去吧'"。13日在去琉璃厂的途中，又看到了和平门那里写着"打倒日本帝国主义"的字。为此，在作一些伤古咏今之歌的同时，斋藤还留下了这般句子："轻蔑日本之字，刻在了正阳门上，那里人头攒动。"（"城门城墙"之一首）"排日之思想，斯乃近代之产物，典籍谐调无之。"（"北平图书馆"之一首）[2]斋藤认为，"今日支那的对日政策可以'排日'之一言以蔽之。然对于这一政策，'日支亲善'究竟何意？我国一边着眼于满蒙、将之视作日本生命之源泉，一边承受着这等侮辱性的抵抗还要'亲善'是何道理？（中略）不单是我这一个旅行者，我国全体国民都必须了解这一现实"。[3]质言之，斋藤要表达的乃是对承受了"抵抗"却求"亲善"的日本当局对华政策之不满。历史学家江口圭一在讨论"九一八事变"时日本人中国观之成因时指出：

民众对战争的支持，还由于日本人的思想深处对满洲有一种顽固的特殊感情。满洲事变开始时，日俄战争刚刚过去

---

[1] 刘杰：《"反日"、"反中"循环中的日中外交——满洲事变前夜》，载刘杰、三谷博、杨大庆等著：《超越国境的历史认识——来自日本学者及海外中国学者的视角》，北京：社会科学文献出版社，2006年，第50页。

[2] 斋藤茂吉：『北平漫吟』，『斋藤茂吉全集』（第2卷）、東京：岩波書店、1973年、第308—309頁。

[3] 斋藤茂吉：『北平漫吟』，『斋藤茂吉全集』（第2卷）、東京：岩波書店、1973年、第238頁。

26 年。往事如昨，在一般日本人的观念中，无不认为满蒙权益是通过日俄战争（及甲午战争）中所付出的巨大牺牲换来的。这种观念进而又发展为满洲是日本的"圣地"和"生命线"思想。在这种思想观念下，他们根本认识不到日本侵略了中国，相反，正像下面这封慰问信所说的那样，认识和愿望已完全颠倒。信中写道："支那的坏军队想把日本人赶出满洲，实在坏透了，用大和魂武装起来的强大无比的军人叔叔们，请牢牢地保卫这样重要的满洲吧！"（大津市小学五年级一男生）[1]

如此观之，在北平的斋藤茂吉对中国"排日"之思考与心智未熟的儿童全无二致——批评抵抗却不问所以然。如果说这种有意的"不求甚解"甚至曲解迎合了一般民众对"满蒙"局势、中日关系动向的集体认知；那么，"一边承受着这等侮辱性的抵抗还要'亲善'是何道理"的表述则显然意在呼吁更为强硬的武力解决，这与其时日本对华总体战略是具有内在的一致性和同构性的。江口圭一将近代日本的对外侵略扩张视为"对英美协调主义"与"亚洲门罗主义"对决、后者最终压倒前者而主导了潮流的历史，此说堪称洞见。而在"九一八事变"前后，后者已逐渐占据压倒性优势。"五一五事件"使天皇制立宪主义政治体制的立宪主义侧面遭受沉重打击；另一方面，"民众对排外主义战争的支持，正是使政府的不扩大方针归于失败、使亚洲门罗主义路线取代对英美协调路线并得以巩固的决定性条件"。[2]从这个意义上来说，军国主义政权与大众民族主义之间形成了恶性的双向互

---

[1] 江口圭一著，杨栋梁译：《1931—1945 日本十五年侵略战争史》，天津：天津人民出版社，1995 年，第 50 页。

[2] 同[1]，第 51 页。

动——前者动员了后者，而后者又反之强化、支撑了前者的合法性，与前者形成了共谋、共犯的利益——命运共同体。这种内部高度一致、批判声音缺失的思想状况随着日本对华侵略的加剧和太平洋战争的爆发而愈演愈烈，后文将提及的多数文化人便是坐在这战车上驱驰（无论被迫迎合，还是主动投怀送抱）并为之辩护的案例。

面对所谓"排日"风潮，也有少数正直、敢言的"知华派"知识分子不为国内政界、新闻界之耸动所迷惑，敢于揭穿谎言，对日本政府的对华侵略政策发出警告，日语教育家松本龟次郎（1866—1945）即为一例。松本是鹤见祐辅《北京的魅力》的读者与信徒，他于1930年来华，并将其旅程及观感写成《中华五十日游记》。一向爱护、同情中国留学生的松本认为：

> 向来，无论是亲日还是排日，悉为我国对支政策之反应，且也未曾有对我全体日本国民倡导排日之事。显然，若国际问题能顺利解决，则排日运动可即日而熄，复归亲日。当然，我虽是政治门外汉，但也并非不知在国权主张方面，我们经常无暇顾及对方国家的感情。唯感政治家之言行，对于中日亲善之影响极为重大，这是我以一个教育工作者的立场所痛感而不能不首先在此提出的。（中略）
>
> 民国现今已有民族觉醒意识（中略）要言之，"打倒帝国主义"思想之影响既深且广，尤其是对中小学生，其鼓励最为周到。当此时，日本人若仅恃一日之长，依然沉醉于日清、日俄战争胜利之旧梦（中略）实属大错。（中略）对列强而言，今后若依然（对华）施以旧时之压抑手段，则民国终将奋起反

抗，对施压国而言，非但终将一无所得，且徒贻永久之恶感。[1]

众所周知，松本是中日"亲善论者"，[2]受其教者中有鲁迅、秋瑾、周恩来等中国近现代史上的重镇。上述言论不过道出了延至今日依然有效的中日关系之常识，但若置于1930年前后的中日政治语境下考察，这一执中之见却显得有些异类。在北平，松本在参观了故宫的宝物后称："报纸上传言说要将这些宝物全部典当以为北军的军用资金，止于传言可喜可贺。尽管如此，我还是希望能切实制定出保存之法，因为它们不仅是中国的国宝，而且其超越性的美术品乃至历史性的参考品都是世界人类之宝。"[3]松本的中国之行是在充分阅读、消化了同时代人中国纪行的基础上实现的，在古都旅途中，他便曾引述里见弴和鹤见祐辅的"北京论述"并大表认同，其超越了个人情仇、民族恩怨的情感层面，以及对人类共同文化遗产的珍视与鹤见祐辅有殊途同归之妙。同时，松本也批评了部分日本人中国游记中的蔑华倾向："不仅是文士，在对中华不友好人士的纪行文或感想文中，类于酷评者甚多。民国人士则以他山之石视之，或将成为一种教训。在无益于他之前，先伤己德，又恐有助长本国人自恋心之虞。"[4]近代以降，在黑格尔式亚洲思维影响下，日本文化人的涉华记述中充斥着蔑视、贬

---

[1] 松本亀次郎：『中華五十日遊記·中華留学生教育小史』、東京：東亜書房、1931年、第75、124頁。

[2] 松本亀次郎：『中華五十日遊記·中華留学生教育小史』、東京：東亜書房、1931年、緒言第1頁。

[3] 松本亀次郎：『中華五十日遊記·中華留学生教育小史』、東京：東亜書房、1931年、第156—157、161頁。

[4] 松本亀次郎：『中華五十日遊記·中華留学生教育小史』、東京：東亜書房、1931年、緒言第7頁。

损，如此说来，松本龟次郎的存在是应该被铭记的。

德不孤，必有邻。松本之邻至少有文明批评家、思想家长谷川如是闲（1875—1969）。在一般日本"文明人士"视中国为野蛮国、视中国人为低等动物的时代，他却反向指出了以中国人为参照的日本人、西洋人中的"兽性"。在1937年元旦发表的一篇短文中，长谷川称在"一个夏天，是北平还叫北京的时候"，"我"和几个日本人去远足，一行人到河堤上的茶馆休息：

> 同样去休息的便是刚才说的那种风格的人物。年龄看起来在五十前后的样子，那淡青色的长褂被风吹拂，飘然而动，真是一位有着古典气派之人。同是文化人，但与第一次在巴黎郊外的咖啡店坐在露天椅子上看到的那位一边与空气对峙着、一边滴溜溜地转着枭一般眼睛的、滚圆肥胖的法国人感觉大不相同。或许是文明的类型不同之故，两者的感觉比较而言，总感觉支那一方在人性方面要洗练得多。超然这一点，法国人也是如此；但那种是西方式的，这边却是东方式的。我们一行当中，就是年纪有点轻，也还是有日本的官吏和读书人的，虽是远足的装扮，但毋庸讳言，在文化风采上，与前述的那位支那人无法相提并论。
>
> （中略）
>
> 那次远足的时候，看到了元代的土城，而后去了俗称大钟寺（中略），因不识路，便托村里的一位十二三岁的孩子带路。这是一位浓缩了支那文化的、风采奕奕的少年。（中略）
>
> 古典的村中绅士，有着支那文化韵味的小少年，又遇到了这位（此军士觊觎作者新买的骑马用的裹腿——笔者注）吵吵嚷嚷的军士，确实，许多日本人只看到了支那之一斑而无

以知全豹也就不奇怪了。[1]

1932 年 1 月 16 日，鲁迅在致日本弟子增田涉的信中说："日本的学者或文学家，大抵抱着成见来中国。来中国后，害怕遇到和他的成见相抵触的事实，就回避。因此来与不来一样。于是一辈子以乱写而告终。"[2] 长谷川以其在平亲历对试图"窥一斑而见（中国）全豹"者或对中国抱着成见者予以批判，在中日国益纠葛、战火纷飞的峥嵘岁月里保持着知识分子独立思考的本色。作为现代日本国家批判的代表性人物之一，长谷川与鲁迅有着近似的"杂文气质"和"国际视野"，在论及日本文化、思想问题时，常引国外思想资源为批判之资，因此以鲁迅的评论来思考长谷川如是闲的日本批判是合适的：

> 日本的长谷川如是闲是善于做讽刺文字的。去年我见过他的一本随笔集，叫作《猫·狗·人》[3]；其中有一篇就说到中国人的脸。大意是初见中国人，即令人感到较之日本人或西洋人，脸上总欠缺着一点什么。久而久之，看惯了，便觉得这样已经尽够，并不缺少东西；倒是看得西洋人之流的脸上，多余着一点什么。这多余着的东西，他就给它一个不大高妙的名目：兽性。中国人的脸上没有这个，是人，则加上多余的东西，即成了下列的算式：
>
> 人 + 兽性 = 西洋人

[1] 長谷川如是閑：『顧は語る（支那のある小景）』（『改造』19 巻 1 号、1937 年 1 月 1 日）、『長谷川如是閑全集』（第 1 巻）、東京：岩波書店、1989 年、第 340—342 頁。

[2] 鲁迅致增田涉（320116），载《鲁迅全集（第 14 卷）书信》，北京：人民文学出版社，2005 年，第 196 页。

[3] 该书由改造社 1924 年 5 月出版，内收《中国人的脸及其他》一文。

他借了称赞中国人，贬斥西洋人，来讽刺日本人的目的，这样就达到了。[1]

二、"国益论"规训下的"和平之都"

继田山花袋之后，1935 年，另一位自然主义文学大师正宗白鸟（1879—1962）来平。关于来平因由，他自称：

我在北平的书店里读到一位名叫 Hayes 的美国人所写的题为 *At Home in China* 的支那旅行记。开头就写道：

我曾在某杂志读到"予欲住在支那、特别是想住在北平"的感想。那个感想的作者赞赏北平的居民及其风俗，还有那里的气候和风景；还说支那人是世界上最好的厨师，其烹饪技术兼备了法国的空想力和德国的实质性。读了这个报道我就计划到此一游了。

我也是从朋友那里听到了许多与此报道同样的溢美之辞，心想，如果世界上真有这样的地方，应在有生之年看上一眼，于是突然计划、突然来到了这里。（中略）

在西人眼中，他们将 Japan 空想为一个黄金之国，将攀登万里长城空想为冒死的痛快之事。这在遥远的过去也不是不可思议的。而即便在交通便利的今天，邻国的我们还将北平作为异样的土地，做着各种空想。——但，来到这里一看，却并非如此。（但也不能不说，要看过去北京的面影须要趁现在的时机）[2]

---

[1] 鲁迅：《略论中国人的脸》（作于 1927 年 4 月 6 日），载《鲁迅全集（第 3 卷）而已集》，北京：人民文学出版社，2005 年，第 432—433 页。

[2] 正宗白鳥：『北平にて』（『読売新聞』一日一題欄、1935 年 11 月 9 日）、『正宗白鳥全集』（第 10 卷）、東京：新潮社、1976 年セット版、第 458—459 頁。

白鸟称与其同住于北京饭店的一个美国女作家凯瑟琳·诺里斯在谈到"关于北京之感想"时说："我喜欢北京，这里飘浮着和平的空气，并且这里的空气有着自己的故乡旧金山空气的气息，easy to breathe。"对此，白鸟表示无法苟同："诺里斯女士和我这样的人，只能感受到漫游者的皮相，或许北京现在正被令人窒息的氛围包围着亦未可知。读过支那文报纸、英文报纸和当地发行的两种很小的日本报纸，我也并非没有察觉到某种不稳的情势。"[1]不难看出，他已意识到北平将出现"大变局"，因此主张"要看过去北京的面影须要趁现在的时机"。同年暮夏来平的阿部知二也有同感。战争爆发后的1938年，在长篇小说《北京》的跋语中，阿部追忆1935年来平时的感受称，"一方面，看似和雅的北京空气中，有种暴风雨般令人毛骨悚然的气息，即便是凭一个旅人的嗅觉也能强烈地感受到。北支，自北、自南、自东、自西的民族之力、政治之力、思想之力变成了漩涡彼此冲突着，难逃不定何时便会转变为武戏或是悲剧舞台之命运"。[2]

与田山花袋一样，正宗白鸟未曾在北平发现其期望中的"艺术美"："北京就是如此沉稳的都市。但却没有接触到让我们积极地陶醉于艺术美、动人心魄之物。尽管来到了这个城市，但我还与从前一样，与支那趣味有着难测的悬隔。"[3]对艺术失望的同时，他却有了另一个重要收获："说到物资丰富，到故宫博物院去一看（中略）可以知道，在这老朽大国之地下，现在还埋藏着高价的奢侈品。不仅是日本，领着世界文明国的女性参观这里的宝石街，

---

[1]　正宗白鸟:『北京印象記』(『中央公論』第50年第12号、1935年12月)『正宗白鳥全集』（第10巻）、東京：新潮社、1976年セット版、第462—463頁。

[2]　阿部知二:『北京』、東京：第一書房、1938年、第278頁。

[3]　正宗白鸟:『北京印象記』(『中央公論』第50巻第12号、1935年12月)『正宗白鳥全集』（第10巻）、東京：新潮社、1976年セット版、第470頁。

想必也会让她们垂涎欲滴，激起她们对支那国土的所有欲和占领欲吧。"[1] 由此可见，时至 1935 年，日本文坛的右翼化程度之剧。军国主义者且不论，即便是鲜涉政治的文坛大家也丝毫不掩饰现实层面上对中国的领土欲望。

随着中日的对峙关系愈发难解，作为创作题材的中国日渐受到日本文坛关注。1936 年，在文学界颇有影响的《文艺》杂志便发起过"去描写支那吧！"专题讨论，约请逃亡在日的郭沫若、小说家藤森成吉（1892—1977）及评论家兼翻译家新居格（1888—1951）撰文探讨。这组文章可视作日本文学界的反躬自省，旨在探求中国题材创作不振、水准低下之因由。在《作为日本文学课题的我的祖国》一文中，郭沫若指出，森鸥外、夏目漱石以降，中国题材日本文学作品为数不少，而"近年来"文艺界对中国之亲和力减退的原因在于"外在的阻碍与内在的踌躇形成的力偶"。20 世纪二三十年代，中日关系敏感而脆弱，对于作家而言禁忌颇多，加之日益严厉的新闻审查制度，[2] 所谓"外在的阻碍"自不难理解。郭氏认为，"日本作家好写我国的历史题材，或即便取材自现代，亦有靠想象加以充实的倾向"。因此，在他看来，"在将中国作为课题之前，积累有关中国的体验是第一要件。欲积累体验，最合适的办法便是跨过黄海，至少经历一两年的中国生活之修业"。[3] 郭沫若所主张的实地探察所指向的是日本文学界对现代中国的虚构性想象。在《去描写支那吧！》

[1]　正宗白鳥:『北京印象記』(『中央公論』第 50 巻第 12 号、1935 年 12 月)『正宗白鳥全集』
　　　(第 10 巻)、東京：新潮社、1976 年セット版、第 469 頁。
[2]　实际上，单是郭氏这篇短文便前后六次出现了省略号，不难看出，这是杂志社为避新闻审查而作的不得已的删改。
[3]　郭沫若:『日本文学の課題としての吾が母国』『文芸』4 巻 6 号(1936 年 6 月)、第 49—51 頁。

中，藤森成吉也表达了对中国题材创作现状的不满，但论旨却与
郭氏大异其趣：

> 我们必须去描写支那，这并不单单因为她是我们的邻国。
> 现在，对我们而言，支那是超越了邻国意义的存在。其命运与
> 我国、与我们的命运息息相关。处于如此密切而微妙关系的国
> 家，近数十年来绝无仅有。
>
> 此外，描写支那，我们有着比任何国家的人都有利的条
> 件。因自古以来的接触和文化的交流，我们对他们的传统、心
> 理与生活等了解得最为深刻，文字有着共通之处，旅行也很便
> 利。而日本文学中描述这个国度之人与土地的里程碑式作品至
> 今尚未大量涌现，毋宁说是不可思议之事。（中略）在支那作
> 家要描述本国的真实景况而受阻之时，日本作家应敢于担负起
> 这项工作。[1]

藤森的论述中有如中日间"密切而微妙关系"、两国人命运
息息相关等看似不言自明的表达，这些都是洞察其真意的密码。
尽管他自诩"我爱支那及支那人，这与那些所谓政治家们的应景
话和骗人的日支亲善是全然不同的心情"，但在日本对华鹰视狼
顾且已采取了切实侵略步骤的1936年，这种鼓动日本文学界关注
中国题材的吁请与大正诗人小林爱雄鼓动日本人"开拓支那"的
呐喊以及侵华语境下政治家们有关"日支亲善"的虚伪标语、口
号如出一辙。有所不同的是，藤森居然判定中国作家无法揭示中
国的"真实景况"，此项工作需由"闯入者"日本人代劳。

在《现代支那的题材性》一文中，新居格则对大多数西洋人

---

[1] 藤森成吉：『支那を描け！』、『文芸』4卷6号（1936年6月）、第37—38页。

的中国论述不以为然。他认为，西洋人对中国的观察过于皮相，那是租界中国、宾馆窗口的中国，唯独赛珍珠是其中的异数。作为《大地》的日译者，新居认为赛氏表现了贯流着一般中国人情感的、不变的中国，并转述谷崎润一郎的评论，承认"日本作家在了解支那这一点上尚逊赛珍珠女士一筹"。1938年，赛珍珠凭借中国题材长篇小说《大地》获诺贝尔文学奖，而早在1932年该作获普利策奖时，她已蜚声世界，这也极大刺激了日本文坛。新居格坦言，"（我们）在何种程度上正确认识（了中国——笔者），我没有自信"，还特别批评了日本作家对中国农村题材的忽视，他敏锐地意识到农村才是理解支那的钥匙："像赛珍珠女士那样长期亲近支那生活、能像支那人一样说支那语、理解支那农村及农民的状况与感情诸条件的作家，我国可以说曾无一人。（中略）这不是文学家的才能问题，毋宁说是由于缺乏作品创作前生活准备的蓄积。"[1]而这一切，在卢沟桥事变后便不再是问题。

　　1937年7月7日，卢沟桥事变爆发。在故都即将沦陷、中国民族面对生死存亡的时刻，蒋介石发表庐山谈话，愤然指出："如果卢沟桥可以受人压迫强占，那么我们百年故都，北方政治文化的中心与军事重镇的北平，就是变成沈阳第二！今日的北平，若果变成昔日的沈阳，今日的冀察，亦将成为昔日的东四省。北平若可变成沈阳，南京又何尝不可变成北平！"继之，7月29日，北平沦陷，成为日本所谓"东亚建设的基地"。其间，7月26日发生了广安门事件：日军以保护侨民为名试图由丰台乘卡车进入北平时，中国军队突然封闭广安门将日军分割，并发动猛烈进攻。日军少佐樱井德太郎（1897—1980），面对二十九路军炮火，由十米高的城墙上跃下逃命。1939年，樱井出版了评论集《广安门》，

---

[1]　新居格:『现代支那の题材性』、『文艺』4卷6号（1936年6月）、第101—106页。

详述了事变前后身兼宋哲元第二十九军顾问和冀察政务委员会顾问以及日军少佐诸重身份的自己在中日之间全力斡旋之经纬。众所周知，事变的导火索是一个日军兵士的失踪，日军以此为口实，挑起战端。在该书中，作者承认失踪的兵士翌日即归队，并未被中国守备部队击毙，[1] 从而作为敌方亲历者证实了日军寻衅挑战的非法性。如此说来，该作具有立此存照的史料价值。跳出历史叙述，作者在前言中盛赞"日本军队的突击英姿真如神灵，没有任何私心，只高喊着'天皇陛下万岁'而死去"；同时批评"最近很多人喊着去支那、去支那，这真是件可喜之事。然而，这都是些就像事先商量好了一般来到支那巧妙赚钱、而后逃归内地之辈。如此下去，英灵们必会挥泪九泉吧"。[2] 在面向日本读者盛赞日军在侵略战争中的英勇表现之余，鼓动来华日本人留在中国以共襄"殖民大业"。

在大举进行军事侵略的同时，日本政府强化了国内的军国主义体制，要求举国一致、协力战争。事变爆发几天后的 7 月 11 日，日本发表出兵华北声明的当天，近卫首相召集各新闻通讯社的代表"恳谈"，要求其"协力"战争；13 日又召集著名杂志社代表，提出同样的要求。8 月 24 日，日本政府发布《国民精神总动员实施要纲》；9 月 25 日负责战争宣传的"陆军情报委员会"升格为"内阁情报部"。许多综合性杂志和文艺杂志，开始采用战时编辑，开辟专门刊登战争报道和战场特写的栏目。由于此类涉战文章在读者中大有市场，不少作家被以"特派员""从军作家"派往中国战场，写作"现地报道"和"从军记"等，当然，这些创作都必须谨守军部设定的"政治红线"。火野苇平因

---

[1] 桜井徳太郎:『広安門』、東京：刀江書院、1939 年、第 32—35 頁。

[2] 桜井徳太郎:『広安門』、東京：刀江書院、1939 年、第 1—2 頁。

"士兵三部曲"而被奉为"国民英雄"、名利双收，而石川达三则因在作品《活着的士兵》中反映了日军的残暴兽行而闯下笔祸，这两起人尽皆知的文坛事件对于前述特派员和从军作家而言，其规训意义是不言而喻的。需提请注意的是，报社或杂志社特派员的身份使作家假想的读者群发生了巨大变化，大众媒体使作家的读者群由纯文学爱好者转变为一般大众，作家的写作须虑及一般大众的趣味及其关切，这是近代"新闻主义"的重要特征。侵华时期，日本国家机器（主要是军部）的意志、报社／杂志社的利益、作家的现实处境以及读者的阅读趣味在涉及侵略战争的交错点上形成了高度的同向性，彼此之间甚至是相互塑造、相互规定的关系。

1943 年东亚新报社社长德光衣城在为高建子（即高木健夫，1905—1981）的《北京百景》所撰写的"必胜序曲"中指出，"近四五年来，描述'北京'乃至北支处处的人逐渐增多，考虑到此乃大东亚建设的基地，自是理所当然之事"。[1]卢沟桥事变使古都门户洞开，来平日本文化人一时如过江之鲫。八年间，川端康成、伊藤整、吉川英治、小田岳夫、岸田国士、佐藤春夫、阿部知二、横光利一、村上知行、山本实彦、一户务、高建子、奥野信太郎、桥本关雪、清见陆郎等知名文化人纷纷以从军作家、报社特派员等身份来平踏查、报道、写作。仅木村毅编《支那纪行》（第一书房，1940 年）中便收入了战时体制下不少日本作家的中国纪行，其中就囊括了吉川英治、阿部知二、伊藤整、小田岳夫等文人的北平纪行文可资参考。

事变发生后，创造社社长山本实彦（1885—1952）以新闻家的敏锐嗅觉，在未知会任何方面的情况下孤身来平采访。1937 年

---

[1] 高建子：『北京百景』、北京：新民印書館、1943 年、「必勝序曲」第 1 頁。

10 月，创造社出版了山本实彦的《纵贯大陆》，旨在向日本国内
传递北平的新动向。作者记述了他对华北军最高指挥官寺内寿一
以及“北支临时政府”的要员王荫泰、汤尔和等的采访，并对这
些左右华北局势的中日军政精英的思想、行动倾向做出论评。而
我更为关注的是其作为新闻家对沦陷之初北平社会的思考维度。
在“北京”一节中，山本氏开宗明义地表明“这次纵贯北支、中支，
最为平稳的便是北京。在北京去看电影、看戏，一个人出门首先
不会觉得危险”。与先于自己来平的前人相同，山本也会去戏院
看戏，但却是“醉翁之意不在酒”：“我与其说是去看戏，毋宁说
是视察这种时局下的看戏观众，是去观察所谓事变下这些大众的
态度。尽管如此，大众的态度平静地超乎想象，计划中的视察目
的早已不知所踪，我竟与观众们一起看起了戏。看戏期间，未有
被人以凶险的眼神瞪着或以冷酷的眼神打量之感。支那人的性格
真是难懂。”[1] 1937 年 11 月作为《文艺春秋》杂志特派员被派往
华北战场、在北平得奥野信太郎之向导[2]的作家岸田国士（1890—
1954）在《北支物情》也描述了观剧时类似的感受：“观众席超满员，
入场费也比平时高了许多。支那人、特别是北京人对戏剧的狂热
果然名不虚传，那是一副将国家安危置之度外的陶醉神情。”[3] 在
极易被国家意识形态动员起来的日本文化人（如山本和岸田等）
眼里，北平人的“难懂”恐怕就难懂在身在沦陷都市中、面对敌

---

[1] 山本実彦：『大陸縦断』、東京：改造社、1938 年、第 78—79 頁。

[2] 岸田国士在从日本出发前，阿部知二向其介绍，到京后一定要与一个 S·O 联系，这位
　　O 先生乃中国文学专业的庆应大学年轻教授，并曾向其介绍了北平的情况，由此可断定
　　此人应为奥野信太郎(Okuno Shintaro，按英文式姓名简写表述方式即为 S·O)。岸田国士：
　　『北支物情』、東京：白水社、1938 年（再版）、第 229—230 頁。

[3] 岸田国士：『北支物情』、東京：白水社、1938 年（再版）、第 233 頁。

人与炮火时置若罔闻、国家存亡似乎与个人安危无干的平静，或曰冷漠。岸田之所以在"逗留时日极少"的情况下仍去看戏，是由于他最想见的是与事变有关的人、最为关注的是"北京之现代相"，[1]为此，他留意车站巡查与人力车夫的关系、战争爆发后北平平民的动向以及学校教育情况等。

　　同时，岸田承认了一个其他作家鲜见承认的事实："无论我是多么的'客观'，恐怕都是徒劳的。因为，不必说，我只能'作为日本人'面对这场战争。现实的报告对国家、国民有害无益的情况下，我只能沉默。首要地，我要祈祷这场战争给祖国带来幸福。牺牲只因此而值得敬重。"[2]换言之，即基于国家利益取向的选择性呈现：选择对日本侵华有益有利的素材加以报道，渲染日本侵略者统治下的沦陷区之和平、进步与繁荣，对那些可能使日本遭受国际、国内正义力量谴责的侵略暴行及其影响则避而不谈。"他们不可能写实际情况（中略）大部分人不言而喻是按军方的意图——写了与现实完全不同的手记和小说来激励鼓舞国民。"[3]《都新闻》特派员井上友一郎（1909—1997）在《从军作家的问题》中透露他曾得到一份《从军作家行动表》，上面明确规定了与国策一致的写作原则。[4]选择性的呈现与遮蔽在日本全面侵华时期是极为常见的，这固可视作战时体制下无奈的选择，但其在客观上纵容了法西斯政治权力、协力了侵略战争的一面不容否认，这也是战后不少日本文化人被追究战争责任的因由所在。

---

[1]　岸田国士：『北支物情』、東京：白水社、1938年、第230頁。

[2]　岸田国士：『北支物情』、東京：白水社、1938年、第252頁。

[3]　若槻泰雄著，赵自瑞等译：《日本的战争责任》，北京：社会科学文献出版社，1999年，第401页。

[4]　王向远：《"笔部队"和侵华战争：对日本侵华文学的研究与批判》，北京：昆仑出版社，2005年，第99—100页。

　　比起底层社会，山本实彦更为关注北平知识界的思想动向与活动。在《北支的文人们》中，山本将北平文人分为抗日派和留京派；又将后者分为"与新政府合作派"及"旁观变动派"。山本并不认同中日政治家将华北农民安否视为首要大事的主张，他指出安抚大学、专门学校失业的教授方为急务："我们必须思考北支失业的知识阶层将往何处去的问题。我们不得不认为，迫于强大的武力压迫，这些人会雌伏起来，而一旦压力减弱，他们又会站在第一线继续前所未有的抗日运动。"[1]为此，山本频频拜会文坛重镇、"知日派首席"周作人以及钱稻孙、徐祖正、汤尔和、尤炳圻、苏民生、王谟等文化、政治精英。之所以如此，恐怕是因来访者在与知识分子的接触中产生了与戏院观戏不同的沉重感："与这些人的会面第一感觉是，他们似乎被什么压抑着，一句句的应酬都很沉重。自己的祖国在革命路上之时，由于不得不身处漩涡之中，痛苦之事自然是有如山多。我理解他们无法淡然处之的心境。"[2]在这里，山本偷换了概念，把"侵略战争"美化成了"革命"。在同月出版的《支那事变（北支卷）》中，山本实彦全面介绍了开战两月后的北平局势，继续嘲笑原本在大学主导着抗日运动，而今沦为乞丐、不得不向朋友借钱南迁的大学教授们："生平常见山东、河北的苦力们，今天在这里见到的人群多是白面书生和细皮嫩肉的美女。是因国家败亡而四处奔逃的、多有忧色的上层及中流人士。（中略）他们的脸色明显不佳，打不起精神，似乎也看不见希望。而他们面对我的时候却眼睛发光，表

[1]　山本実彦：『大陸縦断』、東京：改造社、1938年、第294—295頁。本节又于1938年9月27—29日分上、中、下三节连载于《东京日日新闻》。

[2]　山本実彦：『大陸縦断』、東京：改造社、1938年、第294—297頁。

现出一副咬牙切齿的敌忾之气。"[1]这种"敌忾之气"与前述观戏
民众的麻木形成了鲜明的比照，提示出在亡国困境下知识阶层的
激愤与可能继续下去的抵抗，对于闯入者而言这是极其危险的。
为报道北平知识界的动向、有效消解留平知识阶层的抗日意识并
拉拢其归附，事变后，《朝日新闻》《读卖新闻》《报知新闻》《东
京日日新闻》《文艺春秋》《文艺》《大陆》《新潮》等有影响力的
报刊纷纷参与对事变后华北文化建设问题的报道与讨论，以现地
访问、报道、座谈和评论等多种形式表现出强烈的介入意识。其
中，北平沦陷的八年间，日本知识界对周作人、钱稻孙的关注具
有相当的持续性。[2]小田岳夫（1900—1979）便在长篇小说《北
京飘飘》中以周作人为原型塑造了北京大学教授"田有年"的形
象（关于该作品的讨论详见本书附录一）。小说呈现了北平沦陷
初期，以"田有年"为代表的中国知识分子与日本闯入者、日伪
政权间时而合作、时而敷衍、阳奉阴违的生存状态；同时勾勒出
日本文化人对留平中国同行既欲笼络使之"协力"侵略战争又对
其心怀疑忌的复杂心态。日本新闻界对北平亲日派文化人的试探、
关注与拉拢，对抗日知识分子的嘲讽显然意在稳定华北沦陷区的
知识界局势，打击抗日势力，具有配合政治、军事侵略的"舆论
宣抚"性质。

---

[1] 山本実彦：『支那事変（北支之卷）』、東京：改造社、1937年、第86—87頁。

[2] 管见所及，就有如下文献涉及：『北支文化建設の礎――親日学者と支那事変を語る』、
『報知新聞』1937年10月21日（朝刊2面）；中村亮平：『北京の文人』、『大陸』4巻6
号（1941年6月）、第180—183頁；奥野信太郎：『北京の日本学者――老北京第二話』、
『文芸春秋』17巻8号（時局増刊）、1939年4月、第186—193頁；山本実彦：『この頃
の周作人』、『文芸』6巻10号（1938年10月）、第236—245頁；寺島特派員：『新民主
義を基調に生まれ出づる悩み：戦後北京の文化を見る』、『報知新聞』1938年7月14
日（朝刊）4面；橋川時雄：『北京文学界の現状』、『朝日新聞』1940年2月25日（朝刊7
面）、26日（夕刊5面）。

与山本一样即时地关注卢沟桥事变后北平知识界之变动的还有研究中国文学专家、翻译家一户务（1904—？）。自称"爱着北平，并做着在此终其一生之梦"的一户从刚成为"战迹"的卢沟桥入手介绍了开战月余北平的局势，声称不希望中国故都在战火中化作青烟，"只要文学之梦未曾远去，北平便是带着哀愁的、值得去爱的都邑"。相比之下，一户似乎更愿谈及北平的变化：

> 近来，北京的故都哀愁正逐渐褪去，北平不再是以前的北京，也不再是从前的燕京。这里开始出现舞厅，城墙上开始挂起了霓虹灯，开始出现一家家的关东煮、鳗鱼店，这已绝非故都北京。然而这里仍是有着紫禁城，有着牌楼，街上响着京腔的都城。北京的支那古风文化，此次事变之后将会更加国际化吧。[1]

关东煮、鳗鱼店等的出现已是日本对北平经济殖民、文化渗透的表征，而这一切在一户务看来不过是北平"近代化""国际化"的结果，侵略战争的非正义性被完全置换、抹杀了。安藤彦太郎指出："曾在满铁调查部推进过'科学的'中国研究的马克思主义学者当中，很多人是讲座派。他们中很多人提出了这样的'理论'，说中国是停滞的亚洲式的社会，靠自己的力量不可能近代化，只有依靠来自外部的冲击才能走上近代化的道路。根据这种理论，日本侵略中国也等于是帮助中国进步了。战争期间很多的马克思主义者就是用这样的'理论'协助了战争。"[2]如是观之，一户务的思路与此类"讲座派"学者异曲同工。此外，他还指出，北平

---

[1] 一户务：『北支事变と北平文化』、『新潮』34 卷 9 号（1937 年 9 月）、第 187 页。

[2] 安藤彦太郎著，卞立强译：《日本研究的方法论——为了加强学术交流和相互理解》，长春：吉林人民出版社，1982 年，第 10 页。

的大学虽名为国立，但运行机制都是欧美系的，因此，英、德、法文学研究兴盛，而从事日本文学研究者则寥若晨星（除伪北京大学的周作人、徐祖正等二三人外）。一户站在中国文学研究者的角度指出："东洋两国家之间的交流寥寥无几，抗日思想的涌现多半可归因于此。以大学为中心，欧洲的文化势力逐渐使西欧之学侵入青年人的头脑中，使得本应相亲相爱的东洋诸民族却在背后、不知不觉之间相互争斗。只有从支那的大学中撤销轻薄的欧美文化，方可成就东洋和平之源流。"[1] 简言之，即应在北平高校系统清除欧美影响，强化日本色彩，以促进中日"相亲相爱""东洋和平"，消弭中国人的抗日意识。沦陷后的北平，以伪北大为代表，纷纷重建因国民政府的抗日政策而停办的日本文学专业，日语几乎成为各校各专业的必修课，或许便是重绘北平"东洋色"的重要表象。

三、"兴亚首都"的"日本色"与"道义的生命力"

一户务有关清除欧美文化影响、抬高日本价值的话语甚至走在了政界推动的"泛亚主义"政策之前头。1938 年 11 月 3 日，日本政府发表第二次近卫声明，首先抛出了"建立东亚新秩序"的计划。日本通过对权益圈的要求将东亚地区作为地缘政治意义上的"东亚"而重新建构，最终又将"南方"作为不可或缺的补给基地纳入"大东亚"整体权益版图，排斥欧美在亚洲利益。这种泛亚主义政策实质上是"亚洲门罗主义"。全面侵华战争期间，来平日本知识分子对军国主义政府所提出的泛亚主义话语多是积极呼应，相关表述在其各自创作中比比皆是。

[1] 一户务:『北支事変と北平文化』、『新潮』34 卷 9 号（1937 年 9 月）、第 189 頁。

　　1941 年东京的大都书房出版了其时在北平任日语教师的清见陆郎（1896—？）的《北京点描》。是书收入二十五篇小文，从北平的"古都风趣"、古建筑谈到"新东洋艺术"，从中日语言问题、宗教问题谈到"日支文化提携"。这里特别值得一提的东亚新报社社长德光衣城支持出版的两位作家：歌人吉植庄亮的弟子、从军记者早濑让（生卒年不详）和新闻家高木健夫（1905—1981）。由伪北京特别市市长余晋龢（1887—？）题签的《歌集　北京》是早濑的处女作，在后记中，作者在交代该集创作之经纬时称：

　　　　歌集《北京》中收录之和歌约三百五十首，均是在大陆期间创作的，故取名《北京》。特别是歌集中的战斗吟，乃我作为京都日日新闻社的从军记者，自昭和十四年（1939 年——笔者注）一月末始在转战华中第一线之藤江部队的从军笔记中摘录的，是我超越了生死线而得到的纪念品。其他作品是昭和十四年七月一日东亚新报社创设之际，我由京都日日新闻转投德光社长至今创作的作品，从作品数量上而言，昭和十六年（1941 年——笔者注）的作品居多。[1]

　　就艺术性而言，此歌集收录的作品无甚可观，反倒留下不少"中日提携""东亚共荣"的政治印迹。在"治安强化运动"中，歌人歌曰："胡同里/贴着两张和善的面孔/近卫公与汪精卫氏高呼防共。"（第 41 页）在"随感"中，又歌曰："从大梦中醒来/且听'共存共亡'的呼喊！（向大东亚共荣圈迈进）"（第 91 页）此外在"北京"（第 144 页）等和歌中，为"新秩序建设"出谋划策、

────────────

[1] 早瀬讓：『歌集　北京』、京都：臼井書房、1942 年、第 208—209 頁。

摇旗呐喊的诗句屡见不鲜。诚如吉植庄亮在为本歌集所作的"序"中所张扬的那样，这部歌集"从一方面来看是日华亲善的一种表现"。[1]

1939 年 7 月 1 日，高木健夫在北平创办了《东亚新报》（1939—1945），并出任主笔。该报是"北支派遣军"解散了已有的现地日语报纸而组建的宣传媒体。高木署名"高建子"的文集《北京百景》之相关章节曾在《东亚新报》连载；成书出版之际，德光衣城在序言"必胜序曲"中称，"这是作者以对祖国热烈的爱为基调，以满满的对中国之爱为保证而写出的正确而又尖锐的北京批判、北京介绍"，描述的是北平从"古都蜕变为新都的步伐"。[2]在该书中，高建子以"北京通"的姿态介绍了北平的人情风物，设有天桥八景、城楼六景、紫禁城四景、小姐的风俗和北京的日本色等章节。在这百余篇短文中，高建子对沦陷后的北平风土人情乃至北平日本人社会予以了全景式的介绍。先从以下引文入手：

"喂，北京怎么样？……"

跑在前面的洋车上的丈夫模样的青年冲着后面大声喊着。

"真好！"

年轻的妻子（似乎是昨天刚到北京站的样子）以尖细的女高音感叹道。

"北京怎么样？"

那就像在炫耀自己的古董一般的年轻丈夫，必定是住在

［1］早瀬讓：『歌集　北京』、京都：臼井書房、1942 年、序第 3 頁。

［2］高建子：『北京百景』、北京：新民印書館、1943 年、必勝序曲。

北京的人。

（第 75 页）

不难看出，侵入北平并对其实施有效统治后的日本人已将这座城市视如已物，观察心态发生了"反客为主"的巨大变化。较之于其他北平指南的拖沓冗长、文字堆砌，高建子的北平评论短小精悍，颇见"一家之得"。依出现频率，可依其写作旨趣将文章归类如下。

一、宣扬"大东亚共荣"精神，贬斥西洋文化、批判欧美的中国侵略。作者认为北平是"亚细亚的公园""亚细亚思维的散步场"（第 38 页）；来到天坛，发现此处充斥着日本人的面孔和日本色，认为"天坛变成了日坛（'日'指日本）"，是"新东亚的风景"（第 29 页）；而"燕京大学总让人觉得是个讨厌的大学，通往圆明园废墟的路更是令人生厌的路"（第 33 页），将西方天文学东渐中国视作愚弄中国人的"宣教侵略的唯一武器"（第 107 页）；"在日华两国人已成为一体、致力于新中国建设的今天，对我们来说，东交民巷的存在是最对不起中国民众的了"（第 80 页）；基于中、日、东印度女性的诸多共同点，将之称作"女性共荣圈"（第 120 页），作为北平"近代化"的标志，自行车在该作中不断出现，作者甚至将年轻女性骑自行车称作"新秩序的风景"（第 118 页）等。值得注意的是，作者批判了欧美对中国文化侵略，却对日本曾经 / 正在对中国发动的侵略战争与殖民行为绝口不提。此外，作者还观察到"中央公园的风俗，而今正处于新秩序建设过程中，有着让人吃惊的东洋式的日华混淆之多样性"（第 57 页），提倡中国男青年与日本女青年的所谓"兴亚型恋爱"（第 66 页）。从风俗的中日融合到男女通婚式的"混血",凸显日常生活中的中日"亲善"与融合。

二、感伤于中国古典文化之衰败,对"东洋"文化价值的确认。在孔庙,作者认为孔教已彻底被中国人所厌弃,壮丽的殿堂不过是虚伪的空壳,进士碑只是"忧郁的墓场"(第2、3页),养心殿、文华殿、文渊阁等建筑则是"巨大的死的沉默"(第23页);在作者看来,中国知识分子盲目崇尚西洋学问,反倒是国子监中才蕴藏着东洋的大学问(第4页);在琉璃厂,作者看到了不屈从于"近代化"的强韧(第8页)。面对北平古都遗迹之废坏,触目感怀之情与明治、大正时期日本文化人别无二致;而对中国古典文化为代表的东洋价值之高扬,则决然不同于前代,极合时宜地迎合了官方的"大东亚话语",呈现出明显的"时局性"。

三、对在平日本人行为的批评。作者认为在平日本女性乱扔卫生纸丢尽日本颜面(第27页);抨击"日本绅士"在北平傲慢粗暴对待人力车夫、随地大小便的行为,讽刺其为"北京的日本色"锦上添花;并呼吁断然"打倒"这些轻浮的"日本色","所谓的日本色,(中略)必须是对兴亚首都北京发挥精彩作用的'文化之色'"(第125页)。这部分罕见地面向日本内地读者披露了北平日本人社会的不检点,尽管这种批判比较表层化、有选择性,但毕竟也呈现了部分的历史真实,在某种程度上,解构了日本宣扬至今的、本质化的、优越的"日本国民性"。

事实上,该作出版的两年前,作家立野信之(1903—1971)也曾撰文批评日本人在北平"不像日本人"的行径。曾作为无产阶级作家而发表反战作品的立野在1930年被检举违反《治安维持法》,翌年在狱中决定放弃信仰,成为"转向作家"。立野堪称"文坛变色龙",其一生历经数次"转向"(如下图所示):

```
                        转向零度
                   ↗              ↘
            政治                      政治
         ↗                              ↘
   ┌────┐   1930年前   1931—1945   ┌────┐
   │左翼│ ──────── 文　学 ──────── │右翼│
   └────┘                          └────┘
                                      ↘
                                        政治
                                          ↘
                              ┌──────────┐
                              │历史写实零度│
                              └──────────┘
```

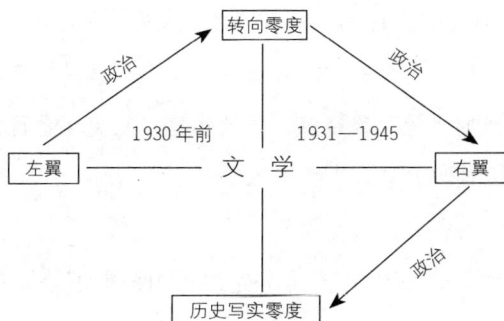

　　在 20 世纪前半叶日本文学发展的脉络上来说，立野信之的存在具有极强的代表性，象征了近代以降甚至延至今日日本政治对文化、思想的威压，因此具有时代标本的意义。他出版于 1941 年的作品集《黄土地带》集结了大部分战争时期涉华题材的作品。在该书序言中，作者毫不讳言自己作为关注"在支那大陆以'战争'的形式进展下去的日本之命运的一个国民作家难以压抑的热情"。有趣的是，立野虽然鲜少对日军在华的兽行予以揭露，却像高建子一样批判了在平日本人的种种不雅的举动。在收入该文集的《讨厌日本人》一文中，立野称其一位在北平的日本友人对来华日本人提出以下期待：一、没有一两万日元者不许来华；二、男人身高须五尺二寸以上、女子身高须五尺以上，在容貌风采上让人不快者不可来华。如此，"即便是走在路上的日本人看了，也会觉得日本人绝不劣于西洋人，是出色的人种，从而衷心敬服日本人"。战时语境下人的容貌也被赋予了"丧权辱国"抑或"扬我国威"的政治意义。而立野却通过个人的切身经历对此说表示赞同：

　　　　实际上，（中略）如果看到了东单牌楼附近坐着洋车的日本人，你常会不禁叹气：这是日本人吗？像家鸭一样的女人，提着嗓门嚷着"你的""我的""快快的"等非支那语的支那语——在支那人说来，那是日本人式的支那语——在洋车上像青蛙一般张着大腿的、贫弱的日本人那傲慢的架势，并不是让人钦佩的风景。很遗憾，不论体格、服装还是行仪，日本人比支那人还要贫弱。[1]

立野提到，有鉴于此，日本宪兵队和领事馆警察对在平日本男女的着装和坐洋车的行仪提出了郑重的要求："妇女不可着浴衣赤脚出门，不可不穿袜子出门等等，男人亦不可浴衣赤足，不可在洋车上吸烟，走路不许大声唱歌等等。"[2]在中国土地上以西洋人为假想敌的观念固然是政治、战争层面日本与英美对立关系的日常生活折射；同时这也是近代以降日本人面对西方人"人种"意义上深刻"劣等感"的表现。内海爱子的研究显示：

设在陆军部的战俘管理办公室指示新闻媒体要定期对"白人战俘"题材进行报道。报纸和期刊定期地刊登有关他们劳动场面的照片。举个例子，1942 年 11 月 8 日东京版的《朝日新闻》（*Asahi Shinbun*）刊登的要闻如下：

美军和英军战俘为战时日本作出贡献，
蓝眼睛的劳工抬着米桶，
带着感激之情，愉快地参加体力劳动。

"蓝眼睛"这个词汇向读者们传达的是一个"Hakujin"（白种人）的原型形象。（中略）美军和英军战俘在日本人的监督

---

[1] 立野信之：『黄土地帯』、東京：高山書院、1941 年、第 353 頁。
[2] 立野信之：『黄土地帯』、東京：高山書院、1941 年、第 354 頁。

下努力劳动的景象提高了日本人的战斗意志。（中略）让白人
战俘在日本出现，也是为了驱除日本人的欧洲"崇拜"。[1]

就似底片与正照的关系，以此种特殊手段"驱除"恰恰印证
了日本人面对欧洲时的劣等感之深、欧美崇拜之剧。

较之于以上种种写实性作品，立野信之战时的历史题材创作
显得别出心裁。1944年出版的长篇小说《北京之岚：义和团变乱
记》以义和团运动、八国联军侵华为题材，以诸国大使、义和团、
清王朝之间的纷争以及清王朝内乱两条叙事线索推进，是日本全
面侵华的八年间较少见的北平题材历史小说。在太平洋战争激战
正酣之际，立野信之竟有闲情去挖掘历史题材，恐怕弦外有音。
关于八国联军侵华这场日本直接参与并起主导作用的战争，小说
如此定性：

　　在日本军眼里，从一开始便视义和团和支那军之辈如无
物。也不曾有过要在北京濒临危险之际救援同胞财产、主张权
利等小家子气的念头，更毫无趁乱打劫、从而获得特别权力之
图谋。那些事情统统都是侵略主义，正是日本的国策所嫌恶者。
　　如此说来，日本出兵究竟是何用意？一言以蔽之，便是
让不了解日本的国家了解日本真实的雄姿。对不了解日本、因
此有错误想法者，不得不砸下虚心之铁槌，那便是被蔑视、被
践踏的东亚之盛怒。
　　那是日本自肇国伊始用兵之时，便流动于其深处的伟大

---

[1]　内海爱子：《日本的种族主义、战争与战俘经历》，载马克·塞尔登、埃尔文·Y.索主编，
　　张友云译：《战争与国家恐怖主义——20世纪的美国、日本与亚洲太平洋地区》，北京：
　　社会科学文献出版社，2012年，第123—125页。

精神之发露，也是我们的动机。因此，应将其命名为"圣战"。[1]

将侵略战争粉饰为"圣战"的立野信之也并非没有意识到自欺欺人式的强制"弥合"是荒诞不经的。小说中在写到清政府向十一国宣战后，日本安藤大尉训话时评论道："这里虽小，但是公使馆区域，我们在所谓国际竞争场之中。在这里，日本的立场诚然是微妙的。"[2]事实上，欲洞悉其"项庄舞剑"的创作旨趣，且由该作"附记"尝鼎一脔：

进入北京城后的各国军队，因最初占领区域未定，城内呈现出一片混乱的景象。不久关于警备区域达成了协定，其后秩序稍见恢复。但是，除日本之外的各国兵士，依然每天粗暴掠夺。支那人因惧嫌那些区域，大部分无家可归。偶尔归家的人带着家财器用搬到日本的警备区域。

因此，日本的警备区域支那人人满为患，（中略）日本军非但未曾粗暴掠夺，反而对在邻国支那土地上发生的不幸之事深为悲愤，派出大军将支那从欧美列强的分割中保护起来，给予支那以秩序与活路的真意，民众每个人都明白。

紫禁城——那红墙黄瓦、神秘的东方样式、古风庄严的建筑鳞次栉比。占据这些宫殿自始便是各国军队垂涎的目标。那里藏着多少丰富的奇珍异宝，让各国人都蠢蠢欲动。

但，日本军飞速赶到紫禁城，向守备城门的支那军晓以情理，使之无流血开门。因为这一努力，紫禁城才免受纷乱的掠

[1]　立野信之：『北京の嵐：義和団変乱記』、東京：博文館、1944 年、第 401—402 頁。

[2]　立野信之：『北京の嵐：義和団変乱記』、東京：博文館、1944 年、第 260 頁。

夺与破坏，各国军队仅以检阅龙椅及其他物件之名入城参观。[1]

立野笔下参与八国联军侵华的日本军队俨然成了对中国、中国人民充满仁义与怜悯之心，对其遭遇似有切肤之痛的"文明之师"与"重义之师"；同时，作品将日本当年的盟友们加以恶魔化描述，意在凸显紫禁城惨遭涂炭乃西方军队之过，从而将战争责任推卸殆尽。中国由八国"公敌"转变为"保护对象"，西洋人由盟友转变为暴虐的"侵略者"，这便是太平洋战争前后典型的"亚洲门罗主义"文学映象。而在作者笔下，日本参战是被迫无奈之举（当然不会提及此前的对华不平等条约和侵略等），同时侵略战争中残暴作恶的日本俨然转变为"道义"的化身。柄谷行人在批判战后竹内好的"近代的超克"评论时指出：

> "战争的二重性格"是指，对日本来说，第二次世界大战一方面是对亚洲的侵略战争，同时又是把亚洲从西方列强手中解放出来的战争。（中略）然而，这种二重性格的"分解"本身很危险。（中略）这几乎是宗教性的逻辑，即，未经历作恶就不能获得救赎。不过，近代日本的确是被置于这样的逻辑结构中的。[2]

德国历史学家兰克（Leopold Von Ranke, 1795—1886）在《强国论》（1833年）中为将新兴强国普鲁士之崛起合理化、在该国的历史进程中发现"正义"与"力"的统一，在理论上提出了"Moralisch Energie"（道义的生命力）的概念。他写道："只有依靠这种道义的生命力才能在竞争中打败竞争对象。"（《政治问答》）

---

[1] 立野信之：『北京の嵐：義和団変乱記』、東京：博文館、1944年、第447—449頁。

[2] 柄谷行人著，王成译：《历史与反复》，北京：中央编译出版社，2011年，第55页。

在兰克看来，世界历史上"强国"的胜利并不单纯是"力"的胜利，实质上乃是"道义"的胜利。兰克的"道义的生命力"概念被太平洋战争初期的日本思想界借用，成为京都学派精英们在"世界史哲学"论证中进行理论再生产的重要武器。他们认为日本冲破西洋诸国在亚洲的帝国主义统治，建立"大东亚共荣圈"，这正是新世界史的"道义的生命力"之体现，并以此为日本对外侵略战争辩护。[1]关于日本所谓"道义"的规准，丸山真男在讨论"现代日本政治的精神状况"时指出，"国家主权一元化地占有精神权威和政治权力的结果，便是国家自己掌握着内在正当性的规准，因此，国家对内以及对外活动不服从任何一个超越了国家的道义规准"[2]。因此，京都学派代表人物之一的铃木成高在战后出版的《世界与人性》（1947）中反省："在日本，国家的道义性和实力性两者没有用合理性作媒介将其结合起来，而恰恰相反，是想排斥这一合理性的媒介，这正是缺陷之所在。（中略）结果是实力性背叛了道义性而变成暴力性，道义性最后也只能堕落为欺骗性而已。"[3]尽管"义和团运动"题材看似无关当下战争现实，但立野信之颠倒是非黑白，推卸日本参与八国联军侵华的战争罪责，强化日本的"道义性"、热情为现实意义上的日本侵华诡辩。或因此故，竹内好在《所谓的描写支那》一文中对立野信之的北平题材创作表达了强烈的不满和抨击。[4]

立野信之在《黄土地带》的前言中提到，为其"北支—蒙疆

［1］ 近代日本思想史研究会著，那庚辰译：《近代日本思想史》（第3卷），北京：商务印书馆，1992年，第138页。

［2］ 丸山真男：『現代政治の思想と行動』（増補版），東京：未来社、1967年（26刷）、第17页。

［3］ 引自近代日本思想史研究会著，那庚辰译：《近代日本思想史》（第3卷），北京：商务印书馆，1992年，第139页。

［4］ 竹内好：『支那を書くといふこと』、『中国文学』1942年1月号、第502页。

旅行"提供了极大便利的三位重要人物中出现了"原（日本——笔者注）军宣抚班长八木沼丈夫"。[1]事实上，邀请斋藤茂吉造访"满洲"虽是"满铁"情报科多年来的计划，而登门拜访最终促成此行、其后又自充向导的也是这位供职于"满铁"的歌人八木沼丈夫（1895—1944）。八木沼作为歌人并不出色，而令其声名远播、令日本侵华史铭记的是另一重身份——侵华时期日本对华"宣抚工作"的精神教父和实践层面的核心指导者。据八木沼自己的说法，"满铁寄望于（斋藤——笔者注）先生的是，从容地游览满洲，在缺少艺术浸润的满洲，留下巨匠的芳香与神韵"。[2]1944年，八木沼客死北平。作为与之惺惺相惜的知己，斋藤茂吉在《短歌中原》杂志终刊号《八木沼丈夫先生追悼号》上撰文（后收入《遗稿　八木沼丈夫歌集》）盛赞逝者是"作为社会人，是国家层面上重要的伟人"。这位政治/文学双面人曾在生前出版了歌集《逾长城》，力图在歌集中表现出在侵略战争中超然物外的洒脱、风雅。但必须认识到，与中国风花雪月的相遇多是八木沼对华"宣抚"途中的邂逅，是伴随着枪炮声、践踏着中国人的尸体、沾染着中国人鲜血的"风雅"，他的"爱美而黩武"正是鲁思·本尼迪克特在《菊与刀》中所揭示的日本国民性内在矛盾的表现。而斋藤茂吉和立野信之两位作家的中国行以有如此深厚官方（军方）背景的八木沼为向导，其中国认识、战争认识的倾向性便可想而知、不足为奇了。

四、"女尸之都"中"超然物外"的漫游者

在"世界史的立场"之外，京都学派还面向自由主义知识分

[1]　立野信之：『黄土地帯』、東京：高山書院、1941年、序第2、3頁。

[2]　八木沼丈夫著、八木沼春枝編：『遺稿　八木沼丈夫歌集』、東京：新星書房、1969年、第246頁。

子宣扬"主体的立场",指责他们对战争所持的批判、旁观态度,是"在现实中没有把主体性责任感当作思想本身内容"的一种立场,西谷启治等认为,"生活在国家之中的国民""应该始终立足于国家和国家生活中的政权这一方面,对国民本身从内部以否定方式提高其正义价值,进一步使自己的国家在全世界国家关系中成为主持正义的主体",所以,"也应该在这种主体性实践的立场上形成自己的思想"。[1]社会思想家、战后先后成为广岛大学首任校长和文部大臣的森户辰男(1888—1984)在出版于1941年的《战争与文化》一书中指出:"时至今日之阶段,战争这种极为原始的事情都非常需要高度的文化装备;同时,被称作文化母胎的国民与国家,为了其生存与发展,也屡屡被置于不得不渡过战争难关的境况。因此,实际上我们迫切期待在战争的酷烈中不看丢文化、精心抚育文化的过程中不辞肯定战争的现实态度,以及更进一步地,忍从、担当、开拓难以回避的世界性的、国民性的命运,以及精进于吾人的文化使命之理想主义热情与不屈的努力。"[2]西谷和森户所倡导的是作为"国民"的文化立场,他们所欣赏的便是立野信之这般有着"国民作家"自觉的文化人;所批判者,应该是类似于谷崎润一郎、永井荷风这般政治旁观者。

以北平题材为视角,单从作品来看,还有一些看似超然物外的"漫游者",著名作家阿部知二、横光利一、伊藤整、川端康成等即为此属。例如,1939年小说家、文艺评论家伊藤整(1905—1969)来平,并写作了题为《在北京》[3]的散文,记述了其在北平

---

[1] 近代日本思想史研究会著,那庚辰译:《近代日本思想史》(第3卷),北京:商务印书馆,1992年,第136页。

[2] 森户辰男:『戦争と文化』、東京:中央公論社、1941年、序第2頁。

[3] 伊藤整:『北京にて』(1939年10月1日『セルパン』第105号に「北京」と題して掲載)、『伊藤整全集23·自伝的スケッチ他』、東京:新潮社、1974年、第512—523頁。

期间，在小田岳夫、汤浅克卫、秋泽三郎等人带领下驱车游北平的"异文化体验"，其中未见与"战争"相关的任何议论。1941年，川端康成来到中国，在"新京"（即今之长春，时为伪满洲国首都）与北平进行了数天的教育之旅，在同年8月发表的短文《从新京到北京》，作者描述了其在平观摩日程：出席北京市全市小学生的日本语汇报演出、北京市中小学春季体育运动大会，参观了北京第一女子中学。描述居多，评论极少，只是在出席北京市小学生日语汇报演出时指出了北京日本人教师的匮乏；[1]而对日本侵略者在北平的罪行及沦陷中的北平人的生活状况等则不愿置喙。以下，我将论述中心置于对阿部知二与横光利一两位作家的讨论上。他们的北平之行并非浮光掠影的观察，而是蕴含着诸多对北平、对中国的历史与现实的思考。

在日本发动全面侵华战争两年前的1935年9月1日至13日，阿部知二（1903—1937）来到北平逗留了近两个星期。基于此，自1935年10月起至1937年10月间，阿部先后创作了数篇北平题材随笔、小说作品；[2]1938年，在以上试笔的基础上创作了集大成之作——长篇小说《北京》（第一书房，1938年）。在小说的跋语中，作者一再拒绝将该作视为"时局"文章，但事实上这一系列北平题材创作很难作如是观，毋宁说这些作品为今人提供了观察卢沟桥事变前北平波诡云谲的紧张局势、探察战争爆发前后日本

---

[1]　川端康成：『新京から北京へ』(『少女の友』1941年8月号）『川端康成全集』（第27卷）、東京：新潮社、1985年、第300—303頁。

[2]　视野所及，有『隣国の文化——北平の印象から』、『読売新聞』1935年10月26日（朝刊10面）;『北京雑記』『セルパン』1935年11月号、第42—46頁;『美しき北平』『新潮』1935年12月号、第100—104頁;『燕京』、『文芸』1937年1月（新年特輯）、第20—72頁;『北平の女』、『文学界』1937年5月号、第215—238頁;『王家の鏡』、『改造』（1937年11月・支那事変増刊号）、第277—294頁。

文化人对华心态的最佳标本。在《北京》中，对华行动问题是行动主义文学倡导者之一的阿部知二的核心关切。在他看来，以王子明为代表的中国知识分子对日本的"抵抗"行动是阴柔的、纸上谈兵的、不理智的和注定失败的，而以加茂、"满铁"青年为代表的日本人对中国的"行动"则是阳刚的、积极的、富于美感的。尽管希望加茂式青年对一些冒险"行动"持审慎态度，但在日本人对华行动的总体评价上，阿部是积极认同的，只不过其主张的是理智、谨慎的行动，而非冒险、鲁莽的牺牲。长久以来，阿部知二被视为日本文坛重要的"人道主义作家"，而在日本对华侵略的问题上却并未对本国的侵略行径有所反省与批判，反而鼓动一种积极、审慎的对华行动。在作品中，主人公——日本大学教师大门勇甚至作为"帮凶"直接参与了加茂式青年打死中国老车夫的暴行。面对本国对异国的侵略，作为作家、知识分子应有的良知、操守与信仰都被弃若敝屣。（关于该小说的讨论详见本书第六章）如此观之，其后"作为理性派作家已有定评的阿部知二"在爪哇岛写下了这样的文字，也无足为奇了："对于今日世界无休止之纷乱，足以发出世界平安之呼声者在何方？（中略）如果说它必须是真正具有力量与道德者，则余诚惶诚恐以为除我大君（日本天皇——笔者注）之外无他人也。体察上心，我等唯有使之实现。此非梦想而是切实之任务也。"[1]

《北京》出版半年后的 1938 年 11 月，横光利一（1898—1947）来华，在上海、青岛、北平进行了为期约四十天的旅行。作为北平之行的产品，他的散文《北京与巴黎（备忘录）》于 1939 年 2 月发表于《改造》杂志。文章开头，横光利一称："要是

[1] 若槻泰雄著，赵自瑞等译：《日本的战争责任》，北京：社会科学文献出版社，1999 年，第 403 页。

芥川今天还活着，他更感兴趣的，肯定不会是他所喜爱的北京，而是他所厌恶的上海。（中略）这次去中国走了一遭后，我痛切地意识到，这种东亚方式业已成为我们最为迫切需要的一种政治学。"[1]横光的北平之行，毋宁说正是为探究中国这一"东亚方式"谜题而来的：

> 　　每次踏进中国，尽管我把这之前提到的东亚看作是一个远远超出我所能把握的范围之外的问题，但它还是压迫着我的大脑，挥之不去。这种情况我想并非只是我一个人遭遇到吧。一个人去到某地，如果意识到自己找不到合适的方法来处置所面临的处境，那肯定会感到恼火。我在中国遇到过不少在那儿有着相当长的生活经历，并且人品相当出众的人，屡屡听到他们这样叹息：中国到底怎么回事，实在弄不懂。每当遇到这种时候，我也身不由己地想依样画葫芦附和上一句，可这样的谈论便表明了那里的政治对精神不具备调节的功能。"正因为弄不懂，我才……"那个傍晚，我一边不断寻思着这个问题，一边溯中国海而上，前往北京。[2]

横光利一称："现在，出门旅行让我最感愉快的，便是这个地方的传统，以及发生在这上面的变化"[3]；"我一直有再度重访北京、巴黎之想，（中略）这两个地方，恐怕每次去都会有所变化"[4]；"去初次踏访的地方旅行的一大乐趣，便是从中感受自己在

---

[1]　横光利一著，李振声译：《感想与风景》，桂林：广西师范大学出版社，2005年，第85页。

[2]　同[1]，第85—86页。

[3]　同[1]，第25页。

[4]　同[1]，第93页。

想象中所构成的对这块地方的幻想，与它实际的风物之间，究竟存在怎样的差异。这种感受自然不是有意为之的，而是不知不觉中谁都会做的。不过，请注意，要是从自己的幻想与实景实物之间感觉不到任何差异的乐趣，预想压根儿落了空，徒有失望之感，那就划不来了。"[1]关于初次踏访的北平，横光原本是抱有期待的，而结局却令其颇为失望，并为之懊恼。在这篇并不算长的散文中，横光对北平这座城市的文化给出了多角度的阐释，择其要者如下：

1. 北京有消费都市一说。委实不假，在这座都市里，历历在目的是这样一种生存状态：从来不事生产的人，却代复一代，绞尽脑汁、费尽心机地在琢磨着，人可以将消费穷竭到何种程度。颓废的极度积累，厚重得使人喘不过气来，不由分说地制服了步入此间的人们的反抗。（中略）由于大脑的麻木已具某种品格，被觉得理所当然，因而在大脑丧失了某种功能却又毫不在意的情形下，恶魔已悄无声息地溜了进来。只要一个人不想与恶魔抗争，那么一旦进入北京，他身上那些现实世界中的健康之物便会丧失殆尽。在这里，比起有精神质地的美来，虚诈的美更具有美的精神。一个人，如果因为疲劳和孤独，或很容易受到诸如此类情绪的侵袭，那么他也许会觉得北京是世界上最美最舒适的都会。

2. 这一就像一具被敷彩后置放在客厅里、嫣然而笑的尸体般的都会，它那女性气质的壮丽，委实是世界上独一无二的。（中略）延续了好几个世代的国都却为异族所征服，征服者一旦崩溃，马上又会出现新的异族前来改朝换代，在这死灭的肉体的堆积中，残存下来的唯有这等令人发狂的东西吧。想到这

---

[1] 横光利一著，李振声译：《感想与风景》，桂林：广西师范大学出版社，2005年，第8页。

些，我便感到十分茫然。确实曾经存在过的优秀的东西，除戏剧还保存着，几乎已经灭绝，以致庞大的拙劣之作成了众所瞩目的中心，林海环围着一座孤单的祭坛。这里最能打动人心的，如今只剩下一些哀婉小曲的抑扬顿挫，而大众所喜爱的则是拙劣之作。以拙劣之作充当杰作并任其长久流传的北京，不断讲述着他国根本无法与之匹比的罪孽深重的故事。最初是某个朝代犯下了罪孽，随后起来将其埋葬的另一个民族又泛滥成灾，覆盖其上，在这永无休止的循环往复中，如此巨大的装饰物便不经意地完成了。这恰好可以称作是自然的杰作。它并非文化之物，而是如同山川一样的自然之物。（中略）然而，北京又显示着怎样的能耐呢？它那似乎要告知人们唯有政治才是万能的外交手腕，总让人产生出某种被愚弄的沉重感。中华民国因嫌厌北京而决意将科学之都迁建南京，可以说是一种明智的决策。而在中国，而北京又要比其他所有城市更适合于安眠。北京这座城市就跟尸体似的，根本无从分析，即便作出分析，那也毫无意义，无异于让它死去。北京的美便是这样一种如同死亡一般展现在我们面前的美。（中略）

3. 我在巴黎漫不经心地走在街头时，常会意识到自己正在动用着某种适合于我的分析能力。（中略）可是，去北京，北京城的原点在哪里最初是不知道的。可以说，在北京所见到的，尽是些丧失了自我的东西。一走进这座都市，我们便会生出一种仿佛回到了生前故乡的感觉。在这里人们对什么都不会很介意。（中略）以前，听说有不少西洋女子因为见了北京的秋月而发狂，确实如此，这月亮已硕大得无法称其为月亮了，若一直这样彤红硕大地显现在虚空之中，那人的精神便会从现实逃逸而去。中国那些卓越之士的分析能力都集中在天文上，这一方面是思想逃离自我，为天空所吸引的结果，另一方面很可能中国人的精神原点就潜藏在这月亮深处。如果真是那样，天子向上苍祈求五谷丰穰这一修筑天坛的构想也便不难理解了。开阔的官殿广场，宏大的屋顶，都可以看作是对支撑日月星辰的天地之力的依恃。[1]

　　欧洲之行，让横光利一感觉到"日本最明显的非文化倾向，便是知识阶级中有相当一部分人嫌弃自己的祖国。对日本说来，我以为建立民族自信要比什么都来得要紧"，"欧洲的理性和中心精神，终究会转向东方"。[2]而这位爱国者、国粹主义者关于东洋古都北平的整体认识可归纳如下：这是一座毫无生气、近似女尸，与近代科学绝缘却充满着政治权谋，让人丧失自我的"生前故乡"；在不断的朝代更替之后，优秀的艺术已丧失殆尽，"文化古都"中的人们而今生活在难称之为"艺术"的粗俗文化氛围中。换言之，横光利一对本国文化价值的确认是通过对欧洲和中国文化价值的批判建立起来的。如此观之，太平洋战争时期，为日本偷袭珍珠港一战中"特攻"战死的九位士兵写作《军神赋》、积极参与"大东亚文学者会议"决议文之起草并在前两次会议中发表演讲、在战争末期又写作《特攻队》歌颂特攻精神的横光利一在战后被作为"文坛战犯"追究责任，是有其文化和思想根源的。

　　"支那通"村上知行（1899—1976）在《旧支那，新支那》中的判断几乎是横光利一的翻版。1934年村上作为《读卖新闻》特派员被派往北平，在平十余年，并与中国女性结婚。作为在平著

---

[1] 横光利一著，李振声译：《感想与风景》，桂林：广西师范大学出版社，2005年，第86—91页。

[2] 同[1]，第190、188页。

名的"支那通"，村上是不少日本文化人在平期间的重要向导，从这一意义上来讲，村上知行的系列化北平论述[1]及其对中日关系、战争局势的观察之导向性意义值得关注。在该杂文集所收《北京·天津的文化》一文中，村上对一般文化人所持北平文化精髓即王者之气的说法颇不以为然。他认为，北京文化的实质不过是封建文化的豪华版，其典型的遗物便是紫禁城；即便北京尚荡漾着王者之气，那也是尸骸散发出的恶臭，即便北京有点文化，也只是以灶王文化为代表的劣等文化。[2]对于自己的北平同行——知识分子们，村上在《北京的文人》一文针对章乃器要求中国青年不再沦为半殖民地知识分子的主张，开出了复活中国传统的文人精神以拯救中国（青年）的药方。其悖论在于：既然中国人的"文弱的和平主义"常是误国之根，并因此饱受批评，却要鼓动中国知识分子"复古"；既然称赞"北京文人"代表了"东洋文化的精髓"，却对本国的文人语含嘲讽。如果说面向本国的"去'文人'化""去中国化"是日本"武威"传统与近代"世界原理"的共谋，那么当它与其对中国知识分子指向"和平"的改造逻辑相叠加，村上欲消泯中国文化人的抵抗意识、从文化层面服务于侵略战争的殖民心态便跃然纸上（关于该问题的论述详见第十一章）。

　　沿着横光与村上的思想脉络下去，一户务所提及的日本侵略使北平"国际化""近代化"之说便显得有据可依。中国古典文化衰败、现代无文化，因此需要日本进入、传播新的文化，这是近代以降日本殖民者们一贯宣扬的逻辑。如果说战争时期对北平

[1]　村上知行:『古き支那　新しき支那』、東京：改造社、1939 年;『随筆大陸』、東京：大阪屋号書店、1940 年;『北京の歴史』、東京：大阪屋号書店、1941 年（再版）;『北京十年』、東京：中央公論社、1942 年。

[2]　村上知行:『古き支那　新しき支那』、東京：改造社、1939 年、第 32—46 頁。

氤氲的"东洋精神"之褒扬是太平洋战争时期日本文化人回应国家政治意识形态所作的"事异则备变"式的战术调整，那么，横光利一的北平观察与批判是典型的福泽谕吉思维之继承。打个比方，就如明治时期成岛柳北的《柳桥新志》继承了寺门静轩《江户繁昌记》的江户文人气质，这种无意识的"传统"并未因作为政治事件的"明治维新"所隔断，我们甚至可以将 1937 年出版的永井荷风的《濹东绮谭》视作向成岛柳北致敬之作。从这个意义上来说，有时，政治史、战争史无法强制切割文学史、文化史、思想史，后者并非完全是受制于前者的傀儡，有些观念一旦形成、并固化为"传统"，便会作为潜流、"执拗的低音"（王汎森意义上的）呈现出极强的历史承继性，其影响甚至绵延至今，在不经意间悄然"溜进"文学文本，从而形成与"时局"异样、甚至相颉颃的色彩与势力。

当然，此一时期，来平的日本文化人中也并非全无心存善意者。作为在北京（北平）生活、工作有年的"老北京"，熟稔北京（北平）风土人情的清水安三几乎是站在"自家人"的立场从饮食到季节感，向一般日本读者推介北京（北平）举世无双的"美"，"感谢上帝让北京成为我的第二故乡"。[1] 1940 年 6 月，东京的文友堂书店为著名画家桥本关雪（1883—1945）出版了散文集《支那山水随缘》。桥本在前言中称，"收入本书的画与文字大多是事变后不久即为大每（即大阪每日新闻——笔者注）和朝日两报所执笔的"。[2] 作为艺术家，桥本对北平还是充满着善意的："二三年前听说那城墙要被拆除，虽是他人之家国但仍感爱惜，来了一看，正阳门附件只被拆了一点点，松了口气。"听说包围着紫禁

---

［1］　清水安三：『支那の心』、東京：隣友社、1941 年、第 38—43、66—75 頁。

［2］　橋本関雪：『支那山水随縁』、東京：文友堂書店、1940 年、はしがき。

城的外城墙将来恐将被拆除，桥本指出，"虽是多余的担心，但我希望能深省一下，那里累积了人智与财力所换不来的力量与历史。（中略）当我们将都市也作为一种艺术看待时，北京便是世界上最大级别的艺术品"。[1]遗憾的是，带着"山川异域，日月同天"的世界文化价值观念，关切中国艺术的现状与未来者少之又少，且其带着善意的言论又有被"大东亚主义者"利用之嫌，但这也代表了日本全面侵华时期，来平者中的一种富于文化人良知的声音，与鹤见祐辅、松本龟次郎等的北平书写、中国论述形成了另一条无法被政治与战争所阻断的细小潜流，势力弱小但弥足珍视。这股理性、友善的力量绵延至今，成为中日关系"绝望中之希望"。

---

[1]　橋本関雪：『支那山水随縁』、東京：文友堂書店、1940 年、第 72 頁。

第四章

文明的"耻部"

——近代日本文化人的北京（北平）天桥体验

北京是多面的，是文化古都、中华故都；在民季留学北平的日本人佐藤清太（1909—1981）看来，北京也可作政治之都、学问之都、艺术之都和宗教之都观。[1]细究起来，能与前述诸头衔取得对应关系的应是北京内城。如果说内城意味着贵族的、政治的、文化的、近乎精神化的古典秩序，那么"北平下层阶级的乐园"[2]的天桥则呈现出与之相对的另一面——这里是平民的、市井的和世俗的，是北京帝都文化多样性的一个侧面。

与西人（如俄国人叶·科瓦列夫斯基[3]之辈）基于异域猎奇心态耽于故都名胜赏游，却对中国下层世界的生活、"暗黑空间"无暇顾及、不屑置评之姿态相似，日本文化人的中国研究亦有此弊——不仅有古代、近代分而治之的倾向，还有着将"文章文化"与"生活文化"割裂处置，并对后者兴味索然的偏颇。内山完造

---

［1］ 佐藤清太：『北京：転換する古都』、東京：目黒書店、1942年、第346—348頁。

［2］ 姚克：《天桥风景线》，载《申报·自由谈》1934年1月7日。

［3］ 叶·科瓦列夫斯基著，阎国栋等译：《窥视紫禁城》，北京：北京图书馆出版社，2004年，第128页。

（1885—1959）在1935年出版的日文版《活中国的姿态》中指出，"表现在文章里面的中国文化，和实际生活决不是一回事"，"据我看来，日本的大部分支那研究家（无分左派与右派），所研究者都不过是文章文化而已，具体地观察或是研究着支那的生活文化的人，几乎没有"。[1]但随着日本对华侵略的推进，"观念的中国"逐渐变得隔膜、无用，而"现实的中国"开始逐渐为彼邦文人所关注，作为其表征之一，下层社会的生活空间——北平天桥开始备受瞩目。就像小田岳夫所指出的那样，"窃以为，读者诸君恐怕早已厌倦了'北京导游'之类的文章，说罢皇城若不谈谈天桥的话，就会造成大家只知有帝王、不知有民众的不公"。[2]

从这个意义上说，近代以降来京（平）的日本文化人以何种姿态面对北京（北平）下层社会空间，其天桥论述向日本知识界凸显、呈现了什么，淡化、遮蔽了什么，又是以何种叙述策略向日本读者传达了以天桥为切口的中国形象和中国认识，以何种形式"协力"了日本对华殖民侵略，都是值得探究的。

一、求同与求异

天桥之于国人的意义按下不表，其引起"外人"之关注恐怕多半是因"近代之学术，尤注意于民间风俗"之故。较之其他文人学者，少年时代身出京师同文馆的齐如山（1875—1962）对天桥的关注多了一重"外部视角"：

今日之天桥，为北平下级社会聚集娱乐之所，一起可充

[1] 内山完造著，尤炳圻译：《活中国的姿态》，兰州：敦煌文艺出版社，1995年，第2页。

[2] 小田嶽夫：『北京飄々』、東京：竹村書房、1940年、第38頁。

分表现民间之风俗，于是外人游历，亦多注意于此，乃与官殿
园囿，等量齐观，其重要从可知矣。有市政之责者，固因势利
导，推行改进。举凡卫生风化诸大端，若者取缔，若者改良，
使下级民众，奔走终日。藉此乐园，得少游息，以调整其身心，
节宣其劳苦，可为施政布化之助，勿为游情淫逸养成之所，以
贻讥于外人，则为善矣。[1]

　　由此可见，尽管不会与国家大政直接发生关系，齐氏恐"贻
讥于外人"的建言，显然是意识到天桥代表了中华帝都乃至民族、
国家的颜面，不可等闲视之；并希图当局主动出击、因势利导，
以转移来自"外部视角"的"不公不义"之责难抑或对民情风气
之鄙夷。这与日本幕府统治者为"避免可能有损日本形象的事物"
被额尔金使节团看到所做的努力异曲同工。[2]中日政府的"护丑
遮短"暴露了东亚文明与西方近代文明短兵相接时的窘迫与焦灼。
民情风气者何？按福泽谕吉（1835—1901）的说法，此乃"文明
之精神"："使欧亚两洲的情况相差悬殊的就是这个文明的精神。
因此，文明的精神，也可以称为一国的'人情风俗'。"在福泽的
"文明论"框架中，依难易程度、优先层级，"变革人心"是先于
"政令""有形的物质"的首要环节。[3]天桥观察代表了帝都乃至
中国"文明度"之下限，事关外来游览者的中外"文明高下论"，
兹事体大。另一方面，丸山昏迷在1921年出版的《北京》中称"琉
璃厂多有古董店，故为我国人所熟知，而天桥市场除北京人外，

---

[1] 齐如山、王伯龙：《天桥一览序》，载张次溪编：《天桥一览》，北京：中华印书局，1936年，
　　无页码。

[2] 渡边京二著，杨晓钟等译：《看日本：逝去的面影》，西安：陕西人民出版社，2009年，
　　第18页。

[3] 福泽谕吉著，北京编译社译：《文明论概略》，北京：商务印书馆，1959年，第13页。

知者甚少"。[1] 天桥不为外人所知的状况在 20 世纪三四十年代有
了巨大的改变,其引起外人关注极有可能与其交通枢纽地位的确
立有关。光绪年间修建的京汉铁路在永定门外的马家堡设立车站,
往来旅客由永定门出入,多在天桥落脚;且"天桥是各路电车的
发源地和汇集点"[2]。

　　对于一般日本人特别是东京人来说,若有了对东京浅草的知
识储备,则同为庶民天堂的天桥便不难想象。与此相应,多数论者
也都自觉将此二者相类比,这便拉近了日本读者与北京(北平)天
桥之间的心理距离。与西方的"东方主义"论者不断处心积虑地强
调东方不同于西方的性质,并将东方置于某种万劫不复的"他者"
之姿态相对,日本人的天桥书写毋宁说首先做出了"求同"的姿态:

　　1. 天桥准确地说是桥的名字。(中略)是浅草。不,在浅
　草之上,也就是庶民的天堂。(中略)自从前的莲池画舫时代,
　经历了清初荒野的闲古鸟时代,直至今日天桥的浅草时代,天
　桥反映了诸种政治情势,兴败盛衰承传下来。(后略)[3]

　　2. 简单说来,那里便是东京浅草那样的去处,位于正阳
　门到外城的永定门的主干道中间稍微靠南的地方。[4]

　　3. 从正阳门到永定门中间稍过之地的右侧是名为天桥、也
　可说是北京之浅草的民众娱乐场。虽说是北京的浅草,但却是
　与实际的浅草无法相提并论的粗俗去处。[5]

---

[1] 丸山昏迷:『北京』、発行者:丸山幸一郎、1921 年、第 170 頁。

[2] 张次溪:《天桥丛谈》,北京:中国人民大学出版社,2006 年,第 13 页。

[3] 高建子:『北京百景』、北京:新民印書館、1943 年、第 94 頁。

[4] 小田嶽夫:『北京飄々』、東京:竹村書房、1940 年、第 38 頁。

[5] 小田嶽夫:『紫金城と天橋』、『大陸手帖』より、東京:竹村書房、1942 年、第 50 頁。
　　此文中,"紫禁城"时作"紫金城",本书译文均遵原文,为避繁琐,不另注。

4. 北京人爱天桥，不说"天桥"而叫"天桥儿"。北京人就像东京人爱浅草一样，爱着天桥儿。而且天桥有其独特的性格。（中略）让已经习惯了长期压制的北京庶民感觉到能像个人样地呼吸着的，就是进入天桥的时候。（中略）比起东京人的浅草，更有一种实感。[1]

5. 北京有个叫作天桥的地方，相当于纽约的科尼岛、东京的浅草。但天桥是科尼岛和浅草所无法比拟的平民化的地方。[2]

当然，作为外来者，若不借助北平地图、交通图乃至基于内部视角的风土文献资料，恐怕很难明了天桥之"然"与"所以然"，所谓的体验与评价也难得入口、无法深入。于是，落实到其各自的脉络中，引经据典与转述就成为一种重要的叙述策略，诸种以日本读者为主要受众群的天桥叙述也因为有了来自中国的内部视角，而在形式上显得"内外兼修"。侵华时期来平的日本文化人则更多借鉴了留平的"在场者"，旧京老派学者张次溪[3]的天桥著述成为最受日本人信赖的资料源[4]。

日本文人移花接木、引经据典，通过对前文本的改写、复

---

[1] 安藤更生编：『北京案内記』、北京：新民印書館、1943年、第298—299页。

[2] 清水安三：『北京清譚・体験の中国』、東京：教育出版株式会社、1975年、第156页。

[3] 张次溪（1909—1968），名涵锐、仲锐，字次溪，号江裁，别署肇演、燕归来主人、张大都、张四都。北京风土民俗专家，编著有《北平志》《北平岁时志》《北平天桥志》等书刊，为时人乃至今人研究北京民俗文化提供了丰富的资料。张氏关于北平乡土历史的相关著述影响广泛，周作人等为《京津风土丛书》写序，顾颉刚为《北平史迹丛书》题签，由此足见知识界对其研究的推赏。

[4] 佐藤清太在《北京：转换的古都》中称"我们可以跟随近人张次溪编写的《天桥一览》知其概略"；高建子在《天桥百景》中"移花接木"："遗憾的是，近来无暇泡在天桥上，让我们以张次溪编的《天桥一览》为线索，来一回纸上散步吧"；小田岳夫（详后）、奥野信太郎在《随笔北京》中亦有所参引。

制、模仿、转换或拼接,将张次溪的天桥论述植入自身的话语脉络。小田岳夫在其长篇小说《北京飘飘》中便曾引述张氏有关天桥脏乱、鄙俗的论述,[1] 其后以"简单而又颇得要领"作结,[2] 暗示了对原作者论断的认同。高建子则将其天桥空间的感性体验描绘为"化身小小伪恶者,到那尘与埃的雾中去,去倾听那噪音与恶之花的交响乐"[3] 的过程。事实上,脏、穷、乱、俗,几可视作天桥上的日本来客之共识,甚至几乎成了北平之"丑恶"的代名词。而面对天桥百相,日本文化人对北平下层社会生活实相的书写多贯穿了一种中日比照意识,即以日本人的道德观、价值观和伦理观作为评断依据。

一、脏。近代以降,在不少日本人的涉华著述中,"不洁"是理解中国、中国人的"关键词"。在天桥,不洁之情尤甚。随着 S 君来到天桥的改造社社长山本实彦(1885—1952)与 S 君持大致相同的论调:"那里是北京的贫民窟,路上到处都是人粪狗屎,让人不堪其臭。"[4] 佐藤清太称,"只有最初的时候,也是好奇心之故,我会相当热心地去观察、探查;渐渐地,开始厌腻起天桥极不卫生的污浊之气,且开始担心起来;到如今,则谢绝一切到天桥溜达的邀请。那里对有洁癖的日本人而言,终究是难以接近的场所。但无法否认,正因如此,更能看出所谓'支那式'的东西"。[5] 将这一表述略加化约,则不难得出"污浊 = 支那式""清洁 = 日本式"的结论。安藤更生(1900—1970)也说:"天桥的

[1] 小田嶽夫:『北京飘々』,東京:竹村書房、1943 年、第 41—43 頁;引文載张次溪编:《天桥一览》,北京:中华印书局,1936 年,第 11—13 頁。
[2] 小田嶽夫:『北京飘々』,東京:竹村書房、1940 年、第 41 頁。
[3] 高建子:『北京百景』,北京:新民印書館、1943 年、第 93 頁。
[4] 山本実彦:『大陸縦断』,東京:改造社、1938 年、第 79 頁。
[5] 佐藤清太:『北京:転換する古都』,東京:目黒書店、1942 年、第 310—311 頁。

食物中有很好吃的，但非常脏，恐怕日本人会吃不下去吧。"[1]清水安三曾带着"大阪的淀川爱临馆的设立经营者"林歌子来到天桥。林氏问："清水先生，中国人的衣服上有那么多污垢，为什么不洗洗呢？"清水问了两三个中国下层妇女，得到的回答是："水太贵。"[2]从这个意义上讲，脏是与实际经济生活的窘困紧密关联的。

二、穷。天桥原本就是下层社会的生活空间，"从肩负着支那生产力的苦力、农民、洋车夫到伙计、学徒、劳苦男女，不论长幼，一年之间总是人山人海，这就是天桥"。[3]用山本实彦的话说，"那里是东京所见不到的贫民窟"。[4]佐藤清太称：

> 面对支那大众像面对日本人那般，说教其爱护物资、节约消费，总好像是搞错了对象，至少在支那大陆，还可堪使用的废品绝无必要再积极费心尝试再利用。带到这天桥，标个便宜价，保准就会顿生羽翼般片刻售出。我大致可以理解旅店的伙计们连被淋病弄脏的旅客的兜裆布都有着作为旧货讨要、若无其事地搞到手里之心理。众所周知，他们应该是厌恶花柳病，这么做绝非无知之故。但就像常常听说的那样，支那人有着甚至能从死人尸体上剥下衣服的那种困窘的物欲，从我等较有余裕的日本人之生活来看，终究是无法想象的。[5]

佐藤的描述指向了因生产／消费关系的过度失衡以及物欲旺

[1] 安藤更生编：『北京案内記』，北京：新民印書館、1943年、第305頁。

[2] 清水安三：『北京清譚‧体験の中国』，東京：教育出版株式会社、1975年、第157—158頁。

[3] 安藤更生编：『北京案内記』，北京：新民印書館、1943年、第304頁。

[4] 山本実彦：『大陸縦断』，東京：改造社、1938年、第79頁。

[5] 佐藤清太：『北京：転換する古都』，東京：目黒書店、1942年、第313—315頁。

盛、不知节俭的国民性而导致的物力衰竭与贫困，有余裕的日本人在与疲敝的北平之对比中获得了优越感和"生为日本人"的庆幸感。

三、乱。穷则生乱，建立在物力不济基础之上的都市消费品格，加之日本人眼里低劣的"支那民族性"，遂使天桥成了"小偷市场"。高建子甚至将"天桥儿的盗贼"作为"天桥八景"之一向日本人介绍，安藤更生称："说起天桥，就简单认定那是能偶然买到便宜货的小偷市场，参观一下便回国的日本人似乎为数不少。"他引述了其听到了有关在平日本人白鞋被盗，却在天桥亲见销赃一事佐证之，并称"这编造出来的故事告诉了我们日本人天桥观的一个侧面"。[1]盗贼销赃之说可以从张次溪的《天桥丛谈》中找到印证，似亦合乎实情，与日本人的所谓"天桥＝偷盗（销赃）市场"之说可获得互证。

四、俗。与精致、高雅、较为封闭的内城文化氛围不同，此处呈现出的是与其他城市的下层贫民社会并无二致的情形——由于城市的高度消费性与寄生性，这里滋生出大批形形色色的下层寄生性、犯罪性阶层、行业、团伙，乞丐、盗贼、无赖会集，呈现出光怪陆离的病态色彩，本不足为奇，但若将其置于文化古都／中华帝都的包容性空间加以理解，那么这种粗鄙、低俗、淫靡便会被放大，使得高雅与低俗的互衬到了刺眼的程度。可作为例证并颇值得关注的是以天桥为窗口可以管窥到中国戏曲之衰落。在以中国下层阶级之穿着混入天桥"羊群"的"支那通"一户务看来，"在一场鼓书的氛围中再次感受文学之梦，这其中绝非仅有对于野戏（帐篷戏剧）的兴趣。如意轩、德义轩等都分别是一块杰出的鼓书天地，反之，我倒惊愕于在民众剧场发

---

[1]　安藤更生編:『北京案内記』、北京: 新民印書館、1943 年、第 298 頁。

现了民众所喜爱的艺术"。[1] 小田岳夫在《北京飘飘》中记述了某日在天桥归途的开明戏院观看蹦蹦戏名角白玉霜演出的观感：

> 天桥附近是一家叫作开明戏院的剧场。以一个名为白玉霜的女演员为当家花旦的剧团正在公演。这是个表演评戏这一低俗的农村戏剧之剧团，近几年，由于遭到了梅兰芳等人的强硬反对，进入北京的夙愿一直无法实现，但不知何时稀里糊涂地进了北京，最开始在三流的剧场里演出，现在却光明正大地出入前述的一流剧场，并且集聚了北京下层民众的人气。她的戏我看过两次，演技暂且不论，那丰满的肉体，顾盼蛊惑的眼睛，娇媚的、挑逗的声音里确有能魅惑民众的因素。她先是嘴边煽情地微微一笑，再用娇媚的声音一唱起来，看戏的民众便送给她暴风雨般的欢呼声。[2]

如果说梅兰芳代表了传统戏曲高雅的一面，那么至少在小田看来，到了民季，戏曲界的"阳春白雪"被"下里巴人"倒逼、围剿已然势不可挡，"即便是在这官衙与学府之都，民众的势力也已经壮大起来了"，[3] "看着有着悠久传统，又是北京骄傲的演剧界之一角也正遭受破坏的实情，我想北京的优雅难逃日渐淡色的命运，而使之淡色的正是占了人口大部分的下层民众。这就是天桥在北京有着不容忽视之地位的原因"。[4]

与一般西人基于外部视角的皇城游览和走马观花、不求甚解

[1] 一戸務：『現代支那の文化と芸術』、東京：松山房、1939 年、第 20—21 頁。

[2] 小田嶽夫：『北京飄々』、東京：竹村書房、1940 年、第 45 頁。

[3] 小田嶽夫：『紫金城と天橋』、『大陸手帖』より、東京：竹村書房、1942 年、第 53 頁。

[4] 小田嶽夫：『北京飄々』、東京：竹村書房、1940 年、第 46 頁。

的天桥观察及意识形态化书写有别的是,以对东京浅草的前认知与经验为铺垫,以张次溪的天桥论述为指引和论据支撑,又结合了因亲赴天桥的在场姿态而获得的实感、当地"支那通"的引导和评论,这一多维交织的互文网络使日本文人学者笔下的天桥形象看似有着西人所缺乏的内部视角,有凭有据、内外兼修,且前文本与新文本之间看似可以获得互证关系,丰足可信。求同似乎旨在求真,很难说,日本文化人的天桥书写是贯穿着萨义德"东方主义"式的贬损与丑化。在日语阅读语境下,基于以上诸种条件下呈现出的天桥是基于实证描刻出的、与日本庶民生活空间具有一定内在同一性的空间实像,而非经由想象"制作"出的虚像。参照其时国人的相关论述,必须承认,前述日本文人所指摘者并非过言,所述情形大致与民季天桥实像相合。

尽管日本文人对天桥的种种论述与中国文人学者的言说表面看似并无二致,但因其观照视角之差异,实则貌合神离:对于北平底层贫苦庶民而言,天桥无疑是具有母性意味的"家宅",中国作家多以悲天悯人的情怀认为寄生于此者"其行虽贱,其情可悯"[1]。与此相对,由前述不难看出作为外来者的日本文人对天桥的隔膜与鄙夷。在通过类比强调同为下层庶民世界的浅草与天桥的同质性之外,日本人不忘与脏、穷、乱、俗的北京贫民窟拉开距离,强调两者的差异,从而将天桥等而下之。加藤周一(1919—2008)在总结近代日本"突然对中国人抱有偏见、歧视的意识"时,称"大概不只是因为日本在甲午战争中取得了胜利。原本对于日本人来说,遥远的外部的人如果不是'神'的话,就是'非人'"。[2]

---

[1] 马止庠编,张恨水审定:《北平旅行指南》,北平:经济新闻社,1937年4月(第4版),第85页。

[2] 加藤周一著,彭曦译:《日本文化的时间与空间》,南京:南京大学出版社,2010年,第87页。

在来天桥游赏的日本文人看来，这里显然是一个"非人"的世界。

求同之后的种种求异似乎暗示着一个信息：在日本文人学者看来，彼邦似无这般堪称"文明耻部"的脏、穷、乱、俗之所（如前引山本实彦的话）。事实果然如此吗？作家坂口安吾（1906—1955）称：

> 东京有不少贫民窟，最具代表性的有三个，分别是下谷万年町、芝新网和人口最多的四谷鲛河桥。（中略）对贫民窟小孩而言，贫民窟是个让他们早日体会人生残酷、现实面的地方。穷到谷底的生活，到处都是乞丐和吃闲饭混日子的家伙，如此悲惨的现实，就这样每天赤裸裸地上演。（中略）杂耍艺人、人力车夫、化缘和尚和临时工等人，生活更是清苦，偏偏贫民窟里多住着这种家伙，自然成为犯罪与传染病的温床。记得我中学时代，这些贫民窟还在，直到大地震发生才完全消失。[1]

由此不难看出，前引诸文人学者 20 世纪三四十年代的北平天桥见闻、体验与 1923 年前东京的情状颇多近似之处。换言之，或许可将天桥视作融合了浅草的下层市井社会性质与东京贫民窟凄惨命运的综合体。而侵华时期日本文化人对大地震前东京贫民窟置若罔闻，却对北平说长道短的姿态值得注意。

巴柔指出："形象是对一种文化现实的描述，通过这一描述，制作了（或赞成了，宣传了）它的个人或群体揭示出和说明了他们置身其间的文化和意识形态的空间。（中略）我想言说他者（最常见的是由于专断和复杂的原因），但在言说他者时，我却否认了他，

---

[1] 坂口安吾著，杨明绮译：《明治开化 安吾捕物帖》（上），长春：吉林出版集团有限责任公司，2009 年，第 163—164 页。（原作发表于『小説新潮』5 卷 8 号、1951 年 6 月）

而言说了自我。"[1]在齐亚乌丁·萨达尔看来,"旅行写作或许可称为
一种'世俗'(secular)类型……旅行者所看到的是他所希望看到的,
他所报告的是家乡的读者所期待的、感兴趣的和乐于接受的"。[2]
而"日本人与其它东方民族不同,有强烈描写自我的冲动"[3],正如
沟口雄三所指出的那样,"大部分的日本人在总结自己的近代化成
果时,他们在与'先进的'欧洲进行比较的同时,也有意无意地在
与被视为'落后的'中国进行着比较,并从中获得满足",简言之,
即"以中国为媒介来确立自己的民族认同"。[4]日本文人墨客将天桥
作为确认自我、指涉自我的舞台,将以天桥为象征的北平下层社会
的生活空间视为肮脏、落后、低劣、邪恶的存在,从而使自我与这
一"东方内部"的他者构成了鲜明的对立关系。若依福泽谕吉的"文
明论"基准,往来于天桥者显然生活在蒙昧的"半开化"世界中。
在前述这种对立的关系形态中,形塑者将日本"国民性"置于中心
地位,在描绘天桥及生活其间的北平下层社会,使其形象具有显而
易见的漫画化特征的同时,通过自我反视的确认,赋予自身以优
越性,将自身的价值正向化,使之以美好幻象的形式凸显出来。

二、"东方主义"的射程

　　一旦论及日本文化人对中国"非人"化批评,便会有论者条

[1]　达尼埃尔-亨利·巴柔著,孟华译:《从文化形象到集体想象物》,收入孟华主编:《比较
　　文学形象学》,北京:北京大学出版社,2001年,第121、123—124页。
[2]　齐亚乌丁·萨达尔著,马雪峰、苏敏译:《东方主义》,长春:吉林人民出版社,2005年,
　　第37页。
[3]　鲁思·本尼迪克特著,吕万和、熊达云、王智新译:《菊与刀》,北京:商务印书馆,1990年,
　　第5页。
[4]　沟口雄三著,王瑞根译:《中国的冲击》,北京:生活·读书·新知三联书店,2011年,第9页。

件反射般地祭出萨义德的"东方主义"及其周边理论应对，将其视为站在近代文明国家子民的立场上对"非文明"的中国的贬损化论述，这种武断的理论指向是危险的。

这里，暂以卫生状况为例略陈拙见。1899 年底，内藤湖南在《万朝报》发表文章称"北京的人家里没有茅厕"，于是"到处都是拉撒粪便的地方"，并据此评断说"整个北京城感觉就像是个大茅厕"。[1] 同前所引，三十九年后，山本实彦在其作品集《大陆纵断》中，也向他的同胞传达天桥到处是屎的观感。1921 年来上海访游的芥川龙之介在豫园和浔阳江也看到了中国人随地排便的场景。[2] 三个字概括内藤、芥川们的现实中国观察便是：不文明。以芥川为例，有论者认为"他们（芥川们——笔者注）一方面蔑视与自己相对的东方的'落后'，另一方面致力于寻找自己的现代化社会中遍处难寻的'异国情调'"。[3] 还有人认为"在芥川龙之介的笔下，现实的中国是如此不堪，而日本却是如此美妙，其参照的坐标正是西方文明"。[4] 芥川有关排便的不雅场景的描述，以及由此产生的对"小说里的中国"（现实的中国）产生失望乃至绝望之感，更成为"东方主义"论者的证言。

打一个蹩脚的比方。设若有生活在同一个村子里的甲、乙二人，尽管很少光顾乙家，但在甲看来，虽与自己同样不如城里人富有，但出身名门、只是现今家道中落的乙至少应是个有文化、有教养的人。其后，甲进了城，几年内迅速发家。若干年后，甲

---

［1］ 内藤湖南著，吴卫峰译：《燕山楚水》，北京：中华书局，2007 年，第 150 页。

［2］ 芥川龙之介著，秦刚译：《中国游记》，北京：中华书局，2007 年，第 15、141 页。

［3］ 泊功：《近代日本文学家的"东方学"——以芥川龙之介为中心》，载《日本学论坛》2002 年增刊，第 30 页。

［4］ 邵毅平：《芥川龙之介与洛蒂：分裂的中国与日本形象》，载《书城》2010 年第 1 期，第 35 页。

因事专程从城中回乡来到了乙家，看到了眼前的现实，自己对乙家的种种美好想象瞬间崩溃，并对乙家的脏乱颇多微词。甲的批评招致了乙甚至其他村民的不满，众人认为甲的挑剔只是因其由"农村人"到"城里人"的身份转换："在城里待了几年就装'文明人'了？"必须承认，乙与村民们给出的解释或许是可能的、合乎一般情理的；但我们是否可以承认作为事实存在的另一种可能：甲在进城之前，就生活在一个爱清洁的家庭，对脏乱的嫌恶感实则与是否进城无关。当我们试图正确地认识甲乙间的龃龉，逼近相对冷静、客观的论断，就有必要了解进城前甲家的卫生状况。

而当我们试图在中日彼此的相互性视点（bilateralism）之外导入多极间的视点（multilateralism），以在"将复数的对象与伸向自己的镜中相互反射出的自我与他者的形象集结起来、复杂地交织而成的"[1]多面性镜像中接近于客观的结论，那么前述西洋人的日本纪行是一个可资参考的"完全他者"（tout-autre）。渡边京二（1930—）的《看日本：逝去的面影》和苏珊·B. 韩利（Susan B. Hanley）的《近世日本的日常生活——暗藏的物质文化宝藏》[2]整理、研究了前近代（幕末明治初期前）赴日西洋人的日本论述及日本人的生活状态，发现未被西方近代文明污染和侵蚀的日本是简朴、富裕、洁净、秩序井然的。那么，东京便没有贫民窟吗？那里就没有"遍地皆粪"的胜景吗？1856 年，刚到日本的哈里斯（Townsend Harris，1804—1878）在《日本停留记》中对下田近郊

---

[1]　山室信一：《面向为未来的回忆——他者认识和价值创建的视角》，收入中国社会科学研究会编：《中国与日本的他者认识——中日学者的共同探讨》，北京：社会科学文献出版社，2004 年，第 17 页。

[2]　苏珊·B. 韩利著，张键译：《近世日本的日常生活——暗藏的物质文化宝藏》，北京：生活·读书·新知三联书店，2010 年。为避繁冗，以下源自该著及渡边京二《看日本：逝去的面影》的引文，只在文中标注页码，不另注。

柿崎村的清洁感到不可思议:"在世界上的任何国家里,通常贫穷滋生肮脏,可在这里没有一点这样的迹象,他们的家里都保持着足够的干净和整洁。"由江户城变成东京不到十年时,爱德华·S.莫尔斯(Edward Sylvester Morse, 1838—1925)如此描述这里的贫民窟:"在东京,有一些极简陋破旧的小屋挤在一起的街道或巷子,属于最贫穷阶层的人们就生活在那里。(中略)可是,要和基督教国家几乎所有大城市的同类贫民区那种无法形容的肮脏和惨状比较起来,那里还算是干净了。"(渡边京二:第 77 页)如此看来,韩利的论断——"从 17 世纪中期直到 19 世纪中期,日本的城市卫生要好过西方"不过是道出了实情。日本人也要排便,在日本进入所谓"文明时代"之前,彼邦就没有遍地粪便的情形吗?韩利的研究称,粪便可观的经济价值以及日本民间的厕神信仰中的清洁卫生观是日本人坚持清洁卫生习惯的重要因素。此外,日本民众思想史的代表人物色川大吉(1925—)提出的"由大杂院的生活公德"发展成的作为"现代居民自治基础"的"世间道德"恐怕也是不能忽视的重要视点。[1]须强调的是,所有这一切都是在他们知道微生物和病菌的存在之前,与科学无关,与西方近代文明也无缘。如此说来,芥川们对中国遍地粪便的批评与所谓西方文明基准又有多少必然联系?

当代思想家子安宣邦(1933—)所谓"作为方法的江户"实际上正是通过"发自江户的视线则要描画出与江户相异的近代日本的发端,展示其作为新事物的非连续性的相位"。[2]渡边京二钩沉索隐庶几可视作"作为方法的江户"之落实。值得注意的是,

---

[1] 色川大吉著,郑民钦译:《明治的文化》,长春:吉林人民出版社,1991 年,第 25—26 页。

[2] 子安宣邦著,赵京华编译:《东亚论——日本现代思想批判》,长春:吉林人民出版社,2004 年,第 4 页。

渡边的写作中隐现着若干假想（或许真实存在）的"东方主义"论敌。正如子安所指出的那样，"黑格尔的'东洋'概念还束缚了试图与西洋立场相一致的日本，其注视东洋的视线"。[1]在第一章"文明的幻影"中，渡边指出，"当维多利亚时代的英国人将19世纪的日本描绘成精灵的国度时，日本的当权者们（中略）愤怒地否定了这一印象。那时，他们和萨义德的立场十分相近"，"日本人反感欧美人赞美古代日本的心理绝不是战后的产物"，但"今天的日本评论家们在将这些欧美评论家们的日本赞歌作为东方主义的幻影加以否定的同时，另一方面又如获至宝般地引用他们对日本的批判，甚至完全不加选择地全盘接受"。（渡边京二：第14、10、12页）渡边所批评的"日本当权者"的愤怒中，多少包含着些在逆水行舟的紧要关头或"国将不国"的危亡时刻所取的不破不立，抑或"取法乎上，仅得其中"的激进策略，有失公允恐怕在所难免。而在风平浪静的今天，我们该如何看待那些以中国、日本为对象的赞美抑或非难？日本文化人的中国表述中，是否存在着一种有别于西方近代文明观的另一种／多种基准，据此我们是否会得出有别于萨义德"东方主义"的另一种阐释？

尽管日本近代化其势迅猛，但所谓的"传统"与"近代"并非以某一事件为界限，截然分裂。丸山真男（1914—1996）在讨论传统思想在日本近代化进程中之位相时指出，"正由于过去的东西未能被作为对象来自觉认识，从而未能被现在所'扬弃'，所以导致过去的东西从背面溜进了现在之中"。[2]有论者认为，甲

［1］ 子安宣邦著，赵京华编译：《东亚论——日本现代思想批判》，长春：吉林人民出版社，2004年，第33页。

［2］ 丸山真男著，区建英、刘岳兵译：《日本的思想》，北京：生活·读书·新知三联书店，2009年，第11页。

午战后到日俄战后的近十年间（即"近代日本的中国表象"的第二次高潮期）"被在近代国民国家的各种价值尺度下加以彻底地否定"的"散漫""懒惰""不清洁"等诸多缺点，在大正时期中叶开始，被"作为对西方近代进行相对化的一种重要价值"而被赞赏起来，"可以说其实际依然是基于一种以日本为中心的'东方主义'而操作进行的"。[1]这种观点的问题便在于论者过于强调来自外部的被动的"近代化"，将日本的"中国表象"视作日本近代思想史线性演进的注脚，却忽视了其中内隐的种种复杂。

比如，对中国的贬视只是近代西洋文明一元化作用的产物吗？显然，历史内在—历史继起的考察视角不可或缺。在理解二战战败前日本人的"自画像"时，其对本国国民性的强烈"自觉"是不容忽视的。高桥哲哉所谓"对于完全钻进了'日本人身份'这一牛角尖的人来说，甚至连中国等周边亚洲各国的文化在他们眼里也是异质的、无法理解的文化"[2]的说法强调的便是"日本人"这一绝对化的身份认同是其对中国进行"他者化"叙述的根源所在。与日本人的中国观察及批判直接相关的，恐怕也是内化于日本人血液中而不为其自觉、不为对"前近代"日本社会生活缺乏必要认知的中国人所了解的"国民性"。芳贺矢一（1867—1927）在《国民性十论》中归纳了日本人的十种特性：忠君爱国、崇祖爱家、现实而实在、喜爱大自然、豁达洒脱、自甘淡泊、纤丽精巧、清净洁白、崇尚礼仪、温和宽恕不悖。而所有这些恰可与以天桥批判为参照系、通过"底片与正照"的关系而获得的日本人的自我认同——洁净的、富裕的、秩序的和优雅的——取

[1] 刘建辉：《产生自日本的中国"自画像"》，收入中国社会科学研究会编：《中国与日本的他者认识——中日学者的共同探讨》，北京：社会科学文献出版社，2004年，第86—87页。
[2] 高桥哲哉著，何慈毅、郭敏译：《反·哲学入门》，南京：南京大学出版社，2011年，第18页。

得一致。另须注意的是，正如大部分"日本人论"论者所强调的那样，以上诸美德是被作为自古以来一以贯之的、自发的民族特性对待的，而非西方近代文明外部"引发"的结果。尽管各种基于"假设的"同质性、均质化、绝对化而忽略了阶级、阶层、性别、地域等差异性因素的"日本文化论"近几十年来广遭质疑，但前述引文所凸显出的日本国民性首先确实与明治以降（特别是昭和时期已近乎走火入魔的）日本人的自我文化认同形成了微妙的暗合。一言以蔽之，似乎有理由认为，日本来客的天桥书写乃是日本"国民性"的自我认同和近代以降西方"文明观"里应外合的产物，这显然是已逸出萨义德"东方主义"之射程的问题。

不可否认，日本人的天桥书写中隐含着种种险恶的殖民逻辑。但须强调的是，在这种种欲望和逻辑生成之前，首先是"文明"层面的批判。从这个角度来说，将所谓的文明批判与民族／国家意义上的"歧视"作同一观的论调是值得警惕的。

三、 "双重战胜"与殖民逻辑

国人对象征着皇权、专制的紫禁城之排斥以及对庶民天堂天桥之向往，不妨视作五四以降人性的觉醒与解放，是民主、自由精神的延续。安藤更生也有类似之感："让已经习惯了长期受压制的北京庶民感觉到能像个人样地呼吸着的，就是进入天桥的时候。"[1] 看似与他持相近立场的还有小田岳夫，但仔细读来实则大异其趣。在《大陆杂记》中，小田指出：

---

[1] 安藤更生编：『北京案内記』、北京：新民印書館、1943 年、第 299 頁。

与紫禁城的庄严、华丽相比，这里是到处是污秽、卑俗。（中略）其他地方随着文明的推移多少呈现出一些变迁，而与之相比，好像只有这里未被时代大潮所冲刷，保存着许多昔时的模样。事实上，这里处于没有电灯设备、开场只限于白天的状态，不论是杂耍的性质，还是胳膊文着刺青、目光怪僻的无赖流氓之戏法，杂技演员仿佛从《三国志》中走出之感，都让人不由得产生一种地球虽在横向转动，我们却在纵向意义上逆时而生的奇异之感。（中略）北京内城区之美与民众实际生活水平之低乃是大相径庭。说到如梦如诗般的北京城，有人也许会将生活其中的人也加以诗化想象。诚然，北京民众与其他城市的人比较起来，沉稳大方，但满街上来往的是破衣车夫，居民就像所有中国人一样，是彻底的实利主义者。我又想到了杭州西湖等巧妙利用了自然而造就的风景、上海租界等在社会生活的基础上形成的城市，感觉北京城之美是与民众生活、自然毫无关系的、尚未从古时王者之梦的遗迹中迈出一步的、幻影般虚幻之美。我想，这里有着北京的巨大矛盾。[1]

在小田看来，与其所体验过的上海、杭州民众生活不同的是，即便世界史已步入"近代"，但北平却是"停滞"的甚至逆时的。室伏高信（1892—1970）因此称，"北京还称不上资本主义都市。（中略）这里不是资本家和劳动者的城市，而是军阀、落魄贵族和众多苦力的城市"。[2]小田和室伏的说法让人想到了黑格尔和马克思的"亚细亚论"。黑格尔在《历史哲学》中，从自然地理的视角对中国封建社会的特征进行了深入阐述，并指出小农经济、

［1］ 小田嶽夫：『紫金城と天橋』、『大陸手帖』より、東京：竹村書房、1942年、第50—52頁。
［2］ 室伏高信：『支那遊記』、東京：日本評論社、1935年、第44—45頁。

强大的国家机器、宣扬宗法观念的儒家思想三力合一使中国社会处于一种停滞的状态。[1] 马克思的"亚细亚生产方式论"在上世纪 30 年代也引起了日本知识界的讨论，管见所及，《东京朝日新闻》便曾刊登过关于森谷克己著作《亚细亚生产样式论》的书评。[2] 黑格尔认为，领悟到了"作为人是自由的"这一概念的近代西欧列强将统治亚非是历史的必然。子安宣邦指出：

> 这个由黑格尔构成的东洋像，从根本上规定了后来西洋对东洋的理解，即将"内在性"和"外在性"相对置来认识不同文化、不同社会的东洋或中国的那种理解。存在于黑格尔"东洋"概念紧箍咒中的，是那种来自近代西洋的对于东洋的视线。这不仅规定了马克斯·韦伯关于中国精神的类型化认识，也规定了鲁思·本尼迪克特有关日本文化类型的理解。而且，黑格尔的"东洋"概念还束缚了试图与西洋立场相一致的日本，其注视东洋的视线。（中略）在黑格尔的文化理解当中，几乎是不加区别地混杂着旅行者对不同社会的好奇性关心的有关传闻资料，和长期留居中国者的探索性文献资料，并依此构成了他的异质文化像。以对不同风俗的好奇心式关注为根柢所作的观察，往往会成为注重对象文化之异质性的他者文化理解。[3]

在小田看来，以紫禁城为象征的华丽煌然的帝都皇城文化是无聊的、虚伪的、虚幻的、与自然对抗的又与民众脱节的，而天

---

[1] 黑格尔著，王造时译：《历史哲学》，上海：上海世纪出版集团，2006 年。

[2] 堀江邑一：『森谷克己著「アジアの生産様式論」』，『東京朝日新聞』1938 年 1 月 31 日、B4 面。

[3] 子安宣邦著，赵京华编译：《东亚论——日本现代思想批判》，长春：吉林人民出版社，2004 年，第 33—34 页。

桥则是身处化外之境的自足世界中，天然去雕饰、与自然协调共生的。显然，小田是偏爱后者的。在平期间赴清华大学拜会钱稻孙时，小田在交谈中坦陈："日本人中好像有很多人觉得支那人的生活是有魅力的，但话题一旦说到究竟被什么地方所吸引时，以我个人之说，可能是下层阶级人的、单纯朴素的，与自然共存的生活态度。"[1] 无独有偶，一户务如此描述自己"北京观"的转变：

> 随着岁月的流转，我对北京的赞美开始远离王城旧迹，去年游访北平时，我眼中的北京魅力已由古建筑、古美术、清朝贵族文化转为他物。（中略）反倒喜欢起胡同深处聚在一块儿的乡野村姑、喜欢起书店的书室，加入隆福寺大街和白塔寺等地一个月三四回的、杂闹的民众集市，与粗鄙之夫一道，坐在路旁的椅子上，吃着饺子、面条，和他们交流着淫词艳语，享受着苦力的腔调。自然和民众娱乐场——在喜欢理论的人说来，也可以说是近代社会的缩影的这喧声震耳的陋巷欢乐地——天桥是我常去的地方。每天早晨口袋里准备二三百枚小钱，就一个人出了旅馆。[2]

小田认为囚笼似的紫禁城的文化是矫揉造作的，而天桥文化则是自然的、近于人性的。对底层社会与自然相融一面的认同、欣赏与强调，一者，自然是与日本人主张亲近自然的文化传统、

---

[1] 小田嶽夫:『新しい北京の支那人』、『大陸手帖』より、東京：竹村書房、1942年、第68—69頁。

[2] 一戸務:『現代支那の文化と芸術』、東京：松山房、1939年、第18頁。在佐藤春夫的《从陋巷看北京》中也有关于厌倦紫禁城的表述，参见佐藤春夫:『陋巷に北京を見る』（『大陸』1卷4号、1938年9月）、『定本佐藤春夫全集』（第1卷）、京都：臨川書店、1999年、第153—154頁。

国民性相合；二者，又与前述所谓"于鄙俗处看文明"的近代学术、思想转型相关。但对日本人而言，更为重要的是，这又在另一侧面消解了对日本文化影响巨大的中国传统文化之正统性威压。安藤彦太郎曾批评日本的中国学研究（旧称"支那学研究"）存在着古典中国与现实中国分裂的"非连续性"倾向。[1] 如其所言，日本汉学家们大多对古典中国推崇备至，而对近代以降的日渐惨淡、衰败的现实中国却不屑一顾。而近代以降，当"古典中国"崇高化的符号——帝都北京在日人看来都是做作的、无聊的和虚伪的时候，千年以来累积起来的日本对中国传统文化的"仰视感"便瞬间崩塌。但所谓的"崩塌"或许并非自然的渐变过程，而是一种在中国传统文化阴影下，基于难以撼动其崇高、巨大的影响，难以自然疏离、明知难以"拔着头发脱离地球"却"知其不可而为之"的突围策略。面对传统中国，福泽谕吉曾有"世上的事物，并非因为陈旧古老就有价值"[2] 的著名论断，而这一论断甚至为小田、一户这般所谓"支那通"接受并有所发展，甚至生发出"俄狄浦斯情结"，这一切很难说没有隐含着"化着西洋妆，流着东方血"的日本面对中国文化传统这一巨大的"他者"时内面存在的强烈劣等感、无力感和焦虑、沮丧感。

日本文化人对以天桥空间为象征的底层市民社会的价值认同、褒扬与对帝都文明之贬抑是相伴相生的，天桥之崛起乃中国传统文化衰败的一种表征和"产品"。作为证据之一，佐藤清太指出，"触目之下，这天桥曾是诗人吟咏的一处胜地，科举时代

---

[1] 安藤彦太郎著，卞立强译：《日本研究的方法论——为了加强学术交流和相互理解》，长春：吉林人民出版社，1982年，第2—4页。

[2] 福泽谕吉著，北京编译社译：《文明论概略》，北京：商务印书馆，1959年，第28页。

有时是落第书生求生之地，想来不胜感慨"。[1]小田岳夫在小说《北京飘飘》中也指出，"如果以为这只是城市近郊的娱乐场，里面的艺人都是些无名的末流之人那就错了。有不少在各自领域里的一流人士，在这数起来四流、五流的戏剧小屋里，还有着曾在宫廷天子面前表演这般辉煌过去之艺人。但，那些一流人士现在落魄之中，只能从与民众的亲近中享受清淡天地"。[2]

　　而另一方面，在日本文化人看来，天桥世界近乎是北平专制王权世界之外的"另一片天"，是容易接近的底层庶民天堂，同前所述，尽管相对于紫禁城而言，此处是自然而富有生气的，但相形于同为庶民天堂的东京浅草，天桥又被"等而下之"。近代以降，日本知识界"厚近薄古"的逻辑前提是基于日本的文明评价视角自东徂西、由古而近（代）的转换（前引一户务的陈述中已流露出自觉的"近代"意识）——对合理、进步的事物给予积极的评价，反之亦然。高建子声称，"这林立的帐篷和泛滥的破烂儿，是东洋式的（東洋的）、东方性（オリヤンタル）的。与其说是东亚性的，不如说发散着西亚的香气，流动着东方的空气"。[3]仿佛言说者自身已超然置身"东洋""东方"之外，成了彻头彻尾的西洋人。大隈重信曾发表过一个著名的自我宣示："对东方，我们是西方文明之说明者；对西方，我们是东方文明之代表者。"这种心态使日本文化人由此建立起了面对中国自精英文化、帝都文明至底层文化、市民社会的双重战胜感。概言之，即形成了"东京浅草＞北平天桥＞紫禁城"的价值序列。如果将这一价值序列的确立视为一种"爱国主义"，那么它具备的是朱利

[1] 佐藤清太：『北京：転換する古都』、東京：目黒書店、1942 年、第 316 頁。

[2] 小田嶽夫：『北京飄々』、東京：竹村書房、1940 年、第 40 頁。

[3] 高建子：『北京百景』、北京：新民印書館、1943 年、第 89 頁。

安·班达（Julien Benda，1867—1956）所指出的："现代知识分子的爱国主义的另一个特征：仇外。这是一种对外人（le horsain）的仇恨，它是对不'属于自己'的人的鄙视。"[1]同时小田、一户与安藤的"支那通"身份又使其对以北平帝都文化为象征的中国传统文化的贬抑话语具备了权威性，而安藤氏之《北京指南》至少印行十版以上，他们的天桥评论在日本受众中传播范围与影响不难蠡测。

四、驯化、和平的"猴子"与盟友

张次溪曾在《天桥一览》中称，为底层市井阶层提供了享乐空间的天桥是"亡国的根源"[2]——天桥被赋予了政治罪名。据1936年衷若霞的描述，国难当前、"山雨欲来风满楼"之际，天桥仍是一片"平和"气氛："'莫谈国事'四个大字高悬在茶楼的正中注目处，茶楼上喝茶的人，只要花几分钱，就可以打发半天，有的自己带茶叶来，只要开水，可以随便谈些闲三野四的事，一天半天功夫是不难打发去的。"[3]同样的"和平"气氛，在入侵一方看来又是何种情形呢？高建子描述道："天桥儿之歌，听之于鼓姬的娲音，不论懂与不懂，只是坐在板椅上听着鼓姬之歌，我们这些游子也能'感受'到北京之心。"[4]高建子所说的所谓"北京之心"所指何物，此处暧昧不明，但由"娲音"一词不难嗅出些"商女不知亡国恨，隔江犹唱后庭花"的意味。北平的下层社

[1] 朱利安·班达著，佘碧平译：《知识分子的背叛》，上海：上海人民出版社，2005年，第84页。

[2] 张次溪编：《天桥一览》，北京：中华印书局，1936年，第13页。

[3] 衷若霞：《天桥》，载陶亢德编：《北平一顾》，上海：宇宙风社，1936年，第158页。

[4] 高建子：『北京百景』，北京：新民印書館、1943年、第99页。

会何以又是"和平"的呢？在小田岳夫看来，与"文明世界"隔绝，过着原始、野蛮生活的天桥民众之"和平"是源于愚昧无知、对民族命运、国家政治的钝感："恐怕即便在昔日的帝制之时，聚集于天桥的民众也是一群独自过着与皇居丝毫无缘的生活吧。今天，他们也不会问统治他们的是蒋介石政权还是临时政府。"[1]在修改于1943年的《风土》之一节中，和辻哲郎（1889—1960）将中国人的特征归纳为"无动于衷"："他们过着彻底的无政府主义生活，根本不依靠国家的保护，这是他们重视血缘关系和乡土关系的原因。而另一方面，对于超出这种关系的强大力量，他们又老老实实地放弃抵抗，一忍到底，摆出一副'没法子'的态度。"[2]似可作为和辻此说注脚的是小田岳夫与一户务笔下愚昧、木讷的天桥底层民众形象。在小田看来，在瞪大眼睛、音调抑扬的演讲腔前，下层民众像被斥责一般耷拉着脑袋倾听的情景与日本又有所不同。[3]在描述自己在天桥看"拉洋片"的体验时，一户称，"曾几何时，我看到日清战役的画面，不禁愕然。问过放映者才知道这是支那军被日本军打败的情景，我念叨着支那太弱，不行、不行。从不懂政治、不知潮流的下层支那人那里听到的话是明朗的。声势浩大的新生活运动——政府的国民精神振兴政策绝到不了此处。我一说支那军不行不行，放映者就似猴子哭一般大声重复着，不行、不行"。[4]如果说小田塑造出的是一个驯化了的、木讷的中国底层民众形象；那么在一户务那里，底层中国人像猴子，是"非人"的，没有主见和判断力，只会亦步亦趋、人云亦云，愚昧到

［1］小田嶽夫：『紫金城と天橋』、『大陸手帖』より、東京：竹村書房、1942年、第51頁。

［2］和辻哲郎著，陈力卫译：《风土》，北京：商务印书馆，2006年，第107—112页。

［3］小田嶽夫：『紫金城と天橋』、『大陸手帖』より、東京：竹村書房、1942年、第38—39頁。

［4］一戸務：『現代支那の文化と芸術』、東京：松山房、1939年、第19頁。

政府的"国民精神振兴政策"也难奏效的地步。

众所周知，在遭受西方殖民势力入侵之前的中国语境中，民族国家的观念是没有土壤的，而中国传统中的"天下观"与"王朝观"仍然是关于政体的主导性观念形态。在一元化独裁政治下，民众对国家政治漠不关心毋宁说是合乎常情的，即便是在他者视野中一般认为中日战争、太平洋战争中官民一致的日本亦曾如是。高桥哲哉称，"有文献显示，就算是在战争中施行《国家总动员法》的时期，国民也不关心国家的前途，这令那些接近政权中枢的人们感到十分担忧。比如细川护贞的日记。在东条指挥战争期间。（中略）这位细川叹息道：'在这种国难当头的情况下，国民还只是一味地中饱私囊以满足一己私利，不支持国家。'"[1]甚至全面侵华战争爆发后，日本的知识阶级也被政府批评是"将自我绝对化，确信可以从国家游离出去而自己独立存在的个人主义者"（1938年10月8日）[2]。而不同即在于，是作为侵略主体，还是侵略对象。前者乃是对侵略外族、他国的冷漠，而后者则是面对外族的袭来、"城头变幻大王旗"的无谓，对凌驾其上的统治者漠不关心。谈到此处，我想到了福泽谕吉和内村鉴三（1861—1930）等鼓动侵华战争的民间理论家们。福泽为甲午中日战争中赋予的"文（明）野（蛮）之战"的意义，强化了"文明国"日本的自负心及使命感；内村则评价"日清战争之义"，他认为，日本是东洋中进步主义的战士，中国则是野蛮主义的保护者，从而肯定了这是一场"义战"。正如野村浩一所指出的那样，对于战前的日本人来说，在思考中国问题时，能完全突破"文明国家日本将文明传播到非文

［1］ 高桥哲哉著，何慈毅、郭敏译：《反·哲学入门》，南京：南京大学出版社，2011年，第49页。
［2］『所謂知識階級の通有性』（1938年10月8日）、山中恒：『新聞は戦争を美化せよ！——戦時国家情報機構史』、東京：小学館、2001年、第911頁。

明之支那去"[1]这一认识局限的人殆近于无。日本文化人对北平天桥的野蛮化叙述及对自身"文明"的褒扬潜藏着的是将非正义的侵略战争合理化的潜台词。

著名文学家伊藤整在发表于1939年的《在北京》一文中，描述了在天桥观看中国人摔跤的一幕后称，"看了力士们的举止，我觉得他们与日本力士完全一样。（中略）支那人一旦进入战斗状态，脸上的表情与日本人完全相同。这让人有种毛骨悚然的、安心之感"。[2]既然"毛骨悚然"，"支那人"的"战斗状态"何以转而又有"安心之感"，显然，在伊藤看来，中国非敌实友。高建子在"天桥八景"中描述了一个"爱鸟的男人"："我喜欢爱鸟的支那人之面容，喜欢与鸟游玩的支那人表情，喜欢煞有介事地拎着鸟笼的支那人之身影，喜欢脸上写着'帝力于我何有哉'[3]的神情。感觉对这种支那人不必逞强地说什么'东亚新秩序……'，只消拍拍肩膀便一切了然，彼此融为一个共同体。"[4]而同样是在天桥看"拉洋片"的高建子听拉洋片大爷如此介绍上海——"对，上海，在东洋第一的上海，绿眼睛的洋鬼子要比中国苦力多好多（后略）"[5]。将"绿眼睛的洋鬼子"与"中国苦力"并举，显然意在凸显西方入侵、殖民中国的既成事实。一度承载

---

[1] 野村浩一著，张学锋译：《近代日本的中国认识》，北京：中央编译出版社，1999年，第13页。

[2] 伊藤整：『北京にて』，『伊藤整全集23·自伝のスケッチ他』より、東京：新潮社、1974年、第519页。

[3] 先秦古诗《击壤歌》云："日出而作，日入而息。凿井而饮，耕田而食。帝力于我何有哉？"所谓"帝力于我何有哉"表达的是对帝王权力的藐视。此处引用意在凸显中国人"国家"观念的缺失，即前述小田岳夫所说的"他们也不会问统治他们的是蒋介石政权还是临时政府"。

[4] 高建子：『北京百景』、北京：新民印書館、1943年、第95页。

[5] 高建子：『北京百景』、北京：新民印書館、1943年、第97页。

着日本人"近代想象"的魔都上海在"亚细亚主义"的旗帜下遽然站在了"亚洲"的对立面，沦为"毛唐"侵略、欺凌黄种人的东亚第一地狱和"大东亚共荣圈"中的异端。上海未变，而其被赋予的意义则大不相同。在高建子笔下，此话出自拉洋片的大爷之口，遂使其被置于与日本军国主义立场"同谋"的位置。"爱鸟的男人"和拉洋片者都是"东亚新秩序"下自觉的、无抵抗的顺民。

如此看来，日本文化人对天桥底层民众的"非人化"直至"盟友化"的叙述，其现实动机与指向也渐趋明朗。在中日双边的侵略／被侵略关系框架中，北平天桥的底层民众是愚昧、木讷的、逆来顺受而缺乏抵抗意识的，种种贬损化、"非人化"书写在"文明征服野蛮"的殖民逻辑中将对华侵略战争合理化、正义化，并极易煽动起日本从官方到民间对中国的征服欲望；而在涉及多边国际关系的"东亚新秩序"的共同体体系中，已在日本人／日伪政权统治下的中国底层民众则又转而成为对内默契、对外可信赖的、战力充足的兄弟和盟友。

第五章

"近代"的明暗与同情的国界

——近代日本文化人笔下的北京（北平）人力车夫

一、"苦力"释义背后的史观问题

汉语中的"苦力"，日语写作"クーリー"或"クリー"。关于"苦力"的词义，中日双方各自／合作编写的不同类型辞书的解释之间存在着微妙的差异，试举几例（日文词典的释义由笔者回译为汉语）：

1. 国人编纂的汉语词典：

（1）《新华词典》：帝国主义者对旧中国被奴役的重体力劳动者含有侮辱性的称呼。（商务印书馆，1988年修订版，第511页）

（2）《现代汉语词典》：帝国主义者到殖民地或半殖民地奴役劳动者，把出卖力气干重活的工人叫做苦力。（商务印书馆，1995年版，第654页）

2. 国人／日人编纂的日汉／汉日词典：

（1）《新日汉辞典》：（蔑）苦力。（辽宁人民出版社，1997年增订版，第562页）

（2）《新汉日词典》：指在殖民地·半殖民地帝国主义者像奴隶一样役使的劳动者。（尚永清等编写，中国商务印书馆、日本小学馆，2003年版，第518页）

（3）《三省堂新世纪日汉双解大辞典》：（中国语）从事体力劳动的下层中国、印度工人。19世纪从在非洲、印度、亚洲等殖民地被残酷驱使。（松村明等著，中文版主编邵延平，外研社引进版权，2009年版，第713页）

（4）《中日大辞典》：指旧时没有特别技术、从事重劳动的壮工。（爱知大学编，中日大辞典刊行会，1968年版，第805页）

（5）《现代中国语辞典》：（旧）从事重劳动的劳动者。（香坂顺一编，光生馆，1982年版，第704页）

3. 日人编纂的国语词典：

（1）《修订增补 详解汉和大字典》：中国劳动者。车夫与脚夫之类。（服部宇之吉、小柳司气太共著，富山房，1916年初版，1975年1月增补修订第150版，第1593页）

（2）《国语辞典》：（中国苦力）在中国从事搬运行李等工作的下层劳动者。（旺文社，1989年改订新版，第320页）

（3）《新明解国语辞典》：（中国·苦力）十九世纪被驱使于殖民地开发的东洋下层劳动者。（柴田武、金田一京助等编，世界图书公司引进版权，1991年第4版，第870页）

综上不难发现，中日两国辞书对"苦力"的解释主要分歧在于：中方强调词语的侮蔑意义，而日方则回避了词语的情感、价值判断，做中性论述。这种差异是由两国知识界不同的近代史观与现实诉求决定的，从侧面折射出作为受害者和加害者面对近现代日本侵华史的根本立场差异。如此说来，回到历史现场，在诸种文本中探求侵华语境下日本文化人"苦力"书写的意识形态，其当下意义正在于此。

石崎等认为"抹煞了占压倒性多数的'苦力'之存在，就无法思考中国人之形象"。[1]（这也可从前述曾任教于北京的服部宇之吉之"苦力"释义中得到印证）对于清民之季的北京（北平）人而言，"拉洋车夫在北平的平民生活里，要算最普通的劳力了"，[2]"大半的旅客，一到北平，首先接触的也是洋车夫"。[3]对于来京（平）日本文化人而言亦然。如此说来，车夫有理由成为剖析近代日本文化人之北京（北平）下层社会书写的重要视角。

旅日学者高峡以文学文本为主要研究对象、以人力车夫题材文学创作为主要切入点，在大文化视野观照下讨论东亚"近代"的系列论文，[4]或讨论人力车/人力车夫在其原产国日本的盛衰境遇，或处理中国现代文学中的人力车夫题材创作问题。本章试图在充分消化先行诸研究的基础上试图与之

---

[1] 石崎等：『苦力の声——文学者は何を聴いたか』、『立教大学大学院日本文学論叢』1号（2001年3月）、第20頁。

[2] 吞吐：《北平的洋车夫》，收入陶亢德编：《北平一顾》，上海：宇宙风社，1936年，第161页。

[3] 老向：《难认识的北平》，收入陶亢德编：《北平一顾》，上海：宇宙风社，1936年，第13页。

[4] 高峡：『人力車の日本近代』、『Autres』第1号（2008年3月）；『人力車夫へ「下降」の現象について——樋口——葉文学の人力車夫モチーフ』、『多元文化』第8巻（2008年3月）；『中国近代文学における人力車夫表象の不/可能性』、『多元文化』第7巻（2007年3月）；『人力車の北京——「駱駝祥子」と都市交通』、『野草』第82号（2009年2月）。

错位,[1]探讨另外一个"越界"问题,即近代日本文化人笔下的北京(北平)人力车夫形象问题。须强调的是此命题中需要处理的"越界"是三重的:一、作为前提的、人力车由原产地日本越界中国,二、作为历史文化语境的日本对华侵略,三、日本文化人作为个体"越界中国"的文学体验。

二、人力车的兴衰与"近代"的明暗

据斋藤俊彦的考察,人力车诞生于 1668 年的法国。[2]另据文茵的说法,"巴黎街头用人拉的'马车',大概因为法国大革命而消失,(中略)没有人清楚巴黎街头人拉'马车'之起源和传播的详情,一定与它固有的不'民主'成分有关"。一个半世纪以后的 1869 年前后,人力车在日本又重新被发明出来。[3]因其廉价与便捷,人力车产业迅猛发展,其诞生后的翌年 12 月,据东京府文书报告,东京人力车的总数已达到 10820 辆,至 1875 年全国人力车保有数超过 11 万辆。[4]

明治时代之前,马是专门给上层武士用的;而市民的主要交

---

[1] 在『中国近代文学における人力車夫表象の不/可能性』中,高峡称同时代日本作家中国旅行记中的人力车夫书写将成为一个中国现代文学人力车夫形象的一个重要参照系,并在注释中将夏目漱石的《满韩处处》、村松梢风的《黄包车》、芥川龙之介的《支那游记》、横光利一的《上海》等纳入考察视野,但至今尚未见相关论文成果刊出。另,高氏所举列者所涉多为伪满、上海的人力车夫,单有注释尚未见关于日本作家以北京(北平)人力车夫为题材的相关作品。

[2] 斎藤俊彦:『くるまたちの社会史——人力車から自動車まで』、東京:中央公論社、1997 年、第 40 頁。

[3] 文茵编译:《人力车的发明史》,《寻根》2001 年第 4 期,第 93 页。

[4] 斎藤俊彦:『「轍」の文化史:人力車から車への道』、東京:ダイヤモンド社、1992 年、第 32—33 頁。

通工具是"駕籠"（かご）——一种狭窄、不舒适的轿子。人力车发明者之一的和泉要助从西式马车中得到了启发，认为"以人力代替马力则更为便利"。[1]这就意味着诞生于日本的膂力、机械力混合动力的人力车是西洋以畜力为动力的马车之变种，是"以人代畜"的交通形态。人力车夫在法国、日本的消长其背后的决定因素是自由、民主意识的存废；而有关西式马车之东洋变种的精神根源，我认同高见顺（1907—1965）的说法，"自19世纪中期开始，日本为了成为与西方诸国同样的近代国家，付出了巨大的努力。近代化，便是西洋化。（中略）但，西洋化是西洋化了，但是日本近代化了吗？真正的、完全意义上的近代化必须贯之以近代精神的民主主义。日本在形式上近代化了，但事实上并不能说是真正的近代化"。[2]高峡考察现存的早期人力车广告及关于时人感受的记载，指出"可载王侯、可搭贱夫、老妪亦宜，姑娘最可矣"的人力车最早宣扬的是"高下贵贱无差别"的"平等时代"之来临、展现出了由膂力／畜力向机械力过渡的日本近代动力革命初期的世相，并成为明治开化初期的主要表征之一。[3]"旧时王谢堂前燕，飞入寻常百姓家"的变迁使文人学者、劳苦大众获得了精神慰藉，并冠之以"民主""平等"之名。但必须承认，这与法国大革命以降西方民主国家的"民主"貌合神离。

在近代以降的西方人看来，苦力活计是牛马所为，麦高温（Rev. John Macgowan，？—1922）在描述中国搬运工时便有类似

---

［1］木村毅主编：『明治文化全集（別巻）・明治事物起源』、東京：日本評論社、1984 年、第 736、740 頁。

［2］高見順：『日本文学における東洋と西洋』（『文芸』1955 年 4 月号）、『高見順全集』（第 13 巻）、東京：勁草書房、1971 年、第 556 頁。

［3］高峡：『人力車の日本近代』、『Autres』第 1 号（2008 年 3 月）、第 41—46 頁。

论述。[1]黑格尔在批评中国之堕落时也以"拉车"做喻，称"皇帝对于人民说话，始终带有尊严和慈父般的仁爱和温柔；可是人民却把自己看作是最卑贱的，自信生下来是专给皇帝拉车的"。[2]检视诸种晚清东游日记、日本游记不难发现，在人力车发明数年后即有国人注意到这一发明，[3]然而其中却鲜见不适的记录。晚清中国赴日者泰然接纳、无批判的欣赏似乎暗示了近代中日文化人面对人力车夫时相通的心态与视角。

与此相对的是西方人乘坐这一异质性东方特产的感受。1890年，初到日本的英国人小泉八云（原名 Lafcadio Hearn，1850—1904）"在东方的第一天"就邂逅了一位名叫"茶"的车夫：

> 当你看到有人像马一样夹在两个车把手之间，在你前面不知疲倦地上下颠簸着跑上几个小时的时候，单是这情景带给你的第一感觉就足以唤起你的怜悯。而当这个人，这个满怀希望、追忆、柔情和理解之心的夹在两个车把手间奔跑的人，恰好又有着最和善的微笑，而且对你施于他的哪怕最微不足道的恩惠也表示出感激涕零的神情，怜悯就变成了同情，激起了你毫无来由的自我牺牲的冲动。[4]

清廷官员和近代欧洲青年面对日本人力车（夫）的情感落差从侧面折射出中西文化人在面对下层世界时的精神隔阂。民主、

---

[1] 麦高温著，朱涛、倪静译：《中国人生活的明与暗》，北京：中华书局，2006年，第249页。

[2] 黑格尔著，王造时译：《历史哲学》，上海：上海世纪出版集团，2006年，第128页。

[3] 1877年11月16日抵达东京的张斯桂在《使东诗录》中"游东京街市"一节云"矮户砌眉徇偻倭人，小车代步往来轻"。参见张斯桂《使东诗录》，收入钟叔河编：《走向世界丛书》（第三卷），长沙：岳麓书社，1985年，第143页。

[4] 小泉八云著，邵文实译：《日本魅影》，厦门：鹭江出版社，2011年，第6页。

平等意识的薄弱、缺失也是人力车交通在 19 世纪后半叶的日本得以兴起并迅猛发展的关键所在，拉与不拉、乘或不乘，一切都无关民主、平等，这也印证了前述高见顺的说法。在人力车诞生的明治初期，人们耽于享受近代机械动力的成果、只看到了乘车者身份差别的消弭，却无视车上和车下的身份、尊严落差。这种盲视也成为留洋一代返日后攻击的靶心。一个名为比喜田的记者于 1891 年向众议院提交要求解放人力车夫之请愿书便代表了日本国内西化一派的立场。与其立场相反，1894 年《京都新闻》的一则社论对此论调大加非难，称："那些头戴礼帽，叼着进口雪茄，轻松愉快地乘在掀起尘土的人力车中赶路的人有时也会鼓吹人道主义。这些人通常是来日本的美国人或欧洲人，托人力车的福，他们在度假时便宜、方便地到处旅行。回到他自己的国家后，却又说：'日本是个残酷的民族，他让自己的人民用车拉客人。'"[1]由这篇刊于日本主流媒体的酷评中不难窥见明治近代化的明暗、名实。当然，在另一个层面，也应该承认，西方人对东亚人力车（夫）问题的指控内隐着建构西方文明道德优势的潜在动机。

　　渡边京二在系统考察了幕末明治时期西洋人的日本游记后称，"他们中的很多人最初坐由人拉的车时都有一种负罪感，（中略）可是车坐起来很舒服，车夫也很快活，所以后悔的念头就被抛之脑后，只剩下满心欢喜了。车夫们不是穷人。拉人力车是有其社会地位的，在到驿站后，他们大都很奢侈。而且他们拉的车涂着闪闪发光的漆，上面绘有金色的花朵或五颜六色的传说场景，并且还装饰着银铃和铜制车架"。[2]由此可知，幕末明治时期人力

---

[1] 文茵编译：《人力车的发明史》，《寻根》2001 年第 4 期，第 96—97 页。

[2] 渡边京二著，杨晓钟等译：《看日本：逝去的面影》，西安：陕西人民出版社，2009 年，第 153 页。

车夫并非是不堪的，甚至一度曾是经济上有着不错收益甚至富于美感的职业。渡边氏对"前近代"往事的钩沉索隐，意在彰显日本在受到西洋近代文明冲击前曾有过的"另一种文明"的美好。好景不长，人力车在面世三四年后即被更为廉价、高速的马车抢了风头，而公交车、电车以及铁路交通的兴起与发展更使基于人力和畜力的交通方式受到极大的冲击，后者命运急转直下。日本人力车在1896年达到了21万辆的顶峰，其后逐渐衰落，至1938年已跌至13497辆。所谓"明治时期的人力车、大正时期的自行车、昭和时期的达特桑"之说便粗线条地描绘出近代以降日本主要交通工具的代谢轨迹。在文学创作领域，泉镜花（1873—1939）的《义血侠血》《夜行巡查》和有岛武郎（1878—1923）的《农场开放始末》等作品都描述了人力车与马车为了生存而相互倾轧、车夫靠贱卖劳动力换取生存权的凄惨境遇。

高见顺指出，"日本过去的西洋化，是视西洋为敌的西洋化。将西方视作东方的敌人，因此日本为了不输给西方，认为不得不西洋化。这一思维上的巨大失误，使日本陷入了巨大的悲剧之中。（中略）日本错误的西洋化，其中一个原因便是对东洋及东洋精神的过小评价"。[1]落实到对人力车（夫）问题的思考上，也同样如此。较之于西洋人的日本人力车体验，日本文化人对本国车夫的关注更多的是民主意识缺位背景下的阶层意识以及在日本民族主义兴起、希冀跻身世界列强之伍这一历史语境下的东西方二元对立、对抗意识。在《劝学篇》篇首即提出"天不生人上之人，也不生人下之人"的福泽谕吉认为贫富贵贱之分源于学问差异，但他的另一个表述同样值得注意："古人说过：'你必汗流满面，

---

[1] 高見順：『日本文学における東洋と西洋』（『文芸』1955年4月号）、『高見順全集』（第13巻）、東京：勁草書房、1971年、第557—558頁。

才得糊口。'但是，我以为就是做到这一点，人的任务还是没有完成，只是不逊于禽兽罢了。"[1]退一步说，大多没有机会接受再教育的车夫，在福泽看来与禽兽无异。尽管他也深知"今天日本的形势，实在是徒有文明之名，而无文明之实；徒具文明的外形，而缺乏内在的精神"，[2]但却"构筑了贫困者接受教育要在有钱人之下的教育理论"，"认为对于天皇（等于国家）来说日本国民是无限小的存在"。[3]由"明治政府的设计师"自负的福泽氏的悖论可知，高桥哲哉（1956—）所谓明治维新并非市民革命，只是一场颠覆德川幕府的政变[4]的论断堪称洞见。

另一方面，在《文明论概略》中，福泽谕吉又将车夫视作通过近代化得以强盛的西洋人在日本恃强凌弱、国际关系不平等的批判性思想资源：

> 但所谓万民平等的意义，不只是一国之内人民彼此之间权利平等，而是这一国的人民和另一国的人民之间也是平等的，这一国与另一国之间也是平等的，也就是不分贫富强弱，应该一律平等的意思。然而，自从外国人到日本通商以来，虽然条约上明文规定彼此平等，但实际上，绝对不然。例如，小幡笃次郎在民间杂志第八期上发表的文章里有这样一段：……试看当下首都的情况，凡骑马坐车趾高气扬驱人避路的多系海

---

[1] 福泽谕吉著，王桂主译：《劝学篇》，收入《福泽谕吉教育论著选》，北京：人民教育出版社，2005年，第20页。

[2] 同[1]，第25页。

[3] 安川寿之辅著，孙卫东、徐伟桥、邱海永译：《福泽谕吉的亚洲观——重新认识日本近代史》，香港：香港社会科学出版有限公司，2004年，第165—166页。

[4] 高桥哲哉著，何慈毅、郭敏译：《反·哲学入门》，南京：南京大学出版社，2011年，第118—121页。

外洋人。偶有警察、行人、车夫、驭者与洋人发生口角，洋人总是旁若无人似地拳打脚踢，懦怯卑屈的日本人根本不敢还手，怎样也奈何不了洋人，有些人只好忍气吞声连法庭也不去。（中略）以上是小幡君的议论，我也完全同感。（中略）既然同外国不能平等，如果我们又不重视这个问题，那么，日本人民的品格必将日趋卑屈。（中略）今天外国人的狡黠剽悍情形，远非公卿幕府官吏所能比拟，其智可以欺人，其辩可以诬人，欲争有勇，欲斗有力，可以说是一种智勇辩力兼备的超级的华族和士族。所以万一被其制御而受其束缚，则其严密程度，将达到连空气都不得流通那样，我们日本人民将被窒息而死。（中略）至于中国，因为幅员广大，西洋人尚不能深入内地，现在仅出入于沿海一带，但观察今后趋势，这个帝国也将要变成西洋人的田园。（中略）看到了这些事实，并想想我们日本也是东洋的一个国家，尽管到了今天为止在对外关系上还没有遭受到严重危害，但对日后的祸患，却不可不令人忧虑。[1]

近代以降西方列强通过"治外法权"获得了在亚洲诸国飞扬跋扈、践踏人权的法律依据。1858 年通过《日美修好通商条约》得以确立的"治外法权"，至 1899 年以《日本通商航海条约》为标志寿终正寝。洋人对东京车夫的歧视与粗暴成了福泽谕吉呼吁日本文明开化的有力证据，人力车（夫）在福泽的理论脉络中成了日本与西洋诸国以"治外法权"为表征的不对等关系之现实缩影；但又不得不承认，他的论述仍然是在"东洋衰弱源"、东西洋对抗论的延长线上。诚然，在面临西洋入侵的民族危机时刻，激励民心、共御外侮乃当务之急，或因此故，人力车夫问题并没

---

[1] 福泽谕吉著，北京编译社译：《文明论概略》，北京：商务印书馆，1959 年，第 179—186 页。

有成为福泽对本国自由、民主状况内省的契机。人力车在日本的兴衰不过是日本"近代"的一个侧面，由此可以窥见日本面对西方近代文明冲击的自卑感、焦灼感；而这一切无关对国内民主状况的反躬自省。当然，另一方面，福泽的近代文明论存在着一个悖论：在作为受害一方，要求日本与西方列强平等的同时，却在涉华、涉朝问题上转而秉持"文明国"沙文主义立场，"激励日本国民在亚洲人民面前（受其亚洲蔑视论的影响）要具有尊大的大国意识"。[1]这也成为明治以降日本人涉华论述中占据支配地位的意识形态，影响深远，遗毒甚剧。

三、车夫悲剧的跨国重演

"人力车自其发明翌年（1871年）起即开始出口，明治十年前后，人力车占据了日本输出产业的大部分，每年输出辆数超过一万，主要输出国为清国及马来半岛甚至印度。"[2]李景汉（1895—1986）的调查显示，北京首次出现人力车是在1886年。[3]邓云乡（1924—1999）称，除东交民巷的外国使馆区外，"中国人使用洋车，在北京大概最早还是由宫中兴起的"，并引王仁堪的说法，"两宫出入，多乘东洋小车"，[4]由此可窥见人力车在中

---

[1]　安川寿之辅著，孙卫东、徐伟桥、邱海永译：《福泽谕吉的亚洲观——重新认识日本近代史》，香港：香港社会科学出版有限公司，2004年，第166页。相关论述还可参考安川在该书后附的《资料篇　福泽谕吉亚洲观的轨迹》。

[2]　斎藤俊彦：『人力車』，高峡：『人力車の日本近代』（『Autres』第1号、2008年3月）より、第48頁。

[3]　李景汉：《北京人力车夫现状的调查》（1925），引自李文海主编：《民国时期社会调查丛编：城市（劳工）生活卷》（下），福州：福建教育出版社，2005年，第1156页。

[4]　邓云乡：《燕京乡土记》（下），石家庄：河北教育出版社，2004年，第516—517页。

国兴起伊始的情状。尽管在 1898 年来华的东京切偲会会员中村作次郎之《支那漫游谈》中就有关于北京人在车站围观汽车的记述，[1] 但诸种新式交通工具仍未改变人力车在北京交通体系中的重要地位。1917 年 7 月秋来京的宪政会干事长关和知等人称北京道路修缮良好，表面看来与东京相比并不逊色，"只是在交通工具方面，既无电车，又没有马车铁道，除一般使用人力车之外，上流社会则乘马车或汽车"。[2] 在 20 世纪 20 年代和 30 年代中叶，北京（北平）的人力车达到顶峰，据当时发放牌照数目可知，最多的年份约有 10 万辆左右。当时北京的人口接近 200 万，几乎每 20 人就有一辆洋车。[3] 邓氏此说是否足信，尚可存疑，但 1935 年的统计资料显示，北平的营业人力车与自用人力车共计 54200 辆。[4] 北平洋车分为"自用车、包月车、散车、专拉东交民巷洋人的车、专拉妓女的华丽的车"，[5] 由此可见外国人在平的养尊处优，唯我独尊。作家老向称："北平有海一般的伟大，似乎没有空间与时间的划分。他能古今并容，新旧兼收，极冲突、极矛盾的现象，在他是受之泰然，半点不调和也没有。例如说交通工具吧。在同一个城门洞里，可以出入着极时兴的汽车、电车、极随便的脚踏车；但是落伍的四轮马车、载重的粗笨骡车，或推或挽的人力车，也同时出入着。"[6] 而事实并非如此，电

[1] 中村作次郎：『支那漫遊談』（切偲会、1899 年）、小島晋治監修：『幕末明治中国見聞録集成』（第 3 巻）、東京：ゆまに書房、1997 年、第 297—298 頁。

[2] 関和知等：『西隣遊記』（非売品）、1918 年、第 104 頁。

[3] 邓云乡：《燕京乡土记》（下），石家庄：河北教育出版社，2004 年，第 518 页。

[4] 杜丽红：《20 世纪二三十年代北平的人力车夫》，http：//www.douban.com/group/topic/4645368/。（2011 年 12 月 9 日查看）

[5] 同 [3]，第 516 页。

[6] 老向：《难认识的北平》，收入陶亢德编：《北平一顾》，上海：宇宙风社，1936 年，第 12 页。

车、公交车等新式交通工具直接挤压了人力车的生存空间，并由此引发过激烈的冲突。1928年国都南迁，北平的经济活力急剧衰退，两者的矛盾日趋表面化、白热化，并最终上演了1929年北平人力车夫怒砸有轨电车的极端事件。以上对北京（北平）人力车（夫）命运轨迹的描述无非是要阐明一个事实：国人对机械、人力混合动力的人力车最初的兴奋，车夫的生存空间被公交、电车、铁路等近代交通设施一再挤压，命运凄惨的情状，几乎是日本半个世纪前的情形之重演。此外，一如在日本的悲惨际遇，人力车夫在北京（北平）亦处于"下降"通道的最底层，成为各色落魄失意者汇集的职业，在讲求"进步""文明""科技"的近代社会，这是在所难免的，毋宁说，这是人力面对机械动力、传统东方文明面对西方近代文明的必然败北。值得注意的是，福泽谕吉所描述的外国人对东京车夫的暴行在北京（北平）也同样上演过：

　　拉牌儿车这个名词，（中略）这是专指在东交民巷里与北京饭店前边，买过牌子有资格拉洋人的，人不仅要年轻，还要穿的漂亮，拉着新车，会操一口极流利的英语，条件缺一，人家洋雇主也不坐。好在他们会知己知彼，无一不迎合洋人的心理，他们跑在街上拼命的快，不要瞧谁坐在车上，一看拉的那种跑法，就可知道是拉洋人的人。（中略）不言而喻地也受外国人的气。有一次一位矮个子的某外国人，下车硬不给钱，拉车的有点不怕外国人，生敢抵抗，不过吃几下人家的老拳，还被警察教训一顿。不过这种洋车夫，如与拉普通座儿的来比较，在生活上有天壤之别，也可以说是特殊阶级，少而且难，洋车夫的最高的希望，没有不愿往这两条路巴结的。[1]

1918 年周作人（1885—1967）在演讲中指出，"中国现时小说情形，仿佛明治十七八年时的样子"，[2]"明治十七八年"时日本社会的"人力车夫"问题同样在五四时期成为文学界关注的焦点和重要创作题材，中国作家的文学表达与 1881 年前后日本人的反应也呈现出较大的近似性。辛亥革命尽管没有在中国全面实现民主化，但民主意识得到了极大的普及和呼应。在此背景下，五四一代对人力车夫生发出同情与怜悯。沈尹默、胡适、刘半农、周恩来、郑振铎、顾颉刚、鲁迅、成舍我、郁达夫、徐志摩等多有人力车夫题材作品，收获了不少"人的文学"之佳作。其中，留美归国的蒋梦麟（1886—1964）之论述或许代表了这一代人面对车夫问题的两难：

> 在美国时，我喜欢用中国的尺度来衡量美国的东西。现在回国以后，我把办法刚刚颠倒过来，喜欢用美国的尺度衡量中国的东西，有时更可能用一种混合的尺度，一种不中不西，亦中亦西的尺度，或者游移于两者之间。
>
> 我可怜黄包车夫，他们为了几个铜板，跑得气喘吁吁，

---

[1] 吞吐：《北平的洋车夫》，收入陶亢德编：《北平一顾》，上海：宇宙风社，1936 年，第 162 页。吞吐的论述可以从德国人约翰·拉贝（John H.D.Rabe，1882—1950，1908—1925 年间作为西门子公司职员住在北京）的记述中得到印证："优越一些的'西方人'拥有自己的私人人力车，这些更壮实的人力车夫比职业人力车夫跑得更快，自己觉得高人一等。时不时地在街上也会上演人力车赛跑大战，车夫们疯狂地赛跑，根本无视客人的警告，直到他们累得精疲力竭。"（见约翰·拉贝著，邵京辉等译：《我眼中的北京》，北京：东方出版社，2009 年，第 8 页。）

[2] 周作人：《日本近三十年小说之发达》，载《北京大学日刊》第 141—152 号，引自钟叔河编：《周作人文类编 3·日本管窥》，长沙：湖南文艺出版社，1998 年，第 248 页。

汗流浃背，尤其在夏天，烈日炙灼着他们的背脊，更是惨不忍睹。我的美国尺度告诉我，这太不人道。有时我碰到一些野兽似的外国人简直拿黄包车夫当狗一样踢骂——其实我说"当狗一样踢骂"是不对的，我在美国就从来没有看见一个人踢过狗。看到这种情形，我真是热血沸腾，很想打抱不平，把这些衣冠禽兽踢回一顿。但是一想到支持他们的治外法权时，我只好压抑了满腔气愤。我想起了"小不忍则乱大谋"的古训。"懦夫！"我的美国尺度在讥笑我。"忍耐"，祖先的中国尺度又在劝慰我。[1]

使中国人深受其害的"治外法权"问题直至 1946 年方告终结，其存在使蒋梦麟与福泽谕吉的论述有了相通的潜在指向（但曾经作为"受害者"的日本人在中国则"华丽转身"，加入了"加害者"的行列）。同样是目睹了"治外法权"保护下西洋人对本国车夫的暴行，同是以"西洋文明"为价值尺度，同是具有爱国热情的知识分子，然，蒋梦麟与福泽对人力车夫题材的处理及其意义却迥然不同。在小幡和福泽那里，人力车夫是被作为底层社会的典型成为"东方文明落后于西洋"这一论述框架中的一块拼图的，[2]凸显了不妥协、不退缩的进取精神。而被林语堂所激烈批评的中国人"最糟糕最昭著"的特点之一的"忍耐"[3]成就了蒋梦麟面对洋人暴行的心理疗愈。

同样有着西学背景、曾在《新青年》发表描述少年车夫悲惨生活白话诗《人力车夫》的胡适（1891—1962）却在一次演讲中

[1] 蒋梦麟：《西潮与新潮：蒋梦麟自传》，北京：团结出版社，2004 年，第 136—137 页。

[2] 福泽谕吉著，北京编译社译：《文明论概略》，北京：商务印书馆，1959 年，第 188 页。

[3] 林语堂著，郝志东、沈益洪译：《中国人》，杭州：浙江人民出版社，1988 年，第 31 页。

将车夫视为中国不文明的表征。胡适对人力车的反感缘于其在哈尔滨的俄租界之旅。在那里,胡适发现了东西方文明的界限:"人力车又叫做东洋车,这真是确切不移。请看世界之上,人力车所至之地,北起哈尔滨,西至四川,南至南洋,东至日本,这不是东方文明的区域吗?人力车代表的文明就是那用人做牛马的文明,摩托车代表的文明就是用人的心思才智制作出机械来代替人力的文明。把人作牛马看待,无论如何,够不上叫做精神文明。"[1]胡适的"东方野蛮,西方文明"的论调与19世纪末留洋归国的日本文化人如出一辙,这也是西方近代文明观观照下的必然结论。对此,周作人批判道:

> 胡适之先生在上海演说,说中国还容忍人力车所以不能算是文明国。胡先生的演说连《顺天时报》的日本人都佩服了,其不错盖无疑了,但我怀疑,人力车真是这样的野蛮,不文明么?工业的血汗榨取,肉眼看不出,也就算了,卖淫,似乎也不比拉人力车文明罢,大家却容许,甚至不容许人力车的文明国还特别容许这种事业,这是怎的?常见北京报载妇人因贫拉洋车,附以慨叹,但对于妇女去卖淫并不觉得诧异,在替敝国维持礼教的日本《顺天时报》第五版上还天天登着什么"倾国倾城多情多义之红喜"等文字,可见卖淫又是与圣道相合——不,至少是不相冲突了。这一点可真叫人胡涂住了,我希望胡先生能够赐以解决。(中略)故胡先生出去只见不文明的人力车而不见也似乎不很文明的斩首,此吾辈不能不甚以为遗

---

[1] 胡适:《漫游的感想·东西方文化的界线》,收入《胡适作品集·胡适文选》,台北:远流出版公司,1986年,第118页。

恨者也。[1]

作为批判方，周作人的论述有两点值得关注：一、近代以降，日本始终在西欧的近代文明和古老的东方文明传统中抉择、转换。面对中国人力车（夫），已跻身世界"文明国"之列的日本人"悔其少作"之鄙弃中暗含着基于西洋近代文明立场上的自我否定，甚至以此作为视中国为"非文明国"的论资；二、周作人站在人道主义、非普遍主义的立场指出以歧视自力更生的人力车夫却对无视生存权的"斩决"置若罔闻之"近代文明"论的虚伪。周氏针对胡适的批评毋宁说是切中肯綮的。胡适一方面作诗表达对于人力车夫的同情；一方面，又站在西方近代"文明"的立场上指责以人力车夫之存在为表象的中国社会之"野蛮"。这便如高峡所指出的那样，"其背后隐含着'阶级'这一中国知识分子无法回避的重大问题"，存在着无法"代办"阶级意义上之他者的"不可能性"[2]。但不可否认，中国文化人对本国人力车夫是抱有人道主义同情的。

基于以上梳理，大致可归纳出人力车（夫）在中日两国境遇的若干共通点：一、人力车诞生于日本、并先后在中日得到了广泛推广，成为东亚诸国共有的历史遗产；二、在帝制时代中日文化人对人力车的更多关注是人力／机械力之混合动力所带来的出行交通便利；三、面对火车、汽车等更为近代化的交通工具冲击，人力车夫的生存空间都受到严重挤压，沦为社会最底层，他们既

---

[1] 岂明：《人力车与斩决》，1927年7月刊《语丝》140期，收入周作人著，钟叔河编：《周作人文类编1·中国气味》，长沙：湖南文艺出版社，1998年，第619—620页。

[2] 高峡：『中国近代文学における人力車夫表象の不／可能性』，『多元文化』第7卷（2007年3月），第142頁。

是机械动力新时代的揭幕人，也是最初一代的牺牲者；四、在两国部分知识精英看来，以西洋先进的近代交通工具为参照，人力车（夫）被视为野蛮的存在，是东西方文明对比的框架中的败北者，而对决定了车夫命运的政治体制却缺乏省思与批判；五、明治、五四时期留学欧美一代受西方自由民主思想之熏染，对人力车夫的命运抱有人道主义同情。

四、北平时间与北平原理

据《日本帝国统计年鉴》统计，日本人力车在 1896 年以 21 万辆的数量达到顶峰后，开始进入下降通道，至 1939 年基本销声匿迹。[1]在记载日本人力车已基本退出历史舞台的 1935 年出版的《支那游记》中，著名评论家室伏高信称："北京还称不上资本主义都市，这里没有大工业，家庭工业占据主导地位。没有银行，钱庄占统治地位。汽车很少见，街头上是洋车（人力）的洪流。没有商场，小商人甚至是售货摊横行。这里不是资本家和劳动者的城市，而是军阀、落魄贵族和众多苦力的城市。"[2]室伏对北平的评论，与西方人对上世纪 20 年代中期之前日本的评论有着不小的相通之处，谛观北平的眼光中有着明显的西方近代尺度，而人力车的存在恰是支撑这一论断的重要依据。

纵观 20 世纪三四十年代的日本人北平题材创作，可以发现其借以穿梭北平的交通工具或为汽车、或为人力车。尽管在发展滞后的都市中乘坐汽车似更合乎日本"近代人"的身份认同，但

[1] 斎藤俊彦:『「轍」の文化史：人力車から車への道』、東京：ダイヤモンド社、1992 年、第 36 頁。

[2] 室伏高信:『支那遊記』、東京：日本評論社、1935 年、第 44—45 頁。

吉川英治（1892—1962）在创作于侵华时期的《北京》中却如此
描述其初到北平时交通工具的选择：

> 插着社旗的小汽车专为接我们而来。但想到从这北平的
> 正门一出去就坐小汽车，会是多么可惜的一个黄昏，于是我说：
> "或许有些随性，我想坐洋车走。"
> 御池氏也呼应道："也好。你得知道支局怎么走，那我就
> 和你一起乘洋车去吧。"
> "那我也乘洋车吧。"
> 楢原从乘过的小汽车上跳了出来，换乘上了人力车。
> （中略）
> 三辆车踏着舒适的风，在城墙边上静谧的街路上奔驰着。
> 那风的声音，是拉着洋车的支那人的赤脚掌以一定的节奏拍打
> 在地面上的声音。他们那无数只脚的脂肪便在这北平纵横交错
> 的大路上磨光了。[1]

可供选择的是客车、电车和小汽车等摩登而迅捷的近代交通
工具，而这些显然与吉川看到的"黄色的土、黄水的水，以及高
粱和泥巴房屋"所象征的大陆文明是不协调的，似乎只有人力车
与"非近代"的北平才是共时的。1939 年来北平的伊藤整从北平
的城市氛围中嗅到明治中期东京的气息。对比了两都的交通状况
后，伊藤为其速度之差找到了因由：

> ［北京］城市是安静的，交通流量大。但步行者与车夫们
> 由于自己已经祖祖辈辈住在这里了，好像很清楚该以怎样的步

---

[1] 吉川英治:『北京』、木村毅編『支那紀行』より、東京:第一書房、1940 年、第 47—49 頁。

调，沿着哪一边走。电车与公交车也偶尔经过，但那就像乡村城镇的那种悠闲。这里的空气中氤氲着这样一种气味——任何一种文化利器，只要进入了这个城市就必须以这个城市特有的速度运行。在东京，帝国大厦旁的黑门和外务省前的海参壁这些特别的、显眼的建筑，会因每天电车、公交车的声响震动而遭到破坏；然而在北京，那种种优雅、古风的墙壁、屋顶是很普通的，我感觉在不伤害他们的范围之内，公交车与电车在以低调、闲雅的步调运行着。[1]

实际上，早在 1900 年 4 月、5 月间，奉命考察"清韩"的村木正宪初到北京便发现了与东京不同的情状，并对其成因做出如下判断："看来支那政府是彻底厌恶文明，铁道止于马家堡，电车亦限于永定门外，将城内定为神圣、文明空气不得侵入之地，贪作太平之梦。"[2]郑振铎（1898—1958）对来平访游者提出了如下建议，这与伊藤整的说法似有呼应之处：

> 但你得留意，即使你是阔人，衣袋里有充足的金洋银洋，你也不应摆阔，坐汽车。（中略）北平不接受那末摆阔的阔客。汽车客是永远不会见到北平的真面目的，北平是个"游览区"。天然的不欢迎"走车看花"——比走马看花还煞风景的勾当——的人物。那末，你得坐"洋车"，（中略）价廉而稳妥，

---

[1] 伊藤整:『北京にて』(『セルパン』第 105 号、1939 年 10 月 1 日『北京』と題して掲載)、『伊藤整全集 23・自伝的スケッチ他』、東京：新潮社、1974 年、第 512—513 頁。

[2] 村木正憲:『清韓紀行』(1900 年)、小島晋治監修:『幕末明治中国見聞録集成』(第 5 巻)、東京：ゆまに書房、1997 年、第 507—508 頁。

不快不慢，恰到好处。[1]

　　可资参照的是，1890 年前后来到日本的第一天小泉八云享受其人力车之旅的记录。他到日本的第一天，"阳光和煦怡人，黄包车（或称人力车）是你能想像到的最舒适轻便的代步工具。车夫穿着凉鞋，戴着蘑菇形的白草帽，越过他那随着奔跑的节奏而起伏舞动的草帽放眼望去，狭长的街景美不胜收，我沉迷其间，恐怕永远也不会感到厌倦"。[2]在小泉的论述脉络中，人力车夫几乎已融入了日本的田园风景。这意味着，前近代的日本与沦陷时期的北平曾有着近乎相同的"时间"。日本文化人的北京（北平）书写中常见类似"悠然""从容不迫"等表述。"悠然"的人力车占交通工具主体地位的北京（北平）的"停滞"，与已步入资本主义强国之列，迅捷的汽车、火车、电车已占据主流的日本之"进步"形成了鲜明的对比关系。这暗示着"前近代"的时间、速度（东京的"曾经"与北平的"现时"）面对"近代"的时间、速度（东京的"现时"、北平的"未完成"）的全面落后。因此，横光利一在北平产生了"一种仿佛回到了生前故乡的感觉"；[3]"老东京"奥野信太郎在北平找到了"时光隧道"——"走在北平城，听着街巷的声音，我们会在时间意义上被一下子拉回去"[4]。如此看来，

---

[1] 郑振铎：《北平》，原载《中学生》第 50 号，1934 年 12 月，引自姜德明编：《北京乎——现代作家笔下的北京（一九一九——一九四九）》（上），北京：生活·读书·新知三联书店，2005 年，第 227 页。

[2] 小泉八云著，邵文实译：《日本魅影》，厦门：鹭江出版社，2011 年，第 2 页。

[3] 横光利一著，李振声译：《感想与风景》，桂林：广西师范大学出版社，2005 年，第 90 页。

[4] 奥野信太郎：『街巷の声音』（『随筆北京』、第一書房 1940 年版）、『奥野信太郎随筆全集』（第 1 巻）、東京：福武書店、1984 年、第 96 頁。有关奥野信太郎的北平体验及其文学表达请参见本书附录二《奥野信太郎：精神故乡的"面影"（随笔）》。

在来京（平）的近代日本文化人看来，汽车、火车、电车等在北京而言，毋宁说是不合时宜的"闯入者"——"近代"时间、速度强行闯入了"前近代"时空。而要理解、体味北平则须顺应北平的时间、北平的速度乃至北平的原理。

在1938年出版的《北支物情》中，岸田国士记录了其北平火车站见闻：

> 人力车涌至车站出口处，挤得动弹不得的光景，我终于发现了宾馆巴士停着的地方，便朝那边走了过去。（中略）
>
> 一个巡查拿着棍棒驱赶聚集过来的人力车，赶了前面，后面又涌了过来，赶了右边，左边又聚了上来，人力车拼死地寻找着乘客，猛冲过来。巡查将这些车一一顶了回去。即便被顶了回去，车夫们又寻隙跑过来。巡查终于举起了棍棒，但对方并不畏惧。结果，巡查跳将起来，扯起嗓子跺起了脚。但举起的棍棒绝不会打到人身上。车篷和棍棒就似应付光景般敲敲而已，车夫们不疼不痒，横冲直撞地挤进来。作为最后的手段，巡查就把车上的坐垫抛出去。果然，这看起来就难办了，车会暂且后退一下。若是一次涌来几十辆车的话，一个巡查无法抵挡得住。其中，也有很快拉上客人跑出来的，巡查只能愤愤地目送而去。
>
> 不知这究竟是何种规章，巡查之威令竟如此无法奏效，抑或是事变之影响？
>
> 即便如此，对方是人民，此方是官员。凭着职权，似乎也并非无法取缔，可为何不采取断然措施呢？
>
> 这真是让人心焦的事。但事实上，巡查就如此最大程度地忍耐着，车夫们也严守着反抗的限度。

因此，最初可怕的就逐渐变得无所谓起来，如若原本就有站内人力车取缔规则这般东西，我倒是想了解一下，我独自笑了起来。

支那这个国家真是个奇妙的国度。（中略）说来可笑，如都在停车场里准备着等候叫车不就无事了吗？巡查自己似也应该能想出相应的办法。但，完全不考虑这些，不给不讲道理的人民以棍棒一击，只是时常重复一些效果不大的努力，真是从容不迫。但，也有不同看法，我就深深感到这才是无法轻视的。何以这么说？取缔人力车夫只要设置惩罚规则即可轻易完成，但巡查对于他们的无秩序并未想惩处到"打"的程度，这种和平主义，我以为并不是一朝一夕的训练可得的。（中略）这种无秩序本身并不会让支那人感到焦躁，或许如此理解是合乎实情的。[1]

岸田在巡查与车夫间发现了一种在进、退之间微妙而默契的动态平衡，这是注重"秩序"的日本人无法理解的"北平原理"。这一原理显然是与以人力车夫的泛滥为表征的"北平时间""北平速度"互为表里的。1908 年底来华的小林爱雄称："听说以前汽车能通行的地方很受限制，因为容易让大官的马受惊。但现在已经出现了汽车公司，以一天四十五美元的价格租赁。北京没有电车，这让我感到不可思议，听说是因为电车可以杀人，没有获得批准。"[2]至于电车何以"杀人"，小田岳夫在发表于 1944 年的一篇文章中如此阐释这一"原理"："北京的人力车（洋车），因电车和公交车稀少之故而作为交通工具发挥着重要的作用，关于北

---

[1]　岸田国士：『北支物情』、東京：白水社、1938 年、第 222—226 頁。

[2]　小林爱雄著，李炜译：《中国印象记》，北京：中华书局，2007 年，第 105 页。

京电车和公交车之少，最初我以为是北京这样优美的古都为避免
此等交通工具所损害而被迫如此；后来听某人说乃是为北京六万
车夫的生活不受到威胁之故，颇以为然。若果真如此，那便是说
北京车夫群在北京占有一个难以动摇的位置。"[1]由此可见，岸田
看到巡查虚张声势的执法，其用意显然在于为人力车夫留下生路。
北平人力车的泛滥与这座城市包容、共生的人道主义精神密不可
分。尽管有胡适等知识精英一再呼吁废止人力车，但现实层面，
北京（北平）对人力车这一"野蛮"存在的宽容，显然又是不同
于进化论模式和西方近代价值观的"北京（北平）价值"。

五、"他者的容貌"与暴力的二重构造

人力车产自日本，却在中国延续了生命，风土的转换甚至使
它成为标志着中国滞后、非近代性的文化记忆。"橘枳之变"一
方面自与中国经济、社会发展的迟滞有关，在日本方面，人力车
（夫）伴随着近代交通设施的迅猛发展而凋亡的历史进程与日本
"文明人士"半个世纪后选择性遗忘历史的"里应外合"，使"人
力车夫＝野蛮"的标签成为与己绝缘的"中国专利"。

外国人士与在中国无处不在的苦力相遇几乎是其中国行必
有的体验。1920 年来华游历的英国作家毛姆（William Somerset
Maugham，1874—1965）在其散文《做牛做马》中表达了对中国
苦力"爱莫能助的同情"；[2]而相比之下，川田铁弥在出版于 1912
年的《支那风韵记》中的表述则明显是缺乏善意的：

---

[1] 小田嶽夫：『「駱駝祥子」と北京』，『理想日本』1944 年第 1 号、第 38 頁。

[2] 毛姆：《做牛做马》，收入蓝仁哲编：《现代英国散文选》，重庆：重庆出版社，1986 年，
　　第 151—153 页。

支那人口号称四亿，其中大部分都是目不识丁、被称为"苦力"的劳动者一样的人。无论在汉口，还是在北京，夏季都酷暑炎炎，彼国之人在酷暑中，在路旁的石头上，如牛马般若无其事地睡着午觉。

他们是动物的亲戚。到处都是，什么都贪之不弃、不厌不洁，这些特点与猪类似。结群、胆小如羊，如狗争骨，其状野鄙。彪大呆然酷似骆驼，又如胆小骡子般悲鸣。驴的懒惰、心术不正，鸡的多情，小鸟被人抚养之泰然，都是可说明支那人之妙语。[1]

如前所述，在都市诸种苦力中分布最广的应是在码头和车站无处不在、为生存挥汗如雨的车夫。而从目前我所搜集到的文献资料来看，除内山完造等极个别人外，20世纪初至北平沦陷时期，在来华重要日本文化人涉华作品中鲜见同情中国车夫之论述。试举几例：

1. 河岸上人头攒动，大都是中国苦力，单个人显得很脏，两个人凑在一起仍然难看，如此多的人挤在一起更加不堪入目。我站在甲板上，从远处俯视着河岸上的人群，心想：哎呀，这可是到了一个奇妙的地方！（中略）正在这时，船稳稳地停在了那群邋遢的苦力旁边。船刚停稳，苦力集团就像炸开了的马蜂窝一样，立刻开始吵吵嚷嚷。我被突如其来的吵闹吓破了胆。（中略）很多洋车也停在那里，不过，洋车都是苦力集团拉的，和内地的洋车相比，那可是大煞风景。（大连车夫，夏

---

[1] 川田鉄彌：『支那風韻記』、東京：大倉書店、1912年、第6—7頁。

目漱石:《满韩漫游》)[1]

2. 刚走出码头，几十个黄包车夫一下子就把我们包围了。（中略）原本"车夫"这个词留给日本人的印象决不是脏兮兮的，反倒是那种威猛的气势，常给人一种仿佛回到了江户时代的心境。但是中国的车夫，说其不洁本身就毫不夸张。而且放眼望去，无一不长相古怪。他们从前后左右各个方向各自伸着脖子大声地叫喊着，不免令刚上岸的日本妇女感到畏惧。在被他们当中的一个拉住了袖子的时候，连我都情不自禁地往高个子的琼斯君的身后退却了。（上海车夫，芥川龙之介:《中国游记》)[2]

3. 支那国民的知识是散漫的、表面的，缺乏统一性又不彻底。他们完全没有批判精神。他们不会充分考虑原因与结果的关系，在个人抑或团体的行动之时，他们又是极为粗心大意，容易盲信。（中略）关于这一点我想到了支那的车夫。现在的情形不得而知，距今十年前，去北京和天津周边观光的人都经历过，支那的车夫拉客时，也不问客人去哪里，自己随便选个方向便猛跑起来。如果乘客对当地地理不熟，则会被拉往与自己的目的地相反的方向，车夫也做了无用功，此类事情并不少见。（天津、北京车夫，桑原骘藏:《支那猥谈》)[3]

4. 搭了个洋车，朝番场老人住的旅馆而去。路上，车夫大汗淋漓，由于风大，车夫吐了口唾沫，让葡萄闻到了大蒜的臭味而甚为光火。但一想语言也不通，即便发火对方也不懂，

[1] 夏目漱石著，王成译:《满韩漫游》，北京：中华书局，2007年，第159—160页。

[2] 芥川龙之介著，秦刚译:《中国游记》，北京：中华书局，2007年，第4—5页。

[3] 桑原隲藏:『支那猥談』(『外交時報』第43第1號、1926年1月)、『桑原隲藏全集（第1卷）東洋史説苑』、東京：岩波書店、1968年、第78頁。

只得忍下。(北平车夫，丰田三郎:《北京之家》)[1]

　　夏目、芥川等有着古典汉学修养的日本作家"中国想象"之失落可以视为典籍中的"古典中国"与现实中的"现代中国"断裂所造成的必然结果。中国"第一瞥"便遭遇了人力车夫，这又使日本文化人对现实中国的认识大打折扣，在他们看来，中国车夫肮脏、无序、愚钝甚至有心智返祖化倾向。

　　有趣的是，在北京邂逅源自本国的历史"产品"，使芥川生发出"思古之幽情"，而这一"张冠李戴"的嫁接暗示着芥川对之前渡边京二所描述的那种未被西方文明入侵前的江户遗风之追怀。来自日本文化人的自我论述是否可靠，我们可以通过幕末明治初期西洋人关于日本车夫的描述加以参证。据渡边京二考察，在明治初期赴日的西洋人看来，日本车夫给人以美的享受:"从对拉货工人、人力车夫、别当等劳动者一系列的记述，也许我们甚至会联想到诸如风雅、潇洒、侠义豪情之类的男性美学。"[2]翻阅渡边京二整理的幕末明治时期西洋人的日本纪行可以发现，当时的日本也是如此被叙述的。相比之下，近代日本文化人笔下的北京(北平)车夫则处于与此对立的另一极。

　　而我所关心的是，日本文化人是如何对待这些吸引他们注意力的北京(北平)下层民众的。同前所述，无论是因于民族习性的差异抑或是"(近代)文明—(前近代)野蛮"二元对立下的歧视，日本文化人对北京(北平)的下层民众都缺乏基本的同情，甚至就像福泽谕吉所批判的西洋人在日本的飞扬跋扈一

[1] 豊田三郎:『北京の家』，東京:第一書房、1939年、第51頁。

[2] 渡边京二著，杨晓钟等译:《看日本:逝去的面影》，西安:陕西人民出版社，2009年，第154页。

样，对北京（北平）的人力车夫报以老拳，甚至直取性命。在芥川龙之介发表于 1925 年的小说《马腿》中，供职于北京三菱公司的职员忍野伴三郎在某天日记中记曰："今天早上九点左右，我坐人力车去了公司。车钱本来只要一毛二，可是那个车夫硬要我两毛钱。这还不算，他还拉住我的衣服不让我进公司。我一下子火气上来，一脚把车夫踹翻了，踢得车夫就像空中飞的足球。我当然挺后悔，但一下子又笑坏了。"[1] 需要提示的是，事实上，人力车夫讹钱也并非"中国特色"，明治时期的日本车夫也同样如此。幸田露伴在出版于 1889 年的短篇小说《风流佛》中就有这样的描述："贪得无厌的车夫却大敲竹杠，走到路旁树下讹诈说，车钱之外再赏五成酒钱乃是他们的规矩。"[2] 在具有高度写实性的北平题材散文集《北京百景》中，《东亚新报》主笔高建子（1905—1981）也批评了"日本绅士"傲慢对待，甚至暴打北平车夫的"北京日本色"。[3] 将视线转移到现实层面，据北平老车夫任有德回忆，日军占领北平后，"宪兵队驱使特务狗腿子到处抓人，人力车夫不知被日寇抓走了多少，一去便没有下落；侥幸留下的，连'混合面'都吃不饱"。[4] 很显然，曾遭受西洋人欺侮的日本人在中国一跃成了加害者。《马腿》中忍野的情感转换几乎是阿部知二长篇小说《北京》中大门勇遭遇之重演。阿部被日本乃至国际文学界公认为人道主义作家，然而，在近代以降日本对华侵略的背景下，日本作家所谓的"人

[1] 芥川龙之介:《马腿》，载高慧勤、魏大海主编:《芥川龙之介全集》（第 2 卷），济南:山东文艺出版社，2005 年，第 529 页。

[2] 参见幸田露伴著，文洁若译:《风流佛》，北京:人民文学出版社，1990 年，第 4 页。

[3] 高建子:『北京百景』、北京:新民印書館、1943 年、第 125 頁。

[4] 任有德述，李英夫整理:《我的车夫生活》，收入中国人民政治协商会议北京市委员会文史资料研究委员会编:《北京往事谈》，北京:北京出版社，1988 年，第 73 页。

道主义"中是否带有国际性色彩是应认真辨析的。在该作中，在将老车夫暴打致死后，主人公大门勇竟只觉得像"冷静地打死了一只蚊子"，并反思"我的人道主义，对一个个中国人的爱之类的话，不就是不堪一击的呓语吗？"[1]若对日本侵华时期日本文化人在华（在平）活动及其文学创作有较为全面的了解，你会发现，在相当程度上，日本文化人的"人道主义"一旦遭遇"中国"则易沦为隔膜、虚伪、观念化的口号。

高桥哲哉将列维纳斯关于"他者的容貌"的说法解释为"只有'他者的容貌'才能促使人类反省自身自私的暴力。即是说这一'容貌'在恳求着你'别杀我'"。高桥指出："体验'他者的容貌'并不是什么必然的法则，因为人们很可能对他者的痛苦没有任何反应。只是发展到这种地步的话，那将是既危险又可悲的事。"[2]在《马腿》与《北京》中，日本人对北京（北平）车夫的痛苦麻木不仁，甚至暴力以对，无疑是对前述论断的最佳注脚。

源了圆（1920—）曾指出战前日本"国民性"大致有如下特征："诚实、勤劳、温顺，对人富于同情心，对国家充满忠诚，但同时也缺乏全局观念，对人的同情往往不扩大到其他民族，缺乏个人的独立精神，有时也表现得缺乏应有的主见和随波逐流。"[3]所谓"对人的同情不扩大到其他民族"所指的便是"同情的国界"，显然作为加害一方，对受害一方的底层国民缺乏最基本的同情，反而助纣为虐地对其施暴是可以用所谓"人道主义的国界"加以阐发的。然而我要反向提出一个质疑——若将考察视野限于日本

---

[1]　阿部知二：『北京』，東京：第一書房、1938 年、第 131—134 頁。

[2]　高桥哲哉著，何慈毅、郭敏译：《反·哲学入门》，南京：南京大学出版社，2011 年，第 28—29 页。

[3]　源了圆著，郭连友、漆红译：《日本文化与日本人性格的形成》，北京：北京出版社，1992 年，第 191 页。

国内，"以子之矛，攻子之盾"，源了圆所谓"对人富于同情心"的日本国民性挪用到其本国文化人身上果然是有效的吗？试图窥斑见豹地将日本人"国民性"以"一言以蔽之"的粗暴方式抽象出来、牺牲不同族群之差异，以牺牲差异性而"求同"的"日本文化论"在上世纪 70 年代风靡日本读书界，然而回望过去，"以点代面"必然失之于"以偏概全"。

回到"同情"的论题上，有论者曾以"歧视"为视角解构了夏目漱石这位日本近代文学史上的巨石重镇：

> 　　与中国的夏目漱石研究状况相对，对其"国民作家"的形象进行颠覆性反思的反而是日本。换言之，在从"歧视"视角研究夏目漱石的作品方面，部分日本学者的挖掘更发人深省。如藤中正义从《哥儿》中分解出了"洁净、高贵"与"不净、低劣"以及"武士精神"与"百姓、町人精神"的对立。盐见鲜一郎同样揭示出《哥儿》中歧视结构的存在，认为根本原因在于夏目漱石对以不平等的身份制为基础的町人文化的依恋："以漱石为代表的游民们的身体，胃囊是帝国主义，脑袋是西欧现代，生活是江户町人文化。"
>
> 　　从《哥儿》的例子可以看出，所谓的"国民作家"眼中的国民远非人人平等。其实，不只《哥儿》如此，《三四郎》中对九州、熊本的讥讽，《其后》中对劳力者的鄙视等等无不暴露出夏目漱石对日本部分国民的歧视目光。[1]

无独有偶，我曾考察了深受托尔斯泰人道主义影响的白桦派

---

[1] 王奕红：《日本文学经典中的"歧视"——兼论中国的日本文学研究状况》，载《解放军外国语学院学报》2012 年第 1 期，第 112 页。

作家志贺直哉（1883—1971）的"同情"主题作品群，并得出"面对贫弱，志贺在救助与旁观之间不断地游移、抉择，而更多的是中立、旁观"的结论。[1] 如此说来，近代日本文化人对北京（北平）车夫的歧视与暴力恐怕是无国界的阶层意识与有国界的"人道主义"相叠加的产物。关于日本人对中国车夫施暴的问题，内山完造（1885—1959）善意的建言是暧昧、天真的："我认为这种事件，原因不外是日本人的先入为主的恐怖心，言语不通，和车夫抄近道三者。所有的黄包车夫的问题，若不是酒醉，多半便是如此。要之不外是不知习惯，言语隔阂而已。总之，日支间各等人之能互相明了彼此的习惯，小之，是个人问题的了解，以及事件发生之预防；大之，国际间的纷争，也可容易地解决了。"[2] 内山显然没有意识到前述暴力"二重构造"之存在。

　　试想，以内山建言回应福泽对西洋人跋扈日本之愤，不知福泽将何以作答也。

[1] 王升远:《新村:志贺的童话——由志贺文学的"同情"主题作品群切入》，载《贵州民族学院学报》2007 年第 1 期，第 153—156 页。

[2] 内山完造著，尤炳圻译:《活中国的姿态》，兰州:敦煌文艺出版社，1995 年，第 16 页。

第六章

"去政治化"与"理智的行动主义"的破产
——阿部知二长篇小说《北京》论

一、行动主义：《北京》研究中被忽略的"基轴"

1935年9月1日至13日，阿部知二来到北平逗留了近两个星期。在其长篇小说《北京》的跋语中，他感叹："为什么我没有早些知道，在距离我们的岛国如此近的地方竟有如此好的去处。"[1]北平之行为几近停滞状态的阿部知二带来了持续两年多的创作激情，除了一定数量、评论性质的中国人论和中国文化论之外，他还创作出颇成规模的"北平题材作品群"，其构成主要包括《邻国的文化——来自北平的印象》（载《读卖新闻》1935年10月26日）、《北京杂记》（载《塞彷》1935年11月）、《美丽的北平》（载《新潮》1935年12月）、《燕京》（载《文艺》1937年1月）、《北平的女人》（载《文学界》1937年5月）、《北平眼镜》（载《文艺》1937年9月）、《王家的镜子》（载《改造》1937年10月）等作，以及基于以上准备而创作的长篇《北京》（第

---

[1] 阿部知二：『北京』、東京：第一書房、1938年、第277—278頁。

一书房，1938 年 4 月）等。这些作品不仅存在着创作时间上的连续性，在人物形象诸方面也存在着广泛的对应性，构成了一个相对自足的互文网络，其中部分作品在当时还引起了文坛的关注。1936 年，林芙美子（1903—1951）在《北支那的记忆》中提及了《燕京》对其产生的影响："我在看了阿部知二的小说《燕京》后，憧憬着半晴半阴的北京城，在对北京风物一无所知的情况下，便迷迷糊糊地去了北京。"[1] 而在这一系列作品中，影响最大的恐怕还是总结之作《北京》。当时还是"文学青年"的竹内好（1908—1977）和武田泰淳（1912—1976）都给予了该作相对正面的评价，竹内认为比起小田岳夫、丰田三郎以及立野信之的北平题材作品，"《北京》在描写支那的日本人小说中属于好的了。武田订正道：不，在阿部知二的作品中属于好的了"。[2] 显然，在竹内和武田看来，所谓的"好"在横向和纵向意义上都是"相对"的，且似还有着某种弦外之音。这如何"好"、怎样"相对"都是下文试图探讨的问题。

在我看来，阿部的北平之行值得注意者有三，这也是理解本文整体思路的逻辑前提：一、这是作者的初次中国旅行，甚至是其首次海外体验；二、此行发生在作者积极参与的"行动主义"论战中心园地《行动》杂志（1933 年 10 月—1935 年 9 月）停刊前后[3]、日本全面侵华战争爆发之前；而《北京》则出版于大战爆

---

[1] 林芙美子：『北支那の憶ひ出』，『林芙美子全集』（第 16 卷）、東京：文泉堂出版株式会社、1977 年、第 41 頁。

[2] 竹内好：『支那を書くといふこと』，『中国文学』1942 年 1 月号、第 502 頁。

[3] 1935 年 9 月，因理论与实践上的欠缺与不足，《行动》杂志停刊；1936 年 6 月，舟桥与小松清、丰田三郎创办作为《行动》之"后继"的《行动文学》时，阿部尽管未直接介入，但在自北平返日后的 1935 年 12 月发表了《行动与知识分子》一文，直接参与有关"行动文学"的讨论。

发后的 1938 年 4 月，借用竹内实的话说，"该作预感到了日中的大规模战争，从这个意义上来说，它便是在战前日本文学与战时日本文学之间的孤立存在"；[1]三、在《北京》的跋文中，作者强调，该作非"时局文章"，而只是一部"感伤纪行录""幻想曲"和"支那观察录"，但水上勋所整理出的阿部知二"接受系谱"[2]显示，时人和后人对此说都绝少相信。

《北京》是以日本青年大门勇、加茂和中国青年王子明三个人物为中心展开的：大门勇是东京某大学青年教师，以调查元明清时期以西教为中心的东西方文化交流之名义来到北平，寄住于华北前实业家王世金家里。王家长子王子明任教于北平某大学，是个有着"赤化"倾向的文弱青年，主张包括自己在内的中国文化人应该以制造"幻影"（vision）为使命。在北平，大门勇邂逅了自己当年的学生加茂。加茂毕业后来到伪满洲，曾深入中国腹地调查、探险，甚至在"九一八事变"时参加过"北满讨匪军"，而今为学习中文、了解中国情况而来到北平，是极具开拓精神的日本青年，且善于在行动中观察中国，发现问题。随着中日两国政治、军事局势的日趋紧张，原本纸上谈兵、沉浸在"无为世界"中的王子明逐渐向抗日的"行动"方向迈进；而加茂则隐身遁形、不见踪影，据大门推测他已深入中国农村参与农民运动去了。大门与王子明虽然是跨越国界的友人，然而在日本"闯入"中国的背景下，这种文化人之间的关系微妙复杂，貌合神离。在前者看来，王子明参与到以其母国为对象的抗日运动是不理智、缺乏美感的，认为子明不顾一切、偏执的行动欲望是悲哀的；而加茂等日本人以中国为对象的实践是值得赞赏、敬佩的，但其左右翼不

［1］竹内实:『日本人にとっての中国像』、東京：春秋社、1966 年、第 332 頁。
［2］水上勲:『阿部知二研究』、東京：双文社、1995 年、第 126 頁。

分的冒险主义行动热情易被未知力量煽动、利用，因此期待在华日本人的对华行动能取更为理智、谨慎的态度。作为小说的结局，回国前的大门在大连由报纸上得知，王子明和加茂可能参与的反日运动和河北香河县农民运动均以失败而告终，而这一切似乎都在大门勇这位"理智的行动主义者"的预料之中。

在该作中，大门、加茂与王子明之间既各为主体，又互为镜像而存在。若将三人视作三个点，那么，在日本学者市川毅的论述框架中就存在一个化"三点"为"两点一线"的"文化人—非文化人"二元对立模式。他认为在与加茂青年相对的意义上，大门勇与王子明呈现出较明显的共通性，即他们发现了作为"幻影"制造者的、面对现实采取消极姿态的知识分子与将他们裹挟其中的现实世界、"行动"世界间的紧张关系；而远离现实世界之"行动"的知识分子在某种意义上处于弱者地位。[1] 问题在于，虽同为文化人，但在日本"闯入"中国、中日全面战争一触即发背景下，王子明与大门勇的"知识分子同盟"徒有其表、不堪一击，关于是否/如何"行动"的思考与实践也不可能取得根本一致；毋宁说，在小说结尾处，二者原本貌合神离的隐性心理对峙趋于表层化。在我看来，三者之间的关系是犬牙交错、同异共存的。所异之处在于，以阶层而论，王子明与大门同为文化人，加茂是"圈外人"；以国籍、国家利益而论，大门与加茂同为日本人，子明则是"外国人"。所谓共通之处在于，子明与加茂虽存在国家利益上的尖锐对立，但都以中国为其"行动"的实践场。如是观之，在北平期间看似无所事事，实则以另一种隐性姿态介入对华"行动"的大门概莫能外。因此，市川式简单化约的思路是可疑的——

---

[1] 市川毅:『女の持つ二つの貌——阿部知二「北京」私論』『アジア遊学』第 40 号（2002 年 6 月）、第 123 页。

他有意无意地遮蔽了诸多不应回避的复杂问题。而市川之外的其他研究也未对侵华战争前，中日青年之"行动"的内在复杂性做出阐释。

在《现代文学研究事典》中，编写者指出在阿部知二研究"今后的课题"中，"首先，必须对《客舍寒冬》之后、昭和十年代的长篇创作设定明确的再评价基轴"。[1]而长久以来，中日学界有关《北京》的研究始终徘徊在无基轴的零散化层面。本文中，我试图将"行动"确立为解读这部日本侵华历史语境下、重要作家之重要涉华题材作品的"基轴"。

日本学者渡边洋认为，行动主义文学"在实际创作层面无甚可观者"，[2]实际上，也鲜有学者、评论家将阿部知二的北平题材作品群列为"行动主义"文学的代表作，[3]但在我看来，"行动"显然是《北京》中一以贯之的主线。这一视角的确立不仅是基于上世纪 30 年代阿部知二乃"行动主义"文学运动主要倡导者之一、刊发其北平题材作品的《改造》《新潮》《文艺》《塞彷》诸杂志乃"行动主义"文学的主要阵地这一外部可能性，更是文本的内部结构使然：是否 / 如何行动的探讨贯穿小说始终。落实到具体登场人物上，尽管王子明与加茂绝少"面对面"，但在小说的尾声阶段，二者的针锋相对逐渐"由隐而显"，由"各走一边"转向直接关联（子明对加茂在华北乡村参与农民运动的动向极为关注）。如果说对子明和加茂的各自气质及其"行动"观的描述属于前者，那么其对日、俄实力消长背景下中国未来走向"可能"

[1] 大久保典夫、高橋春夫编：『現代文学研究事典』、東京：東京堂、1983 年、第 13—14 頁。

[2] 渡辺洋：『フランスと日本における行動主義文学』、『歴史と文化』（岩手大学人文社会科学部）、1981 年、第 191 頁。

[3] 高橋昌子：「不安の思想と行動主義」、載大久保典夫、高橋春夫编『現代文学研究事典』、東京：東京堂、1983 年、第 290 頁。

的看法，鼓动河北农民自治运动与参与学生针对"北支政权"之弹劾的"可能"行动等则可归于后者之列。之所以强调"可能"，是由于子明与加茂的"对立"总是在大门的臆想世界中被呈现与裁断的。在小说中，大门是贯穿小说始终的全知视角操控者，子明与加茂的思想与行动多是通过与大门的接触得到表达的；通过对他们二人"行动"的言说，亦可透视出作为"镜像"的大门之行动观、特殊历史语境下大门北平之旅的操控者——作家阿部知二的行动主义观。

二、受害者的"行动"：非理性的·盲从的·注定失败的

滞平期间，大门勇不甚与在平日本人来往，离群索居，被讥为"北京村的圣人"；自从在万寿山邂逅了一位中国女子、惊鸿一瞥而发烧一场之后，"他的活动力衰退，在王家一隅，过着日渐无为的生活"。（《北》：35）以上表述意在凸显大门的"非行动"倾向。对于这一倾向应如何认识，先看王子明的评论。在某一天邀请大门赏月饮酒之时，王子明谈到日本虽"没有行动的思想和文学"，但"有的是行动本身"（着重号为原文所有），"就看来到北支的一个个日本人，不就是实实在在地在行动吗？全国都在行动的国家还需要像票据、憧憬般的行动思想与文学吗？有实在的行动足矣"（《北》：144）。在大门试图强调自己这般日本知识阶级的"非行动性"时，王子明打断了他的话："这一小撮知识分子即便是例外，那又能是什么呢？日本知识分子，如果不具有行动性，那就意味着他们被排除在日本人之外了。但，我连这个也不相信。他们也是极具行动性的。比如，恕我直言，您是来做什么的呢？的确，您一直安静地生活着，但，以原本就不甚强健的身

体来到这里、思考他国历史，此事本身不就是带有强烈意志倾向的表现吗？"（《北》：144—145）王子明的质疑一方面回应了所谓"北京村的圣人"之来由及大门的"非行动性"，但同时却又在大门看似"非行动"的言行中提取了其内在的"行动性"本质。实际上，在短篇小说《王家的镜子》中，看门人小张发现在王子明趋向抗日之后，泷英作（与《北京》中的大门有着较大对应性的人物）也一改不甚与在平日本人交际的常态——"最近泷却只与日本人来往了，学者、实业家、官员、军人样的人都来泷这里玩"。[1]在战争一触即发的敏感时期，很难想象与以上各色人等的"玩"是无现实动机的、"非行动性"的。对于王子明所指摘的"来华行动"一说，大门并未从正面回应，却反唇相讥质问子明："这么说，您现在也是因为要开始什么行动而频繁与众人集会的么？"面对大门之问，子明不作辩解，坦言："是的，因为坐以待毙的话也是一样。"（《北》：145）大门的"不否认"背后的答案似乎可以通过其对子明的反问得以反向确认，即间接承认。

　　然而，子明与大门的"行动"实则存在着质的差异。如果说大门来华考察是一种"隐性行动"的话，那么在王子明眼中，这乃是日本国民在所谓"大陆进出"历史语境下自然、主动的选择；相反地，子明的行动则是由"非行动"性的思辨经历了痛苦的挣扎后做出的被动选择。子明自称其是所在学校介于"亲日派"与"抗日派"之间的"中间派"。所谓的"中间派"有何特点，这里，日本和苏俄不妨作为两个具有参照意义的"端点"提出。子明与某银行家之女似有私情，女子欲反抗父亲的意志、跟随她的兄长赴莫斯科读大学，这一动向暗示着她的"赤化"倾向。（王子明后来亦转为亲苏亲共的马克思主义者，见《北》：78、259和《王》：

[1] 阿部知二：『王家の鏡』，『改造』1937 年 11 月（支那事变增刊号）、第 265 頁。

268，在此一阶段似乎也是受了马克思主义思想影响的，见《北》第 77 页日本人沼先生对子明之友人思想倾向的剖析）大门问子明何以不予阻止，后者称："这能阻止吗？我虽未必赞同她与其兄的思想，但不也没有反对的权力吗？"（《北》：68）子明的话在表明了其"中间派"政治立场的同时，也在另一个层面上暗示了他自身"行动力"的缺失。在 P 饭店，日本人沼先生无法忍受大门和子明"太过闲人气"的谈话，便向后者提出了尖锐的现实问题——"你所在大学教授和学生们的情况如何？还是持激烈的抗日论调吗？""在王先生这样的中国知识分子面前，谈论现代支那是要沿莫斯科还是东京的路线走下去，才是有益的。"（《北》：71—72）尽管如此，子明仍无意介入讨论，却与大门一唱一和大谈古事，回避对现实层面中日关系问题的正面回应。由此可以窥见，王子明与大门面对敏感、一触即发的中日关系问题展现出疏离的姿态；直至沼发出"你们知道日本人很强吗"（《北》：80）这般咄咄逼人的挑衅时，子明才"突然从座位站了起来，像孩子在背诵一样，又像与此前的问答没有关系一样，半闭着眼睛说：'琐罗亚斯德说过——欲做朋友，要先向他挑战。——抵抗，是奴隶的道德。'出乎意料地，他在什么情况下说出此话的，（中略）任何人——甚至子明自身都不清楚"。

关于自己在行动层面上的消极姿态，子明解释说："我从个人的立场上来说，对贸然的行动是不以为然的，这并非逃避。我想我们还有其他的工作和使命。那是什么呢？制造幻影。——可能会有些词不达意—— vision ——不管说它是理念，还是抽象的精神、梦想，抑或是意识形态，用现在的语言实在难以准确表述出来。总之，这个 vision 正是我们的国民所欠缺的。我想，放眼长远的话，制造此物才是我等所应从事的工作。"（《北》:146）当然，子明也明白，这"不应仅仅是作为幻影的幻影，而是作为可以改变现实的信念之幻影"。（《北》：147）但到了后来，"大家都在我周围呼喊着，现在更为迫切的行动要求我们付出牺牲。我也决心不满足于此，而要去呼应这一要求"。（《北》：149）而对以"'幻影'制造者"自况、常耽于思考与辩论的子明而言，坐以待毙莫如奋起抗争的"行动"转向毋宁说是痛苦、孤独和被动的——"众人归去我独处时，这盘子、烟蒂就像糖果盒中的精灵一样，开始出声地嘲笑着我：'辩论、辩论、辩论。'我感到非常孤独，就把你叫出来了。"（《北》：142）

> 大门觉得安慰的话在这里是没有意义的，于是回答道："糖果盒里的一个精灵是不是这样喊的？——剩下的，只有'行动'了？"
>
> "嗯，是的，但话还没完。一个喊了声'行动'之后，旁边的糖果盒嘀咕着'行动也会是悲惨的，无为隐忍也将亡国、亡国'，我们的心在穷途末路前彷徨。"（《北》：143）

在《王家的镜子》中，平日攀附权贵的叶女士大声疾呼"战争，战争，我们要做先锋"并得到众人同声赞许附和时，"只有王子明毋宁说表情痛苦"（《王》：270）的一幕被看门人小张看在眼里。这里有一个问题值得关注——大门们（包括《北京》中的大门和《王家的镜子》中的泷英作）对子明的观察、评价及其心态。该作中，在临行前与看门人小张的深入交流中，泷认为像子明这般文化人"中国从几千年前就多得无边。世界上此种人最多的便是这个国家。个个秉性义烈，常思考难题，但不太懂得实际的事情。然而，只知道这些人的人，便会觉得中国是个可怕的国家。（中略）到

北平来做学问的人由于光看了子明老师那样的人，便总说中国已
是共产党的天下了"。(《王》：267—268）显然，泷英作批判的矛
头直指以王子明为代表的耽于思辨、止于空谈却缺乏实际"行动
力"的中国知识阶层。这一批评显然是切中要害的。在《心灵的
探寻》中，钱理群也尖锐地批评："缺乏实践、行动的能力曾经是
中国知识分子最大的悲剧与致命弱点。"[1]武田泰淳曾指出，中国
作家的"负疚"只与一事有关，即对处于近代国家群包围之中的
中国，是干预、介入抑或置之不理；若无法解决这一问题、未能
参加到解决这一问题的运动之中，那么，其作为文学者的生命就
会瞬间消亡。[2]换言之，行动与否关乎中国知识分子的生命。有
趣的是，在子明被动地萌发出行动意识（约等于以日本为对象的
抵抗意识）后，大门的心态又呈现出复杂、微妙的变化。在 P 饭
店与沼等日本人一番唇枪舌剑之后，"大门看着黑暗中泛着微白
的子明的溜肩膀，感到那闲雅、柔和的贵公子般的子明，与刚才
那激烈论辩、谈吐尼采名言、尝试分析性思辨的样子是多么不协
调，不客气地说，是多么不幸的伎俩啊"。(《北》:88) 大门回国前，
子明应其请求陪他去探视妓女鸿妹。大门看着妓馆中的子明，"这
和谈论政治、思想时的脸是多么不同啊。那脸上是平滑、自然地
融入这颓废之美的空气中、畅然呼吸的色调。有种像釉子一般笼
罩着他面容的光泽。那恐怕是已化为一两千年的遗传因素潜入了
他体内、现在慢慢渗成皮肤表层之物吧。大门不由得说了句'所
谓的颓废，真是一种美'"。(《北》：232—233) 只有在"越是要从
其中（中国这一'无为天国'的整体颓废——笔者注）脱身而出，

---

[1] 钱理群：《心灵的探寻》，石家庄：河北教育出版社，2005 年，第 37 页。

[2] 武田泰淳：『中国の小説と日本の小説』（原載『文学』1950 年 10 月号）、『人間・文学・歴史』より、東京：筑摩書房、1966 年、第 180—181 页。

身体深处却越与之相互融合，无计可施"（《北》:233）、平静颓废、远离政治的子明身上，大门才能发现美的存在。在大门看来，谈论政治、思想（特别是以日本为对象时）的子明是令人反感、厌恶的。显然，这种审美倾向的核心问题是"去政治化"抑或"政治化"。

事实上，同前所述，大门与子明之间既有作为知识分子须共同面对的"行动与否"之惑，其背后更有现实层面民族、国家利益的尖锐对立与冲突。大门称"只要住在这个土地上的人不能像佛陀一样，那么在任何地方，力与力之间都会相互冲撞。（中略）但，我与王先生们之间能彼此感受到友情，这也是事实"。但，沼的话无情地击溃了这一"知识分子式的观念式，不，毋宁说是虚无式的人道思想"，他提出了一个残酷的事实——"我认为，这确实也是一种美好的感情。但，请问诸位，那种感情在迫在眉睫的危机面前，能有多大的力量呢? 集团与集团之间的憎恶、激战正逐渐占据优势、排山倒海而来，不是吗? ——温情主义不过是近代文明病而已"。（《北》: 79）显然，知识分子间的人道主义友情在日本"闯入"、中国被迫奋起反抗的历史语境下空有其表，脆弱得不堪一击，最终走向对立是无法摆脱的宿命。文学史上，佐藤春夫与田汉、郁达夫等中国文化人友情的破裂便可作如是观。大门在归国前反省:

> 确实，自己与子明不到半年的友情是美好的，对此无论怎么夸张都不为过。但，这是存在于令人憎恶的框架——巨大的、超越于个人与个人善意之上的强有力的框架之中的，可曾有一天是在此框架制裁意识之外的友情交流? 不，友情本身不过是憎恶的最为复杂、绝望、倒错的表现而已。我们不就是

为了表现憎恶而尽力殷勤、美好地交往吗？就像为了表现爱有时要借助战斗的形式那样。（中略）对抽象意义上的"日本人"抱有敌意，和爱着自己一个这两者之间，无论走到哪里都是矛盾的、无法解决的。（《北》：237—238）

尽管不愿直接面对、承认，但子明与大门在国家间侵略/反抗语境下的个体间的隔阂、对峙一直都是各自心知肚明的事实。这一"貌合神离"的微妙关系，正暗示了现实层面上一般留平知识分子与日本人"闯入者"内心世界的深度隔阂与分歧。

子明被动萌发的、痛苦的抵抗意识渐次转变为切实的"行动"形态。离平后，大门在大连收到了王子明的信件，信中称："我快要与那位曾在P饭店跟你谈过的少女结婚了，因为她已放弃了去莫斯科的想法。但实际上究竟何时能结婚，尚无法预期，因为比起结婚这种个人之事，现在我们想全身投入到更大的、更激烈的漩涡中去。"（《北》：264）对于子明而言，何为该做之事，《王家的镜子》给出了答案——"夹在抗日和亲日夹缝中的子明日渐趋于抗日。"（《北》：265）在大门看来，其离平归国前后发生的这一事态不足为奇，毋宁说子明之走向抗日的"行动转向"是在他预想之内的。月夜交谈前，大门已然意识到"话题不是风雅、悠闲的赏月，只不过是与救国问题短兵相接的男人、和恐将成为这场运动对象国的男人之间，夹杂着友情的、谜一般的应酬"。（《北》：142—143）

王子明可能参与的抗日"行动"最终归于失败：

北京大学生针对北支政权的弹劾运动，以及针对此运动的镇压相继发生。（中略）此时，大门自然是把王子明与之联系到了一起。尽管还不知道他处于何等危险的境地，但可能已经不被"烟灰缸、糖果盒之精灵"所烦扰、四处活动了吧？像你这样的人，为了这种事而兴奋、并为之四处奔走果真是幸福的吗？话虽这么说，他也一定不会放弃那已近乎疯狂的、偏执的行动欲望，甚至会高喊"粉身碎骨又何妨"吧。大门甚至深感悲愁。(《北》：272—273)

子明的失败因由何处，是偶然抑或必然，小说中未见明言，但似可推导而知。在此前二人同赴妓馆时，注视着子明"愠怒的脸"，大门就曾认为："不必说，王在思考打破这无为天国的'新支那'运动，解决的办法便是将愠怒的对象定为日本。"(《北》：222)有趣的是，从子明这一个体身上，大门竟自认为获得了破解中国国民性的密码：

大门看着那张脸，（中略）结果一瞬间，他感觉到"这是张愠怒的脸"。愠怒的神情——这一发现新鲜得甚至让大门感到吃惊。是的，这半年间早晚所看到的王子明脸上那伤感的温雅便是愠怒时的表现。不，北京人——恐怕支那人都是这种愠怒的脸庞吧。（中略）他们恐怕是从几千年前，就这样愠怒至今的。为何愠怒，大多数时候他们自己也搞不清楚，所以更加郁结寡欢、心烦意乱，就变成了一副孩子哭着入睡的表情。时而，会有个家伙挺身而出，大喊一声："我们愤怒的对象就是它！"这个"它"是什么都无关紧要。比如，"我们对王朝感到愤怒""我们对蒙古人感到愤怒""我们对日本感到愤怒"。只要有人这么说一句就可以了。众人便奋起、齐声高喊："说得对！没错！"（中略）但过不了一会儿，就会沉静下来。又回

到了几千年以来不知缘由、不明对象的、无限的愤怒，他们的
表情又会回到悲伤、郁郁不乐的平静。(《北》: 220—222)

　　无独有偶，桑原骘藏（1871—1931）在发表于 1926 年的《支
那猥谈》中谈到，"支那国民（中略）完全没有批判精神。他们
不会充分考虑原因与结果的关系，在个人抑或团体的行动之时，
他们又是极为粗心大意，容易盲信"。[1] 月夜交谈前，子明在与青
年教授、学生们的辩论中被迫转向，以及《王家的镜子》中叶女
士登高一呼、应者云集的情节与桑原的论断显然存在着呼应关系。
如果说无判断、无立场的盲从心理是趋向"行动"的成因，那么
在大门看来，子明等"行动"的败因则在于作为倡导者的盲目性、
随意性与"非理性"。在《王家的镜子》中，叶女士自身只是一
个朝三暮四、攀附权贵、无立场的轻浮女性；《北京》中参与讨论
者——大学教授和学生尽皆是缺乏"行动"历练的年轻人。在大
门看来，学贯中西的王子明本应作为"理智派"成为有决断力的
领袖人物，而他却最终不得不屈从于"非理性"势力并在其裹挟
之下走向抗日之途。

　　综上，大门认为，千百年来以王子明为代表的中国知识分子
多流于"纸上谈兵"，缺乏实际"行动力"；另一方面，以日本
为"行动"对象的中国文化人的抵抗意识是缺乏美感的，落实到
切实的"行动"层面，则将由于其倡导者的"非理性"和响应者
的盲从而归于失败。那么，在全面侵华战争一触即发的历史语境
下，若非坐以待毙，何为中国知识分子的正途？村上知行曾提出
中国知识分子的正途是复活中国传统的"文人精神"，显然，村

---

[1]　桑原隲藏:『支那猥談』(原載『外交時報』第 43 第 1 号、1926 年 1 月）、引自『桑原隲
　　藏全集（第 1 巻）東洋史説苑』より、東京:岩波書店、1968 年、第 73 頁。

上的这一倡议是在战时批判西方文化、"打击鬼畜美英""中日提携"、复归东方的政治策略驱动下，又以"为东洋和平计"的名义，行"以其人之道，还治其人之身""己所不欲，勿施于人"之实，是乏"善"可陈的。（详见第十一章）那么，舍此之外，若非"非理性的盲从"，到底该如何"理性"应对日本侵略者的强力"闯入"，阿部知二的《北京》并未为此指明方向。——毋宁说，这是必然的。在我看来，村上要求中国青年文化人复古的直白恶意与阿部对中国抗日"行动者"们的委婉批判并不存在实质意义上的差异，这些言论都有着一个共同的指向，即呼吁作为受害者的中国人停止反侵略的斗争。

三、"闯入者"的对华"行动"：赞赏与批评

不以"行动者"自认，并认为王子明的"行动"是非理性的、盲从的，那么大门对于日本人以中国为对象的"行动"又持何态度？

加茂在陪同大门游览长城时触景抒怀，向后者深情倾诉了其一直以来的梦想："不知道来过这八达岭多少次了，每次都感慨万千。葬身于这片荒芜的土地也无所谓，但我总想做点什么。为了东洋，为了祖国。"（《北》：110）"大门想着，那尚未成熟却被透支的肉体——每天靠馒头和葱支撑着，说不定会毁掉健康。而且，在那少年时代便离别了故乡和母亲、品味着孤独的心中，各种思想、言论一定杂乱地混在一处吧。他到底是被什么梦想所吸引、所影响的呢？"此处值得推敲的是，大门对加茂的对华冒险活动作何认识。论者似乎都不太追问大门的来华因由。大门来北平是为研究元明清时代以西教为中心的东西方文化交流，滞平期

间，虽大多时间"不务正业"，但还是在杨素清的陪同下做过一次实地田野考察。在利玛窦、汤若望、南怀仁等著名传教士碑铭前，大门大为唏嘘感慨——"当时的传教士，究竟燃烧着怎样的信念与梦想虽不得而知，但一想到他们远涉重洋、葬身东洋之土的献身生涯，内心便充满了纯粹的感动。"（《北》：54）实际上，在来华的航船上，大门也想到了先贤曾远赴中国的种种壮举——"进入了平静的黄海之上，看着通红的辉煌落日，西方天际闪耀的云彩，脑海里便生动地勾勒起一千年前遣唐使的冒险、梦想与憧憬"。（《北》：30）在现实世界中，大门在北平开往大连的火车上，曾邂逅了一位任职于"满铁"的日本青年：

> 下铺对面是个日本人，方才跟大门打招呼说他在满铁工作。车在丰台车站停了下来，（中略）他说自己是从满洲到山西去看煤矿，这是逛了一周后的回程。刚才他发现，这个应该还算是青年的男人连帽子也没戴，就那么轻松随意地乘着列车，从满洲到山西就像是从办公室到街上吃个午饭那般轻松。尽管同是日本人，但若把内地日本人就比作英吉利人，那么现在的满洲无疑生活着一批相当于美国人的人种。（《北》：247—248）

显然，大门对"满铁"青年这种"美国人式"的气质是持赞赏态度的。当然，小说《北京》的主角之一——加茂也是参与到殖民实践中的日本青年。在一次与加茂共同面对一位日本莽汉威胁并因其庇护而脱身之后，大门更对这位饱经历练的年轻人充满爱意："可以感受到比起这个年龄段内地的——东京的、例如大门周围的年轻人之生活，加茂的生活是痛烈的。大门想，如果自己是动作夸张的白色人种，一定会以拥抱、亲吻的方式来表达这种爱情。"(《北》：122）费正清曾指出：陆奥宗光的现实主义手段和宫崎滔天的浪漫主义冒险精神代表了日本帝国主义在中国的两面性。宫崎滔天的一生是富于冒险经历和浪漫主义理想的，他声称"我想象自己进入了中国大陆，站在一大群中国人面前，成了一位骑白马的将军。（中略）我欢呼雀跃并以酒壮胆。在其他时候，（中略）这位将军死于敌人刺客的匕首之下"。[1]加茂的在华行动毋宁说更接近于宫崎。而大门对将某种梦想和坚定的信念付诸"行动"的做法是认同的，对古之传教士、遣唐使，今之加茂、"满铁"青年等以中国为实践对象的"行动"是怀有敬意甚至爱意的。

年仅19岁的加茂对大门执师生礼，王成在其论文中基本坐实了加茂的原型乃阿部北平之行的翻译片山，并指出"加茂这个日本青年的形象被描写成大门的学生，可以看出作者是把他作为大门形象的补充而构思的人物"。[2]对于此说，笔者认同前一半，质疑后一半。若以"行动"为关键词考察小说《北京》，那么，将加茂与大门相对化，将其置于"被观察"的位置（而非"补充"）似乎更为合理——在小说中，加茂实际上也始终是被置于这一位置的。"讲述者的旁观者性格是阿部知二很多作品的共通特征"，[3]同为日本人，对加茂的对华"行动"的冷眼旁观、冷静思考是大门"行动观"的呈现途径。面对加茂在中国的"行动"及其壮志豪情，大门的论评值得关注。以下仅撷取较具代表性的片段，试观其意。

加茂曾带大门登临长城，纵论天下大势，抒发献身祖国、献

[1] 费正清著，傅光明译：《观察中国》，北京：世界知识出版社，2001年，第60页。
[2] 王成：《林语堂与阿部知二的〈北京〉》，载《中国现代文学研究丛刊》2005年第4期，第203页。
[3] 大久保典夫、高桥春夫编：『现代文学研究事典』，东京：东京堂、1983年、第13頁。

身"东洋"的凌云壮志之后，二人进行了如下的交流：

大门："听了你如此悲壮之志，我有些难过。在这大陆，一定有许多像你这样的人。我不会说什么'单纯'之类的话。大家都像你这样，饱尝辛苦，要献身于祖国、数亿之民和东洋，这已很让人感动了。但没有人实则是为了自己的利益而利用、煽动这种纯粹吗？我只希望你们能有可以区分正路和煽动者的眼力。这就像因为感激而去做许多事情，结果没想到潜在水里的东西露出头、浮出水面一样，实际上被迫做了许多意想不到的事情——我希望这种事情不要发生。"

加茂："老师说得对。但我自己怎样都无所谓。我要把这身体奉献给祖国和数亿之民。为此，纵然在这大陆的土地上流尽最后一滴鲜血也在所不惜。"

大门："但，要让祖国和这数亿之民的方向一致，实际这是个需要耐心的、困难的问题，你必须做好心理准备。"

（中略）

加茂："我感到这里有两条路。为了让这里的民众活命，眼前有两条道路。其一，潜入、融入民众之中，与他们一道从最底层开始激发民众生命力。第二条路是自上而下的，以力推行。先不顾一切地以力量压服，其后，施以彻底的善政，就像康熙、乾隆那样。"

要融入其中，毕竟是以数亿之人为对象，还不是不上不下吗？另外，第二条道路，即便康熙等满洲人征服支那也用了数十年。（中略）大门心里这样想着，但嘴上却没说出来。昨天也曾感觉到，来到这里之后，任何人都会从历史和现状的草率类推开始随意地建构起其支那观，硬说一些预言类的话。

而像自己这样号称研究历史的人，无论如何都应该言语谨慎。

"当然，我知道，无论选择哪条路，都非我一己之力可成。"加茂说，"我只是投身于这一方向，做一个兵卒，一块舍石。"

"我完全能感受到你的鸿鹄之志，我没资格再多嘴了。"大门为他斟上了酒。

在这个青年的心里，在日本当前被称为右翼的观念和左翼的观念无区别地纠缠在了一起。或许其间的缝隙可以用理论轻松解决吧。但问题不在此，这青年虽然看似耽于议论，但实际上并非如此。一边时刻不停地介入当前的行动，一边思考。不，或许正是由于行动先行，因此这种缝隙才转变为了这么多的评论。在行动中，时刻以其观念与肉身做赌注，才碰上了这种大问题的吧。但，如果这个青年刚才在山上所说到的"为支那所流"的血其心赤诚的话，作为旁人的自己只有感受这份善意、祝愿他成功了。(《北》: 111—116）

大门离开北平、来到旅顺，在日俄战场遗迹前发思古之幽情，追昔抚今、思考日俄实力消长背景下中国的未来走向，指出有人怀疑日俄大浪退去时会冲刷岸边的矶石，造成作为冲突战场的大连日益荒废、贫瘠时，他脑海中浮现出了加茂对此说法的可能回应，前者应该是"'不，断然不会！只有这来自东方日出之国的大浪，才是生命之浪。我正是为此而流血的。'（中略）他那竭尽信念大声疾呼的模样就像幻影一样在大门眼前浮现了出来"。(《北》: 258—259) 而在大连通过报纸得知河北香河县农民运动兴起之时，大门虽不知道该运动属于左翼还是右翼，但是他确信不疑地把加茂与此联系起来加以思考了。在奔走于荒凉村落里的暴动土民中，站在其先头、或是队末、或是中间，胡须蓬乱、因污泥和太阳变得黝黑的加茂勇往直前的样子幻影般出现在他眼前。
就像不知潜在水底的东西会在什么地方"嘭"地探出头来一样,
即便不知加茂以后会怎样,但他无疑会一直带着大门在北平街头
零零碎碎表达出善意,不管盲目与否,只为了"正确者终将胜利"
的信念勇往直前。(《北》: 271—272)而在回日本前夕,大门又
通过报纸得知"农民运动好像已偃旗息鼓,学生运动也被完全压
制。只有北支政权成为中心话题"。讽刺的是,"北支政权问题中
出现的一个名字"竟是妓馆某妓女的后援人。在失败者王子明和
加茂的对立面,成功者显然还将不断涌现,"由于巨浪漩涡的作用,
还看不出水底还会钻出什么东西。王世金大人说不定也会在与其
儿子对立的水面上啪地探出巨头"。(《北》: 273—274)关于大门
眼中王子明参与的学生运动走向失败之因前文已有论述,这里重
点讨论大门对于加茂对华"行动"的认识。市川毅认为,从大门
作为旁观者在将自己与加茂相对化操作的过程中,可以读出"批
判地注视着思想与行动乖离的知识分子之状态的大门充满苦涩的
自我认识"[1]。这一说法是值得商榷的。由上述相关引文及论述我
们不难领会大门对加茂之"行动"的认识构成。日本法国文学家
堀田乡弘(1933—)指出,"行动主义最大的特征便在于对书斋派
的、苍白的知识分子之非行动性、非社会实践性的反拨",[2]大门
对积极发挥能动精神,在中国积极、切实的"行动意识"的高度
赞赏所凸显的正是"行动主义"的核心价值;同时大门认为加茂
对华认识存在简单化倾向,那左右(翼)不分的、赌博式的、纯

---

[1] 市川毅:『女の持つ二つの貌——阿部知二「北京」私論』『アジア遊学』第40号(2002
年6月)、第122—123頁。

[2] 堀田郷弘:『アンドレ・マルローと日本行動主義文学運動』『城西人文研究』第4号(1977
年3月)、第117頁。

粹的行动热情易被潜在的和险恶的未知力量所煽动、利用，因此，其"行动"归于失败也属必然。

四、"理智的行动"：侵华语境下的虚无与迷失

王成提出，从先行诸研究来看，"一般认为主人公大门可以看作阿部知二的分身，但是缺少实证"。[1] 这里似乎始终存在一个"实证限度"的问题。阿部曾坦陈其名作《客舍寒冬》中"混入了许多昭和十一年前后的三十年代初期的我的心象"，[2] 但不能就此认定其中的"我"便是作家本人的映象。长谷川泉在对该作所作的评论中指出，"该作品中既是行为者又是言说者的主人公，与私小说中的'我'是不同的。在《客舍寒冬》中，主人公与作者并非私小说式的同一人格，两者间行为与认识、行动与思想的分裂与游离也采取了应被认可的新手法"。[3]《北京》中的"大门"亦可作如是观，试图从实证的视角证实大门这一人物形象与作家本人间的对应关系，恐怕是徒劳的。尽管尚无直接材料可确证大门勇乃阿部氏的自我指涉，至少可以认为北平题材作品群是阿部知二"行动主义观"的实验场，而大门又可以视作阿部"行动观"的执行者。阿部知二所撰写的文艺时评《行动与知识分子》发表于 1935 年 12 月，从时间上来看，这篇评论与其北平之行有着紧密的衔接关系，因此，该文中有关"行动"的论述值得重视：

从个人的生活基准或者道德而言，这种"必须做点什么"

---

[1] 王成：《林语堂与阿部知二的〈北京〉》，载《中国现代文学研究丛刊》2005 年第 4 期，第 203 页。

[2] 阿部知二：『冬の宿』、東京：岩波書店、1956 年、第 226 頁。

[3] 吉田精一編：『日本文学鑑賞辞典·近代編』、東京：東京堂、1961 年（3 版）、第 614 頁。

的心情，无疑是积极而有意义的。游手好闲、倦怠、懒惰、狐疑和安逸的生活态度应遭到唾弃。（中略）因此，作为第一步，在个人生活的层面上，行动的精神必须被全面肯定。

但问题是，一旦脱离了个人道德的范畴而要面对社会时，就未必如此单纯了。（中略）这里就存在一个合目的性的问题。知识分子的批判性就成为了问题。（中略）所谓的行动，就其朴素、纯粹的形式而言，又是另一种与慎重、批判不同的东西。正由于它是能被任何一种火点燃的纯粹之物，所以有着旺盛的力量，是幸抑或不幸呢，这就是现实人生的情形。（中略）所谓慎重的行动，绝非暧昧的理想，对知识分子而言实为现实性的事情。（中略）合理性精神对行动的介入，至少这种努力，虽乍看迂远，但这必须是他们最为正确的态度，知识分子的自觉就在这里。

（中略）

像朱利安·班达那般的近代知识分子批判的确是严厉的正论。近代知识分子被浪漫的情绪主义所拘束，其病弊，从消极一面来说，可作与现实感乖离的、情绪性陶醉的虚无之理解，并非什么可怕之事。但，积极地考虑这一病弊的话，这种情绪万能如果是非合理的、无批判的，甚至更成了现实意义上盲目行动的热情，成为政治热情而呈现出来，那么它必然是可怕的。知识分子所拥有的全部能力，如果被集中到煽动家式的效用中，其结果就会是让人寒心的。（中略）知识分子的工作无疑是在实现向行动的飞跃之前，在达致极限的最后关头之前探明合理性。（中略）今天，冒险是很困难的。冒险尚还容易的时代那些能够飞跃的、积极的精神在今日这般复杂的情况下，要慎重地调查清楚，不可轻动。[1]

以上引文暗含了作者对王子明式的非合理的、无批判的"行动"，以及加茂式单纯的冒险、盲目的"行动"之批评。至少通过这种批判，作者阿部知二的行动观得以通过"否定之否定"的形式呈现出来，概言之，即"审慎、理智、合理的行动主义"。显然，作者的论述与小说中大门的思考在大方向上是一致的。无论对王子明等中国知识分子"抗日"行动立场鲜明的批评，抑或对加茂青年在华行动的隐忧，《北京》对"行动"的讨论始终闪现着作为旁观者理智的光芒。在日本近代文学评论史上，阿部首先是作为"主知文学论"的倡导者而被评论界关注的。所谓"主知主义"作为一种认识论，凸显的是"唯理智论"的哲学倾向，强调真理应基于理性予以合理把握的立场。而作为一种创作主张的"行动主义"（Activism）则"意在唤醒人类之政治的行动及人类的行动性，积极地使文学对社会发生作用，以求复兴因形式主义、艺术至上主义而趋于颓废衰灭的文学内容"。[2]我认为，阿部知二在《北京》中所倡导的实际上是二者相叠加的、概念化的"理智的行动主义"。所谓"理智的行动主义"似有如下特征：一、发挥作家的能动精神，对政治、社会现实保持积极的介入、干预姿态；二、在"行动"中保持理智、审慎而非激进和冒险的态度。

渡边洋在《法国与日本的行动主义文学》一文中较为系统地清理了日本行动主义文学受法国影响的轨迹。事实上，在日本作家们追模的典范圣·埃克苏佩里（Antoine de Saint-Exupéry,

[1] 阿部知二：『行動と知識人』（原载『セルバン』1935年12月），引自竹村良明编：『未刊行著作集13·阿部知二』より、京都：白地社、1996年、第185—186页。

[2] 参见刘建国主编：《主义大辞典》，北京：人民出版社，1995年，第192页。

1900—1944）之《夜间飞行》、安德烈·马尔罗（André Malraux，1901—1976）之《征服者》（*Les Conquérants*）与《王道》（*La Voie Royale*）等作中，主人公多为"行动的虚无主义者"，正是在充分认识到世界的虚无之后，才发现了力量的源泉。而作家埃克苏佩里和马尔罗自身便是彻头彻尾的行动派，前者是喜欢冒险的飞行员，后者更是 20 岁前后就离开法国赴中、苏、越等国游历、一生都不断介入现实的"行动家"，二人作品中主人公的行动倾向更多的是基于作家的个人体验。

而与此不同的是，《北京》中的加茂青年、王子明则始终处于大门这个理性的都市隐士且与作者存在着对应性的人物之观察下，这便使其关于"行动"的认知截然不同于其法国同行。堀田乡弘正确地指出：

> 舟桥、丰田与小松等，面对当时的日中战争，发起了怎样的组织、进行了怎样的反战实践？与法国的行动主义相比较，实质上殆近于无。确实，名为行动主义作品之作品，以《行动》10 年（昭和十年——笔者注）6 月号的《行动主义文学特辑》为代表，有着数种创作，但若看实践的姿态以及这些作品，其中有的却是日本行动主义的非行动性。（中略）日本的行动主义，以各种形式提出"文学者的参加"、"文学与生活实践的一致"，但实质上依旧未能超越"文学者的实践便是文学"之旧态。[1]

事实上，被视为日本行动主义文学代表作之一的《客舍寒

---

[1] 堀田郷弘『アンドレ・マルローと日本行動主義文学運動』、載『城西人文研究』第 4 号（1977 年 3 月）、第 117—118 頁。

冬》之主人公、讲述者"我"也与《北京》主人公大门同样，被设定为在周围友人都积极参与社会运动之时，却避居一隅，过着读书人生活的"非行动派"。大门曾质疑、批评了中国文化人王子明纸上谈兵的"非行动"倾向，而其自身却也始终是站在"非行动派"的观察家立场上的。这便是大门内在的矛盾。如前所述，这位书斋式观察家关于个人友情与国家利益观念式的、虚无的认识已被沼斥为"近代文明病"，当跨越了国界，在母国与对象国利益发生激烈冲突时，在加害者／受害者的二元对立中考察非行动派的"自由主义作家"阿部知二这一看似合理的创作主张时，其缺陷与虚无便浮现出来了。一方面，如前所述，在批评了王子明等"盲目、非理性"的抗日行动之后，大门并未在其反面提出面对"闯入者"的侵略，作为受害一方可行的"行动"路径；另一方面，大门对包括自己、加茂等在内的日本人乃至日本军国主义之在华／对华行动缺乏必要的反思与批判，乃至于大门对以人道主义者自况的自己也产生了严重的身份认同危机。在阿部知二这位日本文学界有着定评的"人道主义作家"笔下，《北京》的主人公大门勇甚至曾有作为帮凶与加茂殴打北平老车夫并致其死亡的经历，且事后竟不觉得悲伤，只觉得像"冷静地打死了一只蚊子"（《北》：131—133），尽管曾在一瞬间反思"我的人道主义，对一个个中国人的爱之类的话，不就是不堪一击的呓语吗"（《北》：134），但下午便觉得上午的一切都已成为遥远的过去。（《北》：135）竹内实在论及该小说时亦称"（该作）使人感受到作者提倡的人道主义的短命（战争及伴随而来的镇压力量之强大）"。[1]武田泰淳也曾一针见血地批评："在小说中，有着谦虚的自我反省传统的日本人在对于支那的评论、研究中则显示出与

---

[1]　竹内实：『日本人にとっての中国像』，東京：春秋社、1966 年、第 332 頁。

之相反的倾向。"[1]然而，在我看来，毋宁说，《北京》中大门的困惑正折射出侵华时期日本知识界整体"向右转"的历史语境下，日本自由主义知识分子的思想困境——在知识分子的良知和国家利益的对立冲突中进退维谷的两难境地。

武田泰淳在《中国的小说和日本的小说》中指出：

> 侵入、夺取、强迫、伤杀一方，与被侵入、被夺取、被强迫、被伤杀一方，日中两国文学家一直在各自的小说中忠实地表现着日本与中国的这种政治关系。（中略）横光利一的《上海》、阿部知二的《北京》都具有作为个人，对继承漱石而来的稳定、自大的日本政治权力的批判力，是带着西欧式人道主义、西欧式知性，最重要的是尽情挥洒着西欧式小说技术的优秀作品。尽管如此，其根底上那作为优越的异国人之旅情，旁观动乱而写作长篇的作家意志之下，蕴含着与中国作家们共通的、日常的、极为朴素的屈辱感所不相容的东西。[2]

这一批评的后半堪称洞见，但在我看来，《北京》对日本政治权力的批判是微乎其微、殆近于无的。据战争时期同样曾应征入伍的评论家大久保房男（1921—2014）透露，战后初期阿部知二曾在疏散地姬路发表演讲，主旨是称自己未曾"协力"过战争，而有听众因此表示对其大失所望。[3]尽管未像其同时代的不少作家那样，直接赴前线作为"笔部队"替日本侵华摇旗呐喊，

[1] 武田泰淳：『支那文化に関する手紙』、『黄河海に入りて流る：中国·中国人·中国文学』より、東京：勁草書房、1970年、第107頁。

[2] 武田泰淳：『中国の小説と日本の小説』（原載『文学』1950年10月号）、『人間·文学·歴史』より、東京：筑摩書房、1966年、第179頁。

[3] 大久保房男：『戦争責任の追及と佐藤春夫』『三田文学』82巻74号（2003年）、第226頁。

但从其对日本人的对华"行动"的颂扬、对个人在华暴行的漠然仍然可以看出他所崇敬的米利安·班达所批判的"知识分子的背叛",而作为文化人观念化了的"理智的行动主义"也在日本侵华、中国抗日这一现实"行动"语境下被逼入了隔膜、虚无近乎于破产的境地。须指出的是,阿部知二所谓的"理智的行动主义"之破产是必然的,因为他脱离了日本侵华的历史语境、脱离了侵略/非正义(日本)与反抗/正义(中国)这一基本的价值判断,而在"去政治化"的前提下清谈空论所谓"理智"与"行动"。众所周知,阿部知二是上世纪30年代著名的"新兴艺术俱乐部"成员,他曾与川端康成、中村武罗夫、井伏鳟二、舟桥圣一、小林秀雄等一道反对无产阶级文学的"政治功利主义",指责无产阶级文学尊重"现实真实"是"使艺术成为政治的牺牲","政治扼杀了艺术性"。应该承认,在"红色的三十年代","新兴艺术派"作家们在与无产阶级文学的对抗中,固然为纯文学守护了一方净土;然而,一旦矫枉过正,则容易走向罔顾"现实真实"的极端。一旦跨越了国界,在日本侵华、中华民族存亡攸关的危机时刻,剥离了"政治性"而追求"艺术性",则必然无法理解作为受害一方王子明们的抗日行动;"理智的行动主义"非但无法实现对战时日本政治权力的冷静批判与反思,反而在无形中沦为鼓动日本人对华"行动"的帝国主义"帮凶"了。

五、殖民指向:女性美/男性美与抗拒"被同化"

行动与否,在这里不妨换为另一种表述:"动"抑或"不动/静"。

或许,"不动/静"是北平的气质。王子明曾带大门一道去拜访 W 教授（王成推断此人为周作人，笔者认同此说）时，后者称："我最近走在北平街头，看到钟表店便觉得不可思议。——近来，钟表店急剧增多，或许这也是国民政府的新生活运动之影响，欲培植我们的时间观念吧。钟表店铺的钟表，在北平悠悠的空气中极有'钟表'的味道，很显眼，一副'我是钟表'、一副'我是滴滴答答地运行着的器械'的神情。"说到这里，W 教授似乎感到自己的话好笑，竟扑哧地笑了出来。（中略）王子明咂着嘴说道："故宫博物院的清朝帝王们的钟表，看了总觉得那是玩具，还真感觉不到那是计数时间的器械啊。——明天大门要乘坐满铁的列车，那好像是世界上最精确的、日本人操纵的列车。人家在我国纵横奔驰，还是认输了吧。唉，我们永远都会是现在一样吧。""永远像现在这般，便是永远古老，但还是当做永远年轻吧。"W 教授喝了口茶，静静地说。（《北》：213—214）在 W 教授和子明看来，北平的"不动／静"意味停滞、童稚、原始和落伍。将北平街头显眼的钟表与高速驰骋的日本列车对举，暗示着古老的东方式（农业）文明与近代西方（工业）文明的深刻对立以及前者的败北。

　　而按大门的审美意识，正是在这样一个静默不易的城市孕育了北平文化人王子明的静默美——沉默时的闲雅、柔和之美，妓院观剧时浮现出的难以名状的颓废美。相对之下，面对日本人的激烈抗辩是"不幸的伎俩"，谈论思想、政治的神色举止亦乏善可陈。尽管子明嘲讽大门来到北平后"工作毫无进展、拖拉怠工"乃"沉眠着的古都空气"所致（《北》：11—12），但身为日本人的自己，在中国式"颓废美"的世界中则显得无所适从，甚至格格不入。在与子明一同流连妓馆时，大门就大感窘迫，以至于子明慨叹："您真是无法融入颓废之中的人啊。从您刚才的样子我就看得很清楚了。真是奇怪啊。是您（着重号为原文所有——笔者）对颓废感到好奇，要来寻找颓废的，但却无法融入。与此相反，我们越是要从其中脱身而出，身体深处却与之相互融合，无计可施。"（《北》：233）与子明乃至中国人的静默之美对峙而生的是加茂的另一种难以被"同化"的美。大门始终认为加茂"无论他操着多么娴熟的支那语，（中略）多么深入支那的风俗，但恐怕不会有哪个支那人把他视作同类人种吧？不管走到哪里，都是异人种，都是'东洋鬼子'吧"。（《北》：44）"加茂越是用拳头捶着脏污的支那服下的胸膛、越想假扮支那人，就会越被自己锐利的眼神所背叛，他那以全部信念大声疾呼的样子如幻影一般浮现在大门眼前。"（《北》：258—259）而在这里，同样是以中国为行动舞台的西方传教士们可资参照："长眠于此的无数布教者，在欲将支那固有的儒教和礼仪作为妨碍布教的迷信予以严厉批判并加以研究期间，反而思考起绝不输于基督教的高贵精神，还认为根据考试选拔政治家、对四方夷狄予以文化怀柔的支那政治最为充满美德，倒向了偏袒的一边。因为他们自身为了品味支那人的社会生活，不知不觉地被熔化其中了。一切都被熔化了。（后略）"（《北》：56）显然，在大门看来，与西方传教士最终被中国强大的"同化力"征服的命运不同（《北》：56），加茂始终具备一种区别于中国人的、无法被其同化的、男性的野性气质；但至少可以说，在大门看来，不同于来自西方的传教士们"他者——被同化"的转变，日本人始终是异于中国人的"他者"，难于被中国文化强大的"同化力"吞噬。另外，有一个细节值得注意。在小说中，大门与子明二人的会话时而用英语，时而用日语，二人被塑造成了具有丰厚学养和宏阔文化视野的青年文化人。在此背景下，借中国人王子明之口提出所谓的"日本文化独特论"赋予了"国际文化视野"中的合法性。子明强调，"……中国即便有着巨大的消化力，但恐怕惟独无法吞下日本。这好像是与日本人无论什么都受外国影响之常识相反，但确实是这样的。（中略）在其品格之根底，如此超越了中国、超越了西洋之理解的、异样的特殊民族，哪里也没有。只有可以马上适应对方的人，才是根本上顽固坚持自己性格的人。即便白人进入中国，其思想和生活被中国化了，（中略）但，只有邻国的日本人永远不会染上我们的颜色。毗邻的、如此极端的两个民族——您所说的'消化力无比'的我们和我所看到的顽强无比的你们并排住在一起的宿命，比起马克思主义，我终究对此更感兴趣"。（《北》：77—78）显然，在子明看来，在民族危亡的紧要关头，较之于国内意识形态领域的左、右歧途，内、外关系的动态走向更为紧迫、更值得思考。但有趣的是，在P饭店的宴会，子明为岔开沼提出的关于两国关系的挑衅性话题，重复了大门此前提出的一个有趣的命题——"德川时代的日本如果与清朝自由交通的话，现在两国会是何种情形？其文明与风习一定十分相像吧。"（《北》：71）与西方传教士被同化、归化路径反向的是，近代以降，日本与中国的文化交涉呈现出一种离心指向的裂变态势。西方传教士为布教而批判儒教、迷信反而陷入中国传统政治文化的"合理性"当中，而日本则在浸淫于儒家文化千百年以后，转而闭关，进而反向批判儒学体系。在《中国漫游记》中，德富苏峰有如下议论："中国文明是可以夸耀的世界一大文明，尽管现今的中国人缺乏代表这一文明的资格，（中略）要说中国人的缺点是什么，不是愚昧野蛮，而是过于文明。（中略）中国人已经厌腻了文明，中国已经变成了一个文明中毒之国。"[1]阿部知二本人亦曾指摘"无论什么情况下都无法奋起的民族，与其说是文明之国，

---

[1]　德富苏峰著，刘红译：《中国漫游记·七十八日游记》，北京：中华书局，2008年，第265页。

不如说是丧失了生存力"。[1] 在这样一个关系链条中,"中华文明"集西方传教士为之倾倒的对象和近代日本文化人批判的靶子于一身。

那么,子明与加茂到底有哪些差异,这些差异暗示着什么呢?让我们回到小说开篇,从大门勇眼中王子明与加茂先后出场形象的对举介入思考。

"来者是身着宽肥白色大衫的此家长子王子明。他虽然较胖,但由于是溜肩膀,就像女子般弓着看似柔弱的身体(后略)"(《北》:8)而同样在大门的视线中,加茂则是以另一种气质出现的:"混在羊中精悍、年轻的狼。他身上绝对有种激烈的、粗暴得不可思议的东西。大门看着加茂的背影,被一种未曾在任何人身上——多么柔弱的女子和孩子身上都无法感受到的、异样的寂寞之感所侵袭(后略)"(《北》:45)做一个简单的等量代换即可发现,在大门看来,加茂具备一种子明所不具备的"非女性化"气质。当然,还有另外一些描述可以支撑这一指向,诸如王子明如"旧时官廷人般的温雅"(《北》:65)、"闲雅柔和的贵公子"(《北》:88)、"白色的脸、白色的大衫"(《北》:142);曾接受"满铁"调查班的命令,经历了从察哈尔往包头方向,穿越内蒙古沙漠、戈壁的边缘进入兰州的冒险旅行,常常"神龙见首不见尾",来去无踪地在中国穿行;并声称自己是"来支那接受'考试'"的。(《北》:43)在肤色上,王子明被描述成优雅的白色,而加茂则被描述成粗野的黑色。中国青年被赋予了静的、女性化的闲雅之文士美;日本青年有动的、男性化的粗野之武人美。在中国这一"无为天国"(《北》:220)中,前者显得自然、协调,越发美丽;而后者则难以融入其中。反之当前者要告别这种无为的、静止的

[1] 阿部知二:『文学に休日は無い』(上)、『報知新聞』1936 年 10 月 12 日、第 4 面。

状态，则马上认为其丧失了美感。

　　王子明的这一文弱的"女性化"气质当如何解读？我想从大门与"满铁"青年的邂逅切入讨论。如果说活跃在满洲的日本人具备美国人气质，那么至少可以说加茂具备着一种"类美国人"气质。众所周知，"英吉利人"和"美国人"虽在人种上同源同宗，但美国人是英国人中开拓美洲的先驱；在气质卜富于自由意志和开拓精神。而这一气质的形成无疑是与其殖民进程的推进同步的。从某种意义上来说，美洲的原始空间和"野蛮"土著从外部塑造了"美国人"的品格。在谈论日本人的英国人特性或美国人特性时，无法忽视引发此种蜕变的"被征服对象"。在《文化地理学》一书中，作者迈克·布朗描述了欧洲人入侵美洲时，文明与野蛮的碰撞，并重申了其对米歇尔·德赛丢（Michel de Certeau）（1988 年）在阅读早期冒险者的故事时所创造的模式的认同：

西方人	美洲人
穿衣服	不穿衣服（裸体）
时装	物品装饰
工作（劳动）	闲暇（懒惰）
讲伦理	重娱乐
男性化	女性化
理智的	情感的
文明状态	自然状态

　　布朗指出：

像巴邓-坡威尔（Baden-Powell）这样的爱国文人，他们的创作主题是，文明将导致堕落，城市生活及不道德的诱惑将造成男性的退化。因此，他转向边疆去寻找男子汉——那种能够在帝国主义竞争日益激烈的环境中治理并捍卫帝国的男子汉。（中略）帝国中心地带的政策及其制度是帝国文学创作表现的部分主题。的确，以青年为描写对象的文学常常是计划性的，描写青年人如何在边疆锻炼自己，学会统治帝国所需要的能力。（中略）他们是男性力量、帝国统治秩序的象征。这体现在巴邓-坡威尔小说中体现出的男子汉思想，体现在对侦探式人物的刻画上，它为犯罪小说中男子汉景观与帝国言辞之间提供了有趣的联系。（中略）一家具有侵略主义倾向的、喜欢夸大事实的报刊，曾为探险行动呐喊助威，提供资助，鼓吹对探险者的崇拜，该报刊也从中获得素材——冒险故事。（中略）我们已经讨论了怎样通过刻画冒险者形象来证明某一男子气概并将所遇到的其他民族女性化。[1]

从以上布朗的论述中，不难提取西方殖民文学中的若干价值判断：首先，文明导致堕落和社会中"男性"的退化，其捍卫国家的能力也因此丧失；蜕变后的"女性化"又是非文明的特征。其次，探险者等男子汉的形象是男性力量、帝国统治秩序的象征，富于"征服"与"统治"意味，这一叙事策略旨在将其遭遇的其他（正在或即将"被征服"与"被统治"）的民族"女性化"。将前引德富苏峰、阿部知二的论述冠于上述引文之上，贯通一线，那么"（中国）过度文明—丧失生存力—社会堕落—男性气质退

---

[1] 迈克·布朗著，杨淑华、宋慧敏译：《文化地理学》，南京：南京大学出版社，2003年，第80—81、95—98页。

化—女性气质"这一逻辑链条就浮出水面了。但从上述引文最后一句,又可明确另一条逻辑线索,即冒险者的男性气概——被征服者的女性气质的相伴相生。综上可知,王子明的女性化气质内含着"过度文明"及与殖民意义上"被女性化"两个层面。另一方面,对探险者的推崇中隐含着的"男性崇拜"(其他民族被相对"女性化"),如果说静的、女性化气质意味着待征服的话,那么动的、男性化气质无疑在鼓噪一种征服逻辑、殖民主义。从这个意义出发,子明认为中国是有希望的。只不过,希望不在北平。当大门提出"听说在南方有连我国的青年都无法匹敌的紧张的人们"时,子明坚信"那是我们唯一的希望"。(《北》:235)或许,这便是子明之所谓"破败家庭的儿子"(中国人)是转变为"能看到未来之家庭的儿子"的唯一希望。

第七章

晚宴的政治与"大东亚的黎明"

——1938年佐藤春夫的北平之行

一、国际中国学研究的"第五层面"与佐藤春夫研究的问题点

  在国际中国学（汉学）研究领域，严绍璗先生的拓荒工作艰难且重要。在一篇文章中，严先生提纲挈领地将该领域研究对象概括为四个层面：第一，关于中国文化向域外传递的轨迹和方式；第二，关于中国文化传入对象国之后，于对象国文化语境中的存在状态——即对象国文化对中国文化的容纳、排斥和变异的状态；第三，关于世界各国在历史的进程中在不同的政治、经济和文化条件中形成的"中国观"；第四，关于中国文化各个领域中的世界各国学者的具体研究成果和他们的方法论。[1]严先生的"四层面说"极具概括力与启发性，是近二十年来国内学术界对海外汉学（中国学）研究重要的、全面的总结。我试图追问

---

[1] 严绍璗：《国际"Sinology"研究范畴的界定》，引自严绍璗：《比较文学与文化"变异体"研究》，上海：复旦大学出版社，2011年，第101—102页。

的是，在这四个层面之外，是否还存在另一些可能存在的理论生发点。

　　严绍璗主编的《日本的中国学家》是有关日本中国学的重要的名录，为后来者按图索骥提供了极大的便利，功德无量。而当我试图从该书中查阅本章的研究对象——佐藤春夫的时候，发现了一个有趣的现象：在这一词条下，佐藤的"中国学"成就得以"呈现"甚至"凸显"；而另一方面，1938 年他来到华北战场为侵华日军摇旗呐喊，太平洋战争期间，又作为文学报国会成员在上海从军的涉华活动，以及有关臭名昭著的《亚细亚之子》等在中国现代文坛引起过巨大争议与波澜的现代中国题材作品之介绍及其对华战争责任的追究却失之阙如。[1] 当然，对一本收录 1105 位学者的、厚重的工具书中的某个小问题吹毛求疵未免有求全责备之嫌，况且编者的关切视野、问题意识以及编写旨趣与作为日本文学研究者的笔者原本就大相径庭，然而这个细节却启发我思考，从方法的意义上而言，"国际中国学"是否存在一个"四层面说"之外的第五个层面，即海外中国学家（汉学家）是如何以其涉华活动和创作直接或间接地介入、影响了中国政治、经济、文化诸领域的发展乃至其母国对华关系的进程。

　　当我们将论域聚焦到近代以降（尤其是侵华战争时期）的日本，不难发现，这类介入者是不乏其人的。"介入"与"影响"当然有积极与消极之别，但无论是哪种，中日两国学界都应有"前事不忘"的自觉。然而，从这些年来两国的研究实绩来看，情况不容乐观。由于事涉战争责任，大部分在日本侵华时期积极"协力"战争的文化人在战后纷纷回购、销毁自己创作的战争题材作品，以逃避对其个人战争责任的追究。就像评论家大久保房男所

---

[1]　严绍璗主编：《日本的中国学家》，北京：中国社会科学出版社，1980 年，第 660—661 页。

说的那样:"战争甫一结束,战争责任的追究就沉重地扣在众多的文学者头上,因此在文学者之间便出现了一种将战争期间配合时局所写的篇什从自己著作中删除的倾向。这一倾向即便在昭和三十年代中期(1960 年前后——笔者注)也存在着。"[1]他还提到在一些著名出版社刊行的日本现代文学全集中,若有较真的学者将当年情报局和文学报国会的演讲记录写入作家年谱,则会遭到训斥的学术状态。战后,在素以文献功力见长,以严谨、细致著称的日本文学研究界,除少数学者对极少数作家的此类作品有所论及外,大都三缄其口、噤声以对,与原作者的"若无其事"形成了有趣的默契、呼应,这种有"为尊者讳"的民族主义情绪、"共谋"让人疑惑,这也从一个侧面折射出战后日本知识界的学术生态与战争认识。另一方面,中国之日本文学界,原本可带着前述"第五层面"的自觉意识大有可为,但遗憾的是,我们的问题意识却与日本文学界日渐趋同,在材料、视野与方法上鲜见对日本学界研究理路的积极反思与批判,无法在对等的国际学术平台上与之错位发展,甚至一决高下,这一现状令人忧虑。然而,一旦事涉侵略 / 被侵略、正义 / 非正义等的战争框架下的论题,倘若失却中国学者应有的批判立场,丧失了"作为中国人的日本研究"之自觉,不仅将会把本有的研究优势拱手相让,更将导向一种极其危险的学术伦理。在某些特定的历史语境下,在日本文学视域中不愿重提的"往事",置换到中国的研究视野,便不得不提——学者的立场应该是"拒绝遗忘"。当然,所谓"拒绝遗忘",首先是基于对被忽视、被遮蔽文学作品的"考古发掘"与再评价,以此作为在材料、视野、观念与方法上发现反思日本近代文学史、思想史相关论述的契机,甚至以此为基础,在现实层面上,通过

---

[1] 大久保房男:『戦争責任の追及と佐藤春夫』『三田文学』82 巻 74 号(2003 年)、第 230 頁。

对其涉华活动、创作的全面呈现、冷静辨析，走向对日本文化人涉华战争责任的追究。

　　落实到本章讨论对象佐藤春夫（1892—1964）之研究亦然。1977年，日本学者祖父江昭二在座谈会上呼吁，有必要一方面从作为"国士"，作为文人，对中国古典的亲炙，抗议对台湾高砂族的偏见，翻译鲁迅作品并与郁达夫和田汉友好交往的视角；另一方面，从以"《亚细亚之子》事件"为中心的中日纠葛等视角，通过全面的思考建构起具有一致性意义的佐藤春夫论，而不能选择性强调或回避。[1] 在同年出版的《日本近代文学研究必携》中，日本学者鸟居邦郎将"昭和十年代（1935年——引者注）之后佐藤与战争的关系"视为日本学界佐藤研究"今后的研究课题"中的重要一环。[2] 遗憾的是，自鸟居之论断提出的三十年间，学界相关研究并未得到实质性的推进，时至2007年，旅日中国学者武继平又面向战争受害方的中国之研究者提出佐藤春夫研究中若干亟待填补的空白点：

　　　　佐藤春夫的文学创作经历了大正日本私小说鼎盛期和整个侵华战争及太平洋战争年代。由于国内一手资料的严重匮乏以及过去的《佐藤春夫全集》很少收录战争时期的作品，该时期佐藤的文学活动，以及他对于侵华战争以及整个"大东亚战争"的姿态等等，对我国研究界来说至今依然是未解之谜。（中略）自1938—1945年期间，佐藤通过《东天红》（1938年中央公论社）、《战线诗集》（1939年新潮社）、《风云》（1941年宝文馆）、《大东亚战争》（1943年龙吟社）等大量的文学作品集

---

[1] 祖父江昭二、伊藤虎丸等：『共同研究：佐藤春夫と中国』，『和光大学人文学部紀要』第12号（1977年）、第147页。

[2] 三好行雄编：『日本近代文学研究必携』，東京：学燈社、1977年、第175页。

中表现了这种"新的"中国观。[1]

　　说"未解之谜"未免言过其实，毕竟《亚细亚之子》自其发表之日至今在中国知识界引发的讨论已持续了半个多世纪，然而，关于此论题研究的极度薄弱却是实情。毋庸赘言，严肃、负责的文学史著述须建立在充分、客观的学术研究基础之上；在全集故意遗漏相关作品[2]、年谱编订者对相关史实置若罔闻、创作于战争时期的某些中国题材作品因此人为"蒸发"等情况下，日本学术界是如何描述这位"经典作家"在战争时期的涉华活动及其文学史地位的呢？以1930—1945年间为关注时限，我从日本若干重要出版社出版的诸种权威文学事典、作家辞典（词条作者多为权威学者）中摘录了相关论述，择要如下：

　　　　1. 日华事变[3]之际，昭和十三年从军参加武汉作战，昭和十八年又作为作家在马来、爪哇从军，有数种讴歌爱国之情的诗集。（词条作者：红野敏郎）[4]

　　　　2.（佐藤春夫——笔者注）战时与"日本浪漫派"等亦

<hr />

[1]　武继平:《佐藤春夫的中国观论考》，载《浙江学刊》2007年第5期，第88—89页。

[2]　据武继平的考察，在改造社版、讲谈社版《佐藤春夫全集》中，"战争时代的作品极少被收录"（参见武继平「「支那趣味」から「大東亜共栄」構想へ——佐藤春夫の中国観」、『立命館言語文化研究』19卷1号、第259页），为此，武氏对佐藤上世纪30年代之中国观的探讨，主要是基于临川书店版的38卷所谓《定本佐藤春夫全集》。但尽管较之前两种版本，后者收录作品较为全面，但对事涉战争之作品的人为性"故意遗漏"一仍其旧，未见本质性改观。所谓"故意遗漏"之说可参见董炳月:《"国民作家"的立场：中日现代文学关系研究》，北京：生活·读书·新知三联书店，2006年，第125页。

[3]　日文中，"日华事变"又称"支那事变"，即日本发起全面侵华战争的卢沟桥事变（又称"七七事变"）。

[4]　伊藤整、川端康成等编:『新潮日本文学小辞典』、東京：新潮社、1968年、第524页。

有关联。对于忧心日本、赞美日本的春夫而言，因日本战败而
迅速转身似乎是无法想象的。（词条作者：鸟居邦郎）[1]

3.（昭和——笔者注）十三年，作为文学家海军班之一员，
从军参与武汉作战。（中略）十八年十一月，作为作家赴马来、
爪哇从军，翌年五月回国。其间，出版了数种取材于战争、致
力于表现战意昂扬的爱国诗集和战争诗集。曾有反体制倾向的
诗人与这一实践派爱国诗人看似矛盾，其实只是盾的两面，他
那国际主义者的趣味及教养的根底，混杂着思国忧世的情感。
他思想感情的根源并非政治上的见识抑或意识形态，而是个人
化的、诗性的正义感；并不是理性与自制的协同，而是践踏了
功利与常识，露骨地表现狂热之无悔。（词条作者：吉田精一）[2]

4. 第二次世界大战期间，写作了呼应日本"南方侵略"主
题的《有马晴信》（1943）等作品。这种志向与日本的大东亚
共荣圈这一法西斯主义的方向也是一致的，可以说，他是全面
协力战争的作家之一。（词条作者：西垣勤）[3]

5. 战时，在《掬水谭》等历史小说之外，还有向战争倾
向的诗集。（词条作者：远藤祐）[4]

6. 第二次世界大战时期，他发表了《战线诗集》（1939）、
《日本颂歌》（1942）等作品，但不能因此便一概而论地将其视
为国策文学家。战时，在疏散地写作的诗作成就体现在《佐久
的草笛》（1946）中。历史小说有《掬水谭》，自传风格的作品
有《晶子曼陀罗》（1954）、《小说永井荷风传》（1960）等。（词

[1] 三好行雄编：『日本近代文学研究必携』、東京：学燈社、1977 年、第 175 頁。
[2] 日本近代文学館：『日本近代文学大事典』、東京：講談社、1977 年、第 127 頁。
[3] 大久保典夫、吉田熙生：『現代作家辞典』、東京：東京堂、1973 年、第 184 頁。
[4] 『日本文学事典』、東京：平凡社、1982 年、第 168 頁。

条作者：山敷和男）[1]

7.太平洋战争时期从军，且有取材于战争的作品群。（词
条作者：牛山百合子）[2]

前引诸种论述中既不乏洞见（如吉田精一与西垣勤的论述），
也有为佐藤辩护嫌疑的说辞（如山敷和男的论述）；但总的来说，
从其中不难发现一个具有共性的问题点：佐藤1938年在华北战场
的活动及相关创作被遗忘了。武继平称，1977年日本曾有学者得
到文部省资助从事"佐藤春夫与中国"的跨学科研究，但终因论
者立场的差异，不免有隔靴搔痒之嫌。[3]如果说，日本文学研究
者的佐藤研究有维护其在日本文学史上之地位等潜在动机，[4]那
么通过对日本学者不愿正视的、创作于侵华战争时期的重要作品
之讨论来挑战定说，反思、质疑乃至修正其文学史评价也不失为
一个有趣的课题。本章通过对1938年佐藤春夫北平之行相关文献
的再发掘与再解读，试图有所发现与突破。

二、晚宴的政治：从"惨不尽欢"到"回首自浔"

武继平指出，进入上世纪30年代以后，佐藤春夫的文风发

---

[1] 大久保典夫、高橋春雄：『現代文学研究事典』、東京：東京堂、1983年、第103頁。

[2] 三好行雄、竹盛天雄等：『日本現代文学大事典·人名事項篇』、東京：明治書院、1994年、第161頁。

[3] 武継平：『「支那趣味」から「大東亜共栄」構想へ－－佐藤春夫の中国観』、『立命館言語文化研究』19巻1号（2007年9月）、第259頁。

[4] 董炳月：《"国民作家"的立场：中日现代文学关系研究》，北京：生活·读书·新知三联书店，2006年，第125页。

生了急遽的变化，战争时期创作了许多鼓吹"大东亚共荣论"和将"支那文化改造移民论"具象化的文学作品。[1]小川五郎认为，佐藤春夫深度介入战争始于1938年与保田与重郎的"北支、满洲之旅"，[2]换言之，时值徐州会战末期的北平之行是佐藤春夫个人史的转折点。回首往事，保田对日本攻入徐州城的5月18日这一天很在意，他表示："攻入徐州城那天，我和佐藤氏在北京的兵营中听到了攻进城的消息。"[3]"这一天是引起我国文学界、思想界时局性转向的划时代事变之一环"，"日本文坛认识到事变的重大性，将被赋予的国民责任付诸行动便是以攻入徐州城为契机的"。[4]

综合王俊文等学者的考察及笔者对竹内好日记、佐藤春夫的《半岛旅情记》《北京杂报》《蒙疆的话》等文的再考，大致可梳理出佐藤一行为期三周北平之旅的经历：

五月一日　佐藤春夫作为《文艺春秋》[5]的特派员、保田

［1］　武继平：『「支那趣味」から「大東亜共栄」構想へ――佐藤春夫の中国観』，『立命館言語文化研究』19卷1号（2007年9月）、第269頁。

［2］　祖父江昭二、伊藤虎丸等：『共同研究：佐藤春夫と中国』，『和光大学人文学部紀要』第12号（1977年）、第156頁。

［3］　保田与重郎：『事変と文学者』、同氏『佐藤春夫』より、東京：弘文堂、1940年、第121頁。須注意的是，这篇《事变与文学者》与下文所引的收入《文学的立场》中的同名文章，虽均涉及佐藤春夫，旨趣相近，但是内容迥异。

［4］　保田与重郎：『事変と文学者』、同氏『佐藤春夫』より、東京：弘文堂、1940年、第120、121頁。

［5］　事变爆发后的7月11日，就在日本发表出兵华北声明的当天，近卫内阁召集各新闻社的代表"恳谈"，要求他们协力战争；13日又召集日本几家著名杂志社——中央公论社、改造社、日本评论社、文艺春秋社的代表，向他们提出了同样的要求。参见王向远：《日本侵华史研究》，银川：宁夏人民出版社，2007年，第72页。

与重郎作为《新日本》的特派员，[1]二人在神户汇合，乘关釜联络船金刚丸，从釜山经庆州、扶余、京城等朝鲜各地，又经奉天于五月十四日抵达北平。

五月十二日　竹内好收到保田的明信片，信中称将于十三四号前后抵平。[2]

五月十五日　佐藤一行在北京投宿北京饭店 515 室。[3]其后，"在雨中，佐藤春夫，佐藤龙儿、保田与重郎三位在日中实业的仝崎氏陪同下"造访了竹内好的家，午后登景山。其后的几日，佐藤一行"历访北京名胜，如东岳庙、国子监、孔子庙、雍和宫和隆福寺等处"。

五月二十日　竹内"与尤君（炳圻）策划"，"招待周、钱（稻孙）、徐（祖正）诸先生，举办一次晚宴"，聚会地点最终定在了同和居。[4]

五月二十二日　竹内、神谷正男与佐藤一行及樱井中佐（即第三章提及的樱井德太郎——笔者注）参观卢沟桥。

---

[1] 有必要交代 1937—1938 年间日本的新闻界舆论转换的态势："1937 年（昭和十二年），日中战争爆发后，政府根据军机保护法强化了各种管制，内务省警保局向各个府县的特高课课长下达命令：'要和主要日刊报社通讯社及主要杂志发行所的负责人恳谈。'他们要达到的是实现对媒体宣传机构的'深层指导'。""'卢沟桥事变'发生后决定向华北派兵的近卫内阁召集媒体的代表，要求协助实现举国团结等，政府下力量进行宣传战，而报纸一方也基本上附和了这一步调。""根据 1938 年制定的《国家总动员法》，各个媒体机构事实上都被编排在政府军部的下级组织里面了。"参见日本读卖新闻战争责任检证委员会撰，郑钧等译：《检证战争责任：从九一八事变到太平洋战争》，北京：新华出版社，2007 年，第 121、317 页。

[2] 竹内好：『竹内好全集（第十五卷）·日記（上）』，東京：筑摩書房、1981 年、第 214 頁。

[3] 佐藤春夫：『北京雜報』，『文芸春秋』（16 卷 10 号、時局増刊 9·現地報告、1938 年 6 月 10 日）、第 93 頁。

[4] 佐藤春夫：『蒙疆のはなし』，『文芸春秋』（16 卷 14 号、時局増刊 10·現地報告、1938 年 7 月 10 日）、第 205 頁。

　　五月二十三日　佐藤"有染痢疾之嫌疑"，入同仁医院。住院的一周里，由竹内看护。

　　五月三十日　佐藤出院。

　　六月二日　竹内赴宾馆拜访佐藤。

　　六月三日　保田清晨出发去了承德。晚上，竹内"拜访佐藤，听他谈了各种话题，关于朝鲜文化的话很有趣"。

　　六月四日　晚上，竹内"赴宾馆拜访佐藤"，但佐藤与"支那通"村上知行去观剧了。

　　六月五日　早晨，竹内"去宾馆拜访佐藤氏"，"在宾馆里三人（竹内、佐藤、龙儿——王俊文注）共进晚餐。（中略）与神谷君一道送佐藤先生乘六点半的火车离去"。[1]

　　时人寺冈峰夫在其编制的佐藤春夫年谱中，对此行作"北支战线参观"的中性表述，[2]使之看似更接近于"文学之旅"，以上行程安排似乎也可支持此说。然而，在战争如火如荼的时刻，访者会超然世外吗？在《半岛旅情记》中，佐藤明言其不乘飞机、而乘火车经过朝鲜到"满洲北支"这一路线设定的初衷："历史上我国的大陆进出[3]都是从这个半岛开始的，我决定也遵从这个顺

_____

[1]　王俊文：『一九三八年の北京に於ける竹内好と「鬼」の発見－－ある「惨として歓を尽くさず」の集まりを中心として』、（『東京大学中国語中国文学研究室紀要』第10号（2007年11月）、第90頁，同时参考其他多种文献整理而成。

[2]　寺岡峰夫：『佐藤春夫論・年譜』、收入宇野浩二、佐藤春夫编：『大正文学作家論』、東京：小学館、1943年、第210頁。

[3]　在日本对外侵略扩张的历史语境下，"进出"实则与"侵略"同义，不使用后者只是一种政治上的文饰、避讳策略而已。周作人曾指出，"日本对于中国所取的态度本来是很明了的，中国称曰帝国主义，日本称曰大陆政策，结果原是一样东西（后略）"。参见周作人：《日本管窥之四》，原载《国闻周报》14卷25期（1937年6月），引自周作人著，钟叔河编：《周作人文类编・日本管窥》，长沙：湖南文艺出版社，1998年，第48页。

序从朝鲜进入大陆。"[1]佐藤似乎是将自己视为"进出大陆"的一分子、至少是要以此体验作为其一分子之实感的。在五月二十日写给《文艺春秋》的稿件中，佐藤坦陈："我最终还是写了诗，没有写出所谓现地报告。这片土地的空气使我至此境地。应报告的是京城的绿旗联盟和新民会的比较考察之类的吧。（中略）北京市内游览并非此行的目的，所以尚未参观。"[2]至少可以说佐藤此行有着较强的政治意味。关于其动机，佐藤本人并未直言。我们先来看看两年后，同行的保田之议论：

在北京，当时因佐藤氏的来访，以周作人为首的不少留京文人学者才开始与来访的日本人会面。我认为，这一事实至少从迄今为止的状况来看是有意义的。

当时与周氏的会面是非正式的。周作人氏及其他人公开明确表达对日本对支文化政策的态度还是很久以后的事。当时与我们会面的十几位文化人的情绪中如果说有着某种变动着的东西，又加之各种时势之故，那么佐藤氏的来访至少可以说是使之动摇的契机。考虑到佐藤氏的业绩，回顾他的诗风，他们久仰佐藤的威望自不待言，同时也可以说佐藤的北京访问是极有意义的事情。

（中略）文学者进而带着政治任务、以文学者的身份进行活动，在我国史无前例，恐怕在东西方的历史上也无与伦比。因此，我想找机会记下佐藤氏在北京的活动。

（中略）此次事变中，文学者做了什么，对此，我想说佐

[1] 佐藤春夫:『半島旅情記』、『文芸春秋』16巻9号（1938年6月1日）、第334頁。
[2] 佐藤春夫:『北京雑報』、『文芸春秋』（16巻10号、時局増刊9・現地報告、1938年6月10日）、第92頁。

藤的北京访问是文学者的一种光荣，此事不仅在现代阶段是有
意义的，此外还可唤起现代之世对文学与政治，乃至文学者与
时势之关系有着若干不满的人们之思考，因此欲为一记。

　　（中略）佐藤氏作为个人赴北京旅行，从某种抽象意义上
来说，是要使变动中的支那文人之心境切实地平静下来。此
事与其后我国持特殊立场的思想家与支那方面持特殊立场的
思想家会面肝胆相照地交流相比，我会产生某种异样的感受。
（中略）佐藤氏的文学是以某种传达思想的文学之形式进入
支那的。[1]

　　1939 年佐藤的另一番论述也耐人寻味："对皇道有所认识、
有行动力的新日本知识分子""大量移居支那"乃"事变后的一
大急务"。[2]据佐藤的心理诊断分析者片口安史分析，受诊者的性
格是"不会直接表现内在世界，有假托外界事物表达内心情绪的
倾向"。[3]在我看来，这里的"新日本知识分子"有佐藤自况之嫌。
此外，他还指出，"此次事变虽未得到新的领土与赔款，但对于

---

[1] 保田与重郎：『事变と文学者』（『文明評論』1940 年 6 月号）、同氏『文学の立場』より、
東京：古今書院、1940 年、第 274—281 頁。

[2] 佐藤春夫：『文化開発の道———学者としての対支対策』（『新潮』1939 年 3 月号）、『定
本佐藤春夫全集』（第 22 巻）より、京都：臨川書店、1999 年、第 80 頁。

[3] 著名学者吉田精一曾主持过一个以作家为对象的心理诊断，试图从"精神分析"的角度
创作出全新的作家论。负责诊断佐藤春夫的片口安史得出的结论是："有着纤细、易受
伤的感受性。虽有些神经质和孤僻的倾向，但一般来说在精神活动层面还是生气勃勃的，
不会让人想到他的年龄。表达慎重，同时还有着反论式的表达特征。总是现实的，不会
让想象发展到幻想的世界。另外，不会直接表现内在世界，有托于外界事物表达内心情
绪的倾向。"片口安史：「精神所見·佐藤春夫」、收入吉田精一：『佐藤春夫：現代作家
の心理診断と新しい作家論』、『国文学』26 巻 14 号（1961 年 11 月）、第 34 頁。

这种人物的教育而言是极有意义的"。[1]

综合佐藤和保田的描述，我们首先可以做出如下推论：佐藤自身便是其自诩的"对皇道有所认识、有行动力的新日本知识分子"，其北京之行似肩负着政治任务（是自觉的抑或被赋予的，尚无法坐实），以文学者的身份在北京的活动，意在引导、动摇留平中国文化人的政治立场与倾向，并扶植、培养周、钱这般的"亲日派"。

如此说来，与留平中国文化人的聚会[2]便是访者的"有心栽花"了。关于时间，保田意气风发地强调"是我们在北京街头看到支那民众祝贺皇军攻入徐州城的彩旗队伍之前的五月二十日"。[3]从保田、竹内、佐藤的各自回忆[4]中大致可以提炼出当晚的主要话题——饮食、鬼怪、拉洋片、文学及对日本的回忆等。尽管每个人的回忆都略有差异，但三人似乎都有意强调同一个问题：晚宴话题未涉及政治。多年后保田忆及此事，一再强调，这是一次纯粹的文学聚会，并非由于"官方意志"，完全是组织者竹内好"个人的作用"；而事变后一直闭门不出的周作人的出席

[1] 佐藤春夫：『文化開発の道——一学者としての対支対策』（『新潮』1939年3月号）、『定本佐藤春夫全集』（第22卷）より、京都：臨川書店、1999年、第80頁。

[2] 关于这次晚宴，木山英雄（《北京苦住庵记——日中战争时代的周作人》，赵京华译，北京：生活·读书·新知三联书店，2008年，第71—73页）、丸川哲史和王俊文等学者的研究中已有所涉及，但其关注的问题点是周作人和竹内好的思想问题，而笔者的论述旨趣与其的错位之处在于本章将讨论重心置于来访者佐藤春夫上。

[3] 保田与重郎：『事変と文学者』、同氏『佐藤春夫』より、東京：弘文堂、1940年、第136頁。

[4] 竹内好：『佐藤春夫先生と北京』（『文学通信』1942年2月、第8号）、同氏『竹内好全集（第14卷）·戦前戦中集』より、東京：筑摩書房、1981年、第290頁；竹内好：『北京通信·三』（原題『周作人随筆集——北京通信の三』、1938年9月『中国文学月報』第42号）、同氏『竹内好全集』第14卷、臨川書店、1981年、第120頁；保田与重郎：『事変と文学者』、同氏『佐藤春夫』より、東京：弘文堂、1940年、第135頁；佐藤春夫：『蒙疆のはなし』、『文芸春秋』（16卷14号、時局増刊10·現地報告、1938年7月10日）、第205頁。

让访者感到 "是经过了非同寻常的思忖"，"让周作人敞开心扉的是佐藤的诗人身份"。[1]

在组织者竹内好看来，由于宴会的话题 "有些 '老人趣味' 的，说好听些叫 '北京趣味'，保田似乎对此不满。（中略）保田所期待的，现在的北京却没有"。[2] 进一步追问，北平没有的是什么？5 月 19 日在北平看到了 "支那旗队" 庆祝徐州陷落的情形后，保田称："从他们的队伍中，国家、国民、民族等今日伟大之物的想象和联想之根据，完全感受不到。一般说来，我在北京体味到的只能是文化的绝望。" 子安宣邦从保田所谓 "变革没有文化的文化，这是带着雄大理想的表达" 一说中，推论出保田所期许的 "文化"便是 "皇军将士的枪与剑"，明人、清人所遗留的北京文化之败北促使保田到蒙疆追寻已然失落了的 "蒙古、满洲的天子精神"。[3] 从这个意义上来讲，与周作人等的晚宴无疑加剧了保田对北平的文化绝望。在关于北平的 "现地报告" 中，保田坦言：

北京所没有的果敢之剑藏在蒙疆。（中略）我见到了几位北京的知识分子。那时我在感到失望的同时品味到了丑恶。那些最高层的知识分子保持着沉默，时而还掺杂着讽刺与谎言。中层者说了些对蒋介石的信任和对日本的要求，这不是知识分子的思维方式，而是一种商业交易。他们中的最下层者在我去的时候，正在大声练习着曲艺，练习的不是演技，而是说唱。

[1]　保田与重郎：『事変と文学者』、同氏『佐藤春夫』より、東京：弘文堂、1940 年、135 頁。
[2]　竹内好：『佐藤春夫先生と北京』（『文学通信』1942 年 2 月、第 8 号）、同氏『竹内好全集（第 14 巻）·戦前戦中集』より、東京：筑摩書房、1981 年、第 290 頁。
[3]　子安宣邦：『たとえ戦争が無償に終わっても——保田与重郎の戦時と戦後』、『現代思想』35 巻 14 号（2007 年 11 月）、第 25 頁。

（中略）我感觉进入了一个超越阴郁的黑暗世界。[1]

在《蒙疆》一文中，保田重申："我对北京文化失望，（中略）对北京知识分子更失望。"[2]保田的失望的原因之一恐怕就在于这次内容空洞、虚无的聚会"并未产生有形的成果"，[3]更未发现他所期待的"果敢之剑"。佐藤事后也随即发表了与保田态度相近的评论："话题始终是关于饮食、拉洋片、文学等无聊的闲谈，虽说未到惨不尽欢的程度，但是总觉得笼罩着一层阴影，实在是无可奈何的。"[4]（这一说法引起了竹内的不满[5]）同时，他将此归咎于自己不饮酒以及面对周、钱等相交尚浅的人时自己的沉默寡言。正如丸川哲史所指出的那样，"从竹内的角度看来，周作人等人的所谓'老人趣味'式的款待，可说是经过计算的，实际上那'亲善聚会'是一种脱政治化的尝试，对照出以保田为首的日本方面试图于聚会中寻求政治意味的天真烂漫想法之间的落差"。[6]但值得推敲的是，三年后，佐藤却改口说："那天晚上的小集全然没有

---

[1] 保田与重郎:『北京』(『いのち』1938年11月号)、『保田与重郎全集』(第16卷)より、東京：講談社、1987年、第80—81頁。须注意的是，"蒙疆"一词在地政学的意义上，指今内蒙古中部的察哈尔、绥远两省及山西北部一带，"蒙疆"一词出现是日本侵华战争的产物，始于1937年11月22日成立的伪蒙疆联合委员会。

[2] 保田与重郎:『蒙疆』(『新日本』1938年9月号)、『保田与重郎全集』(第16卷)より、東京：講談社、1987年、第107頁。

[3] 保田与重郎:『事変と文学者』、同氏『佐藤春夫』より、東京：弘文堂、1940年、第136頁。

[4] 佐藤春夫:『蒙疆のはなし』、『文芸春秋』(16卷14号、時局増刊10·現地報告、1938年7月10日)、第205—206頁。

[5] 竹内好:『佐藤春夫先生と北京』(『文学通信』1942年2月、第8号)、同氏『竹内好全集』(第14卷)·戦前戦中集』より、東京：筑摩書房、1981年、第291頁。

[6] 丸川哲史撰，纪旭峰译:《日中战争的文化空间——周作人与竹内好》，载《开放时代》2006年第1期，第85页。

无聊的欢迎致辞和奇怪的社交辞令，有滋有味，是只有跟悠闲温和的北京文人才会看到的温雅的佳集。"[1]显然，几年后，保田与佐藤的立场、态度前后发生了极大的转变，对"政治沉默"的认识由消极转向积极。

关于此次宴会，我想追问三个问题：一、佐藤、保田等为何要见这些留平知识分子；二、事前事后种种是不可预知、不可控制的偶然，还是有意为之、机关算尽、尽在掌握的必然；三、对于这次平淡且无成果的晚宴，佐藤、保田的态度为何由"惨不尽欢"的不满转而事后再三追忆且颇为自得，是什么影响了其立场的变化？

佐藤并不糊涂，宴会后他随即表示："同和居的聚会，周作人、钱稻孙、徐祖正等前辈们也在非正式会面的意义上列席了，恐怕是由于时局之故，避免个人性的会面，而利用这次聚会吧。"[2]在了解其处境的情况下，意识到他们的出席"很难得"，表现出"同情之理解"的姿态。周作人当时的处境确实不妙：1938年2月9日，日本侵略者在北平召开了所谓的"更生中国文化建设座谈会"，据当时的《大阪每日新闻》报道，周作人、钱稻孙参加了这次会议并讲话，此消息被国内知识界转载，舆论大哗。武汉文化界抗敌协会立即通电全国文化界，严厉指出："周作人、钱稻孙及其他参加所谓'更生中国文化建设座谈会'诸汉奸，应即驱逐出我文化界之外，藉示精神制裁。"[3]就在佐藤抵平的5月，中国文学界

---

[1] 佐藤春夫：『日華文人の交流』（『朝日新聞』1941年4月22，23日）、『定本佐藤春夫全集』（第22卷）、京都：臨川書店、1999年、第59頁。

[2] 佐藤春夫：『蒙疆のはなし』、『文芸春秋』（16卷14号、時局増刊10・現地報告、1938年7月10日）、第205頁。

[3] 引自张菊香、张铁荣编著：《周作人年谱（1885—1967）》，天津：天津人民出版社，2000年，第550页。

正通过公开信和文章等形式对周、钱的落水表示强烈谴责。直至
1939 年初的枪击事件发生，此间周作人基本保持沉默（自辩为"一
说便俗"），未公开表明对日立场，处于"半落水"状态。

关于周、钱等留平知日派知识分子的处境与心态，佐藤与保
田洞若观火，这种变化也影响了后者来华的动机与心态。保田回
忆：

> 在徐州战末期，我们在北京感受到的支那知识分子微弱
> 的态度变化，若能被更重视一些就好了。留在北京的知识分子
> 与留在上海、南京的知识分子，情况会多少有所不同吧。
>
> 出于何种原因都无妨，总之尽管微弱，单是向日本敞开
> 心扉这一点，我认为是徐州会战前后才出现的动向。对于这样
> 的心态，佐藤氏的北京访问不可能不创造出一些使之容易动摇
> 的契机，不过那也是由于（支那知识分子——笔者注）信赖
> 佐藤的文人业绩之故吧。诗人的本质是使超越时势的敬慕之心
> 沉静下来。在了解支那这一点上，佐藤氏是日本文坛的第一
> 人。这并非是政治意义上的关心，而是因文艺的亲近与热爱而
> 了解支那的首屈一指的诗人。事情就这么简单。至少不管他们
> 内心愿意与否，亚洲必须向那个宿命的方向迈进。对于这种预
> 测，我觉得佐藤的北京访问便是某种微小的、基于个人决心的
> 救济。[1]

以上引文透露出如下信息：佐藤与保田和周、钱等的会面似
乎有意与其讨论中日关系及其个人立场等较为深层次的问题，甚
至希望这些"亲日派"能更为旗帜鲜明地表达其对日立场，企图

---

[1] 保田与重郎:『事変と文学者』,同氏『佐藤春夫』より,東京:弘文堂、1940 年、第 133 頁。

在周、钱等已有事伪倾向的情况下，促使其进一步动摇。强调北平与上海、南京情况的不同，换言之，留在北平的知识分子事实上是更亲日的、更具拉拢的可能性。但是显然，以周作人为首的留平重要人物的动向已吸引了全国文坛的关注且其投敌行径已受到激烈批判，因此出言谨慎毋宁说是情理之中的，这也是导致保田与佐藤之失望的原因所在。在时隔几年后的情势下，保田对当年自己未能更重视北平知识分子的微妙变化而深有悔意。保田说"我们的政府和军队多少发现了文艺与文士的利用价值是在此半年后"，[1] 反视之，便是他认为其与佐藤作为杂志社特派员的北平之行成为日本军国主义对华战略的一个重要实验，意义重大。如果说晚宴的失败是出乎佐藤与保田预料的"偶然"，与留平重要知识分子的会面是"有心栽花花不开"；那么几年后的"回首自得"，毋宁说是佐藤、保田的一种迎合日本军部对华战略的邀功请赏、一种"意义追加"和"顺应潮流、相机而动"的投机行径。佐藤的投机在《亚细亚之子》事件及其后续发展中也表现得淋漓尽致，他对郭沫若、郁达夫阴晴不定、见风使舵的态度根源于其投机本质。国与国的对峙关系已经完全压倒了知识分子的个人友情与良知，而佐藤春夫作为知识分子的批判立场与个人良知也早已丧失。

三、"世界新名胜"：战迹抒怀与"大东亚"想象

当然，作为《文艺春秋》的特派员，及时向国内读者描述、传达北平情状与民风政情动态是其北平之行的题中应有之义。前

---

[1] 保田与重郎：『事変と文学者』，同氏『佐藤春夫』より、東京：弘文堂、1940 年、第 136 頁。

述行程显示,5 月 22 日佐藤春夫一行专赴"事变以来的新名胜"[1]
卢沟桥一游,这也是其北平参观的起点。须提醒注意的是,两天
前还撰文称其北平之旅意不在"参观"的佐藤春夫,其卢沟桥之
行会意在景致吗?在《卢沟桥》(收入散文集《支那杂记》[2])中,
佐藤如此向读者描述途经广安门时的见闻:

> 广安门就在这途中。(中略)仰望樱井中佐跃下的城墙,
> 目测高约三丈许。都是儿时看惯了日清战争画报的缘故,看见
> 这样的城墙城门,总有觉得有旭日旗在那里翻卷的感觉。
>
> 读广安门事件的报道时,其实多少曾有不解的细节。我
> 们的兵士曾被诱到哪里又从哪里遭到攻击,今天在现场一目了
> 然但报道却不甚明了。(中略)原来樱井中佐跳下的,是外侧
> 的城墙啊。钻过这道城门,出了这不祥之地,驾驶员像注意到
> 了什么。在一眼看去像是洋槐的树影下,一座石碑前供着香花。
> 是标志向井上等兵战死地的碑。我们都脱帽向其表达了敬意与
> 吊念。[3]

实地重走"加害"之路、向"闯入"中国的战死者表达敬意
与哀悼,显见,佐藤对日本发起的侵略战争并无反省与批判——

---

[1] 佐藤春夫:『蘆溝橋』(1938 年 7 月 5、6、7 日の『東京日日新聞』夕刊で連載)、『支那
雑記』より、東京:大道書店、1941 年、第 221、225 頁。

[2] 据笔者对不同版本的调查统计,截止到 1942 年 6 月,《支那杂记》共出版 7000 部:1941
年 10 月初版发行(3000 部)、1942 年 1 月再版(2000 部)、1942 年 6 月三版(2000 部),
其影响力不难估测。

[3] 佐藤春夫:『蘆溝橋』、『支那雑記』より、東京:大道書店、1941 年、第 222—223 頁,
此处所引为张承志译文,参见《敬重与惜别——致日本》,北京:中国友谊出版公司,
2009 年,第 216—217 页。

毋宁说，这是无法期待的。待到了卢沟桥，一番引经据典、追昔
抚今的描绘、铺陈过后，佐藤称："不管怎么说，这是座颇美的桥，
其后在北京看到的风物全无美过此桥者。北京之物都让人愤然，
唯独此桥完全是特别的。"[1] 在佐藤那里，卢沟桥之美是置于不甚
美好的"北京风物"之对立面得以呈现与凸显的。从这个意义上
来说，要理解卢沟桥的美好，就必须明了其对立面何以不够美好。

竹内好称，读到佐藤春夫发表于报刊上的北平游记，感到"先
生好像对北京兴味索然，但愿那不是因为我愚笨的向导之故"。[2]
在《从陌巷看北京》一诗中，佐藤开篇即有这样的表述：

> 噫！
> 可爱的北京，不吉的北京，
> 可怜的北京，不祥的北京。
> 我等已倦于故宫与颐和园的华丽，
> 不意将从陌巷看北京。[3]

不难看出，象征着古典中国政治文化秩序的故宫和颐和园让
佐藤感到厌倦。在《大陆与日本人》一文中，佐藤便提出"我等
非东夷""支那非文化国"的论断，并将中国称为"魔国支那"，
他认为：

> 金元等蛮族看了往昔多少还有些文化之时的支那 —— 中

[1] 佐藤春夫：『蘆溝橋』、『支那雑記』より、東京：大道書店、1941年、第226頁。
[2] 竹内好：『佐藤春夫先生と北京』（『文学通信』1942年2月、第8号）、同氏『竹内好全集（第14巻）·戦前戦中集』より、東京：筑摩書房、1981年、第290頁。
[3] 佐藤春夫：『陌巷に北京を見る』（『大陸』1巻4号、1938年9月）、『定本佐藤春夫全集』（第1巻）、京都：臨川書店、1999年、第153—154頁。

国，就像乡巴佬来到江户一样有眩惑之感，容易身败名裂，那是意料中的事。但今天的日本人进入支那大陆，毋宁说是都市人向乡下移动。（中略）因此，进入大陆的日本人，必须是站在时代前列、对新日本有着自觉认识的新日本人。（中略）若性急地直接说出结论，那就是唐宋明清是文化国吧。但我认为不妨断言中华民国是没有文化的。（中略）乾隆恐怕是支那文化凋落之际的芬芳，其后称得上"文化"者则影迹全无。（中略）支那是一个不适合作文化之温床的国度，这是很明确的。虚无的哲学代表了支那的知性，其艺术是官能化的，是过于官能化的。虚无的知性将官能的愉悦作为唯一的生存方式是自然之势。（中略）支那文化在其本国已然枯死，却将在我国开花。（中略）北京绝非极乐净土。在极乐净土，所有官能的愉悦都是被精神化了的。（中略）北京恐怕是站在净土对立面的，所有精神化的东西都被末梢神经化了。这些快乐追求更为刺激之物，遂成为导致嫌恶或自暴自弃的破灭之因。[1]

　　佐藤的价值倾向并不是孤立唯一的，如第四章所述，小田岳夫和一户务也持近似立场，他们也认为以紫禁城为象征的华丽煌然的帝都皇城文化是无聊的、虚伪的、矫揉造作的，与自然对抗而又与民众脱节的；而天桥则身处化外之境的自足世界中，天然去雕饰，与自然谐调共生的。尽管对紫禁城的嘲讽与厌倦几成共识，然而卢沟桥的意义与北平下层世界天桥显然不可相提并论。前者始建于金大定二十八年（1188 年），而如前述引文所述，金朝在佐藤眼里不过是蛮族建立的王朝，蛮夷所修建的桥"美"从何来？在《卢沟桥》一文中，佐藤在引经据典考述了此桥之历史

----

[1]　佐藤春夫：『大陸と日本人』『支那雑記』より、東京：大道書店、1941 年、第 33—34、38 頁。

后，断言此处"即将成为世界新的名迹"[1]。毋庸赘言，所谓的"新"
显然是因点燃日本全面侵华战火的卢沟桥事变在此爆发之故。站
在桥头，佐藤兴起而歌，选译如下：

伫立卢沟桥畔而歌
——赠同行保田、竹内、神谷诸君

（前略）
纵使东方傲然升起的朝阳之光，
也无法将这久远的往昔照亮，
（古老的中国）一味沉醉在贪欲的梦乡。
石桥长长，栏杆俊朗，
栏杆石狮可否叩问衷肠，
我独自联翩浮想。

乌云低垂，夜半宛平，
无端枪声，织女梦醒。
彼岸喧嚣声欲沸，
且怒且悯，遥望绰绰人影，
手中柄，不轻横。

夏夜短暂，天色欲晓，
怯懦之鸡却已不会司晨。
彻夜无眠的思绪，

---

[1]　佐藤春夫：『蘆溝曉月－－乾隆御製』、『支那雜記』より、東京：大道書店、1941年、第234頁。

投向泛白的东方，

那是我的故乡，日本。

愿大东亚之黎明，

就在今日实现，

雄壮男儿猛然颔首，

共同奋起向前。

踏访古迹，追昔抚今，

浮想联翩，独自一人，

壮丽蓝图吾描画，

虽为梦幻，

往昔定难胜今。[1]

　　这是一首典型的"爱国诗"（又称"国民诗""时局诗"或"战争诗"等）。单就艺术性而言，这首和歌是无甚可取之处的凡庸之作，但作者意气风发的表述所流露出的政治指向性却异常明晰：一、日本是代表了东方之未来的"朝阳"，但却仍无法照彻沉睡的、怯懦的中国；二、战争是中方引起的"无端"挑衅，而日本军队则是克制的；三、"大东亚"已迎来黎明，前途壮丽，未来可期。

　　祖父江昭二指出，"以'七·七'事变为开端的中日战争的爆发，（中略）佐藤春夫的态度也发生了很大变化，他接连不断地发表同意侵略战争的诗歌。《献给牺牲军人的歌》便是佐藤的战争颂

---

[1] 佐藤春夫：『蘆溝橋畔に立ちて歌へる』（『文芸春秋』時局増刊 11 号、1938 年 8 月）、『定本佐藤春夫全集』（第 1 卷）、京都：臨川書店、1999 年、第 152—153 頁。感谢徐冰教授和尤海燕博士在诗歌翻译方面给予的指教。

扬诗的嚆矢"。[1]日本学者林浩平指出，早在1934年出版的诗集中，浪漫诗人佐藤便曾以题为《擎起满洲帝国皇帝旗——兰之花》的诗篇表达了对（因长期受汉民族统治而）忍辱负重的"逆境之子"——伪满洲国之独立与建国的欣喜，通过对以"兰花"为皇室象征的伪满洲国"儿皇帝"之赞赏，表达了对其"父皇"日本皇室的颂扬。"佐藤春夫俄然展现出'爱国诗人'的相貌应该始于此诗写作前后。"此外，林氏的论文还指出，1939年佐藤春夫出版的《战线诗集》实则是向其前辈、日俄战争时期任陆军军医的森鸥外（1862—1922）之战争诗歌《歌日记》致敬之作，但相较于森氏战争诗歌的"平淡"与"写实风"，佐藤则呈现出"陶醉"于战争的倾向。[2]从对"日满一体化"的讴歌，到陶醉于侵略战争，乃至产生了"连吾也成了诸神之一"的幻觉，若将此视作佐藤春夫"爱国诗"写作史上的两个点，那么，《伫立卢沟桥畔而歌》则位处其间：既有"大东亚"梦想的昂扬描绘，又有对战争的"合理化想象"。

竹内实在《现代中国论》中，就"战争责任"的问题论述说，"道德的根本在于个人，因此不能把个人应负的责任归诸国家权力，否则就是对人格的侮辱"。[3]读过《卢沟桥》的张承志有个判断，即此篇"显出佐藤春夫更多表达的不是随军而是作家的思路"。[4]唯其如此，如果说以上种种可以以日本全面右翼化之时势裹挟下的"不得已"、是战争与国家意识形态对文学的戕害作为辩词（事

---

［1］祖父江昭二著，杉村安几子译：《日中两国文学家的"交流"——佐藤春夫和郁达夫》，载《中国现代文学研究丛刊》2005年第1期，第141页。

［2］林浩平：『佐藤春夫・「神々のひとり」という昂揚——「愛国詩」とはなにか』、『三田文学』87卷92号（2008年）、第292、296—297頁。

［3］竹内实：『現代中国論』、東京：河出書房、1951年、第31頁。

［4］张承志：《敬重与惜别——致日本》，北京：中国友谊出版公司，2009年，第216页。

实上，佐藤始终是日本对华文化侵略的"马前卒"），那么这篇散文中描述的以下情景凸显出的则是无可推托、任何"主义"和外部因素都无法掩盖的、作为作家个体的"恶"与虚伪。在《卢沟桥》的结尾处，是一行人在一家土产店流连后的归途中，听说店主女儿曾在东京留学三年而作的闲谈：

> "真想和这样的中国新女性，大谈一番时事啊。"
> "谈着时事，日支提携最终还要结出亲善之果吗？"
> "不，想让村姑讲讲龙王庙、长辛店之类读报记住的地名、地图上所没有的村巷细处，再说些百姓议论的感想。"
> "很遗憾，她今天去北京了，不在家！"
> ——车上回响着欢声笑语，驶向都门。[1]

曾留学东京数年的"中国新女性"仍是"村姑"的表述，自然可视为前述佐藤春夫关于"都市日本／乡下中国"二元模式的一个注脚。《卢沟桥》让张承志读过后感觉"如揉进眼中的沙子"，而上述引文则让他感到愤懑与痛苦：

> 已成故人的作家若是活着，不会轻易接受我说：自视文雅的他，出言冒犯了中国。读到卢沟桥边佐藤春夫写的与女留学生日支亲善云云的句子，我心里感到的，比读石原（石原慎太郎——笔者注）的流氓腔更加痛苦。真是这样，我们连喜爱都常常出错。
> 这一篇像一头冰水，浇得我身心寒冷。真是如此，即便

---

[1]　佐藤春夫：『蘆溝橋』、『支那雑記』より、東京：大道書店、1941 年、第 232 頁。此段译文在张承志的基础上有少许改动。

是我们敬重的作家，即便是胸怀正义的日本人，言及中国常出口放肆。[1]

张承志对自己"触及日本文学时的失语"是自觉的。谨慎起见，他声称："我的议论唯限于这部集子（《支那杂记》——笔者注）——不涉及集中未收的'军事题材'，如我没读过的《战场十日记》《闸北三义里战迹》，也略过毛病更大甚至招致了郁达夫怒斥的小说《风云》。"[2]张承志对佐藤春夫的敬重源于后者对鲁迅的译介与评价，这本无可厚非；但由此便认为他是"胸怀正义的日本人"则恐怕是因选择性阅读造成的遮蔽与误判。尽管如此，张氏仍一针见血地指出，这位著名作家的"流氓腔"（张承志评论石原慎太郎的用语，事实上以此语谈"胸怀正义"的佐藤春夫正实至名归）伤害了文学的尊严："与故人争论的冲动，有时会从我心中慢慢涌起。他会同意一种——染上了民族意气的评论么？他会以修养为遮挡，嘲笑评论者的敏感么？"[3]文坛名流将私下低俗轻浮的猥谈堂而皇之地形诸"流氓腔"文字并刊行于世，且对在公共领域可能出现的反应不以为意，这是嚣张到近乎挑衅的行为。具有讽刺意味的是，这或许也是佐藤自认为自己区别于日本一般知识分子的超凡之处。在"卢沟桥猥谈"的两天前，佐藤甚至还在给《文艺春秋》的寄稿中表达了对日本人道主义知识分子的不满："对现代的知识分子，我们大有不满之处很多。他们的所谓人道主义就是像尊重自家的生命和生活感情一样，去对待别人之家云云的常识，而在此之上却没让人看到什么超越

---

[1] 张承志：《敬重与惜别——致日本》，北京：中国友谊出版公司，2009年，第216、218页。

[2] 同[1]，第215页。

[3] 同[1]，第218页。

之处。”[1] 正如前引吉田精一的评价，佐藤践踏了常识。

　　猥谈中有两个问题值得注意：首先，无论其对外宣传如何冠冕堂皇，但日本作家在兵祸之地，对中国女性的猥谈直接暴露出在佐藤那里“日支亲善”的虚伪、欺骗性本质；其次，“生殖”与“亚洲共同体”的关联，从《卢沟桥》到《亚细亚之子》[2]乃至其北平题材小说《北京》（原题《老朋友》，阐释详后）是一以贯之的，在佐藤那里，作为“国家”的象征物，中日男女之间的婚姻、生殖行为而产生文化“混血”满足了他对“亚洲共同体”的想象，从中日男女的“融合”，到“日支文化融合”，最终指向所谓“大东亚共荣”，这是不难理解的内在逻辑。

　　对中国女性的描写、评论不止于此。在诗作《从陋巷看北京》中，佐藤谈到一位“可怜的乳房，就似不堪发掘的古坟”的清瘦幼娼“燕京女孩刘清云”：

　　　　闻观其夜宵者言，
　　　　形状乃不及狗食，
　　　　嬉闹间与其弟争抢，
　　　　狼吞虎咽着近乎黑砂糖的食物。
　　　　朋友啊，你的心泪谁人知？
　　　　这可怜的幼娼，
　　　　已成万种病菌的携带者。
　　　　惟盼其肺脏肌肤，

[1]　佐藤春夫：『北京雑報』，『文芸春秋』（6 卷 10 号、時局増刊 9・現地報告、1938 年 6 月 10 日）、第 92 頁。
[2]　关于这一问题可参见董炳月的《“国民作家”的立场：中日现代文学关系研究》中对《亚细亚之子》的讨论。

　　　　莫化成被侵蚀的太湖石。

　　　　可爱的单酒窝，

　　　　欲见她勿去昏暗的卧榻，

　　　　毋宁他日招待她于明亮的餐桌上。[1]

　　不难发现，佐藤北平观察的视角切换到社会底层空间，试图通过陋巷幼娼透视到中国社会的真实。必须承认，佐藤的陋巷视角抑或小田岳夫、一户务们的天桥视角，都是了解其时中国社会重要而有效的窗口。北京（北平）八大胡同等花柳巷曾是日本文化人热衷谈论，或甚愿切身体验的狭邪之地，而近代以降日本文化人到中国青楼寻花问柳的欲望，大致无外以下三种因素的纠葛：一、对异域女性的猎奇与性欲念；二、追寻中国古时"文人趣味"的意图（此一点常被忽视）；三、"东方主义"意义上的强势国度男性对弱势国度女性的征服欲。根据时代、作家的差异，过度强调某一种因素有时就会导致遮蔽。在"或许顶多就算支那趣味爱好者之流"且"以支那爱好之最后一人自任"[2]的佐藤那里，对花柳巷的热情恐怕是"三位一体"的。被描述的对象刘清云生活在卫生状况极差的陋巷，其肮脏、困窘且不健康的"非人化"生存状态与狗无异。尽管有着"朋友啊，你的心泪谁人知"的郁结表述，但从结尾处邀其"赐食"的"善举"中我们可以看到一种居高临下、趾高气扬的姿态，却看不出对中国下层世界由衷的同情与切实的救济。就是这样一位老作家，甚至将卢沟桥事变美化为"为了建

---

[1]　佐藤春夫：『陋巷に北京を見る』、『定本佐藤春夫全集』（第1巻）、京都：臨川書店、1999年、第154頁。

[2]　佐藤春夫：「からもの因縁――（支那雑記の序として）」、『支那雑記』より、東京：大道書店、1941年、第1、13頁。

设而做的必要准备",当然,他也意识到"在这之后若没有建设,那么日本终将背负东洋之破坏者的恶名"。[1]所谓的"亲善"、所谓的"建设"落实到实践层面却更多地表现为一种"人"之于"类兽非人"的空洞伪善与旁观的姿态。

四、对话张承志:为何要清算佐藤春夫

据王向远的考察,日本国会早在 1923 年便通过了"对支那文化事业"的相关法律,而至 1936 年 5 月,日本酝酿大举犯华之前,外务省突然发布了"对华文化事业"的新计划。当时的外相有田八郎(1884—1965)自其任亚洲局局长时便曾建议:"中日之间不必专事研究陈腐学问,或做考古学的研究,应先实行为中日两国国民亲善之工作。"[2]在《唐物因缘》中,佐藤春夫对前辈汉学家的学术做出了这样的评价:"那些先生们的研究过于高远,与当时已失去对支那之兴趣的青少年来说是很隔膜的。可以说,支那文学与支那文学专家们都被束之高阁",在中国研究方面,"我是在无意识地、或半意识地做一种启蒙工作"。[3]再考虑到佐藤春夫在其诗歌与小说创作中始终鼓吹的"中日亲善""日支文化融合"和"大东亚共荣"话语,不难发现,这些都与日本政府对华文化、外交政策的调整之间存在着耐人寻味的微妙"暗合"。正如前述西垣勤所指出的那样,不妨直言,战争时期,佐藤春夫的"志向

---

[1]　佐藤春夫:『北京雑報』、『文芸春秋』(6 巻 14 号、時局増刊 9 · 現地報告、1938 年 6 月 10 日)、第 91 頁。

[2]　王向远:《日本对中国的文化侵略——学者、文化人的侵华战争》,北京:昆仑出版社,2005 年,第 212、213 页。

[3]　佐藤春夫:『からもの因縁--(支那雑記の序として)』、『支那雑記』より、東京:大道書店、1941 年、第 6、14 頁。

与日本的'大东亚共荣圈'这一法西斯主义的方向也是一致的，可以说，他是全面协力战争的作家之一"。

　　然而战后，相对于不少事实上负有战争责任的文化人三缄其口的低调（是否曾有反省或自我批判暂且不论）相比，佐藤春夫却显得异常高调。据大久保房男回忆，这位战争期间极为活跃的"国策作家"在日本战败之初居然宣称"日本赢得了战争"，针对舟桥圣一对其参与"南方从军"等战时丑行与战争责任的诘难，也只是以"我只是说了我该说的话"[1]搪塞而过，若无其事。按武继平的说法，甚至"直至1964年5月6日病逝为止，都一直没有对自己曾经支持'圣战'的行为做过任何清算"。[2]而面对这样一位对自己的罪责"若无其事"的老作家，他的中国同行张承志选择了宽容：

　　　　对佐藤春夫的开卷，就这么浅尝辄止吧。文学的阅读就是这样，一旦陷入了喜爱，便再不愿容忍一星污点。

　　　　沉吟于他古风的日文，我确认了书生的文雅。他对中国古典的深爱感知，应该得到欣赏。他如未曾在暮年获得反思，一定是因为在他的国度，百年强盛传染的傲慢，尚未变成历史长河中汲取的羞愧。我不喜欢洇染了日本文学的，对中国的轻慢、冒犯、侮辱。但我也不愿纠缠不休，向喧嚣于旧时代的每句轻薄，都去兴师清算。

　　　　（中略）我视佐藤春夫对石原慎太郎的怒斥，为他对自己在旧时代败笔的反省。因为挺身时代的大义，永远高于文人的

[1] 大久保房男:『戦争責任の追及と佐藤春夫』，『三田文学』82巻74号（2003年）、第223、229頁。
[2] 武继平:《佐藤春夫的中国观论考》，载《浙江学刊》2007年第5期，第92页。

忏悔。合上他的书页，我记住的是他对恶质文字的挞伐，而不是他在卢沟桥边的失言。[1]

我固然理解张承志所谓"挺身时代的大义，永远高于文人的忏悔"的表述中的宽容姿态与善意，也对佐藤春夫对石原慎太郎的怒斥表示赞赏，但同时却并不认为战后佐藤的"义举"（事实上，佐藤对青年石原的批评，与其后来对中国的极端右翼倾向是毫无瓜葛的[2]）与战时对中国的"冒犯"、对中国人的亵渎之间存在高下之别，他们之间并非可以相互替代或相互抵消乃至抹杀的关系，也无需张氏站在"国家"的层面为其洗脱、辩护。

事实上，战后初期的1946年1月，在著名评论家荒正人与小田切秀雄等共同创办的文学杂志《文学时标》中，有四十多位日本作家作为"战争协力者"被指名批评、声讨罪状；同年6月，小田切秀雄又在《新日本文学》上刊文，列出了二十五位文学界的"战争责任者"。而在这两份名单中，佐藤春夫都名列其中。[3]尽管由于种种国际政治因素，对这些作家战争责任的追究最终都不了了之，但这并不意味着事情未曾发生、作品未曾写作发表，也并不意味着历史容许遮蔽乃至遗忘。张承志若去读读《亚细亚之子》《北京》《东天红》及《战线诗集》等佐藤春夫创作于战争时期的小说、诗作而非选择性地阅读或有意回避，想必也会从中发现这位"国策作家"并非他想象的那般"胸怀正义"，或许也会赞同对其战争时期的涉华活动与创作做出清理、再评价乃至在

[1] 张承志：《敬重与惜别——致日本》，北京：中国友谊出版公司，2009年，第220页。

[2] 佐藤春夫对石原慎太郎芥川奖作品《太阳的季节》之评价，参见张承志：《选择什么文学即选择什么前途》，载《读书》2009年第1期。

[3] 参见王向远：《"笔部队"和侵华战争：对日本侵华文学的研究与批判》，北京：昆仑出版社，2005年，第279、282页。

道义上追究其战争责任的要求。战后日本（文化）人战争责任的
"虚无化"认知，甚至学术界、思想界、教育界的右翼分子全面
否认战争的态势，因由众多，但不得不指出，其中一个极为重要
的因素是作为受害方中国思想界、学术界的宽容、"健忘"乃至
"超越历史"的"为尊者讳"，张承志的充耳不闻即为典型一例。
在我看来，"若被日本文化外交政策洗脑而因此从'中国芯'中
自动删除历史记忆、遗忘日本的'丑恶'，便会导致他者认识乃
至自我认识的危机"。"在当代中国学界，光鲜亮丽、'超越历史'
的'文化日本'为人津津乐道，研究论著已有'过度生产'之
嫌"[1]的今天，中国的涉日研究似乎应该保持这样一种学术伦理自
觉：战争责任的追究是"无时效性"的，且对于"责任"的追究
不应以某一方的解释为基准，而应遵循国际上的一般认识与界定。
借用原德国总统理查德·冯·魏茨泽克（Richard von Weizsäcker,
1920—2015）的话便是"看不到过去的人也就看不到现在"；换
一种更为直白的说法便是：你伤害了我，但不能一笑而过。

---

[1] 王升远:《今天，我们需要怎样的"日本论"？》，载《中国图书评论》2013 年第 7 期，
第 39—40 页。

第八章

身份认同与战时文化、政情隐喻

——佐藤春夫"时局小说"《北京》论

一、"时局"诱惑、挟持下的文学

作为北平之行的副产品[1]，佐藤春夫创作了具有强烈政治意味、寄寓了其"大亚洲想象"的"时局小说"《北京》。遗憾又颇值得玩味的是，管见所及，在日本文学史、佐藤春夫的研究史及其各种全集、年谱中，该作几乎都是被原作者和评论界有意遗忘的弃作，尚未见中日学者有专文论及。

《北京》原题《老朋友》(发表时间、初出处不详[2])，收入

---

[1] 小说中从北平景致、风物到主要人物在平活动路线，都大致可与佐藤的北平之行寻到对应关系：如山岸夫妇曾住北京饭店，冈田陪同山岸从广安门出发去卢沟桥的游览路线，再如蒲氏、冈田和山岸夫人相约某晚一同去看程砚秋的戏等。

[2] 据小说中涉及的团体、理论潮流可大致推断小说写作的时间：一、据华北伪政权、伪新民会、南京陷落等历史事件推断，小说的写作、发表应是 1938 年底以后的事；二、"东亚协同体"论在思想界的兴衰大致时段为 1938 年 11 月至 1940 年 3 月；三、冈田任教于北京兴亚学院，该学院改为此名是在 1939 年，而 1941 年则改称北京经济专门学校。此外，文中交代主人公蒲氏属狗，42 岁，据此来推算，蒲氏应是 1898 年生人，而该作写作时间则应推定为 1939 至 1940 年前后。

1941 年 8 月出版的 "外地文学[1]集"《风云》中，由宝文馆出版。
该小说集由创作时间前后跨越二十余年的六篇中国题材中短篇小
说《风云》(即臭名昭著的《亚细亚之子》改题之作)、《人间事》、
《上海》、《北京》、《旅人》和《雾社》构成，在自序中，佐藤对
自家创作信心满满，认为他们虽未必完备，但甚得要领。关于自
己创作的 "外地文学" 创作，作者宣称：

> （我的 "外地文学" 创作——笔者注）始于单纯的旅情与
> 异国趣味的追求，在扩大了日本文学的地理学领域之同时，意
> 在改变始终纠缠于日常生活的、邋遢肮脏的一般小说之方向。
> 其后，开始对各地的文化与政情产生兴趣，作品因此呈现出现
> 地报告的色彩；而后，我的兴趣正转变到将该地的地方色彩或
> 虚或实地以小说的方式做具体化幻想，或倾向于文明批评。因
> 为除非住在外地，否则追求现地文学风格是不可能的。[2]

从佐藤春夫个人创作演进史及作品内容构成而言，《北京》
属于 "将该地的地方色彩或虚或实地以小说的方式做具体化幻想"
一类，且正如其自白的那般，在包括《北京》在内的诸多中国题
材小说中，佐藤密切关注的始终是中国的 "文化" 与 "政情"，
这也是本章论述的重要维度。

小说开头作者明言，该作乃 "战时体制版"，即 "沿着国策
之线" 创作出的作品。在出版社纷纷以 "战时体制版" 为噱头

---

[1] 在理解 "外地文学" 这一特定历史文化语境下的文学范畴时，应注意其中内隐的帝国日
　　　本与殖民地之间 "中心／支配—边缘／被支配" 的二元对立意识形态。

[2] 佐藤春夫：『短篇集風雲自序』，『風雲』より，東京：寶文館，1941 年，頁数なし。

博取眼球、赢得商业利益之时，"若不能以战时体制版"对"支那事变"加以阐释的话便"没有面子"（《风》：1）。作者自称这是一篇"命题作文"，被要求写的是"取材于支那"、话题"明朗"的"现代小说"（《风》：204、211）。佐藤将作品的写作契机指向出版社的策划大致是符合实情的。这里有必要简单介绍一下当时的日本言论、出版统制状况。1937 年末至 1938 年，日本政府对劳工运动和持左翼立场的学者施行治安维持法，1938 年 4 月，《国家总动员法》颁布[1]。1937 年 12 月，以中央公论社特派员身份来华并创作了《活着的士兵》的石川达三（1905—1985）因在作品中如实描写了日本军队在华的杀戮、掠夺、放火和强奸等战争罪行而招致"笔祸"，1938 年被以违反出版法为由起诉，作品的发行者中央公论社与作者被判有罪，后者被判拘留四个月，缓期三年执行；同年，石川淳（1899—1987）揶揄军国主义的短篇小说《马尔斯之歌》被查禁。与此相对，在佐藤春夫来到北平三个月之后的 1938 年 8 月，芥川奖得主、从军作家火野苇平（1907—1960）在《改造》上发表的《麦与士兵——徐州会战军记》却因歌颂美化侵华日军、污蔑丑化中国军民、煽动战争狂热而引起极大的轰动。一方面，火野因此成为日本的"国民英雄"，自此军部越发重视从军作家创作的战争文学；[2]另一方面，该作单行本多次再版，销量达 120 万册，使濒临破产的

---

[1] 该法第 20 条、第 39 条、第 40 条和第 41 条有关于国家对新闻出版的限制、要求以及对相关违反该法的新闻出版机构包括刑期、罚款等在内的具体惩罚措施条目。

[2] 北平之行后的 1938 年 9 月，佐藤春夫也与吉川英治、小岛政二郎、吉屋信子等二十余位作家一道被选为攻陷汉口作战的从军作家，以朝日新闻社派遣的形式来到华，10 月归国。以前线体验为题材，佐藤写了二十余首诗歌，并将其汇为一册，于 1939 年 2 月出版了诗集《战线诗集》。

改造社因此获得转机。以这几起标志性事件为重要分水岭，出版社以商业主义为基础的多样性被无情绞杀，自此，媒体、出版业与"国策文学"、战争文学相互走近、结成了利益攸关、共谋—共犯的命运共同体。日本全面侵华时期，几乎不容许政治与文学保持距离（永井荷风与谷崎润一郎等唯美派作家作为极少数沉默者后来也遭封杀），文坛彻底服从"战时体制"，服从对外侵略的"国策"，从日本内部对侵华战争的批判、对法西斯国策不妥协的创作道路变得不可能，反战和反法西斯言论遭到完全的封禁。

作为国策文学的《北京》是一部不折不扣的"时局小说"，这里的"时局"在昭和初年的军国化历史文脉下有其特定的意涵。林浩平援引德国政治思想家卡尔·施密特（Carl Schmitt，1888—1985）的"机缘主义"（强调浪漫对象的偶然性与随意性）中的 Occasio 概念，认为"时局小说"中的"时局"正是 Occasio 的同义词，是极具浪漫主义色彩的概念，"虽说是'时势'，但并非单指一般的时代状况"，当时的"机会"是日本所谓"八纮一宇"的对外侵略理念和以天皇为中心的日本成为亚洲盟主、拥有建设所谓"王道乐土"之特权的时势。[1]（《亚细亚之子》篇首的《主题歌》就有露骨的"大东亚"政治意识形态色彩）1938 年 6 月，哲学家三木清（1897—1945）如此表述被"时局"裹胁的日本知识分子之思想困境及其现实出路："若是在劫难逃的命运，那么必须说，对于知识分子而言最恰当的方式是积极应对，能动地参与到现实问题的解决中来，听天由命可不是知性的表现。"[2] 从这个意义来理解"时局小说"，理解佐藤春夫等日

---

[1]　林浩平：『佐藤春夫・「神々のひとり」という昂揚――「愛国詩」とはなにか』、『三田文学』87 巻 92 号（2008 年）、第 299—300 頁。

[2]　三木清：『知識階級に与ふ』（『中央公論』1938 年 6 月）、『三木清全集』（第 15 巻）、東京：岩波書店、1967 年、第 241 頁。

本作家在战争时期乃至战后的种种投机趋时、为日本侵华呐喊张目的行径无疑是切中要害的。

与大部分国策文学一样，该作在艺术性上乏善可陈，涉及文学与政治关系时显示出极强的图示化倾向，结构松散，有为稿费凑字的饶舌之嫌，难称佳作。然而，这篇出自日本近代文学重镇之手的拙劣之作"拙"在何处、又因何见弃，日本作家身处"时局"之中如何处理作为个人声名和处境、作为知识分子的良知和立场及国家对外侵略战争等之间的关系，都是值得深入探究与辨析的命题。

二、"野禽"的身份困境与现实抉择

小说《北京》中，苦恼于"现代支那"已没有"明朗的话题"（《风》：205），"我"去拜访了事变爆发时滞留北平的"支那通"冈田。此人乃主人公蒲氏儿时朋友、文学士，1936 年暮秋带伯父的介绍信来到北平蒲家，在平留学。在北平住了两年半，其间自由出入蒲家；现任教于北京兴亚学院[1]，子承父志，从事中国文学研究，迷恋中国戏曲，与蒲氏是知友。冈田通过向"我"介绍一位与蒲氏有些因缘的"支那剧通"日本美女的身世这一主题并不"明朗"的故事，试图让"我""从中窥见几分现代支那的真相"，并将其"明朗化"，写成小说。（《风》：212）"我"声称，

---

[1] 北京兴亚学院的前身是 1906 年在京日本人成立的汉语教育私塾支那语研究会，几经改组、改称后，1926 年起设立日语科，成为面向日本人讲授汉语、面向中国人讲授日语的语言学校。该校 1939 年改称兴亚学院，学科设置类似于三年制高等商业学校；1941 年依照《专门学校令》获得官方认可，改称北京经济专门学校；1945 年日本战败后事实上解散。

为避免引起麻烦,该作中所有的人物虽都有原型,[1]但文中均用化名。(《风》:205—206)

《北京》主体部分的叙事是借助冈田向"我"口述的形式展开叙事的。故事前半部分梗概如下:冈田氏一族与北京的"亲日派"蒲氏一族两代交好,冈田熟稔蒲家四代的亲缘结构及其各自思想、性格特点。主人公蒲氏曾留学日本,彼邦授业恩师对其才华青睐有加并在弥留之际将女儿的终身托付于他。然而,在日本"闯入"中国的"力的冲突"之下,蒲氏却单方面悔消了婚约。卢沟桥事变之际,回到北平行医的蒲氏一方面对蒋介石的信赖不减;一方面认为日军具备科学精神,在北平将是建设性的存在,会为古都带来美好未来。事实上,故事叙述至此,作者已在较短篇幅内将拙劣的政治意图表露无遗。但为了制造"明朗化"的结局(分析详后),故事后半部与前半部在叙事结构上出现了明显的断裂,开篇铺陈的"支那剧通"美女——山岸夫人的最终登场,使故事呈现出奇谈色彩。此女的丈夫在天津某半官半民的机构担任要职,她本人则在蒲氏与日本人之间做古董买卖,赚取佣金;受事变影响打算离平回国,在此之前颇想托蒲氏为向导,游览天坛与卢沟桥,蒲氏则转托冈田代劳。从蒲氏夫人的狐疑、追问和自身的观察中,冈田认为在这扑朔迷离的关系中,大致的真相是:山岸夫人便是蒲氏恩师之女。蒲氏也承认:"虽未猜中,却也差不离了。"(《风》:

---

[1] 冈田是"认为现代支那——至少是北京——除了戏剧之外全无可观者,为支那戏剧所吸引、三年的留学生活基本都是在小戏院度过"的"中国戏通"。1938 年 6 月 4 日,佐藤春夫曾有与在平著名"支那通"村上知行(1899—1976)去看戏的经历,而此时,对于中国戏曲有着浓厚兴趣的村上知行来平也只有三四年的光景。因此,据此可以大致推断出冈田的原型为村上知行。

244）原未结合的中日男女时隔数年又得以重逢，且以某种隐秘的形式亲密交往。

考察佐藤春夫战时涉华创作时须注意，与思想本质的一般性、虚空化相比，佐藤春夫通过异国婚姻、生殖、混血建构"亚细亚"的方式具有特殊性。[1]在论及佐藤春夫创作的《女诫扇绮谭》和《雾社》两部台湾题材小说时，董炳月指出：

> 处理殖民地题材的《女诫扇绮谭》中包含着一个超国家的"性别层面"，即用男性隐喻出来的"暴力"层面。（中略）如果在人物关系的层面上将性别与国民身份结合起来看，"女性故事"与"殖民地故事"构成了共谋而又颠覆的关系。（中略）在这部作品中，性别关系不仅成为殖民地宗主国与殖民地之间统治秩序的隐喻，女性表象自身也与佐藤春夫对"荒废之美"（这个词出现在《女诫扇绮谭》的开头）的追求具有相通性。（中略）在与《女诫扇绮谭》创作于同一时期的《雾社》中，男女关系对于殖民统治秩序的隐喻更为显著，这就是日本人与"藩妇"母女之间构成的加害与被害关系。[2]

但应强调的是，日本对包括华北沦陷区和伪满洲国在内的中国大陆的殖民征服，显然不同于台湾与日本之间"殖民地—宗主

---

[1] 董炳月：《"国民作家"的立场：中日现代文学关系研究》，北京：生活·读书·新知三联书店，2006年，第153页。本文后引《亚细亚之子》的汉译参见董先生《"国民作家"的立场：中日现代文学关系研究》附录一，为防止引起误解，涉及该作品的引文简写作《亚》，随文标注页码，不另注。

[2] 董炳月：《殖民地的性别——佐藤春夫台湾题材作品中的隐喻》，载姜振昌、刘怀荣主编：《东亚文学与文化研究》（第1辑），北京：中国社会科学出版社，2010年，第83、84页。

国"的直接支配、统治关系，三者之间存在共时维度上的殖民体制差异。在日本侵华、中日武力对抗的语境下，在发表于1938年、与《北京》一同收入小说集《风云》的《亚细亚之子》中佐藤春夫将跨国婚姻视作消弭国境界限，通过生殖实现文化混血并最终达致"东亚协同"的有效方式。小说中，汪某（影射郭沫若）向郑某（影射郁达夫）介绍两个孩子时称，"教育的结果是使他们成为忠诚的日本国民"（《亚》：254）。汪某归国抗战后，"妈妈对两个大儿子讲述父母过去（中略）作为父母，促使他们担负起对相邻但宿命般关系恶劣的日支两国人的使命。你们，不应自认为支那人，因为你们仅仅是父亲的儿子；而且，你们不应自认为日本人，因为你们仅仅是母亲的儿子。你们是亚细亚之子。是的，在日本出生、在日本成长、接受日本的学校教育的亚细亚之子（后略）"。（《亚》：262—263）

小说中，佐藤直言："蒲氏一族象征了近代支那。"（《风》：218）如果说《亚细亚之子》中通过个人的婚姻、生殖象征了国族意义上中日联合、东亚协同，那么，在《北京》中值得注意的是，尽管小说有着鲜明的以家族隐喻国家之创作意图，但时隔两年后佐藤春夫对个人、家族意义上的"生理混血"到超国家主义意义上的"文化混血"思维做出了相应调整。"华男—日女"的跨国婚姻和杂交、混血生殖路线被放弃。尽管主人公蒲氏在日本的学校接受教育（可算得是半个"亚细亚之子"），有着作为"日本科学之一员"的自觉，但其非但无法归化为"家禽式"的日本人，反而始终保持着作为中华民国国民的自觉。"即便是野禽经历三代也变成家禽了"（《风》：214），而蒲氏之实例让冈田哀叹"东

亚协同体[1]的前途着实辽远"(《风》: 214)恐怕也是源于作者对此前虚妄构想之现实"不可能性"的自觉。据冈田介绍:

　　一次,友人蒲氏深有感触地说:"我若下定决心成为日本人,那就不是在今日这般情势之下了,很早以前就有这样的时机。在我二十二三岁、在东京过着留学生活、住在与日俄战争大胜之后睥睨世界的日本时,在大学里有一位对我甚为欣赏、关照的恩师。他临终时我侍于床前,为其送终。那时,恩师嘱托我娶其女儿。他送我这个外国人如此殷殷之语,便如遗言一般,我很感激。我答应了他并请他勿忧后事。然而,老师去世后冷静想来,无论是我变成日本人,还是他家的小姐变成支那人,都是极为困难的。牵强为之,必成将来之祸。(《风》: 215—216)

[1]　"东亚协同体论",是在上世纪30年代末日本出现的一种主张在东亚地区建立超越民族国家之共同体的政治理论与思想,由当时日本首相近卫文麿的智囊团"昭和研究会"为中心炮制出炉,主要理论家包括三木清、蜡山政道、尾崎秀实、新明正道、加田哲二、杉原正己等,在30年代末、40年代初,"东亚协同体论"曾引起日本知识界、思想界的广泛关注和讨论。与此相呼应的是,1940年5月,伪新民会副会长缪斌等在北平创办中文月刊《东亚联盟》,倡导所谓东亚联盟理论的讨论,其中,推进"文化沟通"也是其主要纲领之一。1941年在汪精卫的指导下,"东亚联盟中国同志会"成立,汪氏将东亚联盟运动推向全国。针对这场运动,"支那派遣军"在《大持久战第一期现地政略指导方策——第三思想指导》中,有所谓"此次事变的指导精神是将现地中国方面的思想统一到东亚联盟思想,击破敌方的抗战思想,驱逐共产思想。东亚联盟思想遵循日满华共同宣言之旨趣,将再建道义东亚作为共同的理想,以东亚诸国的善邻结合作为其思想内容"云云的表述。(参见防衞庁防衛研修所戦史室著:『北支の治安戦(2)』,東京:朝雲新聞社,1971年,第414—415頁)佐藤文学中的超国家话语与此一时期的中日两国的"东亚联盟"话语之间存在的关联是值得注意的。事实上,在《亚细亚之子》开头就有一首题为《主题歌》的诗曰:"你看! 东天燃起红霞 / 风雷激荡亚细亚 / 云在奔腾,千片,万片 / 希望,悬挂于光之征矢 / 月残星影疏 / 寄生于黑暗之中之百鬼 / 渐渐淡去了身影 / 亚细亚的长夜,迎来黎明 / 远方传来,八纮一宇的脚步声 / 国在黎明处 / 亚细亚的理想终将实现 / 无知的西人尚在梦中 / 百鸟歌天地 / 人人皆弟兄 / 王道乐土在 / 东海红日升。"(译文参见董炳月《亚细亚之子》的译文)

其后，蒲氏与师母坦陈心迹，悔消其与恩师的君子约定："因为我没有与老师约定的那般给他女儿幸福的信心。这不仅是我个人感情的事，问题是出在国与国的关系上，凭我的一己之力无济于事。"（《风》：216）同时，为此而痛苦的他强调，"比起一时的忘恩负义，永久的不幸才会让双方为难，良心也会因此蒙羞"。（《风》：215）质言之，在"受教之国"入侵"生身母国"并作跨国占领、统治的背景下，国家冲突使身处夹缝之间的个人跨国婚姻进退维谷，因为蒲氏与恩师女儿之间无法建立起具有一致性的国家认同。在蒲氏看来，中日国与国之间的敌对关系压倒了个人之间的恩义、情感，左右了个人的抉择，中日婚姻的现实前景是悲观的。身份认同的两难困境使跨国婚姻本身及其本可承载的意识形态功能难以实现。

然而，如前所述，故事以奇谈式的结尾将这个跨国婚姻悲剧予以较为牵强的、突兀的"明朗化"处理：在日本接受教育的蒲氏与"支那剧通"、疑似境遇变化后的恩师之女（述者用的是推量型，表达了不确定性）藕断丝连，隐秘交往，暗示了战争无法阻断的、两位"亚细亚之子"宿命式的命运交汇。事实上，才子佳人式的，超国家、超政治的儿女情长非但未能稀释反而强化了作品的政治意识形态色彩。

在婚恋之外，《北京》中蒲氏与《亚细亚之子》中汪某的日本认识、战争认识与现实抉择则呈现出同异并存的样态。在后者中，汪某对动员其归国的郑某抱怨自己"在家里也还是他国人"（《亚》：253）；临回国前，汪某叫来自己的两个孩子，表白其回国效力的初衷时称：

这次的事件发生以来我意识到自己依然是中国人。受日本人旺盛的爱国心的感化，我这里也起了中国人的爱国心。（中略）我已经成了半个日本人，和你们一起，在这里这样住着，能够安全地度过一生吧。无论到怎样的地步，如果仅仅是在自己国家安静居住的外国人，即使是敌国之民也会保护的。日本人是这样的民族。（中略）不过，作为我，必须知道沉溺于这种和平的家庭生活、坐视故国的安危于不顾不是男人应当做的。（中略）就像你们有爱国心一样，支那人也有与支那人相应的爱国心。（《亚》: 258）

回国参加抗战的汪某不久便发现自己被蒋介石所欺骗、利用，"他利用汪的笔力，让他履行那种必须中伤、诽谤他所爱的妻子的国家的公务"。（《亚》: 264）其后，

> 汪渐渐地开始领会当初根本不相信的皇军开发北支的真意。这是基于他通过爱妻对日本人普遍气质的理解。自从俄国的现状使他从长期怀有的俄国式共产主义之梦中醒来之后，汪摆脱了通过意识形态拯救民众的幼稚的知识分子习性，[1] 明白了使民众幸福的并非意识形态，只有事实。（中略）因为意识到意识形态无可无不可，必须在现实中让民众安然的道理。所以现在能够下定投身于日本意识形态指导下的北支开发之决心。（中略）日本是一个只要说实话、只要有诚意，昨日之抗日急先锋转向今日之亲日派也给予承认的种族，汪对此深信不疑，所以有了在这里闯出一条血路的决心。

---

[1] 日本"宣抚班"成员岛崎曙海在《宣抚班战记》中称："一言以蔽之曰，我们的战斗，就是要把八路军灌输到土民头脑中的意识形态清除出去。"（见王向远：《日本侵华史研究》，银川：宁夏人民出版社，2007年，第122—123页）"防共"是宣抚工作的重要一环，而作为共产党理论指导的共产主义理论体系首当其冲地成为日本对华思想战的主要打击对象。

汪断然来到北支，投身到日本的军民中。（《亚》：265）

在写给日本妻儿的信中，汪某甚至表示"最近爸爸来到了支那当中的日本"。（第266页）具体到"日本意识形态指导下的北支开发"路径，在他看来，"北支一代，现在首先在通州附近建设医院吧。在领导当地的知识分子实行自治方面，他的名气和势力也是具有号召力的吧"。（《亚》：265）

而《北京》中，蒲氏在北平沦陷后尽管数次受邀出任伪政权的医院院长，但他毅然表示："作为中华民国的一个国民，相信另有为衷心热爱的日本、同时为中华民国效力的道路。"所谓"另有道路"究竟何所指？事实上，尽管未被伪政权直接收买，但蒲氏一直在北平行医，其服务对象多是日本人，他对在平日本人友好、热情，被后者视为"老朋友"（这也是该作原题《老朋友》之缘由）。两部小说殊途同归之处是，主人公蒲氏与汪某都选择了在战争中通过开医院、做医生的行为来冲破身份认同危机带来的困境。然而，这一职业设定却似乎从未被研究者关注并在关联阅读中追问过。首先，毋庸置疑，这一设定首先根源于佐藤春夫出身和歌山县医生世家这一基本背景，但不能至此便停止思考。在国际战争中，医生往往让人联想到超越民族对立与政治冲突，救死扶伤、抚平战争创伤的人道主义精神。然而，汪某"投身日本的军民中"，在通州建设医院都旨在服务于"日本意识形态指导下的北支开发"；将其设定为医生，事实上便是将积极服务于日本侵华战争的中国"战争协力者"之投敌附逆行径予以正当化、人道化、美化的粉饰。而汪某与日本女性婚姻、"日支文化融合"的产物——两个"亚细亚之子"则来到"皇军"开发的"皇道乐土"，开办日语学校、移植日本文化："日本文化也同样会进入这里的土地，风靡起来。不，现在已经那样。为了日本而高兴，或者为了中国而忧虑，都不恰当。因为这是暂时性的现象。在不久的将来，真正适宜于风土、共鸣于人类正义感的事物才能在这片土地上建立、发展起来。"（《亚》：272）"亚细亚之子"已超越了国境的界限，站在人类文明发展的高度思考问题。在这里，"教育"的公益意义被用以熨平战争导致的尖锐对立与对抗，面向本国读者，日本普通国民积极参与的日本对华文化殖民实践被以"文化传播"之名予以"去罪恶化"、正当化甚至高尚化叙述，其中隐现了作者对日本的对华文化侵略的赞同和美化，以及个人政治理念与日本国家对外侵略国策的高度统一。刀兵炮火之外、柔性意义上的文教卫生事业被赋予"日支亲善"的意识形态功能，以此消弭侵华战争的非正义性。这或许是夹在"生身母国"与"受教之国"之间的"爱国者"的唯一选项。然而，"爱民国"与"爱日本"之间内在的、无法化解的巨大矛盾却被"文学"地化解了。

相比《亚细亚之子》中父子两代对日本侵华的积极介入，较之于《北京》中在事变后关闭了原本开办的日语学校而积极入仕、服务于伪政权的二弟，蒲氏的选择要消极、低调得多。对此蒲氏评论：

当此时势，那学校一定会越办越红火，十年的辛劳正当要有回报时却白白糟蹋，简直是胡来。（中略）不管怎么说，完全放弃了会渐受重用的专家之立场，却为要成为XXX那家伙（新政府[1]当时最具实力、最有人望的要员）的秘书而满脸春风。（中略）自己欣然放弃自己辛苦建立起的所谓独特地位而去做跑龙套的小

---

[1] 这里的"新政府"是1937年底、1938年初成立的以王克敏为首的傀儡政权，即所谓"中华民国临时政府"。日本军曾明确提出："新政权不是华北地方政权，而应是取代南京政府的中央政府，其政令得在日军势力范围内所属全部地区普遍行施。"

官，真是太不可思议了。说到底，这家伙已经做好了成为父亲那种人的心理准备，真是个蠢货，想起这事儿就头疼。(《风》: 233)

据冈田观察，"从他 (蒲氏——笔者注) 日常的言行便会知道，他讨厌的是做官一事本身，而并不是出于对新政府的反感。不过，原本就不是特别赞成新政府和新民会也是事实"。(《风》: 234) 之所以不愿出仕，是由于蒲氏认为"现今，要做朝气蓬勃的日本方面官员、摆官架子才会内疚于心，才会觉得自己成了汉奸"。面对弟弟的入仕、妹妹外嫁美国人的状况，听着蒲氏抱怨的冈田感觉到"与他们轻快的转身相比，他 (蒲氏——笔者注) 为自己爱国热情之深而顾影自怜"。(《风》: 234) 冈田认为，这才是蒲氏"得意忘形吐露的本心"。(《风》: 230) 不难发现，蒲氏在中国和日本之间首鼠两端，政治上的"去身份化"、中立无为和行动上的"无害化"、有所作为相融合，构造了日本人眼中周作人式爱国志向的具体实施路径。外嫁于美国人的妹妹和服务于伪政权的弟弟则因做出了另一种选择，从而在蒲氏的对立面上呈现出"非爱国者"的面相。事实上，北平沦陷后，在日本文化人笔下，落水附逆的周作人便是这样一位"理智的爱国 (中国——笔者注) 者"形象 (详见第九章)，"与日本合作"等同于"爱民国"的潜台词不能不说是一种险恶的殖民逻辑。如果说，《亚细亚之子》中，"作者对小说主人公所作的'亚细亚回归'式的命运安排也就是展示给中国现代知识分子群体的一种'理想选择项'"，[1] 那么，《北京》则提供了另一种新的可能，这在现实意义上与佐藤春夫来平期间对周作人和钱稻孙的招安、劝降动机存在着互文的一面，并与日军在华北沦陷区的"宣抚工作"展现出默契、同向的一面。

───────────

[1] 武继平:《佐藤春夫的中国观论考》，载《浙江学刊》2007 年第 5 期，第 91 页。

三、蒲家"国际色"及其战时隐喻

在我看来，小说之所以选择蒲氏一族作为创作题材至少是出于以下两个原因：一是"三代亲日家"（《风》：214）的蒲家在战时语境下的话题性，二则在于"蒲氏一族象征了近代支那"（《风》：218）。这一判断是佐藤春夫将蒲氏家族的构成做图示化、国家化隐喻的产物。作者将蒲家作为观察中国的视窗，试图在此窥斑见豹，观察中国乃至中日关系的现状与未来。如，在谈到蒲氏对蒋介石认识的转变时，冈田说，"我认为这恐怕代表了现代支那知识分子的看法"（《风》：218）；在论及近代以降日美文明之高下时，冈田称只能希望蒲氏的看法"并不能代表支那知识阶级整体上对日本的意见"（《风》：220）。蒲家的代表性源于其家族成员文化修养与政治倾向的复杂性与多元化，具体而言，其基本构成要素大致包括：①原服务于清廷的中国旧派官人（蒲父）；②留日归国的民间"亲日家"或进军政界、服务于"新政府"者（蒲氏及其大弟）；③留学美国，与彼邦人通婚外嫁、似游离于政治、时局之外者（蒲氏妹妹）；④自美学成归国的蒋介石支持者（蒲氏二弟）。这一构造使以蒲氏一族的状况与命运隐喻中国国内新旧势力博弈以及在（留）日、（留）美政治／军事势力、文化熏陶之下现代中国的当下处境及未来命运成为可能。在小说中，作者似乎有意提醒读者关注这个家族里中、日、美政治与文化因素的互动与杂糅，蒲家的庭院设计也正隐喻了中国的政治、文化结构："在支那式住宅的基础上，适当地做些日本式、欧美式改造，一眼望去，鲜明地呈现出蒲家的家风。"（《风》：223）

尽管"与丈夫琴瑟相和"的蒲氏妹妹之婚嫁使家族的"亲日色彩稍显混沌"，但总的看来，冈田认为"这四个兄弟姐妹皆是

真实的兄弟、同胞，在支那是少有的部类。这是他们的父亲早年
在日生活，因日本风之感化而产生的结果"。(《风》:218) 小说中，
作者借冈田之口，对蒲氏和冈田氏家族的相关成员分别作出了如
下的介绍与评价：

蒲氏四代的生平概要及其涉日立场

人物	身份、性格及人生经历	涉日政治、文化立场	冈田的评价
曾祖	桐城派文人，曾国藩门人，因才干、人格受到信赖，为曾氏做秘书类工作，平定太平天国卓有功勋。	意识到中华的衰颓，并预见了日本的崛起，让孙辈三人中的二人赴日留学。	先觉者
祖父	不详	让其子赴日留学。	亲日家
父亲	年届七旬，明治时期留日、冈田伯父的朋友，法律学者、北京大学教授，后入仕、官职相当于检察长，有一妻三妾。	青年时代志愿成为驻日外交官，自称期望其子在日本接受教育才来日本的；日清战争后，在许多人对日情感变化的情况下，不仅与冈田伯父的友情未变，反而更加敬爱日本；和蒲氏一样，对在平日本人友善。	亲日家，青年时代谨慎正直，代表了青年中国，年老后沦为卑屈的事大主义官人，沉溺酒色、蓄妾，成为老大中国代表。
蒲氏本人	42岁，小时在冈田家短期住过，除中学阶段外在日本完成其他阶段的教育，毕业后成为日本的医学士，所有的常识与日本知识分子无异、有"作为日本科学之一员的自觉和自尊心"，而只有支那知性的轮廓，但仍无法成为"日本人"；与老父对抗，孝敬母亲，受蒲氏影响，其妻虽不懂日文，但了解日本风尚。	自称拒绝了日本邀请其成为官员和医院院长的邀请；行使家长代理之权力，管理美化的弟妹们；认为弟妹们赴美留学时期日本尚未有今日之文明程度，但认为其妹嫁给美国人是"不经思考"的结果并对其美国化倾向不满；与在北平的日本人交往甚密，常为其诊病，了解日本人的心情，受日本人尊敬，被他们视为"老朋友"；对新政府和新民会不反感也不赞成；蒋介石的绝对支持者，视之为近代中国乃至世界的大政治家；事变后不若之前欢快，沉默寡言，但对蒋介石的赞美与事变前无异，不为外界所动；认为来到北平的日本人再多，也不会干出英、德、法火烧圆明园那般的事情，倒है是北平的卫生设备会有所改良；喜欢日本军人，因为他们清洁且有科学精神；"作为中华民国的一个国民，相信另有途径为了衷心热爱的日本、同时为中华民国尽力。"	亲日家、日本的医学士；这一代仍无望成为"家禽式的日本人"，东亚协同体前途堪忧；到底还是中华民国的国民，"全盘相信当时南京大放特放的谣言广播，对日方真实的宣传心存怀疑"，"南京陷落后才得以正当地了解事态"。

续表

大弟	与冈田同岁，日本的商科大学毕业，性格与其兄迥异，日语极其流畅，但语言表达有女性气质，在北平开办日语学校，事变前常做日语广播工作；事变后关闭了日语学校，成为新政府最有权势的某要人之秘书。	事变后希望成为父亲一样的人。	
妹妹	直爽的、美国派头美女，嫁给身为南京大学教授的美国人。		与丈夫琴瑟相和，使其家族的亲日色彩稍显混沌。
二弟	或许是听从姐姐夫妇的感化和劝告曾赴美游学，并与在美中国留学生相识并携手归国的工艺技术家。	蒋介石的赞美者，为支持蒋离开北平去了长沙，至今杳无音信。	

　　对中日两家族几代人的论述倾向呈现出近代以降东亚夷夏格局之转换，即中国作为东亚政治、文化高地的核心地位不复存在，转而追随西学优等生日本缓慢进入近代化进程，而这与佐藤春夫战时有关"中华民国无文化"[1]的论调一脉相承，也是在19世纪末、20世纪初日本思想界的"支那国民性批判"话语之延续。

　　面对这场所谓"文明征服野蛮"的入侵，蒋介石政府最终选择了抵抗。在《亚细亚之子》中，汪某对蒋介石先是信任、支持，在"了解真相"后走向对蒋的质疑乃至背叛，反而对作为闯入者的日本之侵略行为心悦诚服，甘效犬马之劳。而《北京》中，蒲

---

[1]　佐藤春夫：『大陸と日本人』，『支那雑記』より、東京：大道書店、1941年、第33—34、38頁。

氏选择的则是另一条看似温和、中立的道路。冈田称，"说到蒋
介石，我的朋友也是个蒋介石的支持者，他经常说，蒋是在近代
支那已毋庸赘言、即便在世界上也算是大政治家。尽管国民党里
有很多让人憎恶的家伙，但绝对支持蒋介石"。(《风》: 218)卢
沟桥事变爆发后，蒲氏的姿态是沉默寡言、"不为外界所动"：一
方面，在全国严厉批判、抓捕汉奸之时仍与日本人热情交往、不
曾怠慢亦毫不避讳；另一方面，对事变本身不予置评，对蒋介石
的赞美却与事变前无异。

> 就像即便是平素自负有着日本科学界一员之自尊心的他，
> 一旦要与日本的女性、恩师的女儿结婚，便会踟蹰不前，让人
> 联想到血缘差异一样，我感到这个男人根本上确实还是中华民
> 国的国民。有此想法，是由于他完全相信南京大张旗鼓的谣言
> 广播，对日本方面的真实宣传则心存疑念。因此，他在石家庄、
> 保定陷落时期还与一般愚昧的支那大众一样专听南京方面的
> 谣言广播，似乎直到南京陷落以后才正当合理地了解了事态。
> (《风》: 226)

冈田认为，热爱中华民国的"爱国者"蒲氏相信南京方面的
宣传便是"愚昧"，而反之则是"正当合理"，据此不难看出他
对蒋介石南京抗日政权旗帜鲜明的批判立场。大年初二，事变后
留平的蒲氏颇感孤寂，来找冈田一诉衷肠，"他倾诉着事变驱散
了玩伴这种孩子般单纯的不幸，正因天真幼稚才让人觉得可怜"。
(《风》: 227)

> 他自问自答般地说："一定要那么慌张地逃离北京吗？我

完全不理解这是为什么。"

"那是因为，大家不像你这样了解日本吧。这样一来，一般人恐怕就无法忍受莫名其妙的蛮族入侵进来的不安和恐怖吧。"

"即便如此，现代支那没有比北京更宜居的地方了。"

"北京会因日本人的大量进入而自然地发生变化。"

"会亮起很多霓虹灯，会变得像东京一样繁华。"

他全无讽刺调侃的语调，毋宁说就像马大哈在预想着北京发生这些变化、像孩子一般天真烂漫地开心着的可爱：

"就算十万、二十万的日本人涌入北京，你觉得北京的根本是能轻易改变的吗？轻易改变的仅仅是有限的表面，那些轻薄的部分无论怎么改变都无关紧要。"

我想再煽煽风、点点火，稍微引导他说下去：

"可北京的传统之美会逐渐变得庸俗土气啊。"

"传统美已经大有变化。这并不是因为日本人涌入之故，而是漠然置之导致的荒废。而且，不管来多少日本人，都不必担心他们会干出英、德、法在圆明园干出的那些勾当。这就是日本人了不起的地方，同时也是不够伟大之处。（着重号原文所有——笔者注）倒是八大胡同（花柳地）一带的风俗会稍微有些变化。那里的卫生设施之类的也会大体有所改良，但会出现一些不甚宜居的地方，过于尊重细节的日本官员气质对于我们这些凡事懒散的支那人必会大感无奈。去了那里，一般人如何我不知道，我喜欢军人。他们不仅利落潇洒，而且是日本人中最具科学精神之教养的。"（《风》: 228—229）

应该认识到，借冈田之口呈现出的对亲美抗日的蒋介石之批判和借蒲氏之口将英法联军火烧圆明园"旧事重提"是一体两面的。铃木贞美关注了 1937 年 10 月 1 日荻原朔太郎（1886—1942）在军人会馆发表的一场题为《日本文化的现在与将来》（后改题《日本的使命》）的演讲，他引述荻原的话称其主旨是西洋"文明是力量的文明，为了保卫作为东洋理想的绝对和平主义文明或美的文明，只有拿起敌人的武器与敌人战斗"。在此后不久的态势中，英国作为日本对中国战争的绊脚石，引起了军部的极大反感。他们发现，英法美才是"支那事变的真正大敌"。"某种主张甚嚣尘上——面对单纯尊崇物质性价值的西洋文明，面对西洋帝国主义统治下的世界，日本的责任是呼唤亚洲精神价值的弘扬。"[1]事实上，在中日战事方酣的 1938 年，与佐藤春夫一同来平的保田与重郎便强调了日本民族编入世界史的意义。而这一背景正构成了小说中冈田之西洋批判的重要"时局"。

当然，对日本侵华的美化也是通过以火烧圆明园为象征的欧洲人之亚洲侵略为对立面而凸显出来的（这与第三章提及的立野信之有关八国联军侵华战争的论述立场存在着有趣的默契），借蒲氏之口，小说要传达这样几层深意：一、日军闯入北平非但不是破坏性的，反而是建设性的，中国文化的根本不会被动摇，世俗社会表层反而将因此变得文明、繁华；二、日本入侵不会让西方人火烧圆明园的历史悲剧重演；三、日军具有科学精神，可敬可爱。毋庸赘言，这是为日本侵华开脱罪责、美化战争的典型论述。关于弟弟与妹妹的美国化，蒲氏委婉批评：

　　"不管怎么说，弟弟的那个时代，那时的日本文明就像是

---

[1] 铃木贞美著，魏大海译：《日本的文化民族主义》，武汉：武汉大学出版社，2008 年，第 149—151 页。

美国的殖民地，比起去日本留学，莫若直接去美国更好些。妹妹夫妇提出这一意见时，我一时疏忽也就同意了。我说的是日本的文明。"听了他的说明，我同感于斯的同时，只得希望这并不能代表支那知识阶级整体上对日本的意见。

"确实如此，这种意见我们也明白。如此看来，您对其他方面还不了解，对此事的看法真不愧是日本优秀知识分子之一员！"

"岂敢岂敢。——总之，话虽这么说，我还是有着作为日本科学之一员的自觉和自尊心的。"

"即便如此，令妹还是毅然决然地嫁给了美国人了？"

"这就是女人的伟大之处，不假思索，断然行事。做了美国人的妻子，便会很容易产生世界上没有何处比美国更伟大的想法。"

从弦外之音可以感受到，他最近似乎与其妹有过龃龉，但此事当然不宜深问。(《风》：220—221)

可见，蒲氏认为妹妹嫁给美国人及其美国化是缺乏深思熟虑的武断之举，并对此不以为然，蒲家内部的兄妹之间亲日派对亲美派的嘲讽及其相互间的龃龉毋宁说是现实层面上日本与欧美对峙、对抗状况的文学折射。以上两大段引文实际上较为清晰地勾勒出了明治以降日本由"脱亚入欧"走向"兴亚反欧（美）"[1]的

---

[1] 事实上，就如安藤彦太郎所指出的那样，日本存在着"脱亚思想和兴亚思想这种特殊的日本帝国主义思想的两种思潮；脱亚思想是表，兴亚思想是里，表里互相一致。很多日本人为了解放东亚，建立东亚协同体而来到中国，他们客观上进行了侵略活动，而主观上却主张亚洲团结，其原因皆基于兴亚思想，即基于使侵略亚洲合理化的思想"。见安藤彦太郎著，卞立强译：《日本研究的方法论——为了加强学术交流和相互理解》，长春：吉林人民出版社，1982年，第41页。

思想史演进轨迹。英法联军侵华是中国近代史上人尽皆知的重大历史事件，小说对此事的批判也合乎史实，但其中并非没有可疑之处：首先，1900 年日本与英法等国一道组成八国联军侵华及由此而导致的对中国主权的直接侵犯不见提及；其次，这一批判与战时日本提出建立"大东亚共荣圈"、从欧美列强的统治中解放亚洲的国策宣传之间存在着显而易见的关联性，为稍后粉墨登场、影响较大却内中虚空的"近代的超克"座谈会提供了某种思想准备。应该承认，小说对近代西方文明的"抑"与对东方文明的"扬"是互为表里的。不同于近代以降中日知识界（尤其是留洋归国知识分子）对西方近代文明仰视、推崇的普遍认知倾向，在佐藤春夫的文明比较论中，东方文明是堪与西方文明相颉颃的、对等的文明"另一极"。在鲁迅逝世当晚，佐藤便在草就的《月光与少年——鲁迅的艺术》一文中称"几年前就想请鲁迅到日本来，以追求东洋人的精神。为着一般日本人起见，想以实例来显示伟大的人物即在现今也不一定全出自西洋的这种自觉"。[1] 显然，这种文明论并非是日本对外侵略之国策的直接产物，"右翼之雄"[2] 佐藤春夫的论调却与"大东亚战争"的"时局"形成了某种微妙的、偶然又似必然的暗合。

四、《北京》：丑得平庸的"康乐果"

　　《北京》是日本侵华时期"国策文学"的典型之作，对此类

---

[1] 佐藤春夫：『月光と少年と——魯迅の芸術』（1936 年 10 月 21 日『中外商業新報』に掲載）、『定本佐藤春夫全集』（第 21 卷）、京都：臨川書店、1999 年、第 271 頁。

[2] "我们右翼之雄的佐藤春夫是称鲁迅为左翼之雄的。"参见郭沫若：《创造十年》，载《沫若文集》（第 7 卷），北京：人民文学出版社，1958 年，第 16 页。

文学作品的阅读与阐释伴随着令人不快的"审丑"过程。在我看来，以《北京》为典型的国策文学从其炮制机制、基本形态到存在价值都颇类似于一种零食——康乐果。首先，康乐果的制作工艺中存在加热、膨化机制，且伴随着巨大的噪音。鼓噪为数众多的作家趋之若鹜地创作国策文学的是日本的法西斯文化体制。派遣佐藤春夫来华做特派员的文艺春秋社在1937年7月13日即被首相要求"协力"战争，同年8月24日通过的《国民精神总动员实施要纲》中又明确提出"全民一致、尽忠报国""寻求各种言论部门之协力""寻求文艺、音乐、演艺、电影从业者之协力"[1]的要求。举国一致的国家政治要求与出版社投机趋时的盈利动机相结合，为国策文学的过度生产、畸形繁盛提供了重要的外部环境。其次，出自同一台机器的康乐果一般都保持着相同直径的、均质的筒状结构。法西斯国家机器对舆论、文化出版事业的过度干预与严厉管制，使作家不得不在边界限定的狭小叙事空间内进行着背叛良知的艰难创作。虽故事各异、创作方法有别，但大致都能从"国策路线"中找到意识形态根源；作家的创作主体性丧失，其作品多内中虚空。再次，康乐果营养价值不高。尽管数量庞大，外形虚胖，但文学与政治的过度接近以及后者对前者的强力阉割，导致这些战争文学作品大多被赋予了较强的政治意识形态功能，文学价值不高。

然而，不得不承认，一方面，此类文学小心翼翼地沿着"国策路线"形塑了侵华时期日本国民的战争观、他国认识与本国认识；另一方面，对其发掘与阐释也为今人考察战争时期日本舆论、文化氛围，逼近战争时期日本文学史、思想史内核提供了重要

---

[1]『国民精神総動員実施要綱』（1937年8月24日）、歴史学研究会编:『日本史资料（5）·现代』より、东京:岩波书店、1997年、第85页。

的依据。

　　汉娜·阿伦特（Hannah Arendt，1906—1975）在评价前纳粹德国高官阿道夫·艾希曼（Adolf Eichmann，1906—1962）昔时恶行时提出了"恶的平庸"的概念。[1]借用这个意义上的"平庸"，毋宁说《北京》便是擅长投机趋时的日本近代文学重镇佐藤春夫为今人透视战争创痛、拒绝遗忘提供的一根丑得平庸的"康乐果"。

---

[1]　参考汉娜·阿伦特等著，孙传钊编：《〈耶路撒冷的艾希曼〉：伦理的现代困境》，长春：吉林人民出版社，2011 年。

第九章

"留京唯一最大文人"周作人的
实像与虚像（上）

——以鲁迅为参照：冷静、温和的"爱国者"与文坛宿将

一、谁在看风景，谁又在看你：错位视角与文献分布

在写于 1934 年的一篇文章中，徐訏感叹："除非不是知识阶级，北平是一个离开了使人想念，居住着使人留恋的地方！"[1] 而三年后日本全面侵华战争的爆发、北平的沦陷使在平知识分子不得不做出或"想念"或"留恋"的艰难抉择。而对于绝大多数原在平知识分子而言，前者几乎是不得已的唯一选项。当然，也有做出另一种选择的。身陷故都的中国文化人心态复杂，因为他们不得不直面国土沦陷的现实甚至亡国灭种的危机；面对占领统治，或献媚邀宠、卖国求荣，或缄口不语、甘为顺民，或侧目而视、奋勇抵抗。

北平沦陷初期知识阶层的情状，可引改造社社长山本实彦

---

[1] 徐訏：《北平的风度》（1934），引自姜德明编：《北京乎——现代作家笔下的北京（一九一九——一九四九）》（上），北京：生活·读书·新知三联书店，2005 年，第 330 页。

（1885—1952）的描述以观其略："北京的文人学者中，声名狼藉的抗日者们去往了汉口、广东、桂林、蒙自、昆明和西安，非抗日者则留在了北京。留平者之中，也分两派——积极与新政府合作者和依然旁观时局之推移者。在这里我不想剖析这些派别，大致上懂日语的、毕业于日本学校的只要本人愿意便可就职，非此类者，则穷于生计。"[1]其中，对于日本人和日伪政权而言，作为"留京唯一最大文人"[2]，周作人、钱稻孙的留平对其政治、文化统制而言，无疑是最为重要的强心剂。一户务称："因支那事变，许多支那文人学者离开了北京、上海，北京等地成了寂寞的天地，而周作人犹恋北京而未离去，今天仍然在北京西城，不移其居。那令人感动的身影对于我们日本人来说，是格外令人鼓舞的。我想，支那文学之芽自此将再次烂漫绽放吧。"[3]奥野信太郎也认为周、钱二先生"在古城一隅繁茂的老槐树下过着读书人的生活，这对北京来说，是最值得高兴的事了"。[4]唯其名重，唯其"沦陷"有着无以取代的标志性意义，故周、钱的存在才为中日知识界所瞩目，而其中又以周作人之影响为大。两国上至政府官员、下至一般知识分子基于各自不同的政治动机和文化立场，对周氏展开了密集的攻心战。山本实彦声称，"我对作人氏的动向若何很感兴趣，

---

[1]　山本実彦：『北支の文人達（上）——失職教授や思想家の処分』、『東京日日新聞』、1938 年 9 月 27 日。

[2]　奥野信太郎：『周作人のこと』（『大陸』4 巻 2 号、1941 年 2 月）、方紀生編：『周作人先生のこと』より、東京：光風館、1944 年、第 52 頁。

[3]　周作人著、一戸務訳：『周作人苦茶随筆』、東京：名取書店、1940 年、序文第 5 頁。

[4]　奥野信太郎：『北京の日本学者——老北京第二話』、『文芸春秋』17 巻 8 号（時局増刊 1939 年 4 月）、第 186 頁。

并将在与胡适相对立的意义上观望着"。[1] 要理解山本的立场就必须理解其所谓的"与胡适相对立的意义"之所指。1935 年 11 月，胡适应室伏高信之约在《日本评论》发表《敬告日本国民》一文，"敬告日本国民""请不要再谈'中日亲善'了。今日当前的真问题是如何解除'中日仇恨'的问题，不是中日亲善的问题"。翌年 4 月胡适针对所谓"广田三原则"发表《调整中日关系的先决条件——告日本国民》，1938 年 12 月又在纽约哈摩尼俱乐部发表演讲《日本在中国之侵略战》，以上诸文对日本军国主义发动的侵略战争大加鞭挞，"合作与亲善更谈不到"。[2] 由于胡适在中国政治界、学术界举足轻重的地位，其对日立场在日本知识界轰动一时。另从开战后胡适与周作人的打油诗唱和不难判断山本对周氏的立场取向，这也正代表了其时日政界、知识界的基本立场。

　　而具体到劝诱的策略亦因各自处境的差异而大相径庭。京外的国人大多——不，毋宁说因局势、处境的关系，只能——借力于舆论，或做敦促其南下的努力、或做民族道义之规劝，吁请其切守苏武之节、勿覆李陵之辙。当时中国知识界因知堂未能南迁、"苦住"北平的关注、种种詈骂、愤慨（可参考胡适、郭沫若、艾青等人的相关文章、诗作）此处不再赘述；而对日人而言，问题便简单多了，北平沦陷为日本文化人访问苦雨斋提供了极大

---

[1] 山本实彦：『周作人の心境』（1937 年 10 月）、方纪生编：『周作人先生のこと』、東京：光風館、1944 年、第 141 頁。（原載①『支那事変——北支之卷』、東京：改造社、1937 年；②『改造』1937 年 10 月号）

[2] 胡适：《敬告日本国民》（日文版载日本《日本评论》1935 年 11 月号；中文版载《独立评论》第 178 号，1935 年 11 月 24 日）；《调整中日关系的先决条件——告日本国民》（载《独立评论》第 197 号，1936 年 4 月 19 日）；《日本在中国之侵略战》（载重庆《大公报》1939 年 2 月 10—11 日），引自《胡适全集》（第 22 卷），合肥：安徽教育出版社，2003 年，第 380—385、469—473、477—481、598—605 页。

的便利，原本"远在北平繁华中心之外""过访者不甚踊跃"[1]的八道湾十一号苦住庵一时间成了"不设防"的北平文化胜景之一。奥野信太郎所谓"这世上不管是支那还是日本，能数得上是名胜古迹的地方，都应该有极能施展真本事的、深潜之人物"说的也不过是"山不在高，有仙则名"的简单道理。依奥野氏的说法，"近来访游北京者，参观了万寿山、故宫之后，拜访周作人必定编入其旅程中的一环。拜访归来便去国华台、东兴楼等处，边吃边聊拜访苦雨斋的话题，我感觉八道湾苦雨斋俨然成了北京的一处名胜了"。[2]在中国文人学者那里，或因身在北平之外无可言、或身处北平城内因时局之故而不能言者，在日本人那里却毫无障碍，无所忌惮。因此，以周作人为论题，日人的种种访谈、评论、感想乃至文学创作，便成了今人理解那段特殊历史、接近沦陷时期的周作人的重要维度。

　　毋庸赘言，对这一非常时期、人物、事件的解读需要对中日双边相关原典资料的发掘、清理、考辨以及研究上多重视角的交叉与综合。遗憾的是，迄今为止，中国现代文学研究界对北平沦陷时期周作人的理解与论述过多地依赖当事人周作人的个人叙述、战时平外人士或战争胜利后还平者隔阂不小的揣度与追忆。轻信当事人的自我表白乃至辩白则难以与研究对象拉开距离，倚重"不在场"者道听途说的评论更难免导向隔阂、成见的陷阱；即便以上视角二合一，也总难免有褊狭之弊，因为缺乏了原本"在场"的必要的"第三维"——战时日本人的观察与评论及战后日本相关当事人的回忆等。黄开发在1999年出版的周作人研究著

---

[1]　温源宁：《周作人——铁与温雅》，载《逸经》第17期（1936年11月），第70页。

[2]　奥野信太郎：『周作人のこと』（『大陸』4卷2号、1941年2月）、方紀生編：『周作人先生のこと』、東京：光風館、1944年、第52頁。

作中曾批评国内周作人研究的一大弊病："材料不足，不少文章的观点缺少足够的材料的支撑，甚至因此产生迷误。"[1]十多年过去了，此弊犹在。黄乔生感慨其主编的《回望周作人》"现在看来，资料还很不充分，特别是当时日本方面的报道，几乎都付阙如"；刘绪源编的《苦雨斋主：名人笔下的周作人、周作人笔下的名人》涉及周氏与文化界知名人士的对视与相互言说，选题饶有趣味，也具有一定的文献价值，但所谓"名人"中竟未涵盖任何一位日本人，不能不说是一个重大的缺憾；此外，钱理群、止庵等国内学人撰写的周作人传记也大多依赖中文文献。而沦陷时期周作人与日本人间的种种交涉未能涉及恐怕是因语言因素制约而导致的"非不为也，实不能也"。从这个意义上来说，日本的中国现当代文学研究者木山英雄的《北京苦住庵记——日中战争时代的周作人》和耿德华的《被冷落的缪斯：中国沦陷区文学史（1937—1945）》具有相当的补阙之功。其中，木山先生的著作在材料、视野与方法上，至今仍代表了北平沦陷时期的周作人研究最高水平。

　　而问题在于，由于研究视角及立场的差异，木山先生将战时日本人的周作人访谈及评论仅作为理解北京苦住庵主人的注脚，却忽视了作为言说主体（日本人）的心态与动机，这当然是因研究对象的差异而采取的不得已的取舍；从另一个方面来讲，恰恰就为日本文学研究者提供了从其反面进一步深入开拓的空间与可能。作为后辈，我与木山先生因立足点之不同及所看到的"风景"差异，套用卞之琳的那句"你（日本人）站在桥上看风景（周作人），看风景的人（笔者）在楼上看你（日本人）"（《断章》）来解释最为恰切。实际上，沦陷时期日本文化人的周作人书写大致

[1]　黄开发：《人在旅途——周作人的思想和文体》，北京：人民文学出版社，1999年，第287页。

分为两种情况——写实性作品中的"实像"及虚构性文学作品中的"虚像"，或呈现了不可多得的史料，或提供了文本研究阐释的空间；对其系统的梳理与分析可以从"他者"的视角窥测出身处舆论中心的周作人在风雨如晦的岁月里，在踌躇逡巡之间、天人交战之际的处境与心态，亦可从中考察以征服者、统制者姿态出现的言说者对以周作人为代表的留平中国知识分子、对时局及中日关系的观察立场和意识形态，以及前后二者在"看 / 被看"的权力结构中的互动与调适。

关于研究对象及其范围，在本论题下，方纪生主编的《周作人先生的事》(『周作人先生のこと』) 须作为一个重要文献提出。该文集发行于 1944 年 9 月 18 日（卢沟桥事变七周年），其中所收日人文章多成文于战争期间，且评论者与被评论者多为彼邦文坛一流名士或著名的"支那通"，包括：武者小路实笃、谷崎润一郎、堀口大学、林芙美子、佐藤春夫、奥野信太郎、清水安三、松枝茂夫、鹤见祐辅、山本实彦、后藤末雄、加藤将之、臼井亨一、一户务、古川幸次郎、清见陆郎、内田诚、武田泰淳以及编者方氏本人，故极具文献价值。但，须交代的是，本章所引用者大多是以此为线索而搜求的一手文献。之所以如此，是由于编者方纪生对以上诸作者的文章做过若干处理、改动，而这些改动有时事关重大（如其对谷崎润一郎文章就做过改动，这一改动是否经过原作者的同意暂时尚难确认）。

然而，这些还远远不是全部。即便以"北平沦陷时期"为限，据我的孤陋寡闻，至少还有数十篇相关文献未收入集中，包括吉屋信子、浅原六郎、立野信之、吉川幸次郎、望月百合子、岸田国士、石田干之助等的周作人、钱稻孙访问记，以及伊藤整、桥川凌、啸风子、饭岛正、上野透、佐藤春夫、奥野信太郎、原田

稔、新居格、中村良平、清见陆郎、吉田敏幸、大内隆雄、泽村
幸夫、陈蔡炼晶等撰写的周作人评论等。若将时间段略加延伸，
前推至 20 世纪初，那么至少有丸山昏迷、田山花袋、清水安三、
金崎贤、小柳司气太、井上红梅、晃阳、秋田雨雀、柳泽健、藤
森成吉、辛岛骁、松井武男、阿部知二、增田涉等的评论和访谈
等；若后延至 1949 年，至少有伊地智善继、益井康一等人的文章。
从文献分布的时段来看，20 世纪前半叶，日本知识界与中国国内
对周作人的"关注度"大致同步。之所以标之以"关注度"而非"声
誉度"，是由于周氏附逆落水而在中国文坛被斥为"汉奸""国贼"
之时，正是其在日本人眼中声望日高的时段。将视线聚焦到全面
抗战的八年之间，论及周作人在日本知识界之影响力，国人难觅
堪与比肩者。放眼 20 世纪前半叶，恐怕只有乃兄、在全面战争
爆发前逝世的鲁迅可超乎其上。而战争期间，在日本人的周作人
访谈、研究与评论中，鲁迅也始终是难以被其忘记的重要存在。

二、被歪曲了的鲁迅：文学误读背后的政治动机

回溯周作人的日本受容史，据目前已知文献（可参阅饭田吉
郎编的《现代中国文学研究文献目录》[1]），日本知识界对周作人
的最早介绍大约始于其与鲁迅共译的《域外小说集》之报道。[2]
其后经历了十年沉寂，周作人又以新村北京支部会员、北京大学
日本文学系筹建者以及文学革命干将的三重身份回到舆论视野。
（相应地，新村主办的《新村》《成长的星群》等杂志是周氏早期

---

［1］ 飯田吉郎編：『現代中国文学研究文献目録——増補版（1908—1945）』、東京：汲古書院、
　　 1991 年。

［2］「文芸雑事」、『日本及び日本人』508 号（1908 年 5 月）。

日文小诗、小散文的发表园地，而《北京周报》则成为向日本人全方位介绍周作人的重要舞台。）而相比之下，后一重身份更引人关注。1922 年 10 月，清水安三在《读卖新闻》"支那的新人"栏向日本推介胡适、周氏兄弟等，而其选材基准也较为明确，即文学革命时期的文学者，其中一章即名曰"周三人"，是将周氏兄弟三人作为一个文学现象向日本知识界推介的。在日文《北京周报》上，二人也曾以"两周氏"的名义刊文。[1] 事实上，据陈福康的考证，大到"整本的书籍"，小到"二三小文章"，上世纪 20 年代前后，周氏兄弟发表作品时甚至可互署对方名号，且不以为意，[2] 时人松枝茂夫认为二周的思想"互为表里"（详见下述引文 9）实为洞见，因为在思想上周氏兄弟原本就有着可以相互说明与沟通的可能。清水在文中对爱罗先珂（1889—1952）将鲁迅定位为"支那创作家之第一人"之说表示赞同，而在他看来，"周作人作为白话诗人、作为外国文学介绍者，已经得到了认可"。[3] 或许是由于清水本身就是"文学玩票"，加之是文执笔之时，作者尚难与评论对象拉开时间意义上的距离，因此，其对周氏兄弟的评论难免浮光掠影，对周作人在新文化运动中的理论成就"无动于衷"也不难理解。而在我看来，虑及《读卖新闻》在日本国内的巨大影响力，以及该文收入《支那当代新人物》一书后的"梅开二度"，这篇文章很可能初步形塑了日本知识界对周氏兄弟最初的"整体认知"思维，不消说，"鲁迅胞弟"的身份客观上确然是日本知识界之周作人受容的一个重要视角。孙郁认为"周作人一生的学术生涯，始于鲁迅的启发，终于鲁迅的思索，说其宿

[1]　両周氏談：『「面子」と「門銭」』、『北京週報』第 67 号（1923 年 6 月 3 日）。

[2]　陈福康：《关于署鲁迅笔名的周作人文章》，《鲁迅研究月刊》2009 年第 9 期，第 64—66 页。

[3]　清水安三：『当代支那新人物』、東京：大阪屋号書店、1924 年、第 192 页。

命或许过于迷信，但一生中总也摆脱不了鲁迅的巨影……"[1]此说虽不无作为鲁迅研究者的夸张之嫌，却也基本道出了周氏兄弟在中国知识界的境遇。这一结论落实到日本语境下，恐怕难以断然置评。如果说，鲁迅生前及战败之后，周作人始终站在鲁迅身后，须以"鲁迅胞弟"作为名片和注释的话，战争期间情状显然并非如此简单。

鲁迅逝世后，日本文人学者在与周作人的交谈抑或对周氏的评论中仍会常明里暗里涉及鲁迅，甚至有东京的报社直接约请周作人写鲁迅评论文章。[2]对于上世纪 30 年代已是中国文坛既成大家、与鲁迅双峰并峙的周作人而言，扯乃兄之"虎皮"来做"大旗"、引为奥援实无必要（毋宁说周作人更急于与其兄划清界限，实际上他也拒绝了中日舆论界诸多媒体的约稿，参见《关于鲁迅之二》），对于日本来说恐怕也是如此。但如果说林芙美子、后藤末雄、奥野信太郎还算顺便提及，或一般性、知识性的介绍的话，那么，以下引文则似乎渗透着某种价值判断和倾向性：

> 1. 鲁迅是非常冷淡的人，他不想见的人不管谁说什么他都不会见，不为利益做事，有种几近精悍的气质。而作人氏则悠扬不迫，是个典型的老成人。鲁迅不修边幅，总住在类似大杂院这样的地方，而作人君总是整洁清爽，居所也是与之相应的房子。（中略）住在南方的人当中偏向鲁迅者多，居于北方的国人当中偏向周作人者众。[3]（山本实彦，1937 年 10 月）

---

[1] 孙郁：《鲁迅与周作人》，沈阳：辽宁人民出版社，2007 年，第 200 页。

[2] 周作人：《关于鲁迅之二》，1936 年 12 月刊于《宇宙风》第 30 期，收入《瓜豆集》，引自周作人著，钟叔河编：《周作人文类编·八十心情》，长沙：湖南文艺出版社，1998 年，第 118 页。

[3] 山本实彦：『周作人の心境』，『改造』1937 年 10 月号、第 273 頁。

2. 想象一下，如果鲁迅现在还在世的话，他对日支事变会是什么态度呢，我对此很感兴趣。我认为他可能会留在上海。他似乎对共产主义有所共鸣，但，又不信任支那的政治家和青年，因此可以想见，他会处于孤立的立场。战争的同时，许多知识分子陆续离开北京，尽管如此，鲁迅的弟弟周作人依然留在北京。[1]（小田岳夫，1938 年 8 月）

3. 像鲁迅那样的人，常处于被时权压迫的状态下，闷居在上海附近的小胡同中。所谓"灯下黑"，他就在离南京不远的城市里，瞪着鳄鱼般的眼睛，对蒋介石嗤之以鼻。与其不同的是，周作人处于民族战争的正中心，以几可形容为端然的姿态在北京生活着。而只有在带着忧郁度此一生这一点上，兄弟是一致的。在这种忧郁状态下，一般说来是无法写文章、无法做像样的研究的。鲁迅在其忧闷的晚年埋头于版画的研究，据说，作人氏原定的翻译工作也未见推进，只是读着随笔生活着。兄弟二人的老师章太炎在这种时候，斥责、诟骂当时的权力者袁世凯；而这对兄弟却沉默着。[2]（山本实彦，1938 年 9 月）

4. 他嘲讽地笑道："总觉得东洋人在思想上还是不行的。——法西斯主义运动是西方的产品，共产主义也源于西方制造——就是想缩进西方人创造的什么东西里，这岂不是很没志气之事？在思想上，现在的东方基本都不行。夸张点说，就是臣服于西方思想的状态。"他天生的讽刺突然蹦了出来，

［1］ 小田嶽夫：『日支事変と支那の文士』、『新潮』35 卷 8 号（1938 年 8 月）、第 168 页。

［2］ 山本実彦：『北支の文人達（中）——鲁迅と周作人の行き方』、『東京日日新聞』、1938 年 9 月 28 日。

此时的神情酷似鲁迅,我总觉得二人在某些地方有许多共通之处。[1](山本实彦,1938年10月)

5.鲁迅活着的时候,我曾经与大家商量过将其请到日本来,使之成为日本文士。而在即将实现之际,爆发了"五·一五"事件。或许是有鉴于此,已半下决心的鲁迅改变了想法。晚年,他好像又有此意,却因健康问题未能允许而逝去。可是,而今或许没有像鲁迅这么合适的人了。譬如说,若将周作人、钱稻孙等人作为学者、文人邀请到日本,并让这些人写一些东西,那么我们可能就有很多机会去了解支那权威知识分子对日本的意见吧。另外,支那民众也会更加了解日本吧。授予周作人、钱稻孙等以著名私立大学的教授之职,日本知识阶级将学到新鲜的支那学,获益必将不浅。[2](佐藤春夫,1939年1月1日)

(注:周作人遇刺后,上野透在谈及日本"对支文化政策"之调整时称"佐藤春夫氏最近曾在哪里提到曾想让鲁迅到日本永住的计划。这真是日本新的、今后对支文化政策的一个好的暗示"。[3])

6.既然爱国心是自然而然的,我们就要承认。实际上,支那的年轻人与我一起去新村时,说其他的话题时还是心情愉悦的,但一旦涉及日本与支那战争的话题时,那位年轻的支那友人与村中的年轻人之间就会发生激烈的争论。我想,爱国心是

---

[1] 山本実彦:『この頃の周作人』、『文芸』6巻10号(1938年10月)、第240頁。

[2] 佐藤春夫:『日支文化の融合——如何にして知識階級の融合を図るか』、『日本学芸新聞』62号(1939年1月1日)。

[3] 上野透:『周作人事件——文芸政策確立の要』、『都新聞』1939年1月10日。

美好的。我带着好意沉默地倾听着双方的话，但对认为支那是很强盛的国家，即便以俄国和英国为对手也不逊色之语很是吃惊。关于此类话题，周作人与我会彼此尊重对方的神经而不触及。周作人是个有品位的、冷静和平的人。其兄鲁迅与之性格不同。我认为鲁迅也是个不错的人，但，我与周作人可以轻松交谈。[1]（武者小路实笃，1939 年 3 月）

（注：武者小路与鲁迅曾在上海有过会面，见武者小路实笃：《欧洲见闻记》，山本书店，1936 年 12 月，"上海にて"一节）

7. 读了本书的《题记》，读了本文，读者自会明白：周作人的自由与宽博始终如一、对社会一切事物的见解极为犀利明确，另外，其无双的博识，丰饶的趣味，横溢的谐谑，谦虚温雅的风度，宁静澄明的心境，对所有被损虐者，即妇女、孩童或者笼鸟，另外对中华民族的伟大慈爱——读完一卷后便会充分感受到。（中略）周作人毕竟是爱国者。（中略）这一点上，血统毫不含糊，与其兄鲁迅丝毫无异。但，鲁迅的话多刻薄、辛辣干脆、全然近乎于讽刺；而与此相对，周作人则是湛然和蔼，乃是把这个（五十自寿诗——笔者注）当反语做出来的。[2]（松枝茂夫，1940 年 9 月）

（※ 须交代的是，谷崎润一郎在《昨天今天》系列随笔中就提到"我的桌边有本松枝茂夫氏所译的周作人氏的随笔《瓜豆集》"，并引述了松枝氏"译者的话"的后半段。）

8. 坦率地讲，他的为人、容貌态度等的确是很温和、阴性

---

[1] 武者小路实笃：『牟礼随筆·周作人』、『日本評論』1939 年 3 月号、第 282 頁。

[2] 周作人著、松枝茂夫訳：『瓜豆集·訳者のことば』、大阪：創元社、1940 年、序文第 2、5 頁。

的、谦虚的。（中略）我没见过鲁迅，但这位弟弟与其兄长性情恐怕是迥异的吧。从其品质推断，不难想象，他的文章应该是冷静、悠闲的，不会像其兄长的文章那般辛辣讽刺，而是柔和的、反语式的、简略而隐约的。[1]（谷崎润一郎，1942 年 9 月）

9. 鲁迅与周作人这对不分轩轾的兄弟将中国文坛二分、南北对峙的壮观景象令人瞠目，想来实在让人欢欣振奋。从正面肉搏、再肉搏、勇猛果敢地杀到敌人的堡垒，在血泪交流中寻找光明的兄长（鲁迅）的做法，作为男儿的本愿实在值得欣赏；但知道空喊革命、付出无谓牺牲之愚，在十字街头的塔上不懈地放着红绿灯光，给予路人指示；另一方面，半夜行人稀疏之时又独自悠悠闲闲地赏玩灯光的色彩，幻想那天上的星星，装聋作哑，啜一杯苦茶的弟弟（周作人）之态度也非常令人钦佩。（周作人的这种隐士态度，不过显示了他的一面。）其后，我越发爱读二人的作品，同时总有这对乍看对峙的两个人本质上完全是同一个人之感。不会有如此相像的兄弟吧。在爱人类、爱支那民族、尊重科学、信仰进化论、为社会改革而有志于文学这些点上，二人完全一致。但与其中一方急进地、决心牺牲相对的是，另一位选择了稳健、和平之路。因此，以至于二人的表达与做法呈现出完全相反的相貌，而目的不是一样的吗，两人互为表里。（中略）周作人头脑比鲁迅冷静，行动比鲁迅迟疑。（中略）鲁迅性喜疑人——这是他自己说过的话。（中略）但实际上鲁迅是非常富于感情的人，只是他在努力压抑、不给外人看出而已，而周作人的固守理智及其对社会事物的明确见解是众人皆知的。周作人理智已是惊人的发达，在此之上他又

---

[1] 谷崎潤一郎：『きのふけふ』，『文芸春秋』20 卷 9 号（1942 年 9 月）、第 187 頁。

常加灌溉，铸就了他的博识。[1]（松枝茂夫，1944 年 6 月）

让我们先从引文 5 中佐藤春夫和上野透的评论入手。1936 年
10 月，鲁迅的逝世在日本知识界掀起了轩然大波，从《中国文学
月报》等专业刊物到《朝日新闻》《读卖新闻》《东京日日新闻》
《文艺春秋》《新潮》和《中央公论》等主流大众媒体纷纷刊文悼
念。而中日全面战争爆发后，日本文坛仍然有人不忘对战争背景
下逝者鲁迅的可能性抉择做出种种推想。结果，两位鲁迅文学译
介者——小田岳夫和佐藤春夫就得出了不同的结论。如果说小
田的论断可能更近乎一般推断的话（从 1932 年 2 月 17 日鲁迅参
与的《为日军进攻上海屠杀民众宣言》不难想见其对日本帝国主
义在华暴行的态度），那么佐藤的说法则似乎不那么简单。众所
周知，在日本的鲁迅文学译介史上，佐藤春夫居功至伟。按冈崎
俊夫的说法，"佐藤先生评价鲁迅时大概是忘记了他自己的文学
地位，在那（指佐藤评价）之后，翻译鲁迅的人以及译文的各种
版本都有了显著增加，不能不说他（指佐藤）鼓舞了当时的日本
人"。丸山昇也曾指出，"由于已经确立了第一流地位的佐藤春夫
在具有代表性的综合杂志《中央公论》上翻译了鲁迅的作品，就
具有更大的意义。自此以后，鲁迅的名字终于为日本所知晓"，
"佐藤的翻译，使鲁迅变得为人们所熟悉，成为大家崇敬的中国
作家"。[2]从鲁迅与内山完造及山本初枝的通信可知，佐藤以间接
的方式邀请鲁迅赴日确有其事，且这一想法至少可以追溯到 1932

---

[1]　松枝茂夫：『周作人先生のこと』（1944 年 6 月）、方纪生编：『周作人先生のこと』、東京：
　　　　光風館，1944 年、第 87—88 頁。另，该文的主体部分发表于 4 年前，参见松枝茂夫：『周
　　　　作人——伝記の素描』、『中国文学』60 号（1940 年 4 月）、第 1—22 頁。但，本书所引
　　　　用的关于周氏兄弟的论述则是 4 年后的追记，特此强调。

[2]　转引自南海：《佐藤春夫眼中的鲁迅文学》，载《大连民族学院学报》2005 年第 4 期，第 33 页。

年。在《故乡》译文后附的《关于原作者小记》中，佐藤春夫提出了一个狂妄的想法："若我国读者喜其之读，且编辑者亦有迎此之意，则因中华民国现政府野蛮无智之政策而呈不得已沉默之作者，则可能将其新旧诸作，亲自命笔，直以日文面世。予以为若此空想如幸能实现，则须视此大作家如我等作家而遇之，信他亦必能为我国文明贡献，不吝其能。"[1]且似乎还曾与山本实彦夫妇、林芙美子等商量过此事。[2]辗转由内山处得知此事的鲁迅明确拒绝了这一邀请："早先我虽很想去日本小住，但现在感到不妥，决定还是作罢为好。第一，现在离开中国，什么情况都无从了解，结果也就不能写作了。第二，既是为了生活而写作，就必定会变成'新闻记者'那样，无论从哪一方面看都没有好处。何况佐藤先生和增田兄大概也要为我的稿子多方奔走。这样一个累赘到东京去，确实不好。（中略）你们的好意，深为感谢。（中略）特别是对佐藤先生，真不知用什么语言才能表达自己的谢意。"[3]从通

---

[1] 原载『中央公論』1932年1月号，引自张承志：《敬重与惜别——致日本》，北京：中国友谊出版公司，2009年，第214页。

[2] "我也常想看看日本，但不喜欢让人家招待。也讨厌让便衣钉梢，只想同两三位知己走走。"（致山本初枝，1933年4月1日，《鲁迅全集（第14卷）书信》，北京：人民文学出版社，2005年，第240页，版本下同，不另注）"日本风景幽美，常常怀念，但看来很难成行。即使去，恐怕也不会让我上陆。而且我现在也不能离开中国。倘用暗杀就可以把人吓倒，暗杀者就会更跋扈起来。他们造谣，说我已逃到青岛，我更非住在上海不可，并且写文章骂他们，还要出版，试看最后到底是谁灭亡。"（致山本初枝，1933年7月11日，第254页）"我一直想去日本，然而倘现在去，恐怕不会让我上陆罢。即使允许上陆，说不定也会被便衣钉梢。"（致山本初枝，1934年1月11日，第279页）"谢谢芙美子女士的好意，下次遇到请转达。前几天读了《面影》，也想看看房间，然而现在到日本去，怕有麻烦罢。让便衣钉着去看樱花，固然也别有趣味，但到底是不舒服的事，因而目前还没有到日本去旅行的决心。"（致山本初枝，1934年1月27日，第282页）

[3] 鲁迅致内山完造（1932年4月13日），载《鲁迅全集（第14卷）书信》，北京：人民文学出版社，2005年，第199页。

信时间上看，似乎鲁迅最初婉拒赴日与"五·一五事件"无关。
尽管从其后鲁迅与山本初枝的多次通信中可以嗅到一丝"五·一
五事件"影响的气息，但联系此前的说法理解，这恐怕只是佐藤
的事后托词。至于鲁迅"晚年又有此意（赴日——笔者注）"一
说则可以得到确证，但是鲁迅意在重病之后的疗养，并无他意，
且指明不去东京。[1]鲁迅与佐藤虽神交已久，但终未曾谋面，其
往来多假间接的形式（如寄赠书籍等，并以增田涉为中间人彼此
问候），"鲁迅赴日做文人"之始末应归因于"郎有情，妾无意"
理解错位，[2]而若将这一错位置于鲁迅多次婉拒及佐藤的"国策
文人"化转向后成为"右翼之雄"的背景下予以认识，则恐怕是
有意为之的。佐藤春夫所谓"使之成为日本文士"究竟是何意？
鲁迅逝世当晚，佐藤在草就的《月光与少年——鲁迅的艺术》一
文中称："几年前就想请鲁迅到日本来，以追求东洋人的精神。为
着一般日本人起见，想以实例来显示伟大的人物即在现今也不
一定全出自西洋的这种自觉。"[3]而据鲁迅文学的译介者增田涉回
忆："我返日后，促成鲁迅再度来日之心未死，曾就此与佐藤春夫
先生洽商。佐藤春夫说，没有把握为鲁迅谋职，但他可以来日旅
行，写写稿，日本报界大概会采用的；他自己也可以向杂志社斡

---

[1] "医生说要转地疗养。（中略）青岛本好，但地方小，容易为人认识，不相宜；烟台则每
　　日气候变化太多，也不好。现在再想到日本去，但能否上陆，也未可必，故总而言之：
　　还没有定。（中略）地点我想最好是长崎，因为总算国外，而知道我的人少，可以安静些。
　　离东京近，就不好。剩下的问题就是能否上陆。那时再看罢。"（致王冶秋，1936 年 7 月
　　11 日，载《鲁迅全集（第 14 卷）书信》，北京：人民文学出版社，2005 年，第 113—114 页）
[2] 关于此事，武继平在《佐藤春夫的中国观论考》（载《浙江学刊》2007 年第 5 期，第
　　88—92 页）一文也有所涉及，可供参考。
[3] 佐藤春夫：『月光と少年と——鲁迅の芸術』（1936 年 10 月 21 日『中外商業新報』に掲
　　載）、『定本佐藤春夫全集』（第 21 卷）より、京都：臨川書店、1999 年、第 271 頁。

旋；总之建议到日本一游。"[1]通过以上清理，就不难对"鲁迅赴日"一事的史实做出基本的判断。

而在佐藤氏看来，"世界的"鲁迅本应是促成中日知识阶层之"融合"的最合适人选，这一主张自然首先是基于对鲁迅文学内在价值的高度认可，想来，还少不了另外两个重要的外在因素之影响：一、小而言之，鲁迅是有着多年留日背景的中国文坛领袖，在中日知识界左右逢源；二、大而言之，鲁迅是出自"东方"的世界级作家。

先看第一点。事实上，中国知识界不乏日本通，相形于二周，钱稻孙、张我军、傅仲涛等对日本文学、文化的理解与体认恐怕不遑多让。而钱、张等所不具备的正是周氏兄弟在中国知识界"登高一呼，应者景从"的广泛影响力（如奥野所说的"近代支那诞生的最伟大灵魂"）和号召力。如此看来，鲁迅故去之后，周作人（而非钱、张这般纯粹的"日本通"）升级为日本知识界臆想中的促成中日知识阶层"融合"之不二人选自在情理之中。但通过对照不难发现佐藤春夫的漏洞。若对以上诸引文做一下基本的时间区分，不难发现，从鲁迅生前、战争爆发前的现实状态下的"日本一游"到鲁迅逝世、战争爆发后佐藤春夫的"永住""使之成为日本文士"云云之间存在着很大的距离，从与中国诸作家的交游经历观之，对现实人物、事件进行子虚乌有的、主观性极强的"重构"或"意义追加"在佐藤春夫那里已是司空见惯、不足为奇；当然，在中日之间，鲁迅曾经一度"微妙"的处境也为这一"虚构"提供了若干看似可信的素材。在1934年致增田涉的信中，鲁迅抱怨："拙作《南腔北调集》闯了大祸。有两三种刊物（法西斯的？）说此书是我从日本拿到一万元，而送给情报处的，并

[1]　引自张杰：《鲁迅：域外的接近与接受》，福州：福建教育出版社，2001年，第122页。

赐我一个'日探'尊号。"[1]这其中可以揣测的原因，如 30 年代的
鲁迅在日本知识界已广受关注、与日本文化人多有往来、而对日
本及中日关系鲜有明确的指向性表态等。另一方面，在民族危亡
的关口、全民抗战的历史时刻，对邀请鲁迅赴日一事"追加"了
这番"意义"，对被视为代表了"抗战精神"且对已永远没有机
会辩白的"战斗者"鲁迅而言，显然是有辱逝者名节的。追究其
动机，如果说战争爆发前，佐藤氏基于对鲁迅文学的深刻理解而
将其奉为"世界性作家"，那么据上述引文有理由推断，转向后
的佐藤祭出鲁迅的招牌谋求中日知识阶级的"融合"是在战时状
态下的"别有用心"。从接受的角度来看，通过这一有意的误读
造成一种"鲁迅几度有意赴日"的假象，再冠以"使之成为日本
文士"的"个人算计"，颇易使"不明真相"的一般读者产生鲁
迅曾有意赴日，并成为日本文士的"亲日"错觉。（后文所引山
本实彦的话就证实了这一错觉之实存）这一假象的塑造对于积极
抗日的鲁迅追随者（不仅是左翼人士）来说，无疑是致命的当头
棒喝。

转向第二点：对鲁迅"东方"身份的强调。将此视点断然与
日本思想界所谓的"近代的超克"大讨论相联系似乎有些失之武
断，毋宁说，"鲁迅"首先是更为个人性的、佐藤春夫基于所谓

[1] 鲁迅致增田涉（1934 年 5 月 19 日），载《鲁迅全集（第 14 卷）书信》，北京：人民文
学出版社，2005 年，第 300 页。鲁迅所指的乃是署名为"思"者发表的题为《鲁迅愿作
汉奸》一文，是文中，作者称："鲁迅即搜集其一年来诋毁政府之文字，编为南腔北调集，
丐其老友内山完造介绍于日本情报局，果然一说便成，鲁迅所获稿费几及万元，以视申
报自由谈之十洋一千，更相去几倍矣。现此书已由日本同文书局出版，凡日本书店均有
出售，中国官厅格于治外法权，果然无如之何，闻鲁迅此技一售，大喜过望，已与日本
书局订定密约，将此期以此等作品供给出版，乐于作汉奸矣。"（载上海《社会新闻》七
卷十二期，1934 年 5 月，鲁迅反驳文字见诸《且介亭杂文·运命》；转引自孙郁编：《被
亵渎的鲁迅》，北京：群言出版社，1994 年，第 166 页。）

"支那趣味"(主要是中国古典)的、"东洋回归"倾向[1]之延伸。冈崎俊夫曾如此批评佐藤的鲁迅译介:"在我看来,佐藤翻译鲁迅不过是他之爱好中国文学的延长而已,是以翻译了诸多古典作品同样的姿态延伸到了鲁迅,因此,这位诗人与鲁迅精神实乃风马牛不相及",当然,冈崎同时也承认,佐藤的这一"外行"的视角确使人感受到了鲁迅文学中的中国文学传统问题。[2]尽管佐藤在上世纪30年代的中国观发生了全盘的转变,认为中国文化的价值在于唐宋明清而非"中华民国"[3](实际上这是当时日本知识界极具代表性的中国观),但鲁迅文学却因与中国古典的血脉传承,在佐藤春夫那里获得了恒久的经典价值。难以否认,"鲁迅"不仅成了佐藤春夫自身肇端于上世纪20年代的"东洋话语"建构之重要支撑,又与此时期日本的整体舆论转向达成了一种微妙的暗合。

顺带提一句,在引文3(山本实彦,1938年9月)中,提到了受惠于"灯下黑"的鲁迅对蒋介石政权的不满与抨击。这里,鲁迅被置换了背景与动机、掏空了内容的"批判姿态"不幸又成为日本抨击抗日之蒋介石政权时可供利用的资源。总之,战争期间,对于部分右翼(或右翼化了的)日本文化人而言,鲁迅的意义是可因其政治动机而任意追加的,毕竟斯人已逝。关于战争语境下日本知识界对鲁迅的"有意误读""片面化理解"和"意义追加"问题,冈崎俊夫在《日本的鲁迅观》中的论述颇值得注意:

[1] 武继平:《佐藤春夫的中国观论考》,载《浙江学刊》2007年第5期,第89页。

[2] 冈崎俊夫:『日本における魯迅観』,増田渉、松枝茂夫、竹内好編:『魯迅案内』より、東京:岩波書店、1956年、第143頁。

[3] 佐藤春夫:『大陸と日本人』,『支那雑記』より、東京:大道書店、1941年、第34頁。

一九三七年开始的日本帝国主义对华侵略，在日本人之间唤起了对中国的巨大兴趣，出版界也出现了中国热。（中略）但解读的方法，与其说是作为文学来读，毋宁说是作为对殖民地风土、民俗的兴趣占据了主导，对鲁迅也是如此。这一年初，从纪念鲁迅的意义上出版了《大鲁迅全集》。表面上无疑是鲁迅逐渐在日本普及开来了，但理解度未必与普及度一致。毋宁说是相反的，其条件是倾向于将鲁迅加以歪曲而接受过来。鲁迅亡故时，改造社社长山本实彦——之前到中国旅行曾见过鲁迅——在《朝日新闻》如此说道：

"听说（鲁迅）对支那现政权没有好感，我想他与苏联也没什么深刻的关系。要言之，他是一位伟大的国际主义者。（中略）他极力避免以公职人员的身份与日本发生关系，但作为个人好像曾对日本怀有好意。"

这样，将鲁迅视为亲日家、或者因己之便而将其视为爱国者的看法在当时是非常普遍的，（只有这种看法是被允许、可以被发表的，这也是一个因素）也渗透到了文学者之间。[1]

三、"脸谱化""类型化"与明挺、暗讽的政治指向

再来考察其余诸引文中的明指与暗指。众所周知，周作人以新文化运动时期的理论成就和独具特色的随笔创作确立了其在中国文坛的地位。而有趣的是，日本对周氏的接受似乎颇有些"醉翁之意不在酒"。彼邦的中国现代文学研究者一户务在《周作人文学序说》一文结末处的一个"牢骚"值得注意："关于先生的文

[1] 岡崎俊夫：『日本における魯迅観』，増田渉、松枝茂夫、竹内好編：『魯迅案内』より，東京：岩波書店、1956年、第143—144頁。

学，在日本好像尚无一人从正面论及。来北京拜访先生的人很多，但对其文学加以论评者并不多见，此是何故？只有松枝茂夫君乌有先生的文学经历而已。我在惊异于访问记之多的同时，更惊异于文学批评之少。"[1]一户所言不差，或是谦虚，或是他故，日本文人学者对周作人文学的评论均出言谨慎。除堀口大学和奥野信太郎外，执笔者中鲜见直接、正面的评价，甚至包括彼此交厚、引为知己的武者小路实笃（1885—1976）；反倒是与周作人只有一面之缘的松枝茂夫曾撰长文对周氏的文学生涯做了较为详尽的梳理、评述。以下撷取三例，试观其意：

> 1. 带着村上知行的介绍信前往的我，马上被带到了客厅，在两个多小时无人打扰的环境中，得以与先生悠然畅谈。其间我的印象是，我只读过少许先生的随笔类作品，其人格与我私下想象的没有丝毫差错。（清见陆郎，1941 年 4 月）[2]

> 2. 周先生的作品我没太读过。只读过周先生十几年前投给《新村》杂志的几篇日本诗（周先生曾长期生活在日本，擅长日语，日本诗也写得很有感觉和品位，很有趣）和几篇随笔，因此没有批评的资格，与见其人之感相似，很有品位，头脑聪明，沉着冷静。（武者小路实笃，1941 年 6 月）[3]

> 3. 无法阅读原文的我没有对周氏的文章说三道四的资格；

---

[1] 一戸務：『周作人文学序説』（1944 年 6 月）、方紀生編：『周作人先生のこと』より、東京：光風館、1944 年、第 178 頁。

[2] 清見陸郎：『周作人氏と談る』、『北京点描』より、東京：大都書房、1941 年、第 199 頁。

[3] 武者小路実篤：『周作人との友情の思出』『文芸』9 巻 6 号（1941 年 6 月）、第 101—102 頁。

坦白讲，他的人格、容貌态度等非常温和、忧郁和谦虚的。（中略）从这种人格上推断，不难想象他的文章会是冷静、悠闲的，不似其兄的文章那么辛辣讽刺，而是柔和的、反语性的，简单而隐约（后略）。（谷崎润一郎，1942 年 9 月）[1]

以上引文与周作人在"北支"文坛举足轻重的地位出现了令人费解的断裂。这便引发了我的第一个困惑：一户氏之所谓"我在惊异于访问记之多的同时，更惊异于文学批评之少"之惑做何解释？言说者与被言说者同为文人、学者，在周作人文学在日本已有一定译介规模（详见第十章）的前提下，为何仅以"文如其人""以人论文"的业余姿态介入评论？原因不外有二：一、相比于鲁迅在小说创作上的巨大成就，周作人的散文相对偏离了近现代文学的"主流"（小说、戏剧）；站在日本的立场上，周作人的随笔创作、文艺理论在相当程度上或间接浸染了若干日本色彩、或直接从彼邦承袭了相关思想资源，这就在一定程度上稀释了周作人在日本文学界、思想界视线中作为文学家、思想家的独创性。这或许就与日本文士的汉诗文创作经由俞樾的介绍（《东瀛诗抄》）越境中国时，中国文人的感受相似。当然，必须承认，这可能也受到周作人文学在日本的有限的、选择性译介之制约。（详见第十章）另外周氏"文抄公"式的写作文体是否能被日本文学界承认也有讨论的空间。二、言说者的切入点本就不在其"文"，而在其"人"——在其地位与影响。在佐藤之外其他人的论述中，鲁迅似乎仅成了周作人的陪衬。那么，日本人笔下以鲁迅为陪衬的周作人是怎样的形象呢？其所呈现出的周氏兄弟

---

[1] 谷崎潤一郎：『きのふけふ』，『文芸春秋』20 卷 9 号（1942 年 9 月）、第 187 頁。

相通、相异之处是要凸显什么呢？如果说偶尔的嘲讽神情是周氏"血统"可以解释的，那么，作为学者，以此来作为论证二周同为"爱国者"的论据显然是荒唐而业余的。在 1940 年 9 月创元社版的日译本《瓜豆集》的"译者的话"中，松枝茂夫将"爱国者"的封号冠于周作人头上。同样地，在这背后，"爱国者"鲁迅再次成为陪衬，因为松枝需要牵强附会地以"血统论"来论证二周的"互为表里"与"殊途同归"。值得注意的是，以上诸引文发表时，周作人作品在日本的译介还不多，作为最主要的译者，松枝氏的论断在知识界是有影响力的，堀口大学对《瓜豆集》赞赏不已，谷崎润一郎也是通过自家案头上《瓜豆集》中"译者的话"作为理解周作人的切口的，但对于松枝茂夫冠上的这一封号，谷崎润一郎明赞暗讽："身为爱国者的周氏，今日滞留北京与日方合作，承担着重要职责。关于此事，（他——笔者注）是基于何种考虑虽不得而知。（后略）"[1] 或许，在松枝茂夫那里，要论证 1940 年时已彻底附逆落水的周作人还是"爱国者"也只有祭出"血统论"一途了。无独有偶，武者小路实笃的周作人"爱国论"也给出了"自我类比"式的荒唐逻辑："不过正如我爱日本一样，周作人之爱支那是当然的事。（中略）爱国心既然是自然的，我们也承认。"[2] 此文刊于 1938 年 3 月号的《日本评论》，译文见诸当年 9 月的《宇宙风》，有趣的是译者正是周作人本人。周氏自称，乃是经由方纪生介绍读到了此文，踌躇再三，最终选择以私人信件的形式做答，并将此回信连同对方的文章一并刊出。在回信中周氏再次祭出了"一说便俗"的杀手锏，只称"迟延数日始

[1]　谷崎润一郎：『冷静と幽闲』，方纪生编：『周作人先生のこと』より、東京：光风館、1944年、第24—25頁。

[2]　武者小路实笃：『牟礼随筆・周作人』、『日本評論』1939年3月号、第281—282頁。

拟信稿，及写时仍删削去其六七，生怕语太俗也。我的本意只在谢其见念之意，即此已足"。[1] "私人回信"未透露任何有价值的信息，如此看来，显然是另有所图——通过"翻译"及时将"私信"付之公开的姿态向中国知识界传递信息。实际上，战争期间，武者小路实笃与周作人彼此之间曾多次借助在公共媒体发表"私信"的形式隔空喊话。是时，周作人尚处于中日关注的焦点之上进退维谷，故借武者小路氏之口向国人彰其"苏武"之志，以回应来自中国知识界的激烈质疑与批判。而单从日本舆论风向来看，战争语境下始终存在着将周作人称为"爱国者"的声音。

相比之下，兄弟二人的相异之处更容易凸显出来。由以上十余则引文不难看出，谷崎润一郎、山本实彦、松枝茂夫等强调的是鲁迅的精悍、不修边幅、辛辣、富于感情、多疑、讽刺、冷淡、不易交谈的一面；而周作人则更为阴性、理智、隐忍、温和、从容不迫、博学、不触及对方敏感神经、易于轻松交谈的。想必，这种描述性表达在中国也不会有人否认。但若将其置于促进中日知识阶级"融合"之媒介的身份设定下予以考察，那么周作人显然较之鲁迅更易于合作，适合充当此任的。

但以上诸问题，从另一方面考察，可能会得出另一种推论。从山本实彦和松枝茂夫的论述中不难看出，时而将周氏兄弟"血统化"、同一化，时而又将其类型化、脸谱化，实际上是有所隐喻的。首先，塑造、树立一个作为"爱国者"鲁迅胞弟、隐忍、温和、博识的中国文坛宿将形象，无异于面向中日两国知识界和一般国民强化周作人落水、附逆这一既成事实的合理性

---

[1] 周作人：《友情的通信》，初载《宇宙风》第75期，1938年9月，引自周作人著、钟叔河编：《周作人文类编·日本管窥》，长沙：湖南文艺出版社，1998年，第141—143页。

和侵略战争的"正义性"，弱化批评、抵抗力量。而相异一面的凸显则似有影射中国南北方文坛对峙的寓意。就像山本实彦所指出的那样，"居住南方的人当中偏向鲁迅者多，住在北方的国人当中偏向周作人者多"。[1] 时在上海的平山弘向《改造》杂志寄稿称，继承鲁迅精神在战时成了一直以来散漫、无组织的上海文艺界有力集结、走向彻底抗战的重要精神内核。[2] 这样看来，对鲁迅的种种论断适用于以上海、武汉为中心，在南方蜂起的激越凌厉的抗日救亡力量，而对周作人的评价则可以推而广之，理解为以北平为中心的沦陷区文坛的基本评价。落实到对日态度的框架中，非革命的、和平的"北京的文人"显然是日方所乐见的。（参见第十一章）借小田岳夫的话说，"要订正支那人对日本人的感情，我们必须不断反省，并有必要长久地忍耐，有一些可以在和谐空气中能让我们畅所欲言的、亲密的中国人，是当今我们的支那生活中最为重要的"。[3] 在听闻日本当局试图从中国南方物色促成中日文人"交流"的人选时，佐藤春夫显然意识到了这一方向错误，他指出"南方恐怕不会有此人。首先是北京的文人，尤其能动摇周作人、钱稻孙两位先生是最好不过了"。[4] 而对以理智、温和为标签的"华北文学之父"[5] 的周作人之推重，在另一个侧面隐含着对鲁迅"党徒"——

［1］　山本实彦：『周作人の心境』、『改造』1937 年 10 月号、第 274 頁。

［2］　平山弘：『支那の文化人は今何をしてゐるか』『改造』19 巻 14 号（1937 年 12 月）、第 49 頁。

［3］　小田嶽夫：『北京』、木村毅編：『支那紀行』より、東京：第一書房、1940 年、第 90 頁。

［4］　佐藤春夫：『日華文人の交流：周作人・钱稻孫両先生を語らんとして』（『朝日新聞』1941 年 4 月 22、23 日）、『定本佐藤春夫全集』（第 22 巻）より、京都：臨川書店、1999 年、第 159 頁。

［5］　『華北文壇の父入京の弁、文化提携を説く』、『報知新聞』1941 年 4 月 15 日。

南方抗日救亡文化人的批评、打压。[1]对于南下的知识分子，山本实彦甚至不惜做出恶毒的推断——"曾是排日和抗日的巨头、领袖的平津间的教授、思想家们大抵已经南去。在九月十日开校在即，而大学、专门学校再开的计划尚未确定，他们是出于打探就职消息和各怀鬼胎的原因而去南方的。但是，南方又开始了战争，我想，街头最终或许还将充斥着乞讨的知识分子吧。"[2]如此看来，佐藤春夫提出的尚难确证的说法，更是对以鲁迅为精神领袖、"疑惑和误解"了周作人的"上海孤岛周围的认真爱国者们"（松枝茂夫语）的嘲讽和打击。翻阅战争爆发不久日本"情报委员会"发布的《关于北支事变宣传实施要领》及翌年1月颁布的《关于支那事变宣传方策大纲》中不难发现，在日本的对内舆论宣传政策上，"支那方的排日、抗日、侮日及共产党的策动应视为阻碍日满支三国共存共荣的阻碍"[3]的舆论导向在相当程度上是嘲讽、打压南方的抗日势力，拉拢"北支"的亲日势力也是战时日本知识界对华的主流舆论倾向。

---

[1] 抗日战争末期，《晋绥日报》的一则消息称，"敌国对中国伟大的思想家、文学家——鲁迅先生更是痛恨，上海虹桥路畔的先生坟墓已被敌践踏破坏，墓前遗像被击粉碎。但日寇无法完全消灭进步文化的种子，《鲁迅全集》、《资本论》、《高尔基著作》、《托尔斯泰全集》、《巴尔扎克集》、《狄根斯著作》已成了沦陷区青年珍贵的精神粮食，最近曾有一批学生集资15万元，购买了一部《鲁迅全集》，秘密研读，即其一例"。[《日本侵略者妄图消灭中华文化，敌伪在沦陷区焚书捕人扑灭文化（鲁迅先生遗迹被敌践踏破坏）》，《晋绥日报》1945年5月8日]

[2] 山本実彦:『周作人の心境』、『改造』1937年10月号、第272頁。

[3] （極秘）内閣情報部『支那事変に対する宣伝方策大綱』計甲十八号（四次）(1938年1月17日)、引自山中恒:『新聞は戦争を美化せよ！：戦時国家情報機構史』、東京:小学館、2001年、第903頁。

第十章

"留京唯一最大文人"周作人的
实像与虚像（下）
——"亲日派"形象在日本的生成机制及其
与文学译介之关联

在 20 世纪中国的内政外交和文化诸领域中，"亲苏派""亲英美派"和"亲日派"几个群体具有特殊的意义，其存在值得今人重新审视与反思，因为他们曾在相当程度上左右了近现代民族国家的发展轨迹。在中文语境中，较之于前两者，"亲日派"则被赋予了较多的负面政治意涵，约等于"汉奸""卖国贼"，从曹汝霖、陆宗舆、章宗祥到汪精卫、周佛海、钱稻孙、周作人等概莫能外，这一观念延至今日也并无二致。但相关问题的讨论则被视为"敏感话题"，缺乏自觉、客观、冷静的反思。许多学术问题的讨论多在一个看似不证自明的大前提下推进，令人忧虑——例如，在"周作人是大汉奸"这一逻辑前提下，讨论其落水附逆以降的文学创作，不少研究在面对"周作人为何会落水附逆"这一谜题时，也多单纯依凭中文资料（主要是周作人自我辩白以及与周氏因政治立场、私人交往有着各种复杂人事关系者隔膜甚深的证言）做出单方面的臆想、推断式的判断，缺乏冷静的学理论证。其实有一个简单的问题始终让我感到困惑，不妨提出与诸位讨论：所谓"孤掌难鸣"，落水附逆是否是"一厢情愿"的选择？若答案是否定的，那么即便周作人有意附逆，为什么在战争期间，日本人恰好将其视为"合作者"，即便在 1936 年底周氏仍撰文激烈批评了日本法西斯主义在华丑行的背景下？（参见《谈东方文化》等文）

今人（不仅是中国学者）在重新审视 20 世纪上半叶日本人对周作人的理解与接受时，如忽视了其时彼邦对周作人文学及其言论的译介，必将导致若干疑惑与不解，相关评断也难以采信。不通中文的武者小路实笃、谷崎润一郎和堀口大学之所以能对周作人文学或仰慕、或不满，显然是借重了译本的媒介作用。众所周知，在文学越界的过程中，译者的作用至关重要，其价值判断和政治倾向在极大程度上决定了作品的取舍、删减原则，而周作人文学的译者松枝茂夫、一户务等通过其译介活动无形中构筑起一个边界限定的"场"，此"场"又在相当程度上形塑了日本人"周作人观"之构成，但这一问题的存在似乎始终没有得到中日学界应有的重视。2007 年至 2008 年早稻田大学小川利康先生整理出的《周作人·松枝茂夫往来书简》并刊发于《文化论集》，[1]其中周作人致松枝茂夫的书简部分刊于《中国现代文学研究丛刊》2008 年第 4 期，其中所收战时、战后周氏与松枝氏的书简[2]及其注释都为这一讨论提供了极大的可能与便利。赵京华据《中国现代文学研究丛刊》所刊周作人致松枝茂夫的 114 封中文书简，撰

---

[1] 小川利康编：『周作人·松枝茂夫往来書簡』，『文化論集』第 30 号（2007 年 3 月）、第 31 号（2007 年 9 月）、第 32 号（2008 年 3 月）、第 33 号（2008 年 9 月）。

[2] 后文所引书简，如无具体注明，则均出于小川所整理、注释者，为避烦冗，不另注释。

文解读周作人"动荡时代的生活史与心灵记录"。[1]与赵京华的视角不同，我试图结合周氏与松枝的中日文往来书简、周作人文学原作及其日译本的对勘，探析战争期间在日本知识界"亲日派"周作人形象之生成机制及其与文学译介之关联。当然，关于周作人文学的日译研究可尝试多种视角与方法，周作人"亲日派"形象在日本的生成也因由繁多，这里不过提示其中一种可能，旨在抛砖引玉，引起相关讨论。

一、何谓"亲日派"：周作人的自解

1920 年，周作人专为"亲日派"造出了对应的英文新词——Philiaponos 或 Japano-Phile。查阅词典可知，"philia"和"-phile"都有"亲……""爱好……"之意；相应地，周作人赋予"亲日派"的意义也异于常人（甚至包括日本人）。在《亲日派》一文中，周氏指出：

> 中国所痛恶的，日本所欢迎的那种亲日派，并不是真实的亲日派，不过是一种牟利求荣的小人，对于中国，与对于日本，一样有害的，——一面损了中国的实利，一面损了日本的光荣。（中略）中国并不曾有真的亲日派，因为中国还没有人理解日本国民的真的光荣，这件事只看中国出版界上没有一册书或一篇文讲日本的文艺或美术，就可知道了。（中略）日本的朋友，我要向你道一句歉，我们同你做了几千年的邻居，

---

[1] 赵京华：《动荡时代的生活史与心灵记录——读周作人致松枝茂夫信》，载《中国现代文学研究丛刊》2008 年第 4 期，第 163—175 页。又载赵京华著：《周氏兄弟与日本》，北京：人民文学出版社，2011 年，第 260—283 页。

却举不出一个人来，可以算是你真的知己。但我同时也有一句劝告，请不要认你不肖子弟的恶友为知己。请你拒绝他们，因为他们只能卖给你土地，这却不是你的真光荣。

在这里，周作人"亲日派"问题的提出似乎是以五四运动为契机的，责难的矛头指向的似乎是章宗祥、曹汝霖、陆宗舆这一类"亲日派"的。1926 年 8 月刊的《语丝》杂志上，周作人作《〈亲日派〉的说明》，接着六年前的旧话题称"亲日派"的名号"我辈怎么仰攀得着"，只有预备翻译《源氏物语》的谢六逸方有"候补的资格"。同期的《语丝》还刊登了周氏的《"亲日派"的嫌疑》，呼吁"无论是对于日本怀抱着何种意见"，都应以"知己知彼的态度"研究日本。[1] 实际上，周作人长期热盼在中国出现的是排除成见、对日本抱着严肃研究态度之"知日派"，而非政治意义上"中国所痛恶的，日本所欢迎的那种亲日派"。1924 年，周氏发表《打茶围》一文，是文在批判了"支那通之不通"后，话锋转到了中国的"排日派"，称"照支那通的看法去看日本，我觉得中国排日派的话都不能算错，因为日本社会上的现象，的确是充满着帝国主义的色彩，但是我们不能完全同意。(后略)"[2]。"话里"批判矛头直接指向了"珍重的只是一些都市上的浮薄的现象"的日本"支那通"，而"话外"又间接影射了中国"排日派"的非客观与非理智倾向。而对外界可能赠予的"亲日派"头衔，

---

[1] 仲密:《亲日派》，1920 年 10 月 23 日刊于《晨报》，后收入《谈虎集》；岂明:《〈亲日派〉的说明》、岂明:《"亲日派"嫌疑》(1926 年 8 月刊《语丝》93 期)，引自周作人著，钟叔河编:《周作人文类编·日本管窥》，长沙:湖南文艺出版社，1998 年，第 619—623 页。

[2] 荆生:《打茶围》，1924 年 2 月 18 日刊《晨报副镌》，引自周作人著，钟叔河编:《周作人文类编·日本管窥》，长沙:湖南文艺出版社，1998 年，第 635 页。

周作人敏感而警惕：同年 11 月 27 日在北京大学演讲会上，周氏声明："关于日本的不好乱说，恐怕又有人加以'亲日派'的头衔。"[1] 不意，中日全面战争期间，周作人落水附逆恰恰沦为了他所批评的伪"亲日派"；而被他视为唯一的"亲日派"候补之谢六逸则先后在上海和家乡贵阳等地，参与组织"上海文化界救亡协会""中华文艺界抗敌协会贵州分会"，主编《抗战文艺》半月刊，成为坚持以文艺救国的、不折不扣的"抗日派"，今日念及，岂非历史的玩笑。

　　回到周作人"亲日派"说提出的历史语境，不难理解，这一痛切批评指向的是中国的日本学研究，特别是对日本文艺研究的轻视及成绩的贫弱。为此，周作人著文大力阐发日本文学、文化的独特魅力与艺术价值，并在"北大的支路"上筚路蓝缕，创建了中国高校首个日本文学学科，在中国的日本语言、文学教育史上具有划时代的意义；而这也成为周作人回归日本知识界关注视野的标志性事件，[2] 对日本文化独特价值的阐发与教育、研究的呼吁暗合了日本的文化民族主义诉求，吉川幸次郎指出"中国人对日本固有的东西——就文学而言，即对假名文学，抱有如此真正的关心的，恐怕就是从周作人开始的吧。（中略）这种像样的日本学的提倡，对于我们日本人来说，实在是无尚可喜的事"。[3] 其

［1］周作人：《希腊闲话》，1926 年 12 月 24 日《新生》1 卷 2 期，引自周作人著，钟叔河编：《周作人文类编·希腊之余光》，长沙：湖南文艺出版社，1998 年，第 58 页。

［2］周作人：『支那の新思想界』，『北京週報』第 6 号（1922 年 2 月 26 日）；周作人、张黄『北大に日本文学系新設』，『北京週報』25 号（1922 年 7 月 16 号）；周作人：『北京大学に日本文学系を新設するに就いて』，『読売新聞』1922 年 7 月 27 日。日本方面对此的反应可参见：正華生『日本の支那学講座を一新すべし（北京大学日本文学系新設に就て）』、辻聴花：『北大新設の日本文学系について』，二文均载『北京週報』26 号（1922 年 7 月 23 日）。

［3］吉川幸次郎著，钱婉约译：《我的留学记》，北京：光明日报出版社，1999 年，第 154 页。

后，周氏的名字开始（主要是作为中国现代文学代表性作家、日本文学译介者和日本评论家）屡屡见诸日文媒体，从 20 年代相对边缘化、读者相对有限的在京日文刊物《北京周报》《文字同盟》向三四十年代在彼邦知识界具有重要影响的《改造》《文艺》《朝日新闻》《读卖新闻》等主流媒体游移。相对于作为"中国文豪"、左翼文坛领袖的鲁迅而言，"知日派"文人始终都是日本知识界对周作人最主要的认知视角之一。就像奥野信太郎所说的那样，"周作人精通日本文学，日语就如同母语般精熟，居于知日派支那人之首"。[1]站在日本知识分子的立场上，佐藤春夫认为其"与日本人一样，甚或比日本人更了解日本的细部和表里"[2]之评价实非过言。郭沫若在《国难声中怀知堂》指出，"日本人信仰知堂的比较多"以至愿"如可赎兮，人百其身"或许就是基于这种判断。然而在上世纪 20 年代，就像清水安三所说的那样，"虽说周作人有一位日本妻子，但他（周作人——笔者注）并没怎么袒护日本。尽管如此，也不是排日者"[3]之说也比较中肯。事实上，非但"没怎么袒护"，针对日本在华行径，周氏常有措辞激烈的批评文字刊于报端。

二、翻译的政治：被删改了的周作人

　　周作人不仅在学识上堪称其自谓的"亲日派"，也因其附逆

---

[1] 奥野信太郎：『周作人と錢稻孫』、方紀生編：『周作人先生のこと』より、東京：光風館、1944 年、第 52 頁。

[2] 佐藤春夫：『日華文人の交流：周作人・錢稻孫両先生を語らんとして』、方紀生編：『周作人先生のこと』より、東京：光風館、1944 年、第 50 頁。

[3] 清水安三：『周三人』（1924 年）、方紀生編：『周作人先生のこと』より、東京：光風館、1944 年、第 81 頁。

后的言行成了自己原本痛恨的、亲痛仇快的"亲日派"。面对中国国内声讨汉奸、国贼这一有着特定指向性的舆论风向，日方文化人感到无法接受，其中山本实彦的看法较具代表性："从一两年前开始，支那所有的报纸上汉奸、国贼这般文字开始抬头，声噪一时。这是仅仅用于与日本有提携关系者、对日本感到亲近的人身上的不当词语。即便苏联进犯外蒙古、新疆，英国从西藏方面逐渐渗透，他们默然假装不知。孙科、冯玉祥等亲苏联的政治家、军人却是忧国志士和民族英雄。就算向苏联、英国出卖国家也还是民族英雄、忧国志士，完全是不当的说法。本来想问问周氏对此事的看法，但也没问。"[1] 显然，作为利益相关方，以山本实彦为代表的日本文化人对中国国内"亲日派"之处境是持同情态度的。周氏也曾抱怨："听说上海知识界有一种高论，宁可作美国人的汉奸，也不作日本人的汉奸。似乎汉奸也分等级了。"[2] 而我所关心的是，侵华战争时期的日本知识界是如何看待周作人这位"曾留学日本的大亲日家"[3]的。要解答这一问题，不妨先来看竹内好的立场。在《佐藤春夫先生与北京》一文中，竹内好指出："我不喜欢被介绍到日本的周作人，那是日本化了的周作人。"[4] 而在《从周作人到核实验》的一段评论中，竹内是将其中国文学研究会同人松枝茂夫视为周作人文学日本化"误读"之源头而进行批判的：

---

[1]　山本実彦：『周作人の心境』（1937 年 10 月）、方紀生編：『周作人先生のこと』より、東京：光風館、1944 年、第 140 頁。

[2]　原载《鲁迅研究资料》1987 年 16 期，引自张菊香、张铁荣编著：《周作人年谱（1885—1967）》，天津：天津人民出版社，2000 年，第 560 页。

[3]　『周作人氏来る』、『東京朝日新聞』、1934 年 7 月 22 日。

[4]　竹内好：『佐藤春夫先生と北京』（『文学通信』1942 年 2 月号）『竹内好全集（第 14 巻）·戦前戦後集』より、東京：筑摩書房、1981 年、第 291 頁。

首先有必要指出，战争中被介绍的周作人在今天看来，很难说是全貌，且伴随着某种偏向。特别有必要强调的是，日本文化论的相关问题。这是何种偏向，打个比喻说，便是只取了"亲日家"周作人的一面；而另一个侧面上，所谓"排日家"周作人的一面则被抹杀了。（中略）松枝茂夫是我的朋友，是有着吾辈所不及的学识的翻译家，特别是在对周作人的介绍方面，干劲十足，是最有功劳的人。但是，关于其对周作人的解释，很早以前他的见解就有与我不一致之处。在我看来，他的周作人观，略有点失之于好性情的老人之嫌。当然，翻译是一种创造，不得不加入译者的好恶，这或许是必要的。（中略）我最为不满的是，脱失了战斗的批评家的部分，表面趣味性的部分则不恰当地夸大了。周作人有着不逊于鲁迅的复杂性格，而松枝把它过于单纯化了，这就是我对松枝的不满的要点。周作人的日本文化论最具战斗品格的时期，乃是全国统一即将就绪的一九二六年前后。对于日本文化愚劣的一面，譬如他写过许多痛击日方在北京发行的汉字报纸《顺天时报》是如何与中国的反动派联手谋略的文章。[1]

实际上，至少据松枝氏称，被周作人列在"可以谈话"的"旧友"之列（见 1942 年 2 月 1 日松枝致周作人信）的竹内好曾即时地关注过其译本《周作人随笔集》的翻译，并对其译文提出过批评意见。[2]竹内好所谓"很早以前他的见解就有与我不一致之处"

---

[1] 竹内好：『周作人から核実験まで』、伊藤整等编：『日本現代文学全集 93』より、東京：講談社、1968 年、第 390—391 頁。

[2] 周作人著、松枝茂夫訳：『瓜豆集』、大阪：創元社、1940 年、第 6 頁。竹内好关于松枝茂夫《周作人随笔集》的通信参见竹内好：『周作人随筆集——北京通信の三』、『中国文学月報』42 号（1938 年 9 月）、第 91—93 頁。

恐怕至少从《周作人随笔集》的译介时期便开始了吧。竹内对周作人文学日译的关注有着一定的持续性和介入性，在刊于其主持的《中国文学月报》之《谈日本文化书》译文后附的解说中，竹内好甚至直接谈到了周作人的日本文化论之于中日两国知识界的重要意义——"站在中国文化的立场上凝视日本文化的人，更据此反省中国文化之人，从这个意义上来讲，便是正确地站在了中日交流的一个顶点上。（中略）他是第一个将日本文学视为教养之人。我要表达的是对我们以前是以何种形式拥有着作为教养的中国文学的怀疑立场。"[1]因此，竹内的批评不可简单视作单纯的"追加批评"，从"现场"到事后，其批判态度是一以贯之的。与周、松枝二人的密切交往，使竹内氏的评论看似颇中肯綮，但其中也并非没有疑点：首先，竹内好自身特别强调"日本文化论"的视角会使对日本周作人像生成机制的考察失之片面；其次，将"单纯化""表面趣味性的夸大"等译本对原著的倾向性、选择性改动单单归罪于译者一人缺乏凭据。对"半生潦倒红楼梦，一向倾心周作人"的松枝茂夫表示不满亦似有"责之过切"之嫌。无独有偶，就像鲁迅当年曾抱怨"中国通"内山完造的《活中国的姿态》有"有多说中国的优点的倾向"[2]一样，另一位明眼人谷崎润一郎在1942年连载于《文艺春秋》的随笔《昨天今天》中抱怨"日本通"周作人对日本溢美之词多、批判之语乏。事实上，如内山完造、周作人这种"文化越界者"，在对对象国文化报以"同情之理解"的同时，或因"爱之深、责之切"，或以西方近代以降的"文明观"

---

[1] 竹内好：『日本文化を談るの書·解説』，『中国文学月報』第25号（1937年4月）より、第28頁。另外，『文芸懇話会』2卷6号（1937年6月、第23—24頁）同样转载了竹内好的解说。

[2] 鲁迅：《内山完造作〈活中国的姿态〉序》，载内山完造著，尤炳圻译：《活中国的姿态》，兰州：敦煌文艺出版社，1995年，序第2页。

为认识装置透视东方问题，难免会生发出对其文化、现实的种种不满与批判，此为常态。谷崎也推断"或者是加入了翻译者松枝氏的考虑而对材料进行了适当的取舍亦未可知"。[1]（意味深长的是，方纪生两年之后以《冷静与悠闲：对周作人氏的印象》为题将此文摘编进『周作人先生のこと』时，却将这句话删掉了。不难看出，从标题到内容的删减当然都暗含了编者方氏的倾向、判断，个中因由不难蠡测，暂作一可疑之处提出，不做进一步展开。）竹内与谷崎的责难指向了同一个靶心：译者松枝茂夫根据个人好恶倾向而对周作人文学做取舍、删改。在深入译本分析松枝氏的"取舍"之前，宜先从外围入手，确认几项事实。

　　松枝茂夫翻译周作人文学最初是缘于对周作人文学之推崇而发生的自主行为。在1936年3月致周作人的第一封私人信件中，时已加入中国文学研究会的松枝称"去年夏天得闲将《知堂文集》的绝大部分试译为日语"。在复信中，谦逊之余，周作人对松枝试译一事表现出了配合的姿态；其后又不断向其寄赠新作，为松枝在第一时间阅读、持续不断地译介周氏文学提供了便利。而由周作人手书（与著者近影一并附于一户译作前，曰"蒙盛意见示，鄙人别无意见，一切乞裁酌"）及译者序可知，一户务的翻译同样也得到了原作者的许可。一户与松枝似有同学之谊，前者曾在《周作人苦茶随笔》的序言中坦陈其翻译受到了后者的影响。另据1937年11月5日松枝致周作人的书信，《周作人随笔集》和《中国新文学之源流》的"译者后记"、《瓜豆集》之"译者的话"（引文详后）可知，竹内好、尤炳圻、吉川幸次郎以及当时留学北平其后客死大连的松井秀吉或鼓励、或建议、或批评，总之都曾以不同的形式对其文学译介产生过影响。如此，似可粗略描绘出战

---

[1]　谷崎潤一郎:『きのふけふ』、『文芸春秋』20卷9号（1942年9月）、第188頁。

时周作人文学日译的人脉网络，目前管见所及，其基本构成至少
应包括周作人、松枝茂夫、一户务、竹内好、吉川幸次郎、尤炳圻、
松井秀吉等，当然，还包括通过各种力量或隐或显地左右着译介
方向的日本出版界人士（如山本实彦等）。作为周作人文学最初
的日译者，松枝茂夫在卢沟桥事变四个月后的 11 月 5 日致信周
作人称：

> 小生数年前开始用心于先生随笔集的翻译，已有七八百
> 张译稿。但其中可疑不明之处甚多，让人没有自信。又加之当
> 时找不到出版商，于是就束之高阁了。其间偶然得遇尤炳圻
> 先生，欣喜乞教不久，事件（卢沟桥事变——笔者注）爆发，
> 尤先生归国，令我非常沮丧。而且时局时刻在变，我以为此稿
> 已无出版之期、并已几乎放弃时，最近改造社却说务必要出版。

事实上，周作人文学的首个日译单行本并非改造社版《周作
人随笔集》，而是 1936 年 8 月东京山本书店出版的松枝译小册子
『北京の菓子』（《北京的茶食》）；其中仅收入了包括《碰伤》（原
作于 1921）、《死之默想》、《沉默》、《教训之无用》、《生活的艺术》、
《北京的茶食》（原作于 1924）、《上下身》（原作于 1925）、《谈酒》、
《乌篷船》（原作于 1926）在内的随笔译文九篇，直奔主题，甚至
没有译者序跋、解说等；该译文集之出版乃受到了译者友人的举
荐（参见 1936 年 7 月 30 日松枝致周作人信），且从集名到选择
译者全无自主权可言，其间情状之艰难可以想见。而从"无人问
津"到陡然成为日本出版界之关切点，战争"意外地"成了最重
要的推动因素。事变爆发四天后，周作人在致松枝茂夫的信中提
到山本实彦的来访："改造社山本社长来此间，曾得会见两三次，

惨在此际实在无甚可说，深辜负其热诚耳。"在前一章中，我们亦曾涉及大战爆发后山本在北平与周作人的频繁接触、实时关注的情形，此外，据木山英雄的考察，山本氏甚至还曾向军部暗示周作人为中日"协力"之人选，由此又不难想见"务必要出版"周作人文学日译本的背后山本氏迫切的心情。除改造社版的《周作人随笔集》外，《瓜豆集》亦是由出版方创元社主动联系译者（见1940 年 1 月 1 日松枝茂夫致周作人信）；一户务译《周作人苦茶随笔》也是以出版对外宣传刊物的出版社著称的国际报道工艺株式会社的企划和邀请。[1] 出版界对周作人文学日译的直接介入还远不止这些。至少，『北京の菓子』一书译名乃出版方选定（见1936 年 7 月 30 日松枝茂夫致周作人信）；另如，《结缘豆》译就后，出版方曾通过译者向周作人提出为译文集写序和题签的邀请，当时居丧之中的周氏称无暇作序，但仍为此集题签。译文集的出版既有松枝主动与出版社、杂志社联系者（如曾与岩波书店联系出版《药味集》，见 1942 年 11 月 19 日致周作人信；也曾与《改造》联系刊登《中国的思想问题》一文，见 1943 年 3 月 16 日致周作人信）；也有反向的情况。

几种周作人文学主要的日译单行本比较之下，首先，从译介作品的时间跨度来看，作为序曲的《北京的茶食》中选编者尽皆1926 年及以前的作品，且与中日关系关联不大。周作人在《自己的文章》中曾论及这一译本，称："译成流丽的日本文，固然很可欣幸，我重读一遍却又十分惭愧，那时所写真是太幼稚地兴奋了。"而其后出版的松枝译《周作人随笔集》则可视作周作人的"文学编年"（通过对比原作可知，有若干作品在"编年"时存在误差，恕不一一列出），选译范围自远（1921 年）而近（1936 年），

---

[1]　周作人著、一戸務訳：『周作人苦茶随筆・序』、東京：名取書店、1940 年、序第 6 页。

其中 1935 年、1936 年所选者除《关于鲁迅》[1]外，均为"涉日文章"，且与《北京的茶食》内容多有重复（后者甚至被前者完全覆盖）。而至《周作人文艺随笔抄》之出版，与《随笔集》相比，"旧瓶"（同取"文学编年"的体例，时间由 1923 年而至 1936 年）却装了"新酒"："这次要比《周作人随笔集》多少换个方向，主要译出其最近之作品，无一篇重复。"[2]全部二十七篇译文中，1930年以前者仅四篇。而几为全译的《瓜豆集》取材范围更为晚近，除题记外，皆作于 1936 年 5 月至 12 月，《结缘豆》前半部均为1935 年至 1942 年发表，后半部的《药堂语录》则大多为 1940 年的文章。

　　而另一位译者一户务在谈到《周作人苦茶随笔》的译介旨趣时自解道：

　　　　本书中翻译的文章不论是初期还是晚年的作品，选择的是先生著作中读后打动我心的文章。看似甚为随意，我想读者大致翻阅一下，便可领会我心中的意图。我没有选"序跋"类的文章；"鸦片""缠足""泄气""八股文""苍蝇""酒""穷裤"——任何一个都是支那风俗史中的好题目。对此，先生怎么看、如何评价也是很有趣的。我对《谈策论》一文句句赞同。我敢说，此一文乃是写给日本顽迷固陋的支那学研究者们的一大指示文。日本虽无八股文，但我觉得日本的支那文学研究与八股文研究大致无异。[3]

---

[1]　此文亦曾被译出并刊载于日本杂志。见周作人著，吉村永吉訳：『魯迅の仕事』，『中国文学月报』25 号（1937 年 4 月）、第 28—33 页。

[2]　松枝茂夫：『周作人先生』，『周作人文芸随筆抄』より，東京：冨山房、1940 年、第 328 页。

[3]　周作人著、一戸務訳：『周作人苦茶随筆』，東京：名取書店、1940 年、序第 7—8 页。

从时间上查考、统计，一户务的"初晚不问"大致合乎实际情形。同时，由以上引文可知，通过周作人文学之译介来观察中国风俗史之嬗变以及为日本传统的"支那学"提示来自中国本土的冲击性视角乃是一户务译介周作人文学的主要着眼点。尽管译介旨趣不尽相同，但在基于周作人文学乃"理解中国及中国文学"[1]的最佳选择这一译介动机上，松枝与一户却是不谋而合。从这个意义上来说，二人译本中有关乡土中国（尤其是浙江）本土文化、民俗演进史的译文——如《论八股文》《关于焚书坑儒》《谈酒》《鸦片事略》《穷袴》《论万民伞》《再论万民伞》《再谈油炸鬼》《文人的娼妓观》《故乡的野菜》《爆竹》《乌篷船》《猥亵的歌谣》《关于雷公》《喝茶》《苍蝇》《谈策论》《谈养鸟》《苋菜梗》《荣光之手》《燕京岁时记》等——皆可做如是观。在其延长线上的《三礼赞》《养猪》《萨满教的礼教思想》《中国的思想问题》等庶几可视作以中国社会、思想界为对象的"文明批评"或"怒其不争"的时政批评。显然，类似于缠足、科举、鸦片等都是日本接受中国文化影响的进程中所拒斥者，此类选题的择取除了暗示"幸灾乐祸"的心理之外，似乎也弦外有音。其一，周作人在《瓜豆集》所收《自己的文章》中称："孔子曰，鸟兽不可与同群，吾非斯人之徒而谁与。中国是我的本国，是我歌于斯哭于斯的地方，可是眼见得那么不成样子，大事切莫谈，只一出去就看见女人的扎缚的小脚，又如此刻在写字耳边就满是后面人家所收广播的怪声的报告与旧戏，真不禁令人怒从心上起也。"这种周作人自谓的"太过积极"的姿态在日文接受语境下为"周作人爱国论"提供了依据。其二，对小

---

[1]　松枝茂夫：『周作人——伝記的素描：附記』，『中国文学』60号（1940年4月），第22页。

脚女人、吸食鸦片的烟鬼等所谓"支那风俗史"的译介选题中氤氲着基于西方近代"文明"立场的、对传统中国的"他者化"处置。其三，此类"中国论述"在日本译者那里似乎还带着不少"东洋意味"。一户在其《周作人文学序说》中强调"周作人是生于东洋的东洋作家，但尽管如此，不可否认，他的前半生浸染了西洋风。左翼作家的抬头反倒给予了先生洗却西洋文化的导火索。随着年龄的增长逐渐偏向东洋趣味也是事实，但只有先生的反语反拨可以说是青年活跃时期影响了他的西欧文化之蜕变"，[1] 时人近藤春雄也曾指出："而今，日本必须在新的意义上关注支那文学的时机到来了。之所以这么说，是因为一方面，通过文学互相认识对方的国民对于东洋和平的确立而言意义重大；通过文学使彼此之间心灵相通，兹事体大。"[2] 在这一认知框架下，在谈及周作人因其多涉中国古籍、艰涩难懂而建议不译的《药堂语录》时，一户称："我们被近代西欧小说学所祸，长久以来都以西欧式的方式定义'小说'。东洋的小说，有必要以东洋的小说学，重新思考。"从东西方二元对立的视角来看，一户氏是将"中国文学"置于"东洋文学"的宏观框架下予以认知和译介的。这就提示出周作人文学日译的一个重要问题点："西洋"的缺席，也是周作人文学日译所遭遇的第一重"删改"。确切地说，"改"是通过"删"实现的，即删除了学贯东西的"多面"周作人之重要一面。这一问题点之存在几乎贯穿了战争期间松枝茂夫与一户务所有译本（除《荣光之手》等极少数文章

---

[1] 一戸務：『周作人文学序説』（1944 年 6 月）、方紀生編：『周作人先生のこと』より、東京：光風館、1944 年、第 177 頁。

[2] 近藤春雄：『日本における現代支那文芸（上）、（下）』、『大阪毎日新聞』、1939 年 2 月 14、15 日。

外）。然而，翻阅钟叔河编《周作人文类编·希腊之余光》你会发现，周作人有着为数不算少的"西洋"著述，清理这些文献你又会发现，它们大多都是上世纪 20 年代及以前或战后的作品，三四十年代创作者为数极罕，唯一的异数在于"希腊"。在周作人的思想体系中，日本与希腊的文化关系有非比寻常意义上的双边关系："日本人古今不变的特性"——"现世思想"和"美之爱好"，"此二者大抵与古希腊有点相近，不过力量自然要薄弱些，有人曾称日本为小希腊，我觉得这倒不是谬奖"。[1]翌年，周氏又在《怀东京》中引述了霭理斯《圣芳济及其他》中的说法，将日本人称作"别一时代与风土的希腊人"，并在 1941 年发表的《日本之再认识》中再次引述了此说。（须注意的是，"引述"这一叙述策略常出现在周作人的日本论中，其本身不可单单理解为"敷衍"，也暗示着周作人日本认识的连贯性与稳定性。）"日本希腊近似说"并不牵强，管见所及，在英人 G.L. 狄更生那里也可以看到类似"日本是我走访过的国家中唯一使我想起我心目中古希腊样子的国家""日本是东方的希腊""一个奇特的、被截断的希腊"，两国之间有着"同样的气质、激情和审美感"之说。[2]从这个意义上来说，译介周作人的希腊著述，似乎弦外有音、别有幽怀，指向了"西洋的日本"。回到"西洋"的缺席的问题原点，客观地看，周作人以东洋文化救济西

---

[1] 知堂：《日本管窥》，1935 年 5 月刊《国闻周报》12 卷 18 期，引自周作人著，钟叔河编：《周作人文类编·日本管窥》，长沙：湖南文艺出版社，1998 年，第 19 页。

[2] G.L. 狄更生著，卢彦名、王玉括译：《"中国佬"信札——西方文明之东方观》，南京：南京出版社，2008 年，第 70—71 页。

洋的思想脉络在战争爆发前已清晰显现，[1]其"东洋趣味"、西学到"东学"的思想转型与战时日方念兹在兹的"近代的超克""大东亚主义"之间并非"主动迎合"关系，而译者、出版者乃至日本知识界的期待视野却使二者之间达成了微妙的暗合乃至不自觉的共谋。

基于以上论述，似可做出如下推论：一、选译作品发表时间"由旧而新"的变动暗示着日本出版界、知识界对战争语境下留平的周作人之思想动态的实时关注，而这种现实层面的关注相当程度上左右了译介的选材（当然，所谓的"干预"，还远不止这些，详后）。二、周作人被挡住了半边脸——成了一个生于东方、有着浓厚"东洋趣味"的作家，其西洋论述则被选择性遮蔽了。当然，所选译文章中溢出的乡土中国气味也为松枝茂夫赠予周作人以"爱国者"之名提供了论据。三、相形于《北京的茶食》中较为单一的"中国气味""东方趣味"，日本出版界、知识界的兴趣点逐渐向周作人的日本文化论及中日关系论游移，至少在全面战争爆发后，二者处于并存状态，后者呈现出明显的上升之势，从文学异域接受的角度而言，就像谷崎所坦陈的那般："我们还是对与日本相关者最感兴趣。"单就1936年至1944年周作人文学的日译单行本为例，管见所及，大约有七种，[2]其中涉日文章亦请参考下表：

---

[1] 王升远：《周作人与北京大学日本文学学科之建立——教育史与学术史的视角》，载《鲁迅研究月刊》2010年第7期。

[2] 此外还有若干文章如《穷裤、守宫、贞操带》（『窮袴、守宮、貞操带』、『同仁』7卷5号、1933年5月、第24—29页）、《关于鲁迅》（『魯迅に関して』、『改造』19卷4号、1937年4月、第122—131页）等文散见于若干杂志，除部分与本论题有关者，从略不议。

周作人文学日译本一览（单行本，1936—1944）

序号	译作名	译者	所对应原作	涉日文章	基本出版信息	其他
1	『北京の菓子』	松枝茂夫	无对应关系，系日方编选作品集	『北京の菓子』、『酒を談る』、『上半身』、『生活の芸術』	東京：山本書店、1936 年 8 月 2 日	作为"山本文库"之 33 推出。
2	『周作人随筆集』	松枝茂夫	无对应关系，日方编选的译文集	『冬の蠅』、『日本文化を談るの書』、『東京を懐ふ』、『自分の文章』、『市河先生』、『与謝野先生紀念』、『入厠読書』、『太監』、『蘭学事始』、『苦茶随筆小引』、『草木虫魚』、『苦雨斎小書序』、『沢潟集序』、『酒を談る』、『死ぬ法』、『上下身』、『北京の菓子』、『喫茶』、『蠅』、『故郷の野菜』、『生活の芸術』	東京：改造社、1938 年 6 月 20 日	所选者乃周氏自 1936 年至 1921 年的作品，排序自后而前。另，《与谢野先生纪念》一文曾以汉语文本载于『中国文学月報』3 号（1935 年 5 月），第 30 頁。
3	『中国新文学之源流』	松枝茂夫	《中国新文学的源流》	无	東京：文求堂書店、1939 年 2 月 15 日	作为"支那学翻译丛书"之 4 推出。翻译工作曾由竹内好牵线与周作人联系，出版前由尤炳圻校订过。
4	『周作人文芸随筆抄』	松枝茂夫	无对应关系，系日方编选作品集	『鏡花縁』、『案山子』、『遠野物語』、『顔氏学記』、『猪・鹿・狸』、『希臘神話（一）』、『希臘神話（二）』、『花鏡』、『油炸鬼を談る』、『雷公について』、『再び油炸鬼を談る』、『東京の本屋』	東京：冨山房、1940 年 6 月 5 日	作为"冨山房百科文库"之 110 推出。
5	『周作人苦茶随筆』	一戸務	虽取《苦茶随笔》，但所收文章与中文集子大异，为日方编译的文集	『蠅』、『入厠読書』、『酒を談る』、『日本の落語』、『老年』、『東京散策記』、『和魂漢才』、『東京を懐ふ』、『文人の娼妓観』、『冬の蠅』、『草木虫魚』、『芳町』、『鏡花縁』	東京：名取書店、1940 年 9 月 17 日	名取书店依托的国际报道工艺株式会社。该社"是以出版发行介绍日本文化的欧文杂志 Nippon 等对外宣传读物而闻名的"。

续表

6	『瓜豆集』	松枝茂夫	《瓜豆集》删节译本	『雷公について』、『尾久事件』、『鬼怒川事件』、『日本文化を談るの書』、『東京を懐ふ』、『東京の本屋』、『常言道』、『藤花亭鏡譜』、『魯迅に関して書後』、『魯迅に関しての二』、『自分の文章』、『結縁豆』	大阪：創元社、1940年9月25日	作为"創元支那丛书"第5推出。以东京大学图书馆的OPAC系统查询，在日本仅大学图书馆就有五十余家藏有此书。另，谷崎润一郎和堀口大学皆读过此书，可见其流布之广，影响之大。
7	『結縁豆』	松枝茂夫	除《中国的思想问题》为单篇译出外，其余前半部分为最新出版的《苦竹杂记》《风雨谈》《瓜豆集》《秉烛谈》《药味集》五种随笔集的"适当"的选译，后半部分为《药堂语录》的全译	『結縁豆』、『縁日』、『豆まき』、『飴売』、『浮世風呂』、『朱舜水に関して』、『王韜に関して』、『子供の時の思出』、『老年』、『日本の落語』、『日本雑事詩』、『四鳴蝉』、『日本の再認識』、『文海披沙』、『落花生』、『武蔵無山』、『指画』、『夢の如し』、『日本国志』	東京：実業之日本社、1944年4月15日	该书发行部数为2000本。

另外，以中文形态在日本刊行的单行本有三种：

1.『烏蓬船』：松枝茂夫译，并收入『現代実用支那語講座』第9卷、東京：文求堂、1936年11月。

2.『周作人随筆抄』：東京：文求堂、1939年4月20日；该书作为中文教科书推出。编辑发行者为田中庆太郎；《西山小品》两则原发表于武者小路实笃等办的新村杂志『生長する星の群』1卷9号、日文原文附后；此外内内涉日作品包括：《镜花缘》《故乡的野菜》《北京的茶食》《苍蝇》《谈酒》《两株树》《自己的文章》。

3.『日本之再認識』：東京：国際文化振興会、1941年11月

25 日；汉语原文单篇文章独立成册。

除以上诸种形式的单行本，尚有若干单篇文章散见（包括中日文形态）于日方负责编辑出版的诸种文集，管见所及至少有如下几种：

1.『喫茶』、『勝業』：以汉语原文的形式收入《中国现代文读本》（北京：北京近代科学図書館、1938 年 10 月），编纂责任者为：山室三良，编纂委员有：钱稻孙、尤炳圻、洪炎秋、菊池租，钱稻孙作序。

2.『喫茶』：土井彦一郎译訳注，收入『西湖の夜：白話文学二十篇』（東京：白水社、1939 年 12 月），此书为非卖品。

3.『草木虫魚小引』、『虱』、『二本の樹』、『唖者礼讃』、『麻酔礼讃』、『入厠読書』、『東京を懐ふ』、『希臘人の好学』、『結緑豆』：松枝茂夫译，收入『現代支那文学集 10 · 随筆集』（東京：東成社、1940 年 8 月）。

4.『人の文学』：收入『現代支那文学集 12 · 文芸論集』（東京：東成社、1940 年 10 月）。佐藤春夫装订，松枝茂夫翻译，并为周作人的文章写了"解题"，高度评价了该文的"划时代"意义。

5.『日本之再認識』：以汉语原文的形态收入魚返善雄編注『中国人的日本観』（東京：目黒書店、1943 年 8 月），此书为『支那語文化輯刊』之 2。

6.『日本の再認識』：小田岳夫訳，并收入其自编的『大陸手帖』（東京：竹村書房、1942 年 5 月）。

首先聚焦周作人文学日译本中"涉日"部分的处理。从著译双方的关系来看，从《北京的茶食》（日译名：《北京の菓子》）起，从文辞语意到译文、译本名（译文名如《北京の菓子》、译本名如《结缘豆》）的最终敲定，周作人对松枝茂夫都是有问必答。非但如此，对于译文选目，周作人也时见发声。多数情况下，周氏都尊重译者确定的选目，如对《周作人文艺随笔抄》的目录就复信称"承示目录极佳，此盖谓选择之眼光甚正"（1938年12月23日）；当然偶尔也会提出一些增删建议。以《日本的衣食住》为例，在松枝茂夫与周作人之间有这样一组书信往来，择其与本文论述相关者录于下：

> 1. 又蒙惠赐新作（我赞同小川利康的判断，即依时间看，应为《苦竹杂记》——笔者注），深致谢忱。即刻展卷、大部分已拜读，我想尝试翻译《冬天的蝇》及《日本的衣食住》。（1936年4月16日，松枝致周）
>
> 2. 拙著知已蒙赐览，惟内容空疏，又时涉散漫，如《衣食住》一篇，恐不足供移译耳。（1936年4月20日，周致松枝）
>
> 3. 我兴致浓浓地拜读了您关于不译《日本的衣食住》的话，总觉得有些遗憾。（中略）将日本读者也考虑进来的话，译何种作品为佳？请赐雅教。（1936年5月3日，松枝致周）
>
> 4. 拜启，接手书已有两月，因家中有病人，未及奉答，甚歉。（中略）拙文甚少可观者，倘得尊译而蒙贵国士人之一睬，斯甚幸矣。（1936年7月18日，周致松枝）

对译者松枝茂夫而言，译文的择取必须充分考虑异文化语境下日本读者的阅读趣味。在《结缘豆》"译者的话"中，松枝称"较多地选入了与日本相关的文章，是考虑到此类文章我国人多少会有些兴趣、且又易懂"。[1]而周作人的回应中既包含了其一贯的"周式谦逊",但似乎不欲过多干涉译者译介选择。当然,周作人对其著述的越界受容并非毫不在意的,相反,始终是记挂于心。他在致松枝的信中再三强调:"拙文承蒙译述斯幸无已。唯意思僻旧,难入青年之耳。若在异国读者,愈不易有兴趣。深恐劳力多归徒劳,有负雅意耳。见示目录别无意见可供参考,但其内容如或在读者无甚兴味,似以不用为宜,如何尚乞尊裁。"(1940年1月7日)得知松枝茂夫在受实业之日本社之托,有欲译以谈论中国古籍为主的《药堂语录》之意后,周作人的复信却对此不甚积极:"《药堂语录》殊不值译出,恐内容干燥无味,对于外国读者尤不甚适宜,虽承出版所好意,此点尚请考虑为幸。"(1942年12月12日,而该文集最终被译介而收于《结缘豆》出版)又如,在收到松枝寄来的译文集《结缘豆》时,周氏复信谦称:"拙文无多大意义,语录短札恐在外国读者更不免感到枯燥。"(1944年5月28日)具体到《日本的衣食住》,周作人的首次回应反对将该文纳入选译范围,而在被译者征询译介方针时又搪塞而过,未见明确回应。该文介绍了周氏在日本六年留学生活中的"衣食住"及其认同感。但如果说这一部分"时涉散漫",那么该文的结语似乎没这么简单:

> 在今日而谈日本的生活,不撒有"国难"的香料,不知有何人要看否,我亦自己怀疑。但是,我仔细思量日本今昔的生活,现在日本"非常时"的行动,我仍明确地看明白日本与中国毕竟同是亚细亚人,兴衰祸福目前虽是不同,究竟的命运还是一致,亚细亚人岂终将沦于劣种乎,念之惘然。因谈衣食住而结论至此,实在乃真是漆黑的宿命论也。

---

[1] 松枝茂夫:『結縁豆・訳者のことば』、東京:実業之日本社、1944年、第384頁。

是文中周作人并不讳言自己对日本生活的适应："若以现今和服住洋房中，或以华服住日本房，亦不甚适也。（中略）去年夏间我往东京去，特地在大震灾时没有毁坏的本乡去寄寓，晚上穿了和服木屐，曳杖，往帝国大学前面一带去散步，看看旧书店和地摊，很是自在，若是穿着洋服就觉得拘束。（后略）"在译者那里，中国文坛巨擘的留日经历及其对日本文化的深刻认同感可吊起日本读者的胃口，自在考虑之中；而较之中国国内的反日、抗日论调，周氏宣称中日命运一致、须共面危机的泛亚主义思想在日本似乎也更合时宜，合乎译入国读者口味。如此说来，在被原作者婉拒之后，译者的遗憾也在情理之中。对于1936年的周作人而言，对前一年自己写作、发表的该文译介到日本感到为难，究其原因，所谓文章本身的"内容空疏、时涉散漫"显然是敷衍、自谦，其背后潜含的恐怕是其时周作人对政治意义上中日关系之考量及其异域理解的敏感性之判断。

当然，"删减"之外，周作人还对松枝确定的译文选目表达过"增益"之意。1937年11月22日，周曾在致松枝茂夫的信中主动提出《西山小品》最初系用日本语所写，曾登在东京出版之《成长的星群》第一卷九号中。虽然拙劣，但有此一段因缘，如能查出收在卷末，亦是大幸事也"。而周作人的这一建议被采纳，翌年出版的《周作人随笔集》及1939年4月出版的《周作人随笔抄》中均收入了该文。无论是增还是删，至少有一点可以肯定，即松枝茂夫的译文选目是在与周作人往复商酌中确定的，是作者、译者的"合谋"，而非译者的独断。而在此，有一个细节问题值得注意。在全面战争爆发四个月后的1937年11月5日，松枝茂夫在致周作人的书信中有如下表述：

　　但鉴于目前的局势，我曾为了不给先生添麻烦而踌躇过，转念一想，如果是些与时局无关的"闲适"文章谅也无妨，便开始修改旧稿。就像附件目录中所列的那样，选择了六十余篇
•••••••
（约五百张）。其中，《三礼赞》寄给了本月号的《文艺》，因恐新闻审查（坏乱风俗？！），编辑删去了《娼妇礼赞》，把它变成了《两个礼赞》。这次我还是想尽量采用，但不知情况会如何。总之，我会十分注意不给先生添麻烦。（文中着重号为笔者所加）[1]

　　由此可见，松枝茂夫及相关杂志、出版方为避当局新闻审查、避免给周作人带来不必要的麻烦，对其作品做了适当的删改。《国家总动员法》公布加之 1941 年"新闻纸等揭载限制令""言论等临时取缔法""言论出版集会结社取缔法"的施行，报刊编辑工作相当困难，言论压制异常酷烈，甚至于《改造》《中央公论》《日本评论》等都遭到检举，中央公论社与改造社且接到解散命令，这两种杂志在 1944 年年中停刊，言论界一片沉寂，直至战争结束为止。[2] 由此可见，上述引文所谓"坏乱风俗"一说不虚。高见顺在战后的一次演讲中称，"军阀的压迫甚至极端到了严禁在小说中描写恋爱。（中略）写了的话，检查机关便会给刊登小说的杂志以禁止销售的处分，由警察一册不剩地全部没收"。[3] 但，如松枝所言，《娼妇礼赞》最终还是被译者收入《周作人随笔集》刊行。译者本人的好恶倾向较之于外部力量的干预，迫使"删改"

[1] 周作人著、松枝茂夫訳：『二つの礼讃』、『文芸』5 巻 11 号（1937 年 11 月）、第 166—171 頁。

[2] 周佳荣：《近代日本文化与思想》，香港：香港商务印书馆，1985 年，第 137—138 页。

[3] 高見順：『日本文学における東洋と西洋』（『文芸』1955 年 4 月号）、『高見順全集』（第 13 巻）より、東京：勁草書房、1971 年、第 556 頁。

之发生的恐怕更多地源于后者。关于部分译文的删改(由后文论述可知,尚有部分译文的删改乃松枝氏先斩后奏、自作主张的处理)的问题,周作人已被译者知会,而1937年11月22日周作人的回信中,却未曾对松枝所提到的"删改"一事提出任何异议,似乎并未觉得有何不妥。

具体到译文内容,上表中的涉日文章囿于篇幅,未被改动的相关各文参阅周作人中文原文即可知概略,此不一一举例。先看译本收录文章中的译者删改的部分。1936年7月,周作人写作了《谈日本文化书》一文。此文先是大引自家此前的论调,"意思无非是说日本有他的文化值得研究";又引其在《日本管窥之三》中的观点,由现实中日本人在华的种种丑行,指出"此等事既非真善亦并无美也""文化的高明与现实的粗恶常不一致"。然而在此句之后,对照原文和译文,你会发现一个不甚起眼的改动。原文在"研究文化的人对于这种事情或者只能认为无可如何,总不会反觉愉快"之后举例称:"譬如能鉴赏《源氏物语》或浮世绘者见了柳条沟,满洲国,藏本失踪,华北自治与走私等等,一定只觉得丑恶愚劣。(后略)"而关于"柳条沟,满洲国,藏本失踪,华北自治与走私等等"部分,改造社版《周作人随笔集》和创元社版《瓜豆集》分别做了如下处理:

1. 譬えば『源氏物語』や浮世絵を鑑賞できる者でも、
　　　　　　　　　　　　　　　を見れば、必ずやただ醜
悪愚劣を感ずるだけでせう。(『周作人随筆集』第17—18頁,
空格处为原为所有,计有17个字符的空格)

2. 譬えば『源氏物語』や浮世絵を鑑賞できる者でも、(削
除)、必ずやただ醜悪愚劣を感ずるだけでしせう。(『瓜豆集』

第 117 頁，日文"削除"即中文"删除"之意）

在前引松枝茂夫 1937 年 11 月 5 日致周作人的书简中，在谈及《文艺》杂志因避新闻审查之故而提出删掉《娼妇礼赞》一文之语境下，松枝言明准备"开始修改旧稿"，这是否暗示了以上删改的可能发生，尚无法坐实。按常例，松枝在此次通信中与周作人就翻译的细节问题有过交流，但其中未见关于《谈日本文化书》的相关探讨。但值得注意的是，在中日全面战争爆发前的 1937 年 4 月、6 月，《中国文学月报》和《文艺恳话会》分别刊载的松枝茂夫译《谈日本文化书》一文却保持了文章的原貌：

　　譬えば『源氏物語』や浮世絵を鑑賞できる者でも、柳條溝や、満州国や蔵本の失踪や、華北自治及び密輸等々を見れば、必ずやただ醜悪愚劣を感ずるだけでせう。[1]

由上可知，删除一事之发生或许并非译者本意，而是出版机构的劝谏抑或战时语境下日本国内舆论管制的结果。同前所引周作人在 1937 年 11 月 22 日的回信中，只谈建议增收日文版《西山小品》，而未对删改一事做出任何表态。另，我试图通过查阅松枝茂夫与周作人的通信往来，发现著译双方围绕《周作人随笔集》翻译问题的交流、探讨细节，但据小川利康整理出的资料，自 1937 年 12 月 13 日直至 1938 年 7 月 11 日，未见二人通信。而由 7 月 11 日周作人致松枝信件开头处"惠函拜诵，迟答为歉"大致

---

[1] 周作人著、松枝茂夫訳:『日本文化を談るの書』『中国文学月報』第 25 号（1937 年 4 月）より、第 25 頁。同じく得中国文学研究会及译者的允许又载『文芸懇話会』2 巻 6 号（1937 年 6 月）、第 23 頁。

可以推测，此间二人似乎并非全无通信，而只是因信件散佚或其他未知原因未能收录。周作人在 7 月 11 日的回信中称："随笔集十册已承改造社寄下，因了大手笔的译文，田中君之装帧，甚增光彩，唯原本文意均乏，思之愧汗耳。"除了素来的谦虚谨慎和礼节性的致谢，周作人对译者的删改未做任何评价。

类似的删改还出现在《周作人文艺随笔抄》中。不过，此番却可在二人的书信往还中，找到关于具体删改问题的直接对话。1940 年 7 月 13 日，在致周作人的信中，松枝茂夫在进入翻译细节探讨之前称："（前略）富山房的《文艺随笔抄》已经出版。（中略）另外，九六页（《颜氏学记》）、一一三页（《希腊神话》）做了一部分随意的删除，我未对此做出标明、便胡乱调整，这是甚为拙劣、极为失礼的做法，现在想来，深感抱歉。今后定然标明意思，务请原谅。"而在一周后的复信中，却未见原作者对译者"先斩后奏"的删改表示抗议。兹引译文中被删节的部分原文如下：

　　1. 如现时日本之外则不惜与世界为敌，欲吞噬亚东，内则敢于破坏国法，欲用暴烈手段建立法西斯派政权，岂非悉由于此类右倾思想之作祟欤。内田等人明言即全国化为焦土亦所不惜。（《颜氏学记》）

　　2. 末了记述一件很有趣的事："我后来在纽能学院所遇见的最末的一位名人即是日本的皇太子。假如你必须对了一个够做你的孙子的那样年青人行敬礼，那么这至少可以使你得点安慰，你如知道他自己相信是神。正是这个使我觉得很有趣。我看那皇太子非常地有意思。他是很安详，有一种平静安定之气，真是有点近于神圣。日本文是还保存着硬伊字音的少见的言语之一种，所有印度欧罗巴语里都已失掉这个音，除俄罗斯文外，虽然有一个俄国人告诉我，他曾听见一个伦敦卖报的叫比卡迭利（Piccadilly）的第三音正是如此。那皇太子的御名承他说给我听有两三次，但是，可惜，我终于把它忘记了。"所谓日本的硬伊字音不知道是怎么一回事，假如这是俄文里好像是 ы 或者亚拉伯数字六十一那样的字，则日本也似乎没有了，因为我们知道日本学俄文的朋友读到这音也十分苦斗哩——或者这所说乃是朝鲜语之传讹乎。[《希腊神话（一）》]

值得注意的是，比照原文与译本不难发现，如松枝在致周氏的信中所申明的那样，不同于《谈日本文化书》,《颜氏学记》与《希腊神话（一）》[1]的译文删改是"不动声色"的，即并未以空白或者"删除"明示删改痕迹，且对原作者采取了"先斩后奏"之策略。但与小川利康所注释者稍有出入的是，原文中"明言即全国化为焦土亦所不惜"一句在译文中是有所呈现的——"全国を焦土化と化するも惜しまざるなどと公言したとしても"，但其主语"内田等人"则被删除了。[2]此种"不露痕迹"的、译者独断式的删除呈现出日本侵华时期周作人文学越界日本的另一种面目。

除了删改"刺眼"语句，周作人文学在日本的"变形""变味"还存在着另一种情形——部分文章被做"存目"处理。松枝茂夫在大阪创元社版《瓜豆集》"译者的话"中称："译者本打算做本书的全译，但中途又改变了主意，因某些关系，决定只省略四篇。《谈日本文化书之二》《关于童二树》《关于邵无恙》《老人的胡闹》,我相信至少无伤大旨。"[3]其结果便是，日本读者虽可

---

[1] 周作人著、松枝茂夫訳:『周作人文芸随筆抄』、東京：冨山房、1940年、第112頁。

[2] 周作人著、松枝茂夫訳:『周作人文芸随筆抄』、東京：冨山房、1940年、第96頁。

[3] 周作人著、松枝茂夫訳:『瓜豆集』、大阪：創元社、1940年、第7—8頁。

通过译本目录了解《瓜豆集》的总体结构，但对四篇文章的具体内容却无从了解。如此说来，站在读者的立场上，谷崎润一郎据此疑心此乃译者作祟也就不难理解了，但同前所论，这显然不是译者单方面造成的。由"译者的话"可知，松枝氏打算全译乃是受了吉川幸次郎之劝诱；[1]（而在我看来，《瓜豆集》中所收诸作的"亲日气味"恐怕也是该作被定为全译对象的重要原因之一。）然而译者"中途又改变了主意"，这其中至少有周作人建议之影响。在1940年2月22日周作人致松枝的信中嘱咐道："承雅意拟全译拙作，闻之且感且愧。敝人自知能力所限，所写文章缺点甚多，编集时亦未十分斟酌，往往一集之中有若干篇后来读之常自惭愧欲删削之而不可得，今如悉数译出未免更出丑矣，故愿加以裁酌，幸甚幸甚。"

有趣的是，被"省略"的四篇分而言之，如果说《关于童二树》与《关于邵无恙》是虑及日本读者的阅读趣味，因与日本无关、亦与现实中国无关而遭剔除；那么同样发表于1936年9月、10月间的《谈日本文化书之二》及《老人的胡闹》则可视为与日本有关，亦与现实中国、中日关系紧密相关而被删除的。两篇文章在研究界已并不新鲜，在本书的论述框架中有必要调整论说方向，再次提及。

一、在《谈日本文化书之二》（原载1936年10月刊《宇宙风》第26期）中，周作人对日本对华侵略大加批判，指出"目下中国对于日本只有怨恨，这是极当然的。二十年来在中国面前现出的日本全是一副吃人相"，"现在所有的几乎全是卑鄙龌龊的方法，与其说是武士道还不如说近乎上海流氓的拆梢，固然该怨恨却尤值得我们的轻蔑"，并特别谈到"前年夏天我在东京会见一位陆

[1] 周作人著、松枝茂夫訳：『瓜豆集·訳者のことば』、大阪：創元社、1940年、第8頁。

军将官，虽是初见，彼此不客气的谈天，讲到中日关系我便说日
本有时做得太拙，损人不利己，大可不必，例如藏本事件"。但
后文同时也指出"我们自然希望来比较公平地谈谈他们国土与人
民——但是，这是可能的么？这总恐怕很不容易，虽然未必不可
能"，"我们要研究，理解或谈日本的文化，其目的不外是想去找
出日本民族代表的贤哲来，听听同为人类为东洋人的悲哀，却把
那些英雄搁在一旁，无论这是怎样地可怨恨或轻蔑"，试图取一
种不偏不倚、相对理性、冷静的对日态度。

二、关于《老人的胡闹》（载1936年9月刊《论语》第96期）
一文，中国现代文学研究者更多地关注该文结尾处，以其为卒章
见志之笔，实乃对"我国的老人们"（鲁迅）的暗讽（孙郁将此
文编入《被亵渎的鲁迅》盖此意乎）；而作为日本文学研究者，
我更关心此文的"明嘲"部分。1936年5月14日华联社的一则
消息称，日本上院议员三上参次批评中国"妄自尊大，僭称中华
民国，而我方竟以中华呼之，冒渎我国之尊严，莫此为甚，此后
应改称支那以正其名"。对于"支那"一词，与当时一些留日派（如
郭沫若等）的反感不同，周作人原本认为此词并不含贬损之意。
在《怀东京》中，周氏称"我们不喜欢被称为清国留学生，寄信
时必写支那，因为认定这摩诃脂那，至那以至支那皆是印度对中
国的美称。又《佛尔雅》八，释木第十二云：'桃曰至那你，汉
持来也。'觉得很有意思，因此对于支那的名称一点都没有反感，
至于现时那三上老头子要替中国正名曰支那，这是着了法西斯的
闷香，神识昏迷了，是另外一件笑话"。可见，周作人对"支那"
在不同语境中的政治意涵有着清醒的自觉，而对笼罩日本的法西
斯主义思潮是持警惕、批评态度的。

前述《怀东京》中批评三上参次法西斯思维的言论的引文又

引出了一个新问题。是文中，周作人在批评了三上的法西斯言论后，又抛出了"东洋的悲哀"论，称："中国与日本现在是立于敌国的地位，但如离开现时的关系而论永久的性质，则两者都是生来就和西洋的运命及境遇迥异的东洋人也，日本有些法西斯中毒患者以为自己国民的幸福胜过至少也等于西洋了，就只差未能吞并亚洲，少有愧色，而艺术家乃感到'说话则唇寒'的悲哀，此正是东洋人之悲哀也，我辈闻之不能不惘然。"日译本对周氏对日本法西斯主义者的激烈批评之处理值得关注。参阅收录该文的四种译本（《周作人随笔集》《现代支那文学集 10·随笔集》《周作人苦茶随笔》和《瓜豆集》），对这部分文字的处理情况依时间之序列如下（粗体字为笔者所加，以示重要）：

    1. 現時に至つてかの三上老人は中国のために名を正して、支那といはんとしてゐる。**これは　　　　　　　の睡り線香にあてられて意識朦朧となつたもので、又一つの笑話だ。**（中略）もう一つある。中国と日本とは今日でこそ敵国の地位に立つてゐるけれども、もし現時の関係を離れて永久的性質を論ずるときは、両者はともに生まれながらにして西洋と遥かにその運命と境遇とを異にするところの東洋人である。日本の芸術家は物云へば唇寒き悲哀を感じてゐる。これこそ正に東洋人の悲哀なのだ。（松枝：『周作人随筆集』、1938 年 6 月 20 日、第 26、34 頁，四个字的空格为原文所有。）

    2. 現時に至つてかの三上老人は中国のために名を正して支那と云はんとしてゐる、**これはフアシチの睡り線香にあてられて意識朦朧となつたもので、又一つの笑話である。**（中略）もう一つある、中国と日本とは今日でこそ敵国の地位に立つてゐるけれども、もし現時の関係を離れて永久的性質を論ずるときは、両者はともに生まれながらにして西洋と遥かにその運命と境遇とを異にするところの東洋人である。（削除）しかし日本の芸術家は物云へば唇寒き悲哀を感じてゐる、これこそ正に西洋人の悲哀なのだ。（松枝：『現代支那文学集10·随筆集』、1940年8月、第84頁，"フアシチ"即"法西斯"。——笔者注）

3. 近頃になつてから気の毒な三上老人が中国のために名を正して支那と呼ばんとしてゐる。**これはファッショの睡り線香にあてられて意識朦朧となつたので一つの笑話である。** 更に一ついへば、中国と日本とは今日でこそ敵国の地位にはあるが、もし現在の関係を離れて永久的性質を論ずるなら、両者は共に生まれながらに西洋とは運命と境遇とを遥かに異にする東洋人である。**日本にはかの　　　　　　中毒患者がゐ** て自ら国民の幸福は西洋に優るとか、少くも同じだとか思つてゐて、未だに亜細亜を併呑出来ずにゐるのが稍々てれてゐる。だから芸術家は物云へば唇寒き悲哀を感じてゐる。これは確かに東洋人の悲哀である。（一戸：『周作人苦茶随筆』、1940年9月17日、第119、128頁，此词的拼写法不同的版本不同，本文均照录，其后的空格五个字右的空格为原文所有，"ファッショ"即"法西斯"。——笔者注）

4. 現時に至つてかの三上老人は中国のために名を正して支那と云はんとしてゐる、**これはフアシチの睡り線香にあてられて意識朦朧となつたもので、又一つの笑話である。**（中略）もう一つある、中国と日本とは今日でこそ敵国の地位に立つてゐるけれども、もし現時の関係を離れて永久的性質を論ずるときは、両者はともに生まれながらにして西洋と遥かにその運命と境遇とを異にするところの東洋人である。(削除)しかし日本の芸術家は物云へば唇寒き悲哀を感じてゐる、これこそ正に西洋人の悲哀なのだ。(松枝:『瓜豆集』、1940年9月25日、第126、137頁。)

查阅最初刊登《怀东京》译文的《文艺》杂志，相应的译文如下：

現時に至つてかの三上老人（三上参次博士）は中国のために名を正して支那といはんとしてゐる。**これは……の睡り線香にあてられて意識朦朧となつたもので、又一つの笑話だ。**(中略) もう一つある。中国と日本とは今日でこそ敵国の地位に立つてゐるけれども、もし現時の関係を離れて永久的性質を論ずるときは、両者はともに生まれながらにして西洋と遥かにその運命と境遇とを異にするところの東洋人である。日本の芸術家は物云へば唇寒き悲哀を感じてゐる。これこそ正に東洋人の悲哀なのだ。(松枝茂夫:『文芸』5巻10号、1937年10月、第65、70頁。省略号为原文所有，此处照录。)

显见，五种译本对周氏的日本法西斯主义者批判都做了程度不同的处理。相形之下，尽管一户务以空白的形式删除了作为"中毒者"定语的"法西斯"，但这已是诸译本中程度最小的删改了，尤值得一提的是他基本保留了"日本有些法西斯中毒患者以为自己国民的幸福胜过至少也等于西洋了，就只差未能吞并亚洲，少有愧色"一句，这已在最大程度上确保了对原文的忠实。而松枝的四个译本则改动较大,《周作人随笔集》中直接删除了作为"闷香"之定语的"法西斯",且对"法西斯中毒者"一句的删改不动声色,若无其事。但有一点须承认的是,后续的两种译本对此部分做出了调整,前句复位,后句也标明了"删除",这似乎与"创元支那丛书刊行之言"所要求的"严格忠实于原文"不无关系,[1]这也暗示了在新闻审查制度下,松枝氏试图在"不给周作人惹麻烦"的前提下最大程度上忠实于原作的努力,如此看来,竹内好独独归罪于松枝茂夫确有失之武断之嫌。

　　综观周作人文学日译本涉日评论的删改,无论是对译文中语句的删改,还是对译文集中"存目"省略的处理,其主因归一,即在日本战时意识形态下,译者、出版社 / 杂志社乃至原作者对周作人文学中批判日本侵华恶行和丑行的主动规避;或隐或显地,三者在中日两国云谲波诡的舆论环境下实现了共谋,于是"日本通"周作人对日本金刚怒目的一面被遮蔽了,伴随着这一系列对原作的处置过程,另一个菩萨低眉的周作人像生成了。

　　跳出文学译介的视野,此处顺带提出另一个有关"亲日派"周作人像生成过程中的删改问题。1937 年 8 月至年底,周作人数次致信《宇宙风》陶亢德,陈说处境、表明心志。与中国知识界一样,日本知识界似乎也寄予了周氏非同寻常的关注。1938 年 1 月号的《文艺》杂志选译了周作人 1937 年 8 月 6 日至"双十节前一日"致陶亢德的五封书信(松枝茂夫译)。[2]有趣的是,11 月 1 日,《宇宙风》以"知堂在北平"为题刊登的周致陶的书信却不在其中。此信中,为了答复郭沫若等的好意,周氏明言:"有同事将南行,

---

[1]　『創元支那叢書刊行の言』,后附于《瓜豆集》、无页码。

[2]　周作人著、松枝茂夫訳:『北京に踏みとどまる――「宇宙風」の編輯者陶亢德に宛てた書信五通』,『文芸』1938 年 1 月号、第 266—268 頁。

曾嘱其向王教长蒋校长代为同人致一言，请勿视留北诸人为李陵，却当作苏武看为宜。此意亦可以奉告各位关心我们的人，至于有人怀疑或误解，殊不能知，亦无从一一解释也。"既刊登数封信件，却只译载表明"滞留北平"的篇章，却遗漏自明心志的重要陈述，这一"选译"向日本知识界透露出中国首席"日本通"何种心理动向，不言自明。而在选译的五篇信件之中，写于 8 月 6 日的书信中有处细节值得关注。原信中，周作人称"舍间人多，又实无地可避，故只苦住"。而在《文艺杂志》对应的译文则是："拙宅は人数が多く、それに　　ようにも　　る処がないので、このままにして居るつもりです。"原文中的两处空出了两个字的空间，对照信件原文，此空格应该是"避け"。北平沦陷，中国知识界的重要领袖、"日本通"之首，逃避与否事关重大。而删掉了此一"避"字，即删除了原信件似有意"避"而无可避之意。强调"滞留北平"的实际抉择，却删除周作人逃无可逃（周作人的真实想法恐怕未必如此，但单从信件上确为此意）之处境以及愿效苏武守节的志向，改造社的《文艺》向日本知识界传达了这样的周作人动向。从这个意义上来说，周作人"亲日派"形象的生成过程中，以山本实彦为代表的改造社不实译介的推波助澜作用不可小视，甚至从某种意义上来说是影响巨大的。

当然，考察周作人涉日文学在日本的译介，只关注被删改的部分是片面的，细节毕竟还是"细节"，其他占主体的、被"选译"的文章也不可视而不见，因为无论是弃是留，"选译"本身就渗透着代表译者的价值判断、政治立场，并能折射出其时译入国的接受语境、读者的阅读趣味。与一户务的"东洋趣味"不同，在《周作人随笔集》译者后记中，松枝氏称："此随笔集是从先生为数众多的随笔——单行本十五六册、其数超过七八百篇——

中适当地选择、译出的。"而谈到翻译的标准，松枝称："（周作人——笔者注）特别是近来的（至少是截至到事变前的）文章愈发淡然如水，且多数采取了东西古今之书读后感之形式，抄出这些书的精要之处，字里行间寄托着尖锐的批判和激烈的感情。听闻古有春秋笔法，乍看平常，实际上却是四两拨千斤，举重若轻。这是谁都模仿不了的。何况将这种文章翻译成外语（至少对我来说）首先可以说是不可能的。本书中所译出者多避开了这些文章，尽量选择易懂、易译的文章。"[1] 如上表所示，除松枝译《瓜豆集》和《药堂语录》基本遵照周氏自编文集原状译介之外，其他译文集大多为"选译"性质，即便是一户务译，采用了周氏文集原名的《苦茶随笔》。在种种译文集中，涉日文章（不问程度大小）大致可分如下几类。

一、向国人介绍日本文化，结合个人留日生活体验谈日本人的生活状态，行文间渗透着对彼邦衣食住、世俗文化精神的理解与"协和"。周作人"对于日本常感到故乡似的怀念，却比真正的故乡还要多有游行自在之趣"，[2] 由《谈酒》《喝茶》《芳町》《怀东京》《市河先生》《日本的落语》《浮世风吕》《缘日》诸文可窥知周氏对日本文化的博识、对一般日本人生活之同情和理解，且含蕴着对其合理性及审美特性的高度认同与欣赏。周作人在《缘日》中明确提出了其关注"民间"的文化指向性："要了解一国民的文化，特别是外国的，我觉得如单从表面去看，那是无益的事，须得着眼于其情感生活，能够了解几分对于自然与人生的态度，

[1] 周作人著、松枝茂夫訳：『周作人随筆集·訳者のあとがき』、東京：改造社、1938年、第417—418頁。

[2] 知堂：《日本管窥》，1935年5月刊《国闻周报》12卷18期，收入《苦茶随笔》，引自周作人著，钟叔河编：《周作人文类编·日本管窥》，长沙：湖南文艺出版社，1998年，第19页。

这才可以稍有所得。从前我常想从文学美术去窥见一国的文化大略，结局是徒劳而无功，后始省悟，自呼愚人不止，懊悔无及，如要卷土重来，非从民俗学入手不可。"

二、谈中国问题，旁征博引，其中涉及日本文人学者著述，往往信手拈来，引为论据者，或内向批判之思想资源。如《北京的茶食》《和魂汉才》《老年》《如厕读书》《关于雷公》《谈油炸鬼》《太监》等文。

三、对日本近代作家（尤其是随笔家，如永井荷风、谷崎润一郎、与谢野宽等）表示推赏、倾慕，并不掩"私淑"之意，如《东京散策记》《怀东京》《冬天的蝇》《如厕读书》《与谢野先生纪念》等文。（周作人曾将永井的《冬天的蝇》与谷崎的《摄阳随笔》列为 1935 年最爱读的书。[1]）并在 1938 年 7 月 11 日致松枝氏的信中称："鄙人读书作文甚受日本二先辈之影响，即内田鲁庵、户川秋骨是也。今户川处既已寄赠，甚为快慰，永井佐藤二君处本来亦欲呈教者也。此外未曾领教之各先生拟且不唐突，唯武者小路、志贺二君处想各送一册，（后略）"据《明治文学之追忆》中的周氏自述可知，以上诸人皆为周氏所推崇者。

四、对日本现实社会问题的密切关注，以《尾久事件》《鬼怒川事件》二文为代表。周作人在 1940 年 10 月 1 日致松枝茂夫的信中特提及此二文，称："尊译《瓜豆集》一册亦已领收，谢谢。（中略）其实此中亦无几篇可读，《尾久》《鬼怒川》二文稍稍用心，而国内青年均未能解，时以为憾。意见本极平庸，实亦不过野人献芹之意耳。"在《药味集·序》中知堂先生云："近见日本友人议论拙文，谓有时读之颇感苦闷，鄙人甚感其言。"（1942 年 1 月 24 日）谈论

---

[1] 周作人：《二十四年我的爱读书》，原载 1936 年 1 月刊《宇宙风》8 期，引自周作人著，钟叔河编：《周作人文类编·夜读的境界》，长沙：湖南文艺出版社，1998 年，第 164 页。

日本时事的作品"国内青年均未能解",或是原作者有通过译介而在日本知识界"嘤其鸣矣,求其友声"之意亦未可知也。

五、对中日文化交流史重要人物、有关著述的勘考和介绍。《关于王韬》《关于朱舜水》《日本杂事诗》《四鸣蝉》《文海披沙》《武藏无仙》等皆为此类,多载于日译本《结缘豆》。值得注意的是,此类文章在战争意识形态下的"国防意图"。在接受日本作家、庆应义塾大学教授后藤末雄采访时,周作人曾就"今后的教育方针、日支亲善之策"问计于访者。后藤氏答:"为了增进国际亲善,我认为最好要进行经济贸易和文化交流。查阅日本与支那的交流史,洋货(日语作'唐物'——笔者注)的输入在日支亲善方面起到了多大的贡献、汉籍的输入多么有效地促进了日支亲善就明白了。经济贸易与文化交流同时进行。经济贸易的问题暂且置于论外,一国之文化进入他国是一种和平的进驻,可以说是和平的征服。但这种征服是征服者对被征服者施与的恩惠,因此反倒受到对方的感谢与尊敬,对方心悦诚服。我想,从这个意义上来看,文化是最为有利的国防部门。"[1]作为日本比较思想史研究的先驱,后藤末雄曾以《支那思想西渐法国》作为博士论文课题,如此想来,做出如上解答自在情理之中。反思之,这也从另一个侧面提示了《药堂语录》中所收此类文章的写作意图,及其越界日本后的影响效应。

此外,周氏涉日文章被刊出、出版的频度——即译作的出版、流通问题也是理解周作人文学在日本传播与接受的重要视点。其中值得一提的是《怀东京》《日本之再认识》和《西山小品》。相形之下,《怀东京》较易理解,再三刊出,无非是建构起了一个

---

[1] 後藤末雄:『周作人を訪ねて』、方紀生編:『周作人先生のこと』より、東京:光風館、1944年、第143—144頁。

"远游不思归，久客恋异乡"、对彼邦风土人情深为认同的周作人形象；此外，同前所述，在处理中日文化关系时，又提出了将西洋相对化的"东洋的悲哀"，嘲讽了日本法西斯主义者意图吞并亚洲的欲念。应日本国际文化振兴会之邀，1940 年 12 月周作人著《日本之再认识》一文。是文在引述《怀东京》中"喜欢日本"的论调之基础上提出了在"一半是异域，一半却是古昔"的日本别求中华旧韵的旨趣，并从日本文化中发现了"日本的东亚性"，称"在地理与历史上比较西洋人则我们的确有此便利，这是权利，同时说是义务亦无什么不可"。而与《怀东京》大相径庭的是，首先是对法西斯主义者的批评不见了踪影；其次，否定了此前观照亚洲的"东亚性视角"，转而强调在东亚内部，日本文化的"排他性"特质："应当于日本文化中忽略其东洋民族共有之同，而寻求其日本民族所独有之异，特别是以中国民族所无或少有者为准。"文章所谈到的"神凭""惟神之道"不禁让人想到了井上哲次郎在《日本精神之本质》（1935）主张日本固有精神的文化相对主义立场。1941 年 11 月 29 日，日本国际文化振兴会以小单行本直接刊出了该文的中文版本。该财团理事长永井松三在"序文"（中文）中称：

　　　　昭和之十有五年，适为我日本帝国纪元二千六百年之期，洵可谓含意深远，而极应庆祝之年也。本会据此，恳请对我国学术文化抱有浓厚兴趣、极力研究之世界学者们执笔，计划奉祝论文集之刊行，作为此次奉祝事业之一项。

　　　　本集之刊行，均为叨扰居美、英、法、德、荷、意、瑞典、澳大利亚、印度、中华民国之研究日本之学者，其内容亦亘据文学、美术、宗教、历史、法律及其他文化之各科，恳请其从

各方面之部门里，对于本邦文化之诸态，给予充分之批评、鉴
赏及研究。

然而当今国际情势急转之际，不拘时局多事之秋，慨应本
会之情、各倾专门之蕴蓄，为本邦文化精神宣扬之故，诸专家
对本会计划欣然表示赞意，立允执笔，诚为本会最欣幸之事也。

于兹，本会对此具有光辉帝国二千六百年之庆祝，颁洽
于世界，共其欢悦，更以资人类文化之向上。（后略）[1]

按一年后周作人的自解："（是文——笔者注）乃承振兴会不
弃收下，且交给某杂志将译文发表在本年十二月号上。本来我的
条件里也有一条，便是付译时须将译文原稿给我看一遍。这回却
并没有照办，大约不是振兴会而是杂志社所译的吧。但因此不幸
有些误译，最重要的是末一节里，我说在知识阶级中自然不见有
神凭状态，而译文却是说有，以否定为肯定，这错得是多么滑稽
而奇怪。现在我就将原文发表一下，所说的话对不对都以此为准，
庶不至以讹传讹也。"[2]须指出的是，在周作人"协力"日本侵华
战争期间，或明或暗，与日方也始终有着若干抵牾。早在1938年
7月，周作人就在接受日本人浅原六郎的访问时表达过对彼方不
够坦诚的不满：

"我首先要求日本的各位能正直一些。"周氏突然这样说
道。我反问了一下。

"我希望（日本的各位——笔者注）能不要撒谎，正直一些。"

---

[1] 周作人：『日本の再認識』，東京：国際文化振興会、1941年、序文第1—2页。
[2] 周作人：《日本之再认识》，载周作人著，止庵校订：《周作人自编文集·药味集》，石家庄：
　　河北教育出版社，2002年，第127—128页。

一瞬间，我感到有种种带着深深阴影的感情涌上心头。虽然话很短暂，但其中暗含着许多暗示。[1]

日本方面做出前述篡改，显然是在战时语境下要营造全国上下一统的绝对精神状态，服务于战时意识形态。但这种有意识的、粗暴的篡改触到了一个知识分子的精神底线，周作人表示无法接受，并认为其"滑稽而奇怪"也不难理解。但在整篇文章罕有的一丝知识分子式的独立理性思考也遭"强暴"之后，周作人"亲日""协力战争"的一面已被凸显到了极致。

至于另一部作品《西山小品》，就如周作人在中文版附记中所声称的那样，"这两篇小品是今年秋天在西山时所作，寄给几个日本的朋友所办的杂志《生长的星之群》，登在一卷九号上，现在又译成中国语，发表一回"。[2]周作人提到的日本杂志，乃武者小路实笃等经营、旷野社所发行的杂志『生長する星の群』。《西山小品》的文本价值交由中国现代文学研究者评论，不敢妄议，我关注的是中国作家在"青涩时代"以日文写就并在日本文艺杂志上发表这一文学"越境"的文化、政治意义。松枝茂夫致周氏的第一封信（1936年3月9日）显示译者在不知该文本为日文的前提下，曾自译并投稿，作为中国白话文范本收入共立社1933年版的教科书《支那现代文》（汉文学讲座第四卷）。周作人在回信中并未对此作出回应，却在一年半后《周作人随笔集》筹划出版之际在信中主动指出该文日文原文出处，并嘱托"虽然拙劣，但有此一段因缘，如能查出收在卷末，亦是大幸事也"。（1937年11

---

[1] 浅原六郎：『支那日本文学通周作人と語る（下ノ二）』、『読売新聞』1938年7月14日。

[2] 周作人：《西山小品》，引自周作人著，止庵校订：《周作人自编文集·过去的生命》，石家庄：河北教育出版社，2002年，第50页。

月 22 日）如前所示，日文版《西山小品》被附于《随笔集》《随笔抄》之后刊出。须注意的是，周作人在全面战争爆发四个月后仍在强调与日本的"因缘"，并希望将当年的原文原本刊出。实际上，正如武者小路实笃不止一次强调的那样，延至 1940 年代前后，"周作人现在对新村或许已经没有了年轻时代的热情"。[1] 但在全面开战之后，周作人对译者的前述建议及实际结果恐怕会让日本人看到了其另一种姿态——与新村"兄弟"们情分之难舍与珍视。1941 年 6 月，武者小路在同为新村主办的《马铃薯》杂志上发表了一篇文章，其中谈到了与周作人的重逢：

> 前些日子与周作人兄久别重逢。我本打算在周作人兄有空的时候，在新村的东京支部为他举办一个欢迎会，但却无暇操办此事。周作人兄是支那最早的新村会员，在北京主持支部时日长久。他还来过日向的村子。因此，我们见面后就像老友重逢，轻松、畅快。他能说日语，交流起来无碍，这让人感到愉快。尽管这一次由于是礼节性的聚会，与很多人在一起而无法推心置腹地轻松聊天，但见了面还是很愉快。等有空的时候，我想可以去北京一游。周作人兄也说务请一去。但我近来在日本有许多事要做，有些去不成了。[2]

战争期间武者小路实笃与周作人关系微妙。值得注意的是，二人以新村为纽带建立起来的"兄弟"之谊在"大东亚主义"舆论环境中似乎被赋予了更多的"国家"意味。1941 年，武者小路

---

[1] 武者小路实笃：『牟礼随筆·周作人』『日本評論』1939 年 3 月号、第 281 页；武者小路实笃：『周作人と私』、『人生と芸術』、東京：河出書房、1941 年、第 229 页。

[2] 武者小路实笃：『日々草』、『馬鈴薯』1 卷 2 号（1941 年 6 月）、第 5—6 页。

实笃曾声称"我们将周作人视为兄弟，而非他国之人"。[1]而周作人对武者小路一再的"隔空喊话"直接回应不算多，并保持着"欲说还休"的矜持与缄默。但由《西山小品》的"二次越界"不难看出周作人对上世纪 20 年代与日本新村"兄弟"交谊的难忘，而在战争语境下，对跨国（且为敌国）"因缘"的珍视会被日本知识界做何解读恐怕不难蠡测。应该注意，正如加藤周一所批评的那样，"武者小路实笃（1885—1976）在战败后回顾战争时期曾说过：'我被骗了。'也许是这样。但是，其所以'被骗了'，是因为自己愿意被骗"。[2]

实际上，在周作人与日本文化人之间国境意识的消弭过程中，作为交流语言的日语是一个最重要的跨界桥梁。翻阅战争期间日本人的苦雨斋访问记不难发现，主客交流均使用日语。"知日派支那人之首"的身份、曾留学日本且日语娴熟、与日本女性结婚并视日本为第二故乡之种种对日因缘使来访者自然地产生"宾至如归"的认同感是顺理成章的，正如后藤末雄所描述的那样，"用日语与北京大学的先生们交谈，就似日本人间的交流，有种说不出的亲近感。日语完全消弭了宾主间的国境"。[3]在这种舆论渲染下，后来成为伪政权教育督办的周作人与日本友人、来访者的私人情谊、交往被意识形态所利用——虑及周作人几乎称不上抵抗的"默许"、矜持和沉默，毋宁说，这仍是一种合谋与共犯——被塑造成了日本的兄弟、女婿，甚至于与日本人无异、只是生活在中国的"日本人"。

---

［1］　武者小路实笃：『周作人との友情の思出』、『文芸』9 卷 6 号（1941 年 6 月）、第 101 页。

［2］　加藤周一著，杨铁婴译：《日本文化的杂种性》，长春：吉林人民出版社，1991 年，第 138 页。

［3］　後藤末雄：『周作人を訪ねて』、方紀生编：『周作人先生のこと』より、東京：光風館、1944 年、第 146 頁。

最后，形似与日本无关、实则影响极大的《谈油炸鬼》《禹迹寺》等之译介不得不顺便提及。学界对此二文的关注与研究已有相当积累，兹不赘论。天人交战之际的周作人，以上诸文所传达出的思想倾向在日本之受容可能不难推断，这里不做进一步展开。

三、一次非比寻常的整容与摆渡

不妨将周作人在日本的译介与接受视作一次大幅度的面部修整与重构，一次"周瑜打黄盖"的冒险。在新朋旧友骤起的鼓噪与助威声中，除了偶尔微声细语的交流外，受诊者基本将自己交付于对方处置。于是，在一个暗黑的小屋中，作为对象的周作人的左半边脸（西洋论述）首先几乎被整体涂黑、遮蔽殆尽，空余与右半边脸连筋带骨的一小块——"希腊"。右半边脸之整顿则以"拔獠牙"为要，周作人对现实层面上日本法西斯主义对华侵略的面目狰狞的激烈批判被删除了。在细部的处理上，保留了忧愁的、带着忧（中）国忧民气质的蹙额，身着和服、木屐，嘴角、眼角原有的静谧、闲适的微笑被有意渲染了。在国人看来似乎只能由此寻得那似曾相识的神韵。在金刚怒目的一面被抹杀之后，另一个菩萨低眉的"假像"随之生成。被整容后、走出手术室的周作人成了亲（包括他个人甚至日人竹内好）痛仇快、易于接触、合作的"亲日派"。在日本战时意识形态（特别是严厉的言论出版统制制度[1]）和舆论管控下，一个有着浓厚"东洋趣味"、高扬东方文化精神且对西洋之"近代"有着自觉反思意识，既有着爱中国之名声又兼有着认同日本文化的思想倾向，在中国有着巨大文化／政治影响力又有与日方合作之可能的周作人才是易被接受

---

[1]　参见内川芳美、新井直之著，张国良译：《日本新闻事业史》，北京：新华出版社，1986 年。

的、才是被需要的。

然，木有本，水有源，译介的选材终究要追问到原作者创作的思想倾向上。毋庸讳言，战争期间周作人的文学创作走向与法西斯日本的战时文化需求在大方向上趋同，"投怀送抱"的献媚、迎合倾向自不待言（《日本之再认识》《药堂语录》，甚至前述后藤氏的访谈等不一而足，皆可为论据）；而另一方面，周作人的若干主张（如其文学趣味的西东转换[1]）被赋予了特定政治意涵而被日本军国主义者置于其"大东亚主义""东亚携手、打击鬼畜美英"的政治话语脉络中"各怀鬼胎"地予以利用、有意"误读"。在这一过程中，作为中间环节的"文学译介"便成了一次非比寻常的"摆渡"。最后，我想重申一点：这是一场合谋与共犯，而文学译介在这一过程中的作用举足轻重，其间的种种复杂值得重视。从译介学的视角而言，小而言之，语词的斟酌推敲、译文的取舍、译本名的确定甚至于译或不译，相关决断都内隐着原作者、译者、出版机构、相关舆论人士与文化人，乃至特殊时期译入国的"期待读者"（在译介过程中隐性存在）的多边互动。任何试图归罪于单边的论断都是失之武断、缺乏史实支撑的。译介学的视角为今人在这一复杂的关联网络中重新理解、评价日本侵华时期周作人的变节、附逆提示了极为重要的中间环节。此外，作为比较文学研究者，我想说的是，中日战争期间周作人文学、思想的研究还有着不小的拓展空间，有必要立足于双边文献资料做冷静、客观的整理与思辨，任何脱离文献与史实的臆断和结论都是不可信、不足取的。

---

[1] 参见王升远：《周作人与北京大学日本文学学科之建立——教育史与学术史的视角》，载《鲁迅研究月刊》2010 年 7 月。

第十一章

村上知行的"北京文人论"：悖论与病理

一、何谓"文人"：意涵变迁及其现代受容

在中国知识界，冠以"文人"之著述汗牛充栋。吊诡的是，在相关著述中，能对其给予清晰界定者甚少；与著作者"毋庸赘述""不言自明"的大前提相对应的是，读者似乎也大都心领神会、照单全收，罕见异议。这一情形在日本乃至整个东亚知识界、思想界也不算稀奇。正如林少阳强调"文"的概念是东亚知识分子，尤其是中国知识分子思想史的一个最核心的概念[1]一样，"文人"也早已成为渗入中国文化乃至东亚文化骨髓的"关键词"。

陈明远曾对"文人"一词做过"概念史"式的"知识考古"。[2]据称，"文人"特指"读书能文之士、擅长文章之人"是在汉代以降、文人作为一个专业阶层确立之后。而上世纪30年代中期后，"文人"则在文坛论战的背景下逐渐转为带有贬斥色彩的语词，其中鲁迅一系列杂文如《"文人相轻"》（载《且介亭杂文》）和《文人无文》

---

[1] 林少阳:《"文"与日本的现代性》，北京：中央编译出版社，2004年，第1页。

[2] 陈明远:《"文化人"考》，载《粤海风》2002年第5期；陈明远:《从"文人"到"文化人"》，载《社会科学论坛》2003年第5期。

（载《伪自由书》）起到了推波助澜的作用，使得"文人"成了迂腐、动摇、自私、寒酸、缺德、懦弱的集合体与代名词。大约在抗战前夕，"文化人"逐渐成为文化工作者"在新与旧之间划清一条界限，以表明自己的进步立场"（夏衍语）的替代称谓。就指涉范围而言，民国前的"文人"须是秀才、举人、进士，即所谓的士大夫阶层；民国以后则一般指有学问有资历的人、文史专家、学者、作家、教员等，而其他从事戏剧、电影事业者自认为学问并不高，乐于自称"文化人"，而不愿与"文人"搭界（白杨语）。"当初也曾有过一个时期，曾以文人自居，妄想做什么文学运动"的周作人就曾慨叹"在该会（文学研究会——引者注）存在时，我仍是会员，但是自己是文人的自信却早已消灭，这就是说文学店已经关门了"，"可是说也奇怪，世间一切职业都可以歇业，（中略）唯有文人似乎是例外，即使自己早经废业，社会上却不承认，不肯把他放免"；[1]并将其前后处境、觉悟描述为"误入文人道中，有如堕贫，近方力求解脱，洗脚登岸"，[2]道尽了身为／被视为文人的两难与无奈。

　　在上世纪 30 年代中国文坛关于"文人"的论战[3]中，一个有趣的细节值得注意。若谷（张若谷）在《恶癖》一文中批判了文坛之"恶癖"——"文人无行"时，却是以"现代日本的文人"为论据"来作中国有为的青年的殷鉴"的（鲁迅:《文人无文》）：

---

[1] 周作人:《文坛之外》，收入《立春之前》（1945 年太平书局版），引自周作人著，钟叔河编:《周作人文类编·本色》，长沙：湖南文艺出版社，1998 年，第 355—356 页。

[2] 周作人:《〈文载道文抄〉序》，收入《立春以前》，引自周作人著，钟叔河编:《周作人文类编·本色》，长沙：湖南文艺出版社，1998 年，第 689 页。

[3] 若谷:《恶癖》，载《大晚报》副刊《辣椒与橄榄》1933 年 3 月 9 日。鲁迅的批评及其与周木斋的论战文章均参见《鲁迅全集（第 5 卷）伪自由书》，北京：人民文学出版社，2005 年，第 85—90 页。

现代的日本文人，除了抽烟喝咖啡外，各人都犯着各样的怪奇恶癖。前田河广一郎爱酒若命，醉后呶鸣不休；谷崎润一郎爱闻女人的体臭和尝女人的痰涕；今东光喜欢自炫学问宣传自己；金子洋文喜舐嘴唇；细田源吉喜作猥谈，朝食后熟睡二小时；宫地嘉六爱用指爪搔头发；宇野浩二醺醉后侮慢侍妓；林房雄有奸通癖；山本有三乘电车时喜横膝斜坐；胜本清一郎谈话时喜用拇指挖鼻孔，形形色色，不胜枚举。

日本现代文人所犯的恶癖，正和中国旧时文人辜鸿铭喜闻女人金莲同样的可厌，我要求现代中国有为的青年，不但是文人，都要保持着健全的精神，切勿借了"文人无行"的幌子，再犯着与日本文人同样可诟病的恶癖。

而鲁迅对此说颇为不屑。论者常以鲁迅对张氏的批评来讨论"文人无文"论战的因由及其意义；但换一个观照视角你会发现，尽管"概念"不明，但时至上世纪 30 年代，不仅本土文人为世人所不齿，东邻日本文人也已声名狼藉，种种丑陋行止为国人所诟病、唾弃。而"日本文人"可以成为国人"闻者足戒"的反面教材直接介入到 30 年代"文人无文"的论战中，固可视为张氏为避免文坛上的直接冲突"虚晃一枪"而取的"为国人讳"之叙述策略，这一异域论据的出现，不也正是在隐性层面暗示了根植于东亚文化传统的、中日现代文坛的深刻关联性吗？将张若谷中日的对比逻辑（即在"无文"的丑恶一面，日本现代文人≈中国旧时文人）移植到陈明远的"概念史"脉络中，似可归纳出如下关系：

日本现代文人≈中国旧式文人→1930 年代贬义的"文人"形象，为国人所不齿

中国现代文人→1930年代相对中性的"文化人"形象，具进步色彩

旧时中国"文人"不仅被国内文坛弃若敝屣，似乎也不太被国际文化人所待见。从英国传教士麦高温（John Macgowan，？—1922）在《中国人生活的明与暗》一书中专辟"文人阶层"一章对旧式文人"道义感之缺失"及"自然科学常识之缺乏"的激烈批评足见一斑：

> 从整体上看，这些文人都是些无耻之徒。他们的智慧通过学习得到了提高，但与此同时，他们的道义感却好像变得麻木了。他们是社会进步的绊脚石，对外国人，他们的痛恨之情是最强烈的，也是根深蒂固的，不论这个外国人来自哪个国度。
>
> （中略）用西方的观点看，获得以上学位所需要的知识是贫乏而有限的，在我们英国学生的眼里简直少得可笑。（中略）数学、天文学、几何学、地质学等等，这些名词对中国学生几乎是完全陌生的，至于英国青年人必须学习的一些纯科学的课程更是中国文人闻所未闻的。[1]

而面对中国社会中旧式"文人"遭到唾弃、进步"文化人"成长的巨大社会转型，国际知识界出现了不同的反应。麦氏显然代表了其中乐观其成、鼓励"进化"的一派：

> 为父辈们所津津乐道的那些书和论题现在在年轻人面前已失去了吸引力。众多的西方观点像一首新鲜而又激动人心

---

[1]　麦高温著，朱涛、倪静译：《中国人生活的明与暗》，北京：中华书局，2006年，第37页。

的乐曲传了进来。(中略)在中国,一个新的历史纪元开始了。
那些曾容纳一万考生的巨型大厅现在已被遗弃,孤零零地呆在
一旁。它们的辉煌已经过去,大门在风中时关时开,巨大的蜘
蛛已在房梁上安家织网了。仔细听,你能听到幽灵们的呻吟声,
这是那些曾在这里获得了荣誉的人在感慨,是那些悲痛于帝国
荣耀丧失的人在叹息![1]

　　嫁到中国的波兰女性露存(Stephanie Horose, 1883—1970)在
《心文》中批评称"我要斗胆进言相告说,文士所擅长的是妙语,
艺士所擅长的是实力。我还敢进言相告说:中国的国力已经穷尽,
目前缺乏的是艺,是工作,是生产的能力","必须破除最陈旧最腐
朽的观念,即文贵艺贱四个字"。[2]露存和麦高温的共通之处即在于,
基于西方近代主义立场的、偏重于自然科学和技术的价值取向,而
对中国传统人文精神缺乏必要的理解与认同(如麦高温就认为"那
些书比什么东西都乏味",不如《圣经》美妙)。但若将其论说还
原到启蒙语境下,对中国的批评、指引和期待实际上是不乏善意的。
　　了解以上"文人"一词的意涵流变,特别是其在上世纪 30
年代中外文化语境下四面楚歌的境遇,对把握以下论述思路至
关重要。

二、指向"和平"的中国知识分子改造逻辑

　　与此相对的是,对中国的社会转型表示"担忧"者亦有其人,

---

[1] 麦高温著,朱涛、倪静译:《中国人生活的明与暗》,北京:中华书局,2006 年,第 45 页。
[2] 露存著,蔡向阳、李茂增译:《心文》,载古诺德:《解析中国》,北京:国际文化出版公司,
　　1998 年,第 231—232 页。

日本的村上知行则堪称反对派的代表人物。进入论述前有必要对作者村上知行作以简要介绍。村上知行（1899—1976），日本福冈县博德人，1927 年来到上海，1934 年以《读卖新闻》特派员的身份移往北平直至 1946 年，1976 年 3 月自杀于家中。村上是日本知名的中国文学翻译家、中国问题评论家，除翻译、抄译了大量的中国古典文学名著（如《三国志物语》《三国志》《肉蒲团》《西游记》《金瓶梅》《聊斋志异》等）外，仅以单行本为例，其主要涉华著述就有《九一八前后》（福田书房，1935）《支那与支那人》（中央公论社，1938）、《旧支那，新支那》（改造社，1939）、《北京岁时记》（东京书房，1940）、《随笔大陆》（大阪屋书店，1940）、《北京的历史》（大阪屋书店，1941）《大陆史的十二人》（大阪屋书店，1942）、《北京十年》（中央公论社，1942）、《秦始皇》（大阪屋书店，1943）、《龙兴记》（樱井书店，1944）、《从北平到东京》（樱井书店，1947）、《聊斋志异香艳抄》（光文社，1947）、《新中国——觉醒的五亿人们》（樱井书店，1953）、《北京十话——十年的证言》（现文社，1967）等。由以上出版信息不难发现，日本全面侵华的八年间是村上以北平为主的中国研究、评论创作的高峰期，平均每年至少一本相关著作面世；而文学翻译则主要是其战后的工作。

《北京的文人》一文刊载于 1939 年出版的随笔集《旧支那，新支那》。[1] 村上氏在是文开篇即引"中国人民战线运动的大斗士"、因《团结御侮的几个基本条件与最低要求》一文在日本名噪一时的章乃器关于"半殖民地型知识分子"的相关论述。《团结御侮的几个基本条件与最低要求》文结末处，章乃器提出了自己对中国青年的期待："第一，是今后的中国青年不要再做半殖

[1] 村上知行:『古き支那 新しき支那』、東京：改造社、1939 年、第 3—22 頁。

民地型知识分子；第二，是能有一位文学家写一本《阿斗正传》，充分点描写半殖民地型知识分子"[1]。"他希冀中国青年不再沦为半殖民地型知识分子，那么，究竟成为怎样的知识分子为好呢？在这一点上，章乃器没有给出直接明了的指示。"显然，村上氏试图对"章乃器悬疑"给出自己的解答，结果，在冥思苦想"三日三夜"之后，他开出了"处方"——"无他，正是复活中国自古以来就存在着的一种知识分子'文人'。"显然，村上氏为中国把脉观象后开具的"处方"是与前述张若谷，乃至上世纪30年代中国文坛、国际进步文化人的设想与期待大相径庭，甚至背道而驰的。在我方救亡图存的历史语境下，身在故都的敌方著名文人的"接着说"自然值得关注，加之作者的"敌方喉舌"（在日本影响力极大、拥有众多读者的《读卖新闻》特派员）身份，其所忧、所倡、所期者何，与国内外的相关讨论旨趣之关联、异同等，都值得认真辨析、讨论。

何谓"文人"，其特性何在，分为何种类型？鼓动现代中国知识分子"复古"有何意义？短短一文竟对以上诸问题全部予以解答。但起笔处作者先给出了一个可资解剖的"标本"——《子不语》（袁枚）所收《琵琶坟》中的翰林董潮。村上由此个案得出了"文如其人""以文论人"式的断想——"笔记小说中出现的文人，毕竟都反映了由身为作者的文人本人气质生发出的一种理想，这是无疑的"，蒲松龄与袁枚不幸成了此一断想的注脚。（将明清小说中的世俗叙述作为中国国民性批判资源绝非村上的独创，周作人在《支那民族性》中即举出安冈秀夫的《从小说上

---

[1] 原文参见章乃器：《半殖民地型中国知识分子》，初载《生活知识》1935年创刊号，引自章立凡选编：《章乃器文集（下卷）·政论杂著编》，北京：华夏出版社，1997年，第137页。

看出的支那民族性》，称该作"列举中国人的恶劣根性，引元明清三朝的小说作证，痛加嘲骂"。[1]）众所周知，袁枚的《子不语》与蒲松龄的《聊斋志异》、纪昀的《阅微草堂笔记》并称清代三大文言志怪小说集。村上舍纪昀而将批判矛头指向袁、蒲，其实不难理解。在鲁迅看来，纪昀的意义在于"他生在乾隆间法纪最严的时代，竟敢借文章以攻击社会上不通的礼法，荒谬的习俗，以当时的眼光看去，真算得很有魄力的一个人"。相形之下，被鲁迅评价为"其文屏去雕饰，反近自然，然过于率意，亦多芜秽"[2]的《子不语》，更大程度上乃"自娱""戏编"之作，"乃广采游心骇耳之事，妄言妄听，记而存之，非有所惑也"。[3]从这个意义上来说，拷问"采风"之作，并对作者（实可作"编者"观）做人格判断，似乎失之片面、武断。那么，身为作者的文人都具有哪些特质？作者又引述了韩侍桁的论断——"色情狂""金钱狂"和"官瘾狂"或"仙人狂"三合一的产物。借中国文人的"文人"论断阐释"中国文人"特质的解构策略，颇有"以子之矛，攻子之盾"的意味。在村上看来，中国文人的特质显然不止这些："他们绝无崇高之热情。只要是对他们这些文人，那么，挥舞着革命红旗，鼓舞并指导百万大众，让压迫者们丧胆的担忧就绝无必要。他们无论多么不平，决无化作炸弹之忧，即便燃烧起来，至多也只是蚊香之火的燃法。"并以文艺批评家金圣叹死刑前的情状论证"所谓'文人'之辈，就是不懂得反抗、顺从时世的文化人"。至此，村上总算给出了他的"文人"概念——"所谓文人，归根

---

[1]　周作人：《支那民族性》，1928 年 2 月刊于"北新"初版本，引自周作人著，钟叔河编：《周作人文类编·日本管窥》，长沙：湖南文艺出版社，1998 年，第 711 页。

[2]　鲁迅：《鲁迅全集（第 9 卷）中国小说史略》，北京：人民文学出版社，2005 年，第 344、218 页。

[3]　袁枚：《袁枚全集（第 4 卷）·子不语·序》，南京：江苏古籍出版社，1993 年，第 1 页。

到底，便是天真蠢笨、老实温顺、大雅的皮肤包着卑俗之骨，伪
装成超然于浮世的才子。"（着重号为作者原文即有，此处照录）
这一价值判断显然是损抑至极的归纳。

继"概念论"后，村上推出了他的北平文人"特性论"。北
平文人究竟热衷于何事？知堂云："喝茶当于瓦屋纸窗之下，清泉
绿茶，用素雅的陶瓷茶具，同二三人共饮，得半日之闲，可抵十
年的尘梦。"[1] 村上借用了"北京文人中最大的存在"周作人之"茶
语"引出"喝早茶"这一北平文人独有的习惯。这其中，值得注
意的是，若村上氏通读了周氏的《喝茶》，则不会对文中贯穿始
终的关于日本茶道之议论视若不见的。以周文起笔处为例：

> 前回徐志摩先生在平民中学讲"吃茶"，（中略）但我推
> 想他是在讲日本的"茶道"（英文译作 Teaism），而且一定说得
> 很好，茶道的意思，用平凡的话来说，可以称作"忙里偷闲，
> 苦中作乐"，在不完全的现世享乐一点美与和谐，在刹那间体
> 会永久，是日本之"象征的文化"里的一种代表艺术。

甚至对冈仓天心的《茶之书》中对"自然之妙味"表示赞同。
周文近结末处论及豆腐的美味时说："豆腐的确也是极东的佳妙的
食品，（中略）惟在西洋不会被领解，正如茶一般。"换言之，在
茶事上，西方与东方国家存在差异与隔阂；而在东亚内部，中、
日等远东国家则具备相对的文化同一性；而村上对此却绝口不提，
令人疑窦顿生。实际上，村上真正关切的乃是"超逸茶食论"背
后潜存的"实用政治论"——他由北平文人饮茶的习性中发现了

---

[1] 周作人：《喝茶》，初载《语丝》1924 年第 7 期，引自周作人著，钟叔河主编：《周作人
文类编·夜读的境界》，长沙：湖南文艺出版社，1998 年，第 268 页。

可资为"东洋和平"所用者："只半日会友品茗，便会忘却十年一切的烦忧、辛苦、不平、妄执、怒气。这般优雅、简便的和平人乃文人也。是故，为东洋和平计，各大学有必要致力于培养此种文人。应毁弃科学殿堂，并以茶道讲座取而代之。"显然，借"饮茶"压抑怨怒，培养和平"顺民"方遂村上之望。

早茶毕，开始玩耍、交际。村上认为"文学、艺术等在中国自古以来就仅仅是空头名词，并没有专门化和职业化的文士、画家等。都只是一种游戏，并且是不许俗人干涉、是只有天才者才拥有的特权性玩具"；移步公园后，北平文人无暇顾及风景而热衷于猎艳的"发自肺腑深处"的恶俗面目又暴露无遗。文人的虚伪还表现在对仕进之途的"若无其事"的暗地执着——"他们在耐心等待着跃升高位的机缘，对文人而言，非但决不可积极出世，甚至'积极地'三字都是可恨的。"既然北平文人如此怯懦、麻木、恶俗、虚伪、面目可憎，村上又何以在文末再次申明"我为章乃器未能站在东洋和平的大局着眼鼓励中国青年的文人化而感到遗憾"呢？村上显然有"讽今"之意——"如若全世界都充满着此等东洋文人，希特勒、墨索里尼、斯大林都不必那般屡屡咆哮，法西斯主义、共产主义，所有的一切都将被他们抛弃，大和平时代即将出现。""话头一转，我如今所居住的北京，不愧是东方文化的中心地，幸运的是，此等和平的文化人甚多。某中国人说，世界上最好的是北京，北京最好的是公园，公园最好的是茶座……依我说来，北京最好的是文人。大千世界中没有比文人更令人满意的东方文化精华了。"此处再生一疑：如果北平的和平文人代表了东方文化的精华，那么日本的粗暴武人又代表了什么呢？

在"特性论"之后，村上提出了近代以来分化了的北平文人之"类型论"：穷酸文人以写艺妓绯闻为谋生之资，勉强度日；

有产阶级文人则远为悠然，"对大炮、机关枪都不太有敌忾之心"。在民族危亡的历史关头，中国文人处之泰然的"悠然"姿态让村上不禁联想起本国的"文人"——"德川末期，黑船袭来，天下骚然，正如在今日中国抗日一般大倡文武之道时，狂歌师蜀山人咏曰'举世间，无嘈如蚊者，谈文论武，夜不能寐'"，"中国今日之文人对于中国今日情势的感想，大概即为此种程度吧"。关于"黑船袭来"、佩里叩关之经纬及其对日本近代化的影响关系乃学界常识，此不赘述。只提出一个简单的问题：在实现日本近代转型的重要历史节点，若日本国民都如蜀山师般超然世外、悠然度日，那将会是何等情状？在1934年4月30日致曹聚仁的信中，鲁迅针对周作人自寿诗及其在文坛上产生的影响，提出过一个并不新鲜的说法："文人美女，必负亡国之责。近似也有人觉国之将亡，已在卸责于清流或舆论矣。"[1]女色误国不难理解，而"文人"何以误国？一句话，"学而优则仕"的结果。与美女多以姿色晋身不同，文人或由仕进之途干政，或以"优孟衣冠"的民间姿态讽喻，或兴邦、或误国确是中华传统，鲁迅之言并非故作耸骇。综合以上诸说，可得出简要图示如下：

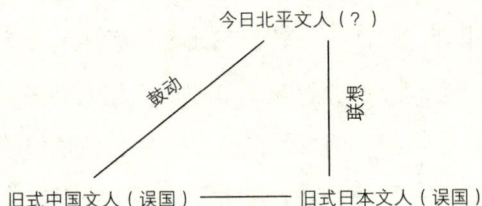

今日北平文人（？）

鼓动　　　联想

旧式中国文人（误国）—— 旧式日本文人（误国）

以上示意图中的问号所指者何？"误国"。恐怕，培养"北京的文人"的目的也正在于此。由是观之，则村上鼓吹知识分

---

[1]　鲁迅：《鲁迅全集（第13卷）书信》，北京：人民文学出版社，2005年，第87页。

子复古的弦外之音不言而明。上图中的"中国""日本"及"北平"并举也催生出另一个问题，顺便提出。若将上海视为"近代化的中国"之象征，那么相应地，将千年故都北京视为中国传统文化精神的符号应该也不会有异议。顺着这一思路下去，村上该文的文题"北京的文人"可置换为"中国的文人"吗？村上的"北京文人论"可化约为更具涵盖性的"中国文人论"否？中国现代知识分子"上海文人"可化成为"章乃器悬疑"的答案乎？窃以为，村上将一"不"置之。首先，尽管论者动辄引司马迁所谓"燕赵自古多悲歌慷慨之士"（《史记》）、"风萧萧兮易水寒，壮士一去兮不复还"（《史记·刺客列传》）的论评，以及辽国名将耶律休哥、明燕王朱棣、大刀王五的武略豪情论证北京粗豪尚武的传统，[1] 此等地域意义上的意气之论自然无法当真，但无法否认的是，在 20 世纪 20 至 40 年代，北平却是座弥漫着"和平气息"的城市。王西彦在《和平的古城》中称，"有人把北京城比作西班牙首都马德里，因为同样有着和平而古老的情调"，而"这古城的和平空气是敌人的铁骑所万难踏破的"，以至于"日本浪人和汉奸从丰台劫了铁甲车轰击北京城"时，"城内依然歌舞升平，全城竟有一大半人不知道这回事情"。[2] 原本在 30 年代的"京派"与"海派"之争时，鲁迅就曾批评过京派文人消隐的文化情趣；[3] 而"北平沦陷"这一事态的发生与持续，更使"北京的"成为一个区别于中国其他地区的、具有"沦陷特质"的修饰语，正如李陵、苏武和李和儿一样，"北京的文人"已被特殊历

---

［1］骆爽主编：《"批判"北京人？！》，北京：中国社会出版社，1994 年，第 70—73 页。

［2］王西彦：《和平的古城》（1936 年秋作），引自姜德明编：《北京乎：现代作家笔下的北京（一九一九—一九四九）》（下），北京：生活·读书·新知三联书店，2005 年，第 529—531 页。

［3］鲁迅：《"京派"和"海派"》（1935 年 5 月），载《鲁迅全集（第 6 卷）且介亭杂文二编》，北京：人民文学出版社，2005 年，第 312—315 页。

史文化语境赋予了特定的意涵：他们已成为"和平主义者"的代名词（当然，这也与整体上民季国人对武力的鄙弃有关[1]）。尽管书名冠以极具涵盖力的"旧支那，新支那"，却避谈北平之外其他地区的"中国文人"（以前述村上氏的来华经历来看，至少可以涉及激越凌厉的左翼"上海文人"）。如此看来，其动机岂是单单"身在北京，视野局限"一点所能解释的？借高建子的话来讲，北京是"亚细亚思维的散步场"。[2]而与此同时，将视线转向另一个隐性的层面——北平文坛的内部运行机制。上世纪20年代后半期，继承了"言志"传统的京派文人周作人、俞平伯等提倡的所谓"文学不革命论"[3]，前引鲁迅的"文人美女亡国说"直接批评的即是其弟周作人。1930年底周氏在《北大的支路》中谈到"蔡子民先生曾说，'读书不忘救国，救国不忘读书'，那么读书总也是一半的事情吧？（中略）我姑且假定，救国、革命是北大的干路吧，读书就算作支路也未始不可以"。而在这篇倡导"北大该走他自己的路，去做人家所不做的而不做人家所做的事"[4]的文章中，周氏的价值取向可谓明朗。时过境迁，即便在全面战争一触即发的紧张局势下，周作人仍然坚持此前的一贯立

[1] 就如戴季陶在《日本论》中所描述的那样，"这些年来，中国对于武力，简直可以说没有正当的了解。有一个时代，一般国民的思想，几乎把武力鄙弃得不成样子。从民国三四年以来，到八九年的当中，听见武力就反对，以为这是一个顶不好的东西。就是最近这两年，风气变了一点，然而在'打倒军阀'这一个口号之下，一般人对于武力依然没有正确的了解，连军人当中，都没有敢主张军队是国家存在唯一的组织原素，战斗是民族存在唯一的动力的人，这的确是思想界的最大弱点"。见蒋百里、戴季陶：《日本人与日本论》，南京：凤凰出版社，2009年，第96页。

[2] 高建子『北京百景』，北京：新民印書館，1943年、第38頁。

[3] 小川利康：『周作人と明末文学——「亡国之音」をめぐって』，『文学研究紀要』別冊第17集、1991年1月、第2—4頁。

[4] 周作人：《北大的支路》，引自周作人著，止庵校订：《周作人自编文集·苦竹杂记》，石家庄：河北教育出版社，2002年，第215—218页。

场反复强调，"文人本来只能作诗文，一出手去弄政事军务，鲜不一败涂地者"，"我觉得现在的病却是在于武人谈文，文人讲武"；"我从前说过，要武人不谈文，文人不谈武，中国才会好起来"，要求文人、武人各司其职，不可越俎代庖，"不误青年主顾"。[1]这种"文学不革命论"的基调与村上论调由内而外地达成了"共犯"，遂使与上海对峙的"北京文人"顺理成章地成了村上"文人论"中的不二典范。

　　在日本人看来，如果说在"文人"与"误国"之间存在逻辑上的中间环节，那就是中国人"文弱的和平主义"，这似乎已是近代以降日本知识界关于"支那国民性"讨论的诸多共识之一。上世纪 20 年代，早稻田大学教授渡边秀方在《中国国民性论》之一节——《论文弱的和平主义》中指出，中国文化是和平文化，有别于凭借武力传播。[2]但值得注意的是，渡边之所谓"和平主义"前的修饰语——"文弱"。进一步查阅、对读，你会发现，著名史学家桑原骘藏之《支那人的文弱与保守》[3]一文亦大抵与此同调。通过文本对读，大量证据表明，渡边氏之作实为对桑原氏之文的恶劣抄袭[4]，但抄袭正印证了此说已渐成日本人对华的集体想象。两文大量的重叠部分都指向了一个终点——面对武力，中国人的"文人式软弱"常是误国、亡国之源。"中国人是世间少有的和平的民族，也是世界上屈指可数的文弱的人种"，"他们的

[1] 周作人：《煮药漫抄》、《责任》，引自周作人著，止庵校订：《周作人自编文集·苦竹杂记》，石家庄：河北教育出版社，2002 年，第 31—32、202 页。

[2] 内山完造等著，尤炳圻等译：《中国人的劣根和优根——日本人眼中的近代中国》，南昌：江西人民出版社，2009 年，第 127—143 页。

[3] 桑原隲藏：『支那人の文弱と保守』、『支那研究』より、東京：同文館雑誌部、1916 年、第 65—93 頁。

[4] 对比刊出时间，渡边氏之作出版于 1922 年，而桑原氏之文发表于 1916 年。

思想，与富国强兵策是不能兼容的"，"欧美人杞忧的黄祸说，对汉民族实是虚妄而须取消之"；并举出宋、明因"文人误国"而被北方凶悍异族所灭等史实以推证此说。

事实上，这一论调也是清、民之季知识界的共识之一。其时，中国不得不再次直面亡国灭种的民族危机，即便是由以骁勇善战著称的满人统治的中国。"旗人即清朝满洲人的旗本，入中国已有270年，故比起一般中国人来更显文弱。既无武力，又缺乏实际能力。"[1]——来华留学的吉川幸次郎如是说。一系列丧权辱国条约的签订并没有阻止列强入侵的脚步，通过对鸦片战争以来反侵略战争史的考察，很多人意识到，以"和"为主的策略无法保证民族的和平与安全。"和戎"道路首先需要解决一个问题：积贫积弱的中国，何以争取和局？《武经七书》之《尉缭子》武议篇云"故兵者，凶器也。争者，道德也。将者，死官也。故不得已而用之"。黄遵宪在《日本国志》中感叹："中国之论兵，谓如疾之用医药，药不可以常服，所谓不得已而用兵也。泰西之论兵，谓如人之有手足，无手足不可以为人，所谓兵不可一日不备也。（中略）嗟夫！今日之事，苟欲禁暴戢兵，保大定功，安民和众丰财，非讲武不可矣，非讲武不可矣！"[2]面对积贫积弱的国势，力图救亡图存的仁人志士多"悔儒冠而尊兵剑"，"诗界千年靡靡风，兵魂销尽国魂空"（梁启超语）几为共识；梁启超在《中国积弱溯源论》（1900年）中指出，"中国民俗，有与欧西日本相反者一事，即欧日尚武，中国右文是也"；[3]更著《中国的武士道》

---

[1] 吉川幸次郎著，钱婉约译：《我的留学记》，北京：光明日报出版社，1999年，第47页。

[2] 黄遵宪：《日本国志》（下卷），天津：天津人民出版社，2005年，第533—534页。

[3] 梁启超：《中国积弱溯源论》，载《饮冰室合集·文集之五 立宪法议》，北京：中华书局，1989年，第24页。

一书，大声疾呼找回失落已久的"中国的武士道"，重铸尚武精神；对"流血"之崇拜遂成一时潮流。[1] 1918 年赴东北的蒋梦麟在中国的边疆富锦县发现了尚武的风气——"这些边陲省份的人民仍然保持着原始作风，充满了战斗精神，未曾因古老文化的熏染而变得文弱，与长城以内的老大民族适成强烈的对比。"而从可资参照的东邻日本，蒋氏认为，"日本在国际舞台上的空前成就，应该完全归功于依循西方路线所进行的改革。这些改革是在世袭的统治阶级领导下完成的。他们孕育于尚武精神之中，效法他国并使之适应本国，对于领袖和祖国更是精忠不贰"。[2] 尾藤正英在总结日本迅速通过明治维新以降的"文明开化"而崛起的经验时称，"儒学因为作为学术以及思想传入日本，即便在道德方面产生了影响，但因为没有引进同姓不通婚那些儒学的礼法即社会制度，在那样的意义上，不妨认为日本没有真正进入儒教文化圈对当时（明治维新以降——笔者注）日本的现代化起到了积极作用"，其原因在于，"对武士来说，具有实际技术人员的技能比具有文人的文学以及哲学等修养更为重要。不妨认为，在引进西洋的近代科学技术文明时有效地发挥作用的正是这种武士社会的状况"。[3] 阿尔弗雷德·韦伯（Alfred Weber，1868—1958）考察日本近代史时也承认"武士阶层是改革的主要推动力量"。[4] 在福泽谕吉看来，在陶冶人心、使之进于文雅方面，儒学功德不小，但"它只是在古时有贡献，时至今日已经不起作用了。（中略）从前

---

[1] 陈平原：《中国现代学术之建立——以章太炎、胡适之为中心》，北京：北京大学出版社，1998 年，第 283—293 页。

[2] 蒋梦麟：《西湖与新潮：蒋梦麟自传》，北京：团结出版社，2004 年，第 267、317 页。

[3] 尾藤正英著，彭曦译：《日本文化的历史》，南京：南京大学出版社，2010 年，第 119 页。

[4] 阿尔弗雷德·韦伯著，姚燕译：《文化社会学视域中的文化史》，上海：上海人民出版社，2006 年，第 311 页。

用儒学来教化日本人，如同把乡下姑娘送到府第里服务一样。（中略）自古以来，我们日本号称义勇之国，武人彪悍而果断，忠诚而直率，（中略）日本的武人应该自然产生独立自主的精神，象日耳曼野蛮民族所遗留下独立自主的精神那样，我国人民的风气应该发生一场变化"。[1] 日本武人实现了近代化，而村上偏偏"反其道而行之"，面对中国，取了一种内部批判（文人误国）与外部鼓动（复活误国"文人"）并举的"否定之否定"的论述策略，但这种与中国国内的武化救国论截然对立的姿态显然难以理解为"异曲同工"，用心昭然。在村上看来，是在中国已经经历了充分的近代化历程、科学精神漫起的背景下，需要重建失落的人文精神吗？不必说，答案是否定的。山室信一将福泽谕吉"脱亚"主张归结为基于中国威胁论的反向蔑视、轻视以缓和内在危机感的话语实践，[2] 属于一种指向自我的内面调整。而村上知行鼓动中国知识分子"北京文人化"则与此同中有异。在通过西方式"近代化"而崛起后，希图通过否定中国人为推动现代化转型而付出的努力，力阻中国成为亚洲另一个足以挑战日本的、强大的"近代国家"恐怕才是村上们的动机所在，毕竟这是有利于其侵华进程之推进的，这属于一种指向他者的外向干预。而另一方面，与政治、军事的进取相呼应，在故都北平推行"文人化"复古，强化北平作为"东洋都市"的文化色彩，会为战时日本"东洋精神"的高扬提供文化层面的支撑。

---

[1] 福泽谕吉著，北京编译社译：《文明论概略》，北京：商务印书馆，1959 年，第 149—150 页。

[2] 山室信一：《面向未来的回忆——他者认识和价值创建的视角》，载中国社会科学研究会编：《中国与日本的他者认识——中日学者的共同探讨》，北京：社会科学文献出版社，2004 年，第 20 页。

三、"去'文人'化"背后"武威"传统与"世界原理"的共谋

在我看来，村上氏的"否定之否定"在显性和隐性两个层面上存在其"北京文人论"的二律背反：显在者同前所述，对代表了"东方文化之精华"的"文人趣味"大加鞭挞的同时，又"站在东洋和平的大局"极力提倡，属于"外向干预"；隐现的是，既以"文人趣味"为"东洋文化之精华"，却虽未明言，但村上对德川末期日本文人（如蜀山人）的行止语带嘲讽，以其语云者为靡靡误国之音，属于"内面自省"。有趣的是，即便是被一般日本人鄙弃的如蜀山人这般日本文人眼里，中国人的"文人性"又等而下之。蜀山人见韩信钻胯之图也不禁狂歌嘲讽曰："斩站在道上的市人而不钻胯的大和魂！中国是中国，日本是日本，不要光拾中国的纸屑而忘了日本的刀呀！"[1]实际上，纵览诸多日人的中国游记、见闻记，可以发现，一个三流或四流的日本文人想结识章太炎、梁启超和周作人般中国一流文人学者并非难事，甚至，在战时语境下，后者更是"诚惶诚恐"，有日人入门求学甚至成为中国文人的荣耀（如俞樾）；相比之下，由于近代以降中日文学关系的逆转，国人"师日"者更无以计数。日人对中国国民"文人性"的歧视以及中国文人的自我卑微化，使"日本人→日本文人→中国文人"的差别化序列趋于明朗。不必说，前述国人对武士流血于战场的崇拜与日人对（中国）文人苟活于乱世的鄙夷是互为表里的，中、日"对视"的价值指向是相同的，结果，"文人"沦为了中日共同的"弃儿"。当然，说"共同抛弃"，就意味

---

[1] 内山完造等著，尤炳圻等译：《中国人的劣根和优根——日本人眼中的近代中国》，南昌：江西人民出版社，2009年，第136页。

着他们曾经共有。但如果说中国文人的"自贬"意在借他途兴邦，那么，来自村上们的"他贬"则意在将本已内在于本国文化传统中的中国因素予以他者化、异别化。

　　那么，另一个问题——源于中国的"文人""文人趣味"之东渐及其在日本的演进、变异便不得不作为村上之"北京文人论"的参照系提出。任何文化总是依托于一定的民族载体，载体的变更往往会引起文化本身的某种变异，"文人趣味"的东渐亦可作如是观。在《日本"文人趣味"的由来》一文中，中田妙叶考察了"文人趣味"日本风土中的生成及流变。[1]"在德川幕府统治的江户时代，'文人'一词从中国输入日本，后来逐渐成为大多数儒者的自我定位。"但需要特别指出的是，尽管江户时代的日本文人"以诗文为业多才多艺；具有孤高的自尊心和藐视世俗的叛逆性格，纵然物质生活匮乏却拥有丰富的精神生活"的一面与中国文人一脉相承，但就如与崇文抑武的宋代相比，元代文人社会地位的跌落（由"七匠、八娼、九儒、十丐"之说可见一斑），"日本的儒者（中略）只是处于武士与百姓之间的中间阶层"，终未改变武人领国的政治格局。林语堂指出："中国人是世界上最不会打仗的人，因为他们是聪明的种族，是由玩世不恭的道学与强调和谐为人生理想的儒学所培养所左右的民族。"[2]但在日本著名武士伊达政宗看来，"过义则固，过仁则儒"。显然，"儒"在这里并非褒义。广濑旭庄在《九柱堂随笔》中称："汉土之人大多脑筋好，善诡辩，且残忍。天竺之人愚蠢、贪婪、无规无矩。日本人洁净、正直、纯朴且勇敢。各自性质不同，风俗也相异。我国自儒、佛、老庄之学进来以后，风俗始乱，其后因

[1] 中田妙叶：《日本"文人趣味"的由来》，载《博览群书》2007年第6期，第65—67页。
[2] 林语堂著，郝志东、沈益洪译：《中国人》，杭州：浙江人民出版社，1988年，第43—44页。

几多战乱，风俗发生变化，上古时代以来的日本人的性质被淹没了。儒教和佛教都是为了防止各自国民干坏事而创立的。日本没有可以防止的坏事发生，所以没有建立教化之道。（中略）唐人甚惜死。日本人忠义勇敢，死法干净利落。"[1]在广濑氏看来，儒教非但不是日本文化嬗变、进步的积极动因，反倒成了淹没日本人美好品质的祸首。相对而言，没有道统拖累的日本在结构上确实可以迅速转变方向，加速近代化进程。如果说"仁"是中国儒学的核心，那么，充满武士气概的"忠"则取而代之，成为日本儒学的关键词。"花数樱花，人数武士"（一休宗纯语，后成民谚）的尚武传统日趋强化。（所谓"士农工商"中的"士"并非中国式的士大夫，而是指武士）其客观影响之一便是"儒者"在日本发生了"橘枳之变"——被称为儒者的毋宁说是离开仕途的武士，他们"集学者武士于一身。他们身佩利剑，随时准备捐躯。这便是所谓'武士道'精神。这是日本儒学和中国、朝鲜的最大区别"。[2]思想史家中村元对于中国儒学在日本的嬗变如此解释——"儒学的国家观是适应中国社会的需要而形成的，所以它自然包含一些日本极端的国家主义者所不能同意的观点。中国哲人所构想的国家是一种理想国，但是日本国家主义者心目中的国家是实际上的日本国。这就是为什么儒学所哺育出来的日本国家主义最后不得不否定儒学的权威。"[3]渡边秀方在其书中便提出一问——面对战争、生死，"若这是日本人，将如何呢？日

---

[1] 广濑旭庄：《九柱堂随笔》，引自筑岛谦三著，汪平、黄博译：《"日本人论"中的日本人》，南京：南京大学出版社，2008年，第92页。

[2] 秦家懿、孔汉思：《中国宗教与基督教》，北京：生活·读书·新知三联书店，1997年，第80页。

[3] 中村元著，林太、马晓鹤译：《东方民族的思维方法》，杭州：浙江人民出版社，1989年，第283页。

本人对为仇于国家的敌人，是贪死赌生而战的，不像中国人那样没精打采内心厌恶战争。暴尸战场，乃为文士者的本意，为国家战死，是为武人善终之美德".[1]如此观之，蜀山人之狂歌自不待言，战争背景下，文人甚至能成为军事主义理论家（如福泽谕吉等），加入"笔部队"，为日本侵华战争摇旗呐喊也无足为奇了。

　　若将以上问题置于明清更替后的东亚框架内政治秩序剧变的背景下予以考察，那么对"文"之逆反及"尚武"传统的标举因由何在？明清的朝代兴替，被汉人视为夷狄的满洲人征服了中国，并建立起异民族政权。中国人才惊奇地发现，中华的理念并非中国独占，而是朝贡体制内部共有的东西；与此同时，周边的朝鲜、越南和日本等国"开始抱有一种将'现实的中国'和'作为理念的中华'区别开来的认识，进而抱有一种'现实的中国'已经由中华之地转变为蛮夷之地的认识"，学者林春斋将中国之变称为"华夷变态"（即一种"中心"与"周边"相互转换的思维）。而与朝鲜和越南"试图通过自己实现中华的普遍性价值来使自己与异民族王朝清朝区别开来"的"为脱离中国的中国化"之举不同的是，日本将中国客体化、相对化，形成自己独自秩序的举措是树立本国的独立性，建立起一种"日本型华夷秩序"。16世纪末武士政权下的全国统一，作为其统治根据的"武威"是作为与"文"的朝鲜、中国相对比的日本的独特性、优越性而被称赞的。[2]

　　然而，这一建立在旨在肃清对中国这个强大"他者"畏惧心理之上的反拨抗逆、去"中心"化是有效的吗？在战后的一篇文

――――――――――――

[1] 渡边秀方著，高明译：《中国国民性论》，收入内山完造等著，尤炳圻等译：《中国人的劣根和优根——日本人眼中的近代中国》，南昌：江西人民出版社，2009年，第143页。

[2] 茂木敏夫著，贺雷译：《东亚的中心·边缘构造及世界观的变化》，载贺照田主编：《东亚现代性的曲折与展开》，长春：吉林人民出版社，2002年，第321页。

章中，竹内实承认，"将民众紧紧束缚其间的不就是各自的'国家'吗？我也并非没有此类谈不上是咏叹还是绝望式的感想。文人趣味这种零距离感恐怕就是这种能埋没这种空白感、至今尚保有有效性的东西"；"日本人至今也在相当程度上是渊源于中国文化的文人趣味的信奉者"。[1]事实上，无论你想积极保有还是消极厌弃，代表了中国乃至整个东亚传统人文精神的"文人趣味"都已内化为东亚知识分子共有的精神因子和历史遗产，其影响绵延至今。尽管村上曾激烈批评了《聊斋志异》中的妖怪趣味，可在阿部知二的长篇小说《北京》中，主人公日本文人大门勇却偏偏被北京的"妖媚之美"所击倒——"或是被像《聊斋志异》中的女妖什么的魅惑了，抑或是醉心于北京的妖媚之美，总之，是因此类原因引起的发烧。"[2]可见，"拔着头发脱离地球"的实践终究是徒劳的。反而，正如安藤彦太郎所指出的那样，"从欧美来看，认为它（日本——笔者注）是东方的特殊国家，它的语言和历史等并没有列入欧美的一般教养；从欧美人的观点来看，日本是个落后地区，不过是地区研究的对象地区。所以欧美至今仍然存在着所谓的日本学。"[3]尽管如此，在战争语境下，村上显然不想与"文人趣味"这种"古董文化"（长与善郎对中国文化品格的概括）保持"零距离"；毋宁说，他的愿景是反向的——希望将极大地左右中日两国的命运的"崇文治"与"尚武略"这一国民性差异拉到"+∞"。为此，不惜强力剔除两国共有的人文传统，甚至直接视若不见。这似乎也从一个侧面暴露了战时日本高扬东洋文化精

---

[1]　竹内实：『日本人にとっての中国像』，東京：春秋社、1966 年、第 391 頁。

[2]　阿部知二：『北京』、東京：第一書房、1938 年、第 35 頁。

[3]　安藤彦太郎著，卞立强译：《日本研究的方法论——为了加强学术交流和相互理解》，长春：吉林人民出版社，1982 年，第 24 页。

神的名实悖离及其另一面。

要理解村上的立场，那么，汉学家青木正儿的论述不妨作为参照系提出。战后初期，青木亦曾撰文评论中华文人的生活。[1]是文中，治学严谨的青木也拒绝直接对"文人"下定义并进行褒贬评骘，而是从考察"文人生活"源流的角度切入，概括出了官僚、幕宾、卖文、交游和隐逸五种生活状态，字里行间充溢着对中华文人"同情之理解"。岛田虔次认为京都学派正是以"把中国作为中国来理解"，"以与中国人相同的思考方法、与中国人相同的感受方式来理解中国为基本学风的"[2]。青木正儿的中国文学研究中的"名物学"方法即是以此为出发点的。实际上，仓石武四郎和吉川幸次郎也正是身着华人服装，追寻着旧时的文人趣味，沉醉于北京留学生活的。排除掉时空因素的影响，青木与村上的视差之源恐怕就在于其把握中国文化的立场：是基于文化相对主义立场、以中华民族内在的、固有的价值基准予以体认，还是将"欧洲近代"式普遍主义立场的、一元性价值基准予以他者化的贬视［这也是沟口雄三所反对的所谓"以中国为目的，以'世界'（欧洲）为方法"的视角］。显然，村上选择的不是前者。不同于越南、朝鲜的是，近代以降，具备了欧式"世界性"、跻身"文明国家"也成了日本借以面向"被世界文化遗弃"（津田左右吉的名言）的中国主张其文化独特性、蔑视"中国原理"的资本。村上的"憧憬"取的是"将自己的改革志向与中国一体化而予以实践的立场"[3]。这样看来，作为日本本土传统的"武威"

[1] 青木正儿：《中华文人的生活》，引自戴燕、贺圣遂选译：《对中国文化的乡愁》，上海：复旦大学出版社，2005年，第19—42页。

[2] 吉川幸次郎著，钱婉约译：《我的留学记》，北京：光明日报出版社，1999年，第3—4页。

[3] 子安宣邦著，赵京华编译：《东亚论——日本现代思想批判》，长春：吉林人民出版社，2004年，第77页。

与近代的"世界原理"在村上的"脱'文人'化"论述中达成了共谋。而在文化同源的背景下，通过对本国旧式文人的贬斥而极力摆脱"恶友"中国的消极影响，背后隐现着福泽谕吉以降将包括中国在内的亚洲诸国他者化、脱亚论的欧式近代主义影子；而在战时日本否思西方文化、复归东方的政治策略驱动下，又以"为东洋和平计"的名义，行"以其人之道还治其人之身""己所不欲，乃施于人"之实。当文化传统上的背叛直接服务于现实意义上的军事征服，那么村上其乏"善"可陈的论说就不可避免地陷入了分裂与两难的尴尬境地。

林语堂曾一针见血地指出："中国人和日本人为实现各自的目的，斗争了那么长时间，这使中国人本能地意识到，凡是日本人说有益于中国的必定有害于中国；反之，凡是日本人说有害于中国的，必定有益于中国。因此，当日本人宣布蒋介石为中国人民的敌人时，中国人就感到他肯定是自己的救星。简而言之，如果日本认为蒋是坏人，这就证明他肯定是个好人。如果他不是为中国做事，日本人就不会企图'打倒'他。"[1]

林氏的批判范围是作为整体的"日本人"，这其中自然包括在涉华问题上所谓的"亲华派"与"侵华／反华派"。日本学者石崎等的论述脉络中，村上知行与另一位"支那通"后藤朝太郎（1881—1945）都被称作"亲中国派知识分子"，并称在北平生活十余年、娶中国女性为妻的村上知行"对中国人有着最大限度的好意""时而流露出将自己同化于中国这一'他者'的欲望"[2]。侵华／反华派学者毋庸赘言，我所关心的是在日本侵华的历史语

---

[1] 林语堂著，郝志东、沈益洪译：《中国人》，杭州：浙江人民出版社，1988年，第331—332页。
[2] 石崎等：『苦力の声——文学者は何を聴いたか』，『立教大学大学院日本文学論叢』1号（2001年3月），第10、15、18頁。

境下，所谓"支那通""亲华派"日本文人的思想危机。刘家鑫
在其博士论文中系统清理了著名的"支那通"后藤朝太郎的对华
思想，在结论中指出："后藤朝太郎这样的中国通知识分子，其中
国认识是否认'变化的中国'，但他们在对华亲近性的思想深处，
彷徨犹豫徘徊不定。他们思想意识的底部，潜藏着两千多年来的
中国文化价值观。另一方面，现实的中国社会开始启动，民众逐
渐觉醒。随着民族主义的抬头，中国开始向近代民族国家迈进，
在一定程度上与日本的民族主义产生了冲突。在这段时间出现的、
像长野朗这样的中国通，一直持有相互矛盾的心理意识。他们既
执着于日本本位主义，又畏惧中国民族国家的不断强大。"[1]以这
一结论观照村上知行也大致不差。

[1]　刘家鑫：《日本近代知识分子的中国观——中国通代表人物的思想轨迹》，天津：南开大
　　学出版社，2007年，第206—207页。

结　语

在东汉至明代的中日交通史上，日本来华者的足迹受中国都城迁移之影响较大，隋唐时的长安、洛阳，其后宋代的汴梁、明初的南京、元明时期的北京都吸引了来华留学僧和使者较多的关注。宋元的政权更替，使作为现实的"中国"和作为观念的"中华"分裂（"华夷变态"），中国的政治中心与文化中心也呈现出一种分离形态，其中最为典型的便是元大都。如果说隋唐时期，日本还是以系统吸纳中国政治制度为第一要务，那么，北宋以降以禅宗为中心的中日佛教文化交流成为两国往来的重要渠道，而中国的著名禅寺则多在江浙一带，来华僧人将江南视为其憧憬的中国文化之根基，冀望在中国宝刹承嗣法统，回国弘法，故其求法活动仍限于此域。即便成为元朝、明朝的国都，北京对于日本来华求学者的吸引力仍不及长安、洛阳二京以及江南。这一趋势至明代则有了明显的改观，尽管宁波一带仍是最重要的据点，但北京获得的关注远胜于此前，甚至是定都北京的元朝。

时至晚明，中日关系因丰臣秀吉的异军突起及其海外扩张而骤然吃紧。在秀吉的侵华迷梦中，迁都北京，乃是具有标志性意义的重要一环。尽管明、朝联军旷日持久的抗战使秀吉的海外扩张最终折戟沉沙，迁都北京成为泡影，但其侵略朝鲜、剑指中国和印度的构想与行动，都为日本后来的"海外雄飞""大东亚共荣圈"等帝国主义理论之炮制、侵略战争之发动提供了思想传统和实践范本，遗毒甚剧。作为中国政治中心的"北京"最初在中日关系史上烙下深刻印记便是作为幻想中被征服之对象的，从这个意义上来讲，对"北京"蠢蠢欲动的向往、对华侵略战争的策划也是明治以降日本数次对华侵略的思想源头。尽管清代中晚期，在清田龙川等日本汉诗人的作品中已有涉及北京的诗句，北京已成为日本文学、文化中的一个元素，但这却可能是无关现实、只指向经典中的、虚幻的北京，是一种影响极为模糊、微弱甚至具有空想性的"虚像"。

在日本文化视域中，北京的形象由虚而实、由无足轻重而变得举足轻重始于明治时期。明治时期来北京的日本文化人，既在那里"一叶知秋"地探察了近代中国政治、文化态势与走向，更试图从中发现对中国"一剑封喉"的现实方策。深受汉文化熏染的汉学者的北京之行多充溢着感伤情调。这种失落源于以帝都萧索破落的景观为表象的中国传统文化的衰败、孔教在近代中国的失效以及"礼仪之邦"国民的鄙俗化堕落等，并直接促使汉学家们痛弃儒教的"无用经史"。带着北京之行获得的高度文化自信和"彼消此长"的自得，为实现对华文化侵略，他们开始了理论及实践层面的谋划与探索。文化侵略之外，领土、经济利益等层面的现实诉求使日本对华走向了侵略扩张的道路。甲午战争时期，福泽谕吉等重要文化人剑指北京的"扼喉"之论，对战事的展开起到了推波助澜的作用。甲午战后，作为胜利一方的日本走上了与西方列强联手侵华的道路，近代北京也因此被强制染上了"世界色彩"，并因其具"咽喉"意义而成为列强在华利益争衡的枢纽。

《辛丑条约》中有关列强在京驻兵等条款以及作为治外法权地"国中国"的东交民巷，都使中国的主权与民族尊严遭遇极大的挑战，成为中国近代史上难以抹去的国耻，也极大地左右了大正、昭和期来京（平）日本文化人的北京书写。

大正时期日本文化人北京体验中有三个显著的特点。首先，在京（平）"支那通"影响巨大，他们彼此之间形成了紧密的人际关系网络，不仅充当了日本文化人探访中国政界、文化界精英的媒介；同时又作为向导，在相当程度上左右了后来者在中国观察的对象、视角和逻辑。然而由于"支那通"们又常有"以北京代中国"之弊，受其影响，不求甚解的漫游者们大多满足于道听途说的知识，其涉华认知难以揭示被权威们遮蔽的中国实相。其次，日本左翼文化人作为个体旅居北京的活动和创作，及其对日本侵华的批判或与中国左翼人士的联动等都依然是值得深入探究的课题。再次，与此相对，大正时期大部分日本来京文化人对其母国侵华缺乏自觉的反思与批判。这些热爱北京的日本文化人似乎都有意无意地忽视了他们可以在北京漫游的前提正是日本曾 / 正作为列强之一参与分食中国这一历史 / 现实状况。日本的侵华态势非但未能被及时、客观地传达给日本民众，反而被掩盖、置换、湮没了。

昭和初期，随着中日对立、对抗的日益加剧及至日本对华全面侵略战争的爆发，作为域外题材资源的"北京（北平）"也在日本文化人笔下经由着由"抗日之都""和平之都"到"兴亚首都""大东亚建设基地"的形象转变。日本文化人以北京（北平）为舞台的活动，以北京（北平）为题材 / 背景的言论与文学创作，推动了军国主义政权与大众民族主义之间的恶性互动。同时应该认识到，尽管这一时期国家意识形态在很大程度上规定了日本文化人的中国观、战争观的阴晴冷暖，但以北京（北平）为外来思想资源的日本文学、思想表达并未完全被政治史、战争史完整切割。一方面，以横光利一为代表的一派所承继的福泽谕吉以降的蔑华思维并未因政治领域"大东亚话语"的提出而消失，且至今依然是日本对华认识的主流；另一方面，在战争炮火中，以仓石武四郎、松本龟次郎为代表的一派所赓续的鹤见祐辅等前辈们对中国理性、友善而富于良知的认识，尽管势力弱小却作为一条潜流绵延至今，成为中日关系"绝望中之希望"。

作为日本政治、文化精英活动舞台及其文学创作资源的"北京（北平）"是中日关系阴晴冷暖的晴雨表，在日本文学、文化视阈中，其意义生成伊始及其近代流变都与日本对华侵略的加剧有着宿命性的关联。通过宏观把握以及对典型个案的专题剖析，近代以降（尤其是 1937—1945 年间北平沦陷时期）日本文化人的北京（北平）体验似可归纳出以下特征。

1. 日本文化人的"北京（北平）体验"及其文学表达受中、日、俄诸国双边／多边国际关系起伏和中国国内的反帝爱国运动等影响较大；随着侵华进程的推进，其作品的"文学性"一面渐次消退，"文学报国"的介入性一面渐次清晰。由于近代交通设施的日益发达，日本文化人大批来华，在北京（北平）、上海、天津、沈阳、长春、青岛等与近代日本国家、日本人的存在方式有着各种复杂关联的中国都市中见微知著地观察中国，或以邻国为镜鉴反思日本。对中国、对北京（北平）的表现策略也由简单的词条介绍、游客式浮光掠影的描绘转向对北京（北平）政治、经济、文化、军事诸领域的全面关注。不容忽视的是，甲午中日战争、义和团运动、日俄战争、五四运动、全面侵华战争、太平洋战争等重要历史事件和军事行动都深刻影响、左右了日本文化人的中国观察、北京（北平）书写策略，文化人逐渐由较为超然的漫游者、文化猎奇者转变为直接的"介入者"和日本国家意识形态的传声筒甚至发声器。特别是在日本发动全面侵华战争的八年间，日本新闻家（如山本实彦、村上知行、高木健夫等）、作家（如阿部知二、佐藤春夫、小田岳夫、伊藤整、早濑让等）、学者（如一户务、松枝茂夫等）的北京（北平）题材报道、创作、译介活动等及其现实层面的在华活动也显现出更明显的介入性，与政治、战争的勾连更为复杂、紧密，直接／间接服务于政治与侵略战争。

2. 中华文化古都、中国古都、"排日之都"、"东洋故都"、"兴亚之都"等成为日本文化人有关北京（北平）的认知标签，固然受中国政治格局变动之影响，但更多的是呼应了侵华时期日本的现实政治需求，而这数重身份的混杂交错，又使日本文化人面对北京（北平）心态复杂。其中既有同为"东洋人"的文化乡愁，又折射出已跻身世界列强的日本面对中国这一巨大他者时的文化焦灼；其北京（北平）体验中既有萨义德式的"东方主义"叙述，又无法摆脱追随"支那趣味"的文化认同感；既有基于国民性差异的"文明批判"，又渗透着日本型"华夷秩序"这一虚幻想象下的对华蔑视感；既有崇尚西洋近代主义的思想面向，又不乏呼应侵略战争思想导向的反近代主义政治口号；既有作为近代化强国之民"闯入"中国、统治故都北平的妄自尊大、顾盼自雄之感，又无法摆脱置身中华文化古都的自卑、焦灼感。伴随着趋向近代主义的"欧化"风潮以及反近代主义思潮的交替运作，日本在"脱中国化"的轨道上狂飙突进。在侵华战争时期日本文化人的"北平体验"中，这种"拔着头发脱离地球"的话语实践屡见不鲜，其背后潜含着日本文化人非东洋亦非西洋、形同"弃儿"的自我认同危机。种种分裂、两难汇聚成一种复杂的、微妙的、超过了萨义德式"东方主义"射程的所谓"东方内部的东方主义"心态。村上知行的"北京文人论"、日本文化人的北京（北平）天桥体验、人力车夫书写皆可作如是观。

3. 以北京（北平）为视窗可以发现，近代以降日本文化人对中、日两国文化品格的判定也因为对华侵略、殖民战争而发生了奇妙的畸变，"文化"特质被放在性别的框架中予以再评价，其特征大致可归纳为：中国（人）是静止的、崇文的、日薄西山的、女性特质的，而日本（人）则是富于开拓精神的、尚武的、朝气蓬勃的、男性特质的。在此基础上，又通过贬低北京（北平）男性、褒扬北京（北平）女性的操作，在性别层面完成了对中国人整体的贬损化叙述，并反向强化了自身的美好，在隐形层面赋予了"闯入者"以"文明国"面向"半文明国"发动侵略战争的"正义"。阿部知二长篇小说《北京》中对王子明与加茂的描写、佐藤春夫《北京》中对蒲氏二弟的观察、村上知行在《北京的文人》中有关北平文人的女性化评价以及战时日本文化人对周作人的表述中皆可见此种倾向。这是迈克·布朗在《文化地理学》中所表达的殖民主义逻辑，即文明导致堕落和社会中"男性"的退化，其捍卫国家的能力也因此丧失；蜕变后的"女性化"又是非文明的特征。探险者等男子汉形象是男性力量、帝国统治秩序的象征，富于"征服"与"统治"意味，这一叙事策略旨在将其遭遇的其他（正在或即将"被征服"与"被统治"）的民族"女性化"。

4. 日本文化人对留平中国人（尤其是知识分子）抱着"去抵抗化"的期待，批判抗日派的盲目、非理智性，对知日/亲日派则通过塑造其理智、温和、易于合作、"亲日"的一面，营造其协力"正义战争"的假象，以分化中国抗日力量，并平衡其国内的民心和舆论，客观上配合了日本对华的"宣抚工作"，甚至其自身便是宣抚工作的重要组成部分。这些基于现实政治需求的报道与文学创作不仅丑化、诅咒了中国抗日力量，传达了并不客观的"左翼"形象，同时又通过译介活动中的择汰、删改，对以周作人为代表的所谓"亲日派"进行了相当程度的歪曲，后者被奉为具有浓厚东洋趣味、对日友善而博识、协力日本侵华的华北文坛领袖，其战前对日本法西斯在华暴行的激烈批判被统统抹杀。通过这种一扬一抑的报道，新闻家、"支那通"们向日语阅读语境下的读者受众传达的北平局势是黑白颠倒的：日军未对中国犯有战争罪行，在中国理智、温和的知识分子"协力"战争，而那些激越、非理智者却在奋起抵抗。即便是被视为人道主义作家的阿部知二在《北京》中对以王子明为代表的北平知识分子被迫发起的抗日行动亦持嘲讽、否定态度，认为其必将走向失败。当然，消泯中国"抗日派"的抗日意识才是侵略者们的重要任务。村上知行在"北京文人论"中面向本国提出的"去'文人'化""去中国化"是日本的"武威"传统与近代"世界原理"的共谋，当其与对中国知识分子指向"和平"的改造逻辑相叠加，村上意图消泯中国文化人的抵抗意识、从文化层面上服务于侵略战争的殖民心态便跃然纸上。

5. 来京（平）的日本文化人，与在日的"支那趣味者"（德富苏峰、芥川龙之介、阿部知二、佐藤春夫、小田岳夫等）、与滞京（平）/留京（平）的"支那通"、驻京（平）日文新闻媒体（如清水安三、奥野信太郎、村上知行、中野江汉、辻听花、吉川幸次郎、仓石武四郎等）之间交织复杂的人际网络及创作层面上的互文关系值得重视。他们的对华观、对战争局势的认知等都在相当程度上左右了来京（平）日本文化人的北京（北平）观察、认知角度，而这些又通过其各自人际网络波纹状传递，使后者的中国观、战争观与其在相当程度上保持着同质性、连续性。这些"在场"的"支那趣味者"动辄对中外典籍"引经据典"（如关于北京（北平）天桥、人力车夫的书写等均采取此种叙事策略，对中国古代典籍如数家珍，甚至"以其国之诗还批其国之状"，在自我营造的中国古典文化氛围中"思接千古"，伤古抚今），在其北京（北平）论述中建构其一种内部观照视角，使之有别于西方人走马观花、浮光掠影的北京（北平）观察，以种种互文网络面向日文受众建立起"在场者"关于北京（北平）、关于中国的权威论述；他们的报道或创作成为日本国内各界中国认识、战争认识之重要媒介。活跃在北京（北平）乃至全中国的日本"支那通"这一特殊群体的在华活动、涉华言论与创作启示我们重视"国际中国学研究"的第五个层面，即海外中国学家（汉学家）是如何以其涉华活动和创作直接或间接地介入并影响了中国政治、经济、文化诸领域的发展乃至其母国对华关系的进程。这将成为我们思考中日文学、文化关系的一个新的视野、新的维度。

6. 侵华时期的日本文坛存在着不少战后被作家"自弃"，被全集编集者、评论家和学者们有意抹杀和遗忘的"国策文学"与战争文学作品，它们具有典型的价值空心化、口径限定化、营养殆无化的"康乐果结构"，佐藤春夫的《北京》、小田岳夫的《北京飘飘》等皆在此列。必须承认，放弃了对此类文献的考索而建立起的作家像是残缺的，对其文学史意义的评价也是靠不住的。学术研究（不分国界）的基本立场应该是"拒绝遗忘"，在加害国学界有意遗忘的历史、文化语境下，作为受害国学者更应有此自觉。这不仅将成为学术层面反思、调整、修正日本文学史与思想史及文化史一般论述的重要契机，还是我们思考战后日本文学／

思想状况、透视当下中日关系历史成因的重要思考维度。

在《近代日本思想史》中，作者们有这样一段思考：

> 这个时期，知识阶层的心理活动是极其微妙的。即使心里怀有反战反帝情绪，但由于现实已经实行了思想统制，因而口里不能明说。然而完全闭口无言，这对多数知识分子来说又等于生活费的枯竭。另外他们又不能象欧洲知识分子那样逃亡国外。这已经是伴随着战争的发生而带给他们的不可改动的现实。因此，问题是如何接受这种现实。道路只有一条，那就是对已经发动起来的战争不去鹦鹉学舌，如果是自由主义者，那就尽可能从理念上把战争引上"民族协和"的道路，从而摆脱"军国主义侵略"的罪孽后果；如果是马克思主义者，那就提出"反对西欧帝国主义"争取把国内资本主义体制社会主义化。正是这种明哲保身和坚持抵抗两种心理的交织，才产生当时知识分子的"东亚协同体"论这样一种"饰以自我辩解的理论外衣"的东西来。这种心理活动，不管是自觉的或者是不自觉的，在当时大多数知识分子中都有过。（中略）但知识分子的悲剧还不止于此。当他们在权且采取协助战争的姿态的过程中，总想使这一姿态合理化的主观努力所招致的实际结果，却常常是使本属内心思想活动的东西被逐渐拉到支持战争的路上去。甚至这种从消极肯定战争的现实出发的"饰以自我辩解的理论外衣"，在恶性循环中，却使不少思想家成为相当积极的战争肯定论者。[1]

---

[1]　近代日本思想史研究会著，那庚辰译：《近代日本思想史》（第3卷），北京：商务印书馆，1992年，第125—126页。

　　换言之，不少协力了侵华战争的日本文化人（无论是被迫屈从还是主动投怀送抱）是负有战争责任的。然而，战后受制于复杂的国际政治角力，日本知识界自发的对文化人战争责任的追究虎头蛇尾，在短暂的论争后最终高开低走、不了了之。在我看来，对文化领域日本对华战争责任的清算与追究应突破只关注文学作品的视野、思维局限，通过实证研究方法，以文学、历史、法律、新闻出版融通的跨学科视域，从涉华活动、言论、创作、新闻出版诸层面，辨明战时国家意识形态的戕害与文化人作为个体的人性良知之间复杂、纠葛的关系。对至今健在的涉战中日文化人，以口述史方式访谈，以保留历史证据；对日本文化人在日本国内回购、销毁的相关文献予以系统发掘、清理，并联系中日双方的出版社对其进行翻译出版，使之不被中日学界乃至后来人所遗忘。具体的研究应遵循如下几个原则：

　　① 战争责任追究的"全时效性"。应警惕中日知识界在战争问题研究中"超越历史"的价值观，现实层面中日的"政冷"往往根源于历史问题清算的不彻底，从这个意义上来说，学界应认识到战争责任问题至今仍是亟待关注的"问题域"，责任追究永不会因时空阻隔而失效。

　　② 日本文化人战时和战后活动、创作及言论的"动态连续性"。相关人物和事件的辨析、定性应在长时段的考察中把握人物的政治倾向与事件的发展脉络与本质特征，不宜人为隔断，分而治之。既不可如张承志那般"为尊者讳"，亦不应牵强附会、做民族主义情绪化的政治判断。

　　③ 战争责任认定的"国际性"。战争犯罪与战争责任的认定应遵循、参考国际法所规定的"国际标准"，不应因某一国的私利、立场而有所遮蔽，或作不同于国际社会一般认识之解释与认定。

　　如绪论部分所述，必须重申，在"文化殖民与都市空间：侵华战争时期日本文化人的'北平体验'"这一论题下可讨论的问题复杂、繁多，难以"毕其功于一役"，本书不求"大而全"，力图"小而精"，以研究方法和研究视野的更新与拓展为首要追求。但要使这一初步的、雏形状态的立方体变成多面体乃至球体，多角度与多层面地揭示侵华时期日本文化人北平书写的动机、路径、样态与实质，探索日本文学、文化视域中"北京研究"多样化的可能性则需要更为旷日持久的努力，这也为日后的研究指明了方向。

小田岳夫长篇小说《北京飘飘》主人公之原型推证

　　小田岳夫，本名小田武夫，日本新潟县人，1922 年毕业于东京外语学校支那语部，后任职于外务省亚洲局，入杭州总领事馆任书记生。1928 年辞职，1930 年辞去外务省工作，专注于文学创作。其间，作为陆军报道班成员于 1941 年赴缅甸，同年底归国。小田的文学创作多以中国为题材，1936 年以任职于杭州总领事馆期间的经历为题材创作的短篇小说《城外》获第三届芥川文学奖，一举成名；此外还有《紫禁城的人》《杭州彷徨》《望乡》和《北京飘飘》等涉华文学作品。小田作为日本知名的鲁迅文学翻译家和研究者，还独译或与他人合译了包括《阿 Q 正传》《故乡》等在内的大量鲁迅文学作品，曾与增田涉、井上红梅、松枝茂夫、鹿地亘合作翻译出版了改造社版《大鲁迅全集》（1936—1937）；并著有《鲁迅传》（鲁迅去世后出版的第一部系统的鲁迅传记，尽管其中错谬之处不少，但伊藤虎丸坚持认为，包括竹内好在内直至今日的日本鲁迅形象都在该作之延长线上。甚至太宰治的小说《惜别》也受到了小田氏的《鲁迅传》及竹内好的《鲁迅》之启发）和《鲁迅的生涯》等作品的影响。以鲁迅的译介、研究为中心，小田的翻译、研究与创作涉猎范围还包括郁达夫（所译《过去：外六篇》直接影响了《城外》的写作，所著《郁达夫传》亦是其代表作之一，曾获第三届平林泰子文学奖）、林语堂、茅盾、萧军等。概言之，小田岳夫兼具作家、中国文学翻译家和学者三重身份。

对于小田的著述学界各有评说，而作家的自我评骘似乎却又别有意味。在《三笠山之月：小田岳夫作品集》中，岳夫之子小田三月提到他曾偶然从夹在其随笔集《高阳草子》中的一个信封里发现了小田岳夫笔迹书写的《小田岳夫著作物一览表》，岳夫将自家的著述按"长篇"（注：非"长篇小说"）、"短篇集"和"随笔"分门别类。依三月的推测，"以上都是笔记式的记述，我想是否可以将其理解为一种遗书。无非是要表达这样一种意志——如若日后有出版全集之日，希望能在这一范围内编集。"[1]三月的推断是合乎常理的。一般说来，"自定全集"中收录作品的取舍往往贯穿着作家对自身创作的价值判断和流传后世的期待。尽管出版之际封皮上印着"长篇《北京飘飘》"，而在这份小田自拟的创作一览表中，该作却踪迹全无。换言之，该作被作家亲手"遗弃"了。而在作家本人看来，超乎《北京飘飘》之上值得行世的"长篇"包括"《郁达夫》（改题《郁达夫传》）、《鲁迅传》、《桃花扇·朱舜水》、《义和团事件》、《小说坪田让治》、《童话叔叔小川未明物语》、《渡河女》、《蔷薇之间》、《文学青春群像》、《前岛密》"。传记等都置于"长篇"之内，而正牌的长篇小说（1940 年 8 月 3 日竹村书房出版）却不被作家本人重视。而有趣的是，我从其"短篇集"中发现了《北京飘飘》出版两月后刊于《文艺》（1940 年 10 月号）的《紫禁城的人》和收录了两篇北平之行杂感的《大陆

---

[1] 小田嶽夫著，小田三月編：『三笠山の月：小田嶽夫作品集』、東京：小沢書店、2000 年、第 356 頁。

杂记》(原作名《大陆手帖》)。同样是北平题材,作者为何取此舍彼?
是作者自觉拙劣吗?事实恐怕并非如此。仅从其他作家写给小田氏
的书信中可以推断,芥川奖得主至少曾将自己的新作主动寄送与井
伏鳟二、浅见渊和井上友一郎等,而不仅仅是"敝帚自珍"。[1]

　　如果说以上论述证实了作者的自弃,那么该作自出版至今似
乎也未得到文学评论家、研究者的充分重视,这又当做何解释?
须注意的是,《北京飘飘》的完成和出版已在小田获得芥川奖、
跻身文坛名作家四年之后、热度尚存之际。首先在小田向友人
寄赠新作之后,从收件人的回信来看,仅有浅见渊对该作予以简
短的高度评价(详后),其他二人均只云收到、未见评价。时至
今日,当我查阅该作在日本各大图书馆的收藏分布情况时,惊奇
地发现,日本国内仅有三家图书馆藏有该书,到日本最大的古旧
书网站上搜求也一无所获。这不能不说是个值得深思的现象。其
后,笔者遍查中日各种文献数据库,目前视野所及,中日学界对
其创作的专门研究极少,有限的研究集中在对其成名作《城外》[2]
甚至其他一些中短篇的讨论上,而出自小田之手为数不多的长篇
小说《北京飘飘》至今尚未得到应有的重视,中日学界关于小田
岳夫的研究论文中,尚未发现有关该作的专论,毋宁说在包括小
田文学总体研究在内的大部分研究中都鲜见提及。即便在论题相
对集中的《近代日本文学中的中国形象》(村松定孝、红野敏郎

---

[1]　见『日本近代文学館』第 196 号(2003 年 11 月 15 日)第 10 頁、第 197 号(2004 年 1 月 1 日)
　　第 11 頁、第 198 号 (2004 年 3 月 15 日) 第 9 頁。
[2]　代表性的有邱岭的『小田嶽夫「城外」と郁達夫「過去」』(中京大学文学部『Journal of
　　faculty of letters』、2003 年第 2 号,第 27—46 頁)、中文版《小田岳夫的"城外"与郁达
　　夫的"过去"》(载《外国文学研究》2004 年第 2 期,第 111—115 頁)、馬渡憲三郎的『「城外」
　　旅人の愛、あるいは青春の自己愛』(『国文学解釈と鑑賞』1999 年 4 月号、第 40—44 頁)、
　　伊藤虎丸的『「文士」小田嶽夫と中国』(前掲誌、第 32—36 頁)等文也有所论及。

等编）[1]及伊藤虎丸的专论《"文士"小田岳夫与中国》中均不见论及。有趣的是，直接参与编集前书的红野敏郎并非不知该作的存在。小田三月编集的《小田岳夫著作目录》内即收有红野敏郎的《小田岳夫的书》一文，而其中对《北京飘飘》简短评述（难以称为评论）耐人寻味。[2]与其关注其所述内容，我更关注红野的评述姿态。是论中，红野氏引小田氏自撰的"跋"代论，由此仅推出了小田氏与中国因缘深刻这一平实结论，此外不愿再置一言。无人愿意评论、研究的惨淡局面下潜存着包括艺术性优劣抑或政治意识形态因素影响等在内的多种可能。在极为有限的评论空间中，竹内好的批评引人注目。《北京飘飘》刊行两年后，竹内在《关于支那书写》一文中开篇便对小田的北平书写予以恶评，认为该作与丰田三郎和立野信之等人的北京叙述一样愚劣至极。[3]探究同为现代中国文学研究者的竹内何以对小田的创作做出这种恶评，同样是兴趣所在。

　　一般意义上的传世名作固有其特有的艺术价值；而通过钩沉索隐，使出自名家之手的"弃作"、评论界的"弃儿"得以复位，探明其背后的"难言之隐"，并在此基础上进行再评价与再认识，甚或有更大的意义与价值。特别是在某些特定历史语境下，在日本文学视域中"不愿重提"的"往事"，置换到中国的研究视野，便不得不提——学者的立场应该是"拒绝遗忘"。当然，对于这部长篇小说的系统清理与研究是一项庞大的工程，其实现尚赖诸多基础性工作的展开，而作品中人物形象的分析便是其中的重要

---

［1］村松定孝等编：『近代日本文学における中国像』、東京：有斐閣、1975 年。

［2］紅野敏郎：『小田嶽夫の本』、小田三月編：『小田嶽夫著作目録』より、東京：青英舎、1985 年、第 15 頁。

［3］竹内好：『支那を書くといふこと』、『中国文学』1942 年 1 月号、第 501 頁。

一环。以下拟以对该作主要登场人物"田有年"之虚实推证为切入点，尝鼎一脔。

关于小说的创作思路，小田岳夫在跋语中有如下表述：

（该作——笔者）尽管有很强的报告文学性因素，但也并非是完全的报告文学小说。虽然取的是记录的形态，但当然不是完全的记录，其中也交织了各式各样的虚构。我私下的愿望就是读者能感觉到这是真正的记录。而虚构可以说无非是我为了使"北京印象"正确地传达给读者而采取的手段而已。

支那现在正处于一个大的过渡期，北京也当然处于其旋涡之中。就像我在的时候一样，变化时时刻刻都在侵袭着这个故都。但，北京的本质（支那的本质）或许不会那么简单地发生改变吧。对我们来说，从观察支那的意义上，些微的政治论意味的东西是比什么都重要的。加之变化着的北京的形象，我也极想留意这不变的部分。我是否能把握好、是否能表达好，只能等待各位读者的叱正。

这是篇贫弱的作品，我个人现在也在加紧校正。去年北京旅行所发生的事情也会因此作品得到些许的满足。即便自己的观察与想法有所过错，抑或在表达上有不达之处，但我认为北京无外乎就是如此。（后略）

（跋，第248页）

由以上论述不难得知，作者取的是以记录形态的"报告文学性"为主的、间杂少量虚构性的创作手法。或许正是出于这一原因，浅见渊将该小说视为"随笔小说"。落实到作者的"北平论述"，则可将上文置换为：实像写真与虚像文饰相结合、虚构服务于写实，且对读者抱着"信以为真"的期待视野。由于本章的重心在于对"实"的解析，似乎宜先从小说创作的"外围"入手。由以上引文可知，这部"具有报告文学因素"的作品是以"去年北京旅行所发生的事情"为取材源泉而创作的。目前，与这次旅行直接相关的、可供参考的资料不多。只是在《回想的文士们》一书中论及武田泰淳时，小田岳夫一笔带过地透露了其"北京、满洲"的旅行时间为"昭和十四年（即 1939 年——引者）的五月下旬到七月末"。[1] 另，由《大陆杂记》所收《紫金城与天桥》一文可推断，其在北平逗留的时间至少在二十天以上。[2] 与此行直接相关的作品，除了《北京飘飘》外，目前视野所及，至少有《北京》（收入木村毅编《支那纪行》，第一书房，1940 年 5 月）、《紫禁城的人》（墨水书房，1941 年 9 月）及《大陆杂记》（竹村书房，1942 年 5 月）内所收的《紫金城与天桥》（原作"紫金城"，此处照录）、《新北京的支那人》等作。在与本章论题相关联的虚实推证操作中，前述诸作中可资参证的似乎只有《新北京的支那人》（写作于 1939 年）一文，其中简略记述了作者在平拜会周作人与钱稻孙两位留平文化人的经历。同前所译，日语中的"手帖"（日语作"てちょう"）乃"笔记本、杂记本"之意，对照该随笔集所收其他诸作，有理由认定《新北京的支那人》一文的"纪实性"。按文后标注，该文写作于 1939 年，亦即《北京飘飘》出版的前一年；而收入《大陆杂记》刊出则为 1942 年，即小说出版两年后。从下文分析可知，该文与小说在内容上存在着广泛对应性，甚至于近乎原封不动地挪用，具有明显的"同构性"；而其于 1942 年的刊行，则为关于《北京飘飘》之创作的若干臆断提示了证实或证伪的可

---

[1]　小田嶽夫：『回想の文士たち』、東京：冬樹社、1978 年、第 20 頁。

[2]　小田嶽夫：『紫金城と天橋』、『大陸手帖』より、東京：竹村書房、1942 年、第 48 頁。

能。如此看来，结合此文及其他周边文献对《北京飘飘》中的主人公田有年做出若干解析与推断不失为一个可尝试的研究路径。

若以"田有年"为考察主线细读《北京飘飘》，不难从中提取如下诸构成要素。

一、事变前担任北京大学支那文学教授的少壮派学者，兼以随笔著称；在事变后大多数文人学者南迁的背景下，选择坚守北平；家在北城墙方向，乘"洋车"三四十分钟的行程。（参见第60—62、67页）

二、与"东方文化协会"的日本人秋田辗转相识，并曾有过两次短暂的交谈；"我"的拜访也是因此种关系、在秋田的陪同下实现的；往访之日天气炎热。（第62页）

三、故乡在浙江余姚，来京（平）已二十年，但北京话中仍带浙江腔；喜欢北平，其中很重要的原因在于北平不太下雨；未因名禄而弃北京、奔往国民政府所在地的南京任职。（参见第65—66页）

四、身躯高大，着一件纯白色麻布长衣，细长、稍带苍白色的脸，未涂头油，头发简单地向后拢，形似已故芥川龙之介。被认为与"我"年龄接近，四十岁左右、礼数周到、言语谨慎，会以锐利的眼神打量来访者（尤其是初次来访者），"似乎哪里又有点处女般的羞涩"。家中满是书籍，室内阴凉。（参见第64—65页）

五、小说中的"我"似实为小田氏的自我指涉。"我"推测是由于自己将中国现代文学译介到日本而为中国文士所知，因此，田氏似乎因此而知其名。（参见第64页）

六、该作的跋语写作于昭和十五年（1940年）七月上旬，跋中提到作者来平的时间为"去年五月"——1939年5月。而在1939年5月、6月前后（"我"来平之后），由于无学生可教，田氏尚赋闲在家，未在大学任教，并曾在临时政府教育部做过一点工作，拿着与身份不符的高薪；但过不惯官员生活。作为旧北大的教授，依然被伪"北大"的新晋教授们所敬重。（参见第67—68、184、249页）

七、对知识分子的左翼化表示反感和愤怒。不似上海作家的激情外溢，田氏性格内敛，有着一种与上海方面全然不同的"闷居的冷灰般的感觉"；两年前"我"曾来过上海，并与当地作家见面，谈到此事，田氏兴趣不大；但对涉及杭州的话题却较有兴趣。（参见第66、69—70、100页）

八、被"我"认为与北平的文艺杂志《朔风》有关联时，田氏未直接回应，但自称"现在不是搞文艺的时候吧"。（参见第67页）

九、被认为未必对国民政府和共产党怀有好意，但对北平目前的状态也并没有好感。言语中指责主战派知识分子没有责任感，并不支持以牺牲民众以实现颠覆旧中国的运动；而在北平被占领的背景下，面对日人，指出中国在与日合作之外无出路，而自己对此却又消极应对，颇有些举棋不定、进退维谷。不惮在此敏感时期会见日本来访者，甚至出席由日人主持或主办的、伪政府官员参与的某些宴请。（第68—71页、100—101页、第六、九章）

十、外表恬淡、悠游，与人交谈面无表情，深居简出，友人散尽，忧郁、落寞；同时又给人以激情内敛、韬光养晦、深藏不露、绵里藏针、老奸巨猾的权谋家之感；言辞迂远，真意难以揣摩。（第65、69、71、94、99页）

十一、在谈话中，被问及如何"看待所谓的'支那精神'"时，认为"中庸之道"堪称"中国思想"的关键词，但这一思想没有灵魂，不具有行动力；认为老庄之学无法影响青年，但比起佛教来较为中庸。（参见第72—73页）

十二、但在中日文化关系上，以唐代饮酒习俗在日遗存为例，指出在日本可以找寻到中国已然失却的古风；看待中日关系时有将自我（中）与他者（日）一体化的倾向。通晓英文，学贯中西，对中西文化的差异性体认深刻，但不通日语，对日本菜缺乏常识。（参见第 92、97—99、143 页）

十三、认为北平报纸不值得一读，无关痛痒。（参见第 142 页）

十四、拒赴花柳街（如"八大胡同"）。（参见第 103 页）

对以上十四个问题的理解及其现实关联的系统解读，直接关系到第一个问题："田有年"是谁？先从上述第一条着手考察（《大陆杂记》以下简称《大》）。

1937 年 7 月 7 日，战争爆发；7 月 29 日，北平陷落。其后，知识界人士纷纷南下，北大、清华宣布南迁。在此背景下，战争爆发前身为北大教授，而选择留守北平、较为知名的有孟森（江苏武进人，史学教授，从事明清史研究，在北大讲授"满洲"史）、周作人（浙江绍兴人，国文系、日文系教授；先后在国文系讲授新文学源流和六朝散文等课程）、马裕藻（浙江鄞州人，音韵学、文字学教授）、冯祖荀（浙江杭州人，理学院教授兼数学系主任）、缪金源（江苏东台人，哲学系教授）、董康（江苏武进人，法科教授）、徐祖正（江苏昆山人，日文教授）。其中讲授中国文学、以随笔著称且家住北城墙方向的少壮派教授应为周作人。周作人家所在地八道湾地处北平内城西北角，靠近北城墙，小田拜访之日便"在洋车上被摇晃了三十分钟以上"（《大》: 66），均与小说提供的信息不悖。

若上述推论成立，不妨以"周作人"为答案，试看以下诸问题的契合度。

二、小田介绍其与周作人的会面是在"秋泽君工作的东亚文化协议会"的斡旋下促成的,并有坪田、小山两位友人陪同前往。[1]《周作人年谱(1885—1967)》1939 年 6 月 17 日载"上午日人坪田、小山、小川、秋泽由奥田介绍来访",[2] 其中秋田、坪田、小山皆可对证。由此可知,年谱中的"小川"实应为"小田"之误。另据伊藤整的《在北京》可知,小田岳夫在北平期间曾与周作人会面、同游,前文中的坪田乃坪田让治、小山乃小山东一,而在东亚文化协议会工作的是秋田三郎。[3] 显然,所谓的"东方文化协会""秋田君",与"东亚文化协议会""秋泽君"也似乎存在对应关系。往访之日天气炎热,也可得到证实。(《大》: 66)

三、周作人乃浙江绍兴人,"田有年"为浙江余姚人。余姚与绍兴毗邻,绍兴话与余姚话亦较为接近。在《卖糖》一文中,周氏写到朱舜水"能和语,然及其病革也,遂复乡语,则侍人不能了解","不佞读之,怆然有感。舜水所语盖是余姚话也,不佞虽是隔县当能了知,其意亦唯不佞可解"。[4] 尽管自 1917 年进京以来,已在北京(北平)生活二十多年,但据张春还、潘际坰、龙顺宜等文章回忆,周氏的北京官话中尚有浙江乡音。[5] 在实际会面中,周作人向小田氏透露,"近来听昆明的朋友说,那边多雨,虽有'听雨'之风流但是雨下太多的话就谈不上风流了"。(《大》:

[1] 小田嶽夫:『新北京の支那人』,『大陸手帖』より、東京:竹村書房、1942 年、第 65 頁。

[2] 张菊香、张铁荣编著:《周作人年谱(1885—1967)》,天津:天津人民出版社,2000 年,第 575 页。

[3] 伊藤整:『北京にて』(1939 年 10 月 1 日『セルバン』第 105 号に「北京」と題して掲載),『伊藤整全集 23·自伝のスケッチ他』,東京:新潮社、1974 年、第 512、516 頁。

[4] 周作人:《卖糖》,载周作人著,止庵校订:《周作人自编文集·药味集》,石家庄:河北教育出版社,2002 年,第 66 页。

[5] 张春还:《周作人印象》,潘际坰:《八道湾追忆》,龙顺宜:《知堂老人在南京》,载陈子善编:《闲话周作人》,杭州:浙江文艺出版社,1996 年,第 259、168、314 页。

66—67）周作人不喜雨，在接受《读卖新闻》记者浅原六郎采访时谈及书斋苦雨斋之命名因由时称"这个书斋很矮，中庭一旦积雨，雨水就会流进来，我常苦恼于这雨水，故取此名"。[1]谈及其喜欢北平的原因，周氏首推"气候好"，而北京屡屡被人诟病的干燥却成了周作人喜欢北平的原因——"空气干燥，没有泛潮时的不愉快，于人的身体总当有些益处。民国初年我在绍兴的时候，每到夏天，玻璃箱里的几本洋书都长了白毛，（中略）至今看了还是不高兴。搬到北京后，这毛病是没有了（后略）"。周作人的求学生涯始于南京的江南水师学堂，但对南京似乎并不感冒，声称"我对于龙蟠虎踞的钟山与浩荡奔流的长江总没有什么感情，自从一九〇六年肩铺盖出仪凤门之后，一直没有进城去瞻礼过，虽似薄情实在也无怪的"。[2]但事实上，参考《新北京的支那人》可知，周作人重北平而轻南京的一番话，几乎是"在北京住着的某位支那通"原话的直接挪用。（《大》：71—72）且这与周作人的性情是相符的。

四、虽然周作人身材并不高大，但白色麻布长衣，脸型细长、脸色苍白（参见鹤见祐辅的描述）亦大体与周氏相合。小田介绍其初见周作人时，注意到他"实际的脸庞要比照片上的多少瘦削一点"和那"像女子一般白皙的皮肤"。（《大》：65）但周作人的长相与其说与芥川氏形似，不如说与已故有岛五郎更为接近，同样曾在事变后登门拜访的鱼返善雄也这么认为。[3]周作人生于1885年，1922年时为37岁的周氏在前来拜访的鹤见祐辅看

［1］ 浅原六郎：『支那日本文学通周作人と語る（下ノ二）』、『読売新聞』1938年7月14日。

［2］ 知堂：《北平的好坏》，初载《宇宙风》第19期（1936年6月），引自周作人著，钟叔河编：《周作人文类编·花煞》，长沙：湖南文艺出版社，1998年，第66页。

［3］ 魚返善雄：『北京の読書人』、『大陸の言語と文学』、東京：三省堂、1940年、第213页。

来不过 30 刚出头。[1]1939 年，时年 54 岁的周氏在来访者看来年龄在 40 岁左右虽不算太意外，但差别还是比较明显的。从徐淦、文洁若的描述证实了周氏对初次来访者会以锐利、冷峻的眼神加以打量。[2]小田的感受是，"他始终面带微笑（中略）端丽的容貌间就像强压着光芒一般，眼睛时而闪出微妙而锐利的光芒"。（《大》：65）周作人待客礼数周到、言语谨慎、藏书丰富，亦为知识界所共知；小田也交代"在被日本书籍堵塞、被书架包围的土墙仓库内部那般空气阴冷的书斋里，便忘却了酷暑"。（《大》：66）

五、同前所述，作者小田岳夫乃日本的中国现代文学专家，其译介与研究的中心是鲁迅和郁达夫，并涉及林语堂、茅盾、萧军等。考虑到鲁迅、郁达夫与周作人的关系[3]以及后者对日本文艺界的关注及了解，其对小田有所耳闻亦顺理成章。

六、1938 年 3 月 7 日、8 日、26 日，周作人参加伪中华民国临时政府教育部学制研究会会议和编审委员会会议。在伪教育部部长汤尔和的介绍下，担任名誉编审，没有具体工作，不上班，每月车马费一百元。[4]实际上，"没有具体工作"一说似乎不确，4 月 1 日、12 日的日记就记载了他审阅教科书的情况。[5]

---

[1] 鶴見祐輔：『訪問記』（1922 年 8 月）、方纪生编：『周作人先生のこと』、東京：光風館、1944 年、第 132 頁。

[2] 徐淦：《忘年交琐记》、文洁若：《晚年的周作人》，载陈子善编：《闲话周作人》，杭州：浙江文艺出版社，1996 年，第 127、227 页。

[3] 周作人曾宣称"说到真的文人，我是十分尊崇的，（中略）如郁达夫先生，并不是某籍的关系，我是十分尊重他，觉得他是中国新文学界唯一的作者"。见岂明：《论并非文人相轻》，初载《京报副刊》1926 年 4 月 10 日，引自周作人著，钟叔河编：《周作人文类编 1·中国气味》，长沙：湖南文艺出版社，1998 年，第 449 页。

[4] 张菊香、张铁荣编著：《周作人年谱（1885—1967）》，天津：天津人民出版社，2000 年，第 547 页。

[5] 止庵：《周作人传》，济南：山东画报出版社，2009 年，第 205 页。

1938 年 5 月，周作人曾在郭绍虞的邀请下任燕京大学客座教授，而 1939 年元旦遇刺后遂辞燕大教职。而同月则接受汤尔和的邀请，表示将出任北大图书馆馆长。而作为教授，于 3 月 28 日被委派为伪北京大学文学院筹备委员，7 月、8 月两次赴该校参加招生委员会会议，从《知堂回想录》的记载来看，其间未见有专注于公务的记载。可见，在小田岳夫来平登门拜访时赋闲在家，无生可教，可能性极大。由于周氏在国内文学界的地位，在沦陷区文坛、教育界向来为新人们所敬重，在伪"北大"身兼图书馆馆长和文学院院长、掌握人事任免权的周氏为新晋教授们所敬重顺理成章。

七、首先，小田岳夫曾于昭和十二年（即 1937 年）春在上海待过一个月；并曾与许广平、胡风、萧军、萧红、黄源等会面。[1] 提及这些人，周作人之不快可想而知。较之受鲁迅影响极大的、上海激越凌厉的左翼作家，身在自由主义大本营北平的周作人性格低调内敛、沉默寡言。另据郑振铎的《惜周作人》所记，冯雪峰有意让周作人接触进步力量，周建人则曾作为媒介致信周作人，劝其南下上海。但他对别人说，担心鲁迅的"党徒"会对他不利，拒绝南下[2]；1944 年，周作人从"督办"一职下台，任汪伪政权"国府委员"赴南京时，就拒绝了周黎庵请其顺访上海之邀，宣称"绝不足履上海一步"[3]。在小田与周氏的实际会谈中，"江南风景"在话题之列，而小田在杭州领事馆工作的经历似乎也暗示了其所指的是杭州及其周边；周作人也曾在杭州住过两年，因此，有许多

---

[1] 小田嶽夫:『抗日支那の作家·知識階級人』,『文芸春秋』15 卷 8 号（1937 年 8 月 1 日）、第 62 頁。

[2] 郑振铎:《蛰居散记》,福州:福建人民出版社,1982 年,第 101 页。

[3] 周黎庵:《周作人与〈秋镫琐记〉》,载陈子善编:《闲话周作人》,杭州:浙江文艺出版社,1996 年,第 88 页。

共同话题是很自然的。

八、小田氏称《朔风》作为北平唯一的一种文学杂志，"就像在朔风之中开放着的花朵"，并购买了已经出版的全部七册。（《大》：65）《朔风》创刊于 1938 年 11 月，周作人曾在该杂志前三期上发表了三篇旧作。《朔风》是沦陷区当局认可的刊物，在此刊物发表文章极易引起爱国青年的反感。《朔风》主编方纪生曾在《周作人先生的点点滴滴》一文中指出，很多朋友认为周作人遇袭与其主编的《朔风》有关。[1] 因此，小田氏发此一问也在情理之中。另外，在抗战爆发至该小说写作的时间区域内，周作人在创作上少有新作发表，刊载于报刊者多为旧作。在回答山本实彦"最近在做何创作"之提问时，周作人称："战争不结束，总觉得无法执笔创作，也无法做各种文学研究。另外，我现在也没什么想写的东西，也不想写。我觉得不仅文学如此，其他方面不也是一样的吗？"[2] 这与"田有年"之回答——"现在不是搞文艺的时候吧"可以取得一致。"田有年"并未直接对应"我"之问，也未否定与《朔风》的关系，暗示了时局对创作的消极影响。

九、诚如任访秋对周作人"晚节不保"的分析，"在他的思想中，存在着一个民族失败主义，（中略）至于当时的蒋介石政权，既已腐败透顶，自非日寇的对手，同时他也看不到，而且也不相信中国共产党所领导的民众抗日的力量"。[3]《北京飘飘》中，"田有年"所表达的对国民政府的不满、对共产党统治中国的极度怀疑以及对日方"文化工作"之隐性批评，几乎都可以在山本实彦

[1] 方纪生：『周先生の点々滴々』、『周作人先生のこと』より、東京：光風社、1944 年、第 216—217 頁。

[2] 山本実彦：『この頃の周作人』、『文芸』6 巻 10 号（1938 年 10 月）、第 240 頁。

[3] 任访秋：《忆知堂老人》，载陈子善编：《闲话周作人》，杭州：浙江文艺出版社，1996 年，第 41 页。

的访谈报告《近来的周作人》中找到对应的答案。[1]山本的报告发表于 1938 年 10 月，而小田的赴平在此半年后，因此其中存在的影响无法断然否认，最低程度上，田有年氏的立场与周作人存在着高度的一致性。另外，参阅年谱亦不难得知此间周作人与日人、伪政府官员的交游，单是山本实彦便与周氏有多次会面。

十、小田拜访周作人时，感到"从这些话的细微之处可以感觉到周氏的忧郁之情"。（《大》：67）实际上，由于北大同僚、友人、弟子纷纷南下，周氏已极为寂寥；北平沦陷后，"留平四教授"之一的孟森、畏友钱玄同先后于 1938 年 3 月和 1939 年 1 月谢世，更给周氏带来了沉痛的打击。政治局势的变幻，使其虽怀"商歌非吾事"之志，面对中日政界、知识界"苏武"（国人）抑或"李陵"（日人）的隔空期待，其忧郁、落寞、踟蹰不难想见。清见陆郎、山本实彦在周作人访谈记中也证实了周作人面对日本来访者的苦闷、忧郁与孤寂。[2]外表冷峻、激情内敛、深居简出等都与相同语境下鱼返善雄的访问印象相同。[3]小田称周氏因遇刺事件而深居简出，生活处于"幽闭状态"。（《大》：65、67）以上列举的诸种言行风格原本亦与周氏相合。

十一、小田氏登门拜会之日，主宾双方确曾谈过"支那精神"的话题。（《大》：66）此外，1936 年 12 月 4 日，周作人为《世界日报》的副刊《明珠》写过一则《谈儒家》，其中有云："据我看来，道儒法三家原只是一气化三清，是一个人的可能的三样态度，略有消极积极之分，却不是绝对对立的门户，至少在中间的儒家对

［1］山本実彦：『この頃の周作人』、『文芸』6 巻 10 号（1938 年 10 月）、第 239、240、245 頁。

［2］清見陸郎：『周先生と談る』、方紀生：『周作人先生のこと』より、東京：光風社、1944 年、第 186 頁；山本実彦：『この頃の周作人』、『文芸』1938 年第 10 号、第 245 頁。

［3］魚返善雄：『北京の読書人』、『大陸の言語と文学』、東京：三省堂、1940 年、第 213 頁。

于左右两家总不能那么歧视,(中略)至于佛教那是宗教,与上述中国思想稍有距离,若论方向则其积极实尚在法家之上。"[1]

十二、所谓在日本可以找寻到中国已然失却的古风之说在《新北京的支那人》中几乎可以找到完全一致的说法,甚至所举饮酒一例都完全一致。但有趣的是,原话乃出自钱稻孙之口。(《大》:69)在涉日问题上,周、钱向来立场接近,具体到这个问题上周氏是否会有相近的立场?在《关于北京大学新设日本文学系》一文中,周作人从学术和教育的立场上,对日本文学之于中国文学的"文学考古学"意义做了如下阐发:"我觉得以前从中国传到日本后留在了日本,而在中国却没有了的东西也为数不少。"[2]这一观念与钱稻孙、"田有年"的言论是同向的。另,周作人的外语启蒙语种为英语,并曾以此为谋生之资,并至少在东湖通艺学堂和浙江省立第五中学谋得过两份英语教职。留日归国后,1917年周作人在北京大学首次登场,其官方身份是国史编纂处编纂员,负责英文资料的收集;并曾学习希腊语、俄文,对西方文学、文化有较为深刻的认知与理解。此外,在《北京苦住庵记——日中战争时代的周作人》中,木山英雄指出,由《怀东京》和《日本的衣食住》等文可见,周作人的日本观的根底存在着将自我他者一体化的、泛亚洲主义式的"东洋人的悲哀"。[3]

但这部分出现了田氏与周作人的明显差异:众所周知,周氏有过多年的留日经历,精通日本语言文化,对日本的衣食住了解

———————————

[1]　知堂:《谈儒家》,初载1936年12月4日刊《世界日报》,收入《秉烛谈》,引自周作人著,
　　　钟叔河编:《周作人文类编·中国气味》,长沙:湖南文艺出版社,1998年,第774—775页。

[2]　周作人著,王升远译:《关于北京大学新设日本文学系》,载《国际鲁迅研究》(第2辑),
　　　台北:秀威资讯科技,2014年,第276页。

[3]　木山英雄著,赵京华译:《北京苦住庵记——日中战争时代的周作人》,北京:生活·读
　　　书·新知三联书店,2008年,第19—21页。

颇深，其所撰《日本管窥》乃中国人之"日本论"中的名篇；此处描述与周作人极为不合。

十三、在小田登门拜访时，周作人直言"近来报纸丝毫无趣。我就像抽烟一样，习惯早饭后拿来看看，但其实不看也行"。（《大》：66）其实，此前周作人便曾于1927年初先后发表《论无报可看》《再论无报可看》（分别初载于《语丝》第114期、120期），表达对当局舆论控制的不满；又于1936年10月在《实报半月刊》发表《读报者言》，再次表达由于"言论不自由""传闻之误"和"常识之欠缺"所导致之无报可看的焦虑，声言："（前略）只可挑着看，实际上也只好挑，因为没有什么东西好看。明知如此，却又改不过停不住，每天仍是那么做，这就成为一种瘾了。"实际上，在与立野信之等的对谈中，周作人称："近来的报纸无论哪个内容都一样，我只看一份东京的报纸和一份汉字报纸。"[1]

十四、伊藤整的文章证实，秋泽曾带他以及福田、小田打茶围。[2]但早在1918年，周作人即加入了北京大学进德会，其基本戒约为"不嫖不蓄妾"[3]，此外，在《北平的好坏》中，周氏明言"我无闲去打茶围，惭愧不知道八大胡同唱些什么"。对于日本人将"吃饭听戏逛窑子"称为"支那招待友人的宪法"一说，周氏嗤之以鼻，指出"然而事实上也还有一小部分并不钦遵这个'宪法'的人，这些人在社会当然很少势力，或者还是一种被视为'化外'的人。但是在真能觇国者决不是可以忽视的东西"。[4]不守"宪

---

[1] 立野信之：『最近の周作人』（4）、『都新聞』1939年9月17日。

[2] 伊藤整：『北京にて』（1939年10月1日『セルパン』第105号に「北京」と題して掲載）、『伊藤整全集23・自伝のスケッチ他』、東京：新潮社、1974年、第521頁。

[3] 张菊香、张铁荣编著：《周作人年谱（1885—1967）》，天津：天津人民出版社，2000年，第129页。

[4] 周作人：《打茶围》，原载1924年2月18日《晨报副镌》，引自周作人著，钟叔河编《周作人文类编·日本管窥》，长沙：湖南文艺出版社，1998年，第634页。

法"者其中显然暗含着周氏的自喻。

综上，有两个问题值得注意：一、《北京飘飘》的登场人物"田有年"除了身材、不通日文、缺乏对日本饮食文化的了解几处与周作人有较大出入，出生地、年龄等稍有不同外，其余信息均与小说描述基本契合。二、部分表述（如钱稻孙、某支那通的话）虽非出自周口，但也被直接移植、挪用到"田有年"身上，遂使田氏成了一个丰富的"多元综合体"。但这种移植和嫁接绝非随意而为之，以钱稻孙为例，就像奥野信太郎所描述的那样，"就像居所之邻近一样，周钱二先生在私交上看起来也是极为亲密的关系，我不止一次地从周先生嘴里听到其赞赏钱先生，又从钱先生嘴中听到其称赞周先生"。[1] 显然，移植与嫁接的部分应该可从周作人那里寻得同向论述。在实与虚的处理上，作者倾向性明显，即将周氏具有"标签"意义、鲜明指向意义的特征予以虚化处理[2]，而此外诸种"周氏要素"若有心者求之，几乎都可以一一求得对应关系。文至此处，似乎有理由相信，"田有年"是以周作人为原型，并在其基础上做了一定虚化处理而创作出的人物。郢书燕说，妄作解人，希图坐实原型的做法或为智者所不取。所献臆说，尚祈方家赐正。有趣的是，在日本近代文学馆所藏（小田三月捐赠）作家往来书简中我觅得了另一位难得的"知音"。《北京飘飘》出版十九天之后（1940 年 8 月 20 日），小田收到了友人、

---

[1] 奥野信太郎：『周作人と銭稻孫』，方紀生編：『周作人先生のこと』，東京：光風館、1944 年、第 61 頁。

[2] 除以上梳理的种种之外，还有明显的指向性信息，如，在《新北京的支那人》中，小田谈到"例如可能是从刺杀事件以来，周氏家正门旁边有几位臂力过人的便衣警察般的男人守卫在那里，对于我们前来访问也表现出煞有介事的传达姿态，关于刺客事件也不让我们询问"。（《大》：66）而在特殊时期，这一信息具有较为明确的指向性，这种表述在小说中被有意回避了。

小说家、文艺评论家浅见渊的回信。信中称"作品中的田有年是
周作人吧？我觉得在人物当中这个人物描写得最好"[1]。

　　做出这一确认后，下一个问题随之出现：如果以上推论成立，
那么对"田有年"在周作人基础之上的虚化处理所为哪般？这种
"虚化"应做何理解？或许，相对于前述可确证的"身份"而言，
"虚化"的动机与目的更值得追问与考察。比较文学形象学的主
要倡导者巴柔认为，"在一特定的历史时刻，在一特定的文化中，
对于他者，就不可能任意说、任意写。形象学文本是部分被程序
化了的，其中某些甚至立即就会被读者解读、破译出来。因为有
关他者的话语并非无限多，借用史学家们的术语来说，它的数量
是可定位的、成系列的"。[2]在战时语境下的政治敏感时期，对
周作人这一重要人物或隐或显地言说将引起政治纷争。片冈铁兵
在"第二次大东亚文学者大会"上不指名的批评就曾使"反动老
作家"（片冈语）周作人震怒，并直接导致了周氏与日本殖民当
局的龃龉与冲突。如前所引，作者自称"虚构可以说无非是我为
了使'北京印象'正确地传达给读者而采取的手段而已"，但首
要前提显然是回避直接触及敏感人物和敏感问题。简言之，战争
语境下，在几乎全盘右翼化的日本文坛，文艺的"正确"必须以
"政治正确性"为首要前提。正如竹内好所说的那样，"我不喜欢
被介绍到日本的周作人，那是日本化了的周作人"。[3]质言之，"日
本通"的文化身份是一般日本人理解、接受周作人的前提。从这

---

[1] 浅見淵小田嶽夫宛書簡（1940年8月22日）、『日本近代文学館』第196号（2003年11
　　月15日）、第10页。

[2] 达尼埃尔－亨利·巴柔著，孟华译：《从文化形象到集体想象物》，载孟华主编：《比较文
　　学形象学》，北京：北京大学出版社，2001年，第125页。

[3] 竹内好：『佐藤春夫先生と北京』（『文学通信』1942年2月号）、『竹内好全集』（第14卷·戦
　　前戦後集）、東京：筑摩書房、1981年、291页。

个意义上说，小田岳夫揭去一般日人眼中周作人的"日本通"标签显然意在规避其过于直接的现实指向。然而从小说结构的角度而言，在与田氏的初次会面中便透露田氏"以随笔著称"这一实则无关宏旨的细节，其后又论及其与《朔风》的关系坐实"田有年"背后的周氏原型，使读者相信，作为报告文学的该作，主人公确有其人。

从"记录性"中对田氏的原型加以推论固然重要，但素描之外的些许"化妆、修饰"性的虚构性创作亦应引起我们的重视。"田有年"是北平沦陷后留平知识分子的一种典型。他们在与日本人的交涉、周旋、对峙抑或妥协中的心态史值得探究。此外，此前曾有对华外交工作经历、并从事中国现代文学研究的小田，是如何站在"支那通"的立场上审视沦陷时期的以"田有年"为代表的北平知识分子，其间渗透着怎样的对华意识形态等同样都是值得探讨的命题。

附录二

奥野信太郎：精神故乡的"面影"（随笔）

　　在日本的中国学界，虽曾有"西之吉川，东之奥野"一说，但二人的学术理路与旨趣实有不同。如果说吉川幸次郎继承了京都学派严谨、缜密的考据功力；相对而言，奥野信太郎则对压抑感性与欲望的实证主义敬而远之，追求生活情趣，似乎更近于"享乐主义的感觉派诗人"。当然，从陆军中将之子、子爵外孙的身世和"山手良家子"（山手为东京富人区）生活环境而言，奥野随性、潇洒的个人享乐本也顺理成章，无可厚非；但作为学者，若将烟酒、购物和搓麻将等也视作评价他人的标准，恐怕就独具异彩了。在早庆（早稻田与庆应）中国学会第一届会议上，奥野信太郎在向与会学者介绍爱徒村松映（村松梢风之子）时就说了句令四座无不咋舌的话："此人搓麻将，就是通宵彻夜也在所不辞。"

　　世事无常，奥野的不幸在其 21 岁进入庆应文学部后接踵而至。入学当年及翌年，双亲先后谢世；36 岁时妻子坂东智慧子病逝。而就在同年（1936 年），奥野得到了国费留学北平的机会。身份：外务省在华特别研究员。[1]

---

[1]　以上参见村松暎：「奥野信太郎先生のこと」、奥野信太郎：『随筆北京』より、東京：平凡社、1990 年、第 297—300 頁。

认为奥野文学成就了北平多少有些夸大其辞，但说北平成就了奥野文学似乎并不夸张。佐藤一郎曾将奥野文学的主题归结为表现文雅、幽艳的都城精神[1]，事实上，这里的"都城"主要指向了其故乡东京和北平。日本侵华战争爆发后，北平作为"大东亚建设的基地"而受到了日人的广泛关注，北平沦陷区统制也为日人来平提供了可能与便利，种种以北平为背景写作的游记、观察、评论、报告文学和小说等向内地邦人描绘着"东亚古都"的诸种面影与动向。而奥野的魅力则在于，他向日人展示了一个漫步者看到的北平胡同之声色及其中氤氲着的都城精神。在奥野看来，北平的情趣并不存在于一般旅人所出入的金殿玉楼之中，而是平凡而又难以捉摸的一种情韵。

1923 年的东京大地震及灾后重建虽为日人带来了收音机、电视、自行车和飞机等近代设施，但传统东京的灰飞烟灭却使"老东京"们失却了精神家园。其后的东京在喧闹、污染与变动中，在工业化的道路上狂飙突进。这一体验使奥野初入北平时产生了别样的感受："最初，在我就如同被吸进那巨大的城墙中一般走进去时，自己首先发现的是，一种像进入了极为寂静的树洞中一样、与一切噪音突然隔绝的感觉。"而这种感受与横光利一的所谓"嫣然而笑的尸体般"之感截然不同，奥野在静谧中找到了回归童稚、找寻老东京的时光隧道，北平也因此成为追溯其个人成长轨迹的最佳参照——"北京再次作为鲜活的现实，让我生动地触摸到了因东京急剧的变化而使我自幼忘却了的精神。耽于追忆或许有时会明显阻碍人类的进步，我在北京触摸到的决不是追忆的精神之美，不过是作为现实，北京巧妙地使我在时间意义上后退了一下。

---

[1] 佐藤一郎:「奥野先生の読書と街歩き」『奥野信太郎随想全集 1・随筆北京・月報』、東京: 福武書店、1984 年、第 8 頁。

从后退之处老老实实地逐渐注视着自己的成长。我始终是作为异邦人观察着支那人，而通过注视着独自混迹于支那人中的自己，则可以比较容易地看取重返童稚精神的自己再次在成长中出发的过程"[1]。而我所关注的是，到底是哪些要素成就了北平作为奥野"精神故乡"的"考古"意义。

与其他"支那通"一样，奥野行文也有引经据典成癖的倾向，"抚今"之前先做一番"追昔"遥想，并试图以此姿态表现北平传统文化中贯通古今的"不变"。在奥野的北平书写中，有个使用频率较高的词——"そのまま"（原样不动）[2]，若将这一词语置于具体时空论述之中，则近乎于"亘古不变"。在薰夫人（奥野的第二任夫人）看来，奥野"一旦外出，就似断了线的风筝，去向不明"。佐藤一郎称，"先生的逛街总是离不开古书、酒、友和女人。就像他的随笔文学世界一样，从大街到陋巷，从胡同又到大街，一直寻求着自己的散步路线。从顾家主妇的立场上来说真是要命的毛病，但没有这种彷徨，奥野文学便难以成立。而彷徨的舞台便是东京和北京"。[3]我想，若在东京，奥野大致放浪形骸于酒馆、妓馆；在北平，你大可在旧书肆、小吃摊、戏院、湖畔池边和胡同等处寻到他的踪迹，因为这些是观察北平之"不变"的最佳去处，因为在这些地方可以找寻到东京已经不复存在的风致。或许，这就是将风筝吹断线的那阵清风。为论证中国人的食欲旺盛和注重饮食生活是自古以来的传统，作者援引了某位杜甫

---

[1] 奥野信太郎：「随筆北京」、東京：平凡社、1990 年、第 294—295 頁。

[2] 奥野信太郎：「北京と北平」『奥野信太郎随想全集』（第 6 卷）東京：福武書店、1984 年、第 178 頁。

[3] 佐藤一郎：「奥野先生の読書と街歩き」『奥野信太郎随想全集 1・随筆北京・月報』、東京：福武書店、1984 年、第 7 頁。

研究家的议论——杜子美的诗魂发于"饥"又归于"饥"；胃袋空虚直接成为寂寞诗魂的哀叹，食味满足又是其精神的愉悦、将人间描绘为理想国的要因。而北平成为饮食风味的中心"历史地看"也是理所当然的，反之，正因北平乃"古老之都城"，方成为中国饮食之渊薮。[1]奥野认为，饮食中最能代表都市风韵、涵养都市人情致的当属小吃。在东京，自幼常吃的许多小吃急剧衰亡，遂使北平小吃成为作者想象古都风情轮廓的现实标本，而联结其间的是"季节感"或一朝夕的生活断片：酸梅汤会使人联想起北平的炎炎夏日，商贩叫卖萝卜的声音会让人想到冬夜里幽暗的胡同。关于北平小吃能否永远存续，奥野声称自己不敢断言，但同时也指出由于当地人的保守，若非借他人之手将不会有什么新的作为。[2]这就使"保守"这一中国人的国民性成为"不变"的注脚之一。在东京，与传统小吃一起消逝的还有种种街巷声音。"尽管场所与事物有所不同，但今日北平与往日东京的街巷声音，其中充溢的情趣却如出一辙。"北平胡同成了声音传播的管道，也为倾听这些声音提供了绝佳的条件。送水独轮推车的吱嘎之声、金属棒轻捋剃头镊子的慵懒之响、卖油翁或打更人敲梆子的感伤之音，或哀伤、或孤寂的余韵让人沉醉。[3]这些声音触发的感动在小田岳夫的长篇小说《北京飘飘》中也有极为相似的表述。想来，或许讲求"物哀"与"幽玄"的日本传统美学修养使日本文人与种种低回悠婉的街巷声音产生共鸣，为之流连难舍并非偶然。

　　当然，都市生活永远是"变"与"不变"的交错。五四运动激进的反传统姿态以及日本侵华战争的爆发使北平城市生活的某

---

[1]　奥野信太郎：『随筆北京』、東京：平凡社、1990 年、第 37 頁。

[2]　奥野信太郎：『随筆北京』、東京：平凡社、1990 年、第 272 頁。

[3]　奥野信太郎：『随筆北京』、東京：平凡社、1990 年、第 228—229 頁。

些侧面不得不由"不变"而开始"不得不变"。令奥野终生难忘的变动无疑是近一千五百名日本人长达半个月的"北平笼城"（日语中的"笼城"乃坚守城池、闭门不出之意）。作者在《北京笼城回想记》和《笼城前后》中详细地讲述了在平日本居留民从收到笼城指示起三小时内的集结、笼城期间的忧郁和愤恨的情感体验，以及其间居留民之间相互礼让、秩序井然等令人感动的情形。[1]以上这些为今人理解那一时期闯入者内部情状提供了颇为生动的历史记录，值得一读。而我想强调的是另一"变"，即奥野对北平社会变动中的女性所给予的特别关注。对于这一视角的择取，你可以理解为其作为放浪文人的"禀性难移"，也可理解为其作为学者的"匠心独运"。怀恋传统使奥野对五四运动的激烈批判不难理解——在他看来，五四对传统的破坏性远远超过了其建设性的一面，理性的缺失使狂热的民族主义情绪在当局的煽动下转变为炽烈的反日、排日的意识。而五四两位著名女作家石评梅与庐隐的悲剧人生及其创作则不幸成了奥野的论据。后者指出，庐隐的作品中没有任何值得赞叹之处，只是五四青年无轨道的混乱生活之记录。在《女人剪影录》文末，论者颇意味深长地评论道："讽刺的是，古都燕京是闲雅静谧之都，充溢着与年轻女性挺身而出、狂热乱舞并不相称的氛围。我总感觉那凸字形城墙的一角，作扭曲之相，在那些牺牲者们之上讽刺地嗤笑他们。"[2]此外，奥野又引经据典，介绍了北平妓馆的层次及其历史流变，并历数京都香艳之绝艺，对诸名妓京剧唱腔之高下一一点评。或许，信太郎所追求的是一种类似于中国古代"才子佳人"式的"文人情趣"，即如东坡之于琴操，如柳七之于青楼群妓。但值得关

---

[1] 奥野信太郎：「北京籠城回想記」、『随筆北京』、東京：平凡社、1990 年、第 93—104 頁。

[2] 奥野信太郎：「女人剪影録」、『随筆北京』、東京：平凡社、1990 年、第 161 頁。

注的是，抗日战争的爆发使北平风月场产生了巨大的震动，并加速了其兴衰更替。试举两例：在往昔清吟小班中，妓女（与跟妈对话时）颇具"异国风情"的楚州话逐渐被只言片语的日语所取代；东洋妆盛行开来。[1]来北平寻求"古都情趣""文人情趣"的日人奥野对此变动述而不论，其中奥妙唯读者诸君断之。

　　有多少个作家，就有多少个北京形象。旅行指南与游记的北京（北平）介绍难免千篇一律或浮光掠影，虚构作品中的北京（北平）形象又似乎真假难辨，奥野以漫步者的悠闲步调和"支那通"的学识描绘和讲述了北平的声、色、嚣、笑，并在后来出版的《北京留学》中将这段生活视作"一生中不会再有的幸福日子"。尽管由于战争悲剧的发生，来平寻找"精神故乡"面影的奥野似乎又有些不幸，但种种幸与不幸的交杂无疑丰富了其北平体验与表达。至于生动与否，非邀诸君一读而未敢妄言，但因了斯人是作，北平又至少多出了一位不同寻常的游客——阿部知二。阿部氏在为《随笔北京》写的寄语中及自家小说《北京》的跋中对奥野表达了谢意："对我而言，奥野氏是数年前使我对支那产生兴趣的人。没有与奥野氏的交往，便不会有我的拙陋小说《北京》的问世。说起来，在关于支那的方面，他是我的老师，我的恩人。"[2]

---

[1] 奥野信太郎：『随筆北京』、東京：平凡社、1990年、第208—226頁。

[2] 阿部知二：『「随筆北京」に寄せて』、奥野信太郎：『随筆北京』、東京：平凡社、1990年、第5頁。

参考文献

一 作为研究对象的文本（出版时间序）

（一）中文论著（含译著）

1. 张次溪编:《天桥一览》,中华印书局,1936 年。

2. 陶亢德编:《北平一顾》,上海：宇宙风社,1936 年 12 月。

3. 马止庠编,张恨水审定:《北平旅行指南》,北平：经济新闻社,1937 年 4 月（第 4 版）。

4. 李重光编:《北京城》,新京：开明图书公司,1942 年 9 月。

5. ［日］幸田露伴著,文洁若译:《风流佛》,北京：人民文学出版社,1990 年 8 月。

6. 佚名编辑,陈高华校订:《人海诗区》（上、下册）,北京：北京古籍出版社,1994 年 7 月。

7. 骆爽主编:《"批判"北京人?！》,北京：中国社会出版社,1994 年 12 月。

8. ［日］内山完造著,尤炳圻译:《活中国的姿态》,兰州：敦煌文艺出版社,1995 年 12 月。

9. 孙东临编著:《日人禹域旅游诗注》,武汉：武汉出版社,1996 年 11 月。

10. 章立凡选编:《章乃器文集（下卷）·政论杂著编》,北京：华夏出版社,1997 年 3 月。

11. 姜德明选编:《如梦令——名人笔下的旧京》,北京:北京出版社,1997年8月。

12. [美]古诺德著,蔡向阳、李茂增译:《解析中国》,北京:国际文化出版公司,1998年7月。

13. 周作人著,钟叔河编:《周作人文类编》(全10卷),长沙:湖南文艺出版社,1998年9月。

14. [日]吉川幸次郎著,钱婉约译:《我的留学记》,北京:光明日报出版社,1999年9月。

15. 周作人著,止庵校订:《周作人自编文集》(36种),石家庄:河北教育出版社,2002年1月。

16. [日]仓石武四郎著,荣新江、朱玉麒辑注:《仓石武四郎中国留学记》,北京:中华书局,2002年4月。

17. 胡适:《胡适全集》(第22卷),合肥:安徽教育出版社,2003年9月。

18. [俄]叶·科瓦列夫斯基著,阎国栋等译:《窥视紫禁城》,北京:北京图书馆出版社,2004年7月。

19. 姜德明编:《北京乎——现代作家笔下的北京(一九一九——一九四九)》(上、下),北京:生活·读书·新知三联书店,2005年1月。

20. 鲁迅:《鲁迅全集》(全18卷),北京:人民文学出版社,2005年1月。

21. [日]横光利一著,李振声译:《感想与风景》,桂林:广西师范大学出版社,2005年1月。

22.[日]芥川龙之介著,高慧勤、魏大海主编:《芥川龙之介全集》(全5卷),济南:山东文艺出版社,2005年3月。

23. 邹仲之编:《抚摸北京——当代作家笔下的北京》,北京:生活·读书·新知三联书店,2005年5月。

24. [日]青木正儿、吉川幸次郎等著,戴燕、贺圣遂选译:《对中国文化的乡愁》,上海:复旦大学出版社,2005年5月。

25.［英］托马斯·霍奇森·利德尔著，陆瑾、欧阳少春译：《帝国丽影》，北京：北京图书馆出版社，2005 年 12 月。

26. 刘一达主编：《读城——大师眼中的北京》，北京：中国华侨出版社，2006 年 6 月。

27.［英］麦高温著，朱涛、倪静译：《中国人生活的明与暗》，北京：中华书局，2006 年 7 月。

28. 张次溪：《天桥丛谈》，北京：中国人民大学出版社，2006 年 8 月。

29.［日］芥川龙之介著，秦刚译：《中国游记》，北京：中华书局，2007 年 1 月。

30.［日］小林爱雄著，李炜译：《中国印象记》，北京：中华书局，2007 年 4 月。

31.［日］夏目漱石著，王成译：《满韩漫游》，北京：中华书局，2007 年 4 月。

32.［日］内藤湖南著，吴卫峰译：《燕山楚水》，北京：中华书局，2007 年 5 月。

33.［日］鹤见祐辅著，鲁迅译：《思想·山水·人物》，北京：人民文学出版社，2007 年 7 月。

34.［英］G.L. 狄更生著，卢彦名、王玉括译：《"中国佬"信札——西方文明之东方观》：南京：南京出版社，2008 年 4 月。

35.［日］德富苏峰著，刘红译：《中国漫游记·七十八日游记》，北京：中华书局，2008 年 5 月。

36.［日］小栗栖香顶著，陈继东、陈力卫整理：《北京纪事·北京纪游》，北京：中华书局，2008 年 5 月。

37.［日］内山完造等著，尤炳圻等译：《中国人的劣根和优根——日本人眼中的近代中国》，南昌：江西人民出版社，2009 年 3 月。

38.［日］坂口安吾著，杨明绮译：《明治开化 安吾捕物帖》，长春：

吉林出版集团有限责任公司，2009年4月。

39.钟叔河编:《周作人散文全集》(全14卷)，桂林：广西师范大学出版社，2009年4月。

40.［日］冈千仞著，张明杰整理:《观光纪游·观光续记·观光游草》，北京：中华书局，2009年5月。

41.［日］小泉八云著，邵文实译:《日本魅影》，厦门：鹭江出版社，2011年6月。

（二）中文报刊文献

1.周作人:《日本近三十年小说之发达》，载《北京大学日刊》第151、152号（1918年5月31日、6月1日）。

2.姚克:《天桥风景线》，《申报·自由谈》1934年1月7日。

3.温源宁:《周作人——铁与温雅》，载《逸经》第17期（1936年11月）。

4.《日本侵略者妄图消灭中华文化、敌伪在沦陷区焚书捕人扑灭文化（鲁迅先生遗迹被敌践踏破坏）》，载《晋绥日报》1945年5月8日。

（三）日文著作

1.曽根俊虎:『清国漫遊誌』、東京：續文舎、1883年2月。

2.原口藤一郎:『亜細亜大陸旅行日記併清韓露三国評論』、大阪：青木嵩山堂、1894年3月。

3.高橋謙:『支那時事』、東京：嵩山房、1894年9月。

4.宮内猪三郎:『清国事情探検録』、東京：学文会、1895年3月。

5.教学参議部編:『清国巡遊誌』、京都：仏教図書出版株式会社、1900年6月。

6.戸水寛人:『東亜旅行談』、東京：有斐閣書房、1903年3月。

7. 小林愛雄:『支那印象記』、東京：敬文館、1911 年 11 月。

8. 前田利定:『支那遊記』（非売品）、1912 年 8 月。

9. 川田鉄彌:『支那風韻記』、東京：大倉書店、1912 年 11 月。

10. 関和知等:『西隣遊記』（非売品）、1918 年 8 月。

11. 東京高等商業学校東亜倶楽部編:『中華三千哩』、東京：大阪屋号書店、1920 年 3 月。

12. 丸山昏迷:『北京』、発行者：丸山幸一郎、1921 年 3 月。

13. 渡辺巳之次郎:『老大国の山河：余と朝鮮及び支那』、東京：金尾文淵堂、1921 年 3 月。

14. 鶴見祐輔:『偶像破壊期の支那』、東京：鉄道時報局、1923 年 4 月。

15. 清水安三:『支那当代新人物』、東京：大阪屋号書店、1924 年 11 月。

16. 竹内逸:『支那印象記』、東京：中央美術社、1927 年 5 月。

17. 松本亀次郎:『中華五十日遊記・中華留学生教育小史』、東京：東亜書房、1931 年 7 月。

18. 室伏高信:『支那遊記』、東京：日本評論社、1935 年 9 月。

19. 濱一衞、中丸均卿:『北平の中国戯』、東京：秋豊閣、1936 年 11 月。

20. 山本実彦:『支那事変（北支之巻）』、東京：改造社、1937 年 10 月。

21. 阿部知二:『北京』、東京：第一書房、1938 年 4 月。

22. 岸田国士：『北支物情』、東京：白水社、1938 年 5 月。

23. 周作人著、松枝茂夫訳:『周作人随筆集』、東京：改造社、1938 年 6 月。

24. 山本実彦:『大陸縦断』、東京：改造社、1938 年 10 月。

25. 高木翔之助:『北京と天津』、天津：北支那経済通信社、1938 年 12 月。

26. 村上知行:『古き支那　新しき支那』、東京：改造社、1939 年 3 月。

27. 清水安三:『朝陽門外』、東京：朝日新聞社、1939 年 4 月。

28. 桜井徳太郎:『広安門』、東京：刀江書院、1939 年 4 月。

29. 豊田三郎:『北京の家』、東京：第一書房、1939 年 8 月。

30. 一戸務:『現代支那の文化と芸術』、東京：松山房、1939 年 11 月。

31. 木村毅編:『支那紀行』、東京：第一書房、1940 年 5 月。

32. 橋本関雪:『支那山水随縁』、東京：文友堂書店、1940 年 6 月。

33. 周作人著、松枝茂夫訳:『周作人文芸随筆抄』、東京：冨山房、1940 年 6 月。

34. 小田嶽夫:『北京飄々』、東京：竹村書房、1940 年 8 月。

35. 周作人著、一戸務訳:『周作人苦茶随筆』、東京：名取書店、1940 年 9 月。

36. 周作人著、松枝茂夫訳:『瓜豆集』、大阪：創元社、1940 年 9 月。

37. 保田与重郎:『佐藤春夫』、東京：弘文堂、1940 年 11 月。

38. 大槻親:『北京日本人史考』、北京：新華社、1940 年 12 月。

39. 魚返善雄:『大陸の言語と文学』、東京：三省堂、1940 年 12 月。

40. 村上知行:『随筆大陸』、東京：大阪屋号書店、1940 年 12 月。

41. 保田与重郎:『文学の立場』、東京：古今書院、1940 年 12 月。

42. 森戸辰男:『戦争と文化』、東京：中央公論社、1941 年 2 月。

43. 立野信之:『黄土地帯』、東京：高山書院、1941 年 4 月。

44. 佐藤春夫:『風雲』、東京：寶文館、1941 年 8 月。

45. 佐藤春夫:『支那雑記』、東京：大道書店、1941 年 10 月。

46. 清見陸郎:『北京点描』、東京：大都書房、1941 年 10 月。

47. 武者小路実篤:『人生と芸術』、東京：河出書房、1941 年 11 月。

48. 周作人:『日本の再認識』、東京：国際文化振興会、1941 年 11 月。

49. 村上知行:『北京の歴史』、東京：大阪屋号書店、1941 年 11 月（再版）。

50. 清水安三:『支那の心』、東京：隣友社、1941 年 12 月。

51. 村上知行:『北京十年』、東京：中央公論社、1942 年 3 月。

52. 小田嶽夫:『大陸手帖』、東京：竹村書房、1942 年 5 月。

53. 早瀬讓:『歌集　北京』、京都：臼井書房、1942 年 7 月。

54. 佐藤清太：『北京：転換する古都』、東京：目黒書店、1942年10月。

55. 安藤更生編：『北京案内記』、北京：新民印書館、1943年1月（10版）。

56. 高建子：『北京百景』、北京：新民印書館、1943年7月。

57. 宇野浩二、佐藤春夫編：『大正文学作家論』、東京：小学館、1943年9月。

58. 立野信之：『北京の嵐：義和団変乱記』、東京：博文館、1944年2月。

59. 蔵田延男：『北京西山』、大阪：興亜書局、1944年3月。

60. 周作人著、松枝茂夫訳：『結縁豆』、東京：実業之日本社、1944年4月。

61. 方紀生編：『周作人先生のこと』、東京：光風館、1944年9月。

62. 阿部知二：『冬の宿』、東京：岩波書店、1956年3月。

63. 増田渉：『魯迅の印象』、東京：大日本雄弁会講談社、1956年7月。

64. 福沢諭吉：『福沢諭吉全集』（第14巻）、東京：岩波書店、1961年2月。

65. 三木清：『三木清全集』（第15巻）、東京：岩波書店，1967年2月。

66. 桑原隲藏：『桑原隲藏全集（第1巻）東洋史説苑』、東京：岩波書店、1968年2月。

67. 伊藤整等編：『日本現代文学全集93』、東京：講談社、1968年4月。

68. 八木沼丈夫著、八木沼春枝編：『遺稿八木沼丈夫歌集』、東京：新星書房、1969年5月。

69. 斎藤茂吉：『斎藤茂吉全集』（第2、7巻）、東京：岩波書店、1973年6月。

70. 伊藤整：『伊藤整全集23・自伝的スケッチ他』、東京：新潮社、1974年5月。

71. 清水安三：『北京清譚・体験の中国』、東京：教育出版株式会社、1975年6月。

72. 正宗白鳥：『正宗白鳥全集』（第10巻）、東京：新潮社、1976年8月セット版。

73. 林芙美子：『林芙美子全集』（第 16 卷）、東京：文泉堂出版株式会社、1977 年 4 月。

74. 竹内好：『竹内好全集』（第 14、15 卷）、東京：筑摩書房、1981年 11 月。

75. 谷崎潤一郎：『谷崎潤一郎全集』（第 22 卷）、東京：中央公論社、1983 年 6 月。

76. 奥野信太郎：『奥野信太郎随想全集』（第 1、6 卷）、東京：福武書店、1984 年 9 月。

77. 川端康成：『川端康成全集』（第 27 卷）、東京：新潮社、1985 年 5 月。

78. 吉川幸次郎：『吉川幸次郎全集』（第 23 卷）、東京：筑摩書房、1986 年 1 月。

79. 保田与重郎：『保田与重郎全集』（第 16 卷）、東京：講談社、1987 年 10 月。

80. 長谷川如是閑：『長谷川如是閑全集』（第 1 卷）、東京：岩波書店、1989 年 10 月。

81. 奥野信太郎：『随筆北京』、東京：平凡社、1990 年 9 月。

82. 中野江漢著、中野達編：『北京繁昌記』、東京：東方書店、1993年 12 月。

83. 田山花袋：『定本田山花袋全集』（第 27 卷）、京都：臨川書店、1995 年 7 月。

84. 竹村良明編：『未刊行著作集 13・阿部知二』、京都：白地社、1996 年 6 月。

85. 中村作次郎：『支那漫遊談』（切偲会，1899）、小島晋治監修『幕末明治中国見聞録集成』（第 3 卷）、東京：ゆまに書房、1997 年 6 月。

86. 村木正憲：『清韓紀行』（1900）、小島晋治監修『幕末明治中国見聞録集成』（第 5 卷）、東京：ゆまに書房、1997 年 6 月。

87. 佐藤春夫：『定本佐藤春夫全集』（第 1、21、22 卷）、京都：臨川書店、1999 年 5 月。

88. 柴五郎著、大山梓編：『北京籠城』、東京：大空社、2003 年 9 月。

89. 守田利遠：『北京籠城日記』、福岡：石風社、2003 年 9 月。

90. 服部宇之吉著、大山梓編：『北京籠城日記』、東京：大空社、2003 年 9 月。

91. 周作人撰、王升远译：《关于北京大学新设日本文学系》，载《国际鲁迅研究》（第 2 辑），台北：秀威资讯科技，2014 年 5 月。

（四）日文报章文献

1.「文芸雑事」、『日本及び日本人』508 号（1908 年 5 月）。

2. 桑原隲蔵：『支那人の文弱と保守』、『支那研究』より、東京：同文館雑誌部、1916 年 6 月。

3. 周作人：『支那の新思想界』、『北京週報』第 6 号（1922 年 2 月 26 日）。

4. 周作人、張黄：『北大に日本文学系新設』、『北京週報』第 25 号（1922 年 7 月 16 日）。

5. 正華生：『日本の支那学講座を一新すべし（北京大学日本文学系新設に就て）』、『北京週報』第 26 号（1922 年 7 月 23 日）。

6. 辻聴花：『北大新設の日本文学系について』、『北京週報』第 26 号（1922 年 7 月 23 日）。

7. 周作人：『北京大学に日本文学系を新設するに就いて』、『読売新聞』1922 年 7 月 27 日。

8. 両周氏談：『「面子」と「門銭」』、『北京週報』第 67 号（1923 年 6 月 3 日）。

9. 周作人著（訳者不詳）：『窮袴、守宮、貞操帯』『同仁』1933 年 5 号。

10.『周作人氏来る』、『東京朝日新聞』、1934 年 7 月 22 日。

11. 阿部知二：『隣国の文化——北平の印象から 』、『読売新聞』(東京) 1935 年 10 月 26 日。

12. 阿部知二：『北京雑記』、『セルパン』1935 年 11 月号。

13. 室伏高信：『胡適之に答ふる書』、『日本評論』1935 年 12 月号。

14. 阿部知二：『美しき北平』、『新潮』1935 年 12 月号。

15. 郭沫若：『日本文学の課題としての吾が母国』、『文芸』1936 年 6 月号。

16. 藤森成吉：『支那を描け！ 』、『文芸』1936 年 6 月号。

17. 新居格：『現代支那の題材性』、『文芸』1936 年 6 月号。

18. 阿部知二：『文学に休日は無い』(上)、『報知新聞』1936 年 10 月 12 日。

19. 阿部知二：『燕京』、『文芸』1937 年 1 月 (新年特輯)。

20. 周作人著、松枝茂夫訳：『日本文化を談るの書』『中国文学月報』第 25 号 (1937 年 4 月)。

21. 竹内好：『日本文化を談るの書·解説』、『中国文学月報』第 25 号 (1937 年 4 月)。

22. 周作人著、吉村永吉訳：『魯迅の仕事』、『中国文学月報』25 号 (1937 年 4 月)。

23. 周作人著：『魯迅に関して 』、『改造』19 巻 4 号 (1937 年 4 月)。

24. 阿部知二：『北平の女 』、『文学界』1937 年 5 月号。

25. 周作人著、松枝茂夫訳：『日本文化を談るの書』、『文芸懇話会』1937 年 6 月号。

26. 小田嶽夫：『抗日支那の作家·知識階級人』、『文芸春秋』1937 年 8 月号。

27. 一戸務：『北支事変と北平文化』、『新潮』1937 年 9 月号。

28. 周作人著、松枝茂夫訳：『東京を懐ふ 』、『文芸』1937 年 10 月号。

29. 山本実彦：『周作人の心境』、『改造』1937 年 10 月号。

30. 『北支文化建設の礎——親日学者と支那事変を語る』、『報知新聞』1937 年 10 月 21 日（朝刊 2 面）。

31. 阿部知二：『王家の鏡』『改造』1937 年 11 月（支那事変増刊号）。

32. 周作人著、松枝茂夫訳：『二つの礼讃』、『文芸』1937 年 11 月号。

33. 平山弘：『支那の文化人は今何をしてゐるか』、『改造』1937 年 12 月号。

34. 周作人著、松枝茂夫訳：『北京に踏みとどまる——「宇宙風」の編輯者陶亢徳に宛てた書信五通』、『文芸』1938 年 1 月号。

35. 堀江邑一：『森谷克己著「アジア的生産様式論」』、『東京朝日新聞』1938 年 1 月 31 日。

36. 佐藤春夫：『半島旅情記』、『文芸春秋』1938 年 6 月号。

37. 佐藤春夫：『北京雑報』、『文芸春秋』16 巻 10 号（1938 年時局増刊 9・現地報告、1938 年 6 月 10 日）。

38. 佐藤春夫：『蒙疆のはなし』、『文芸春秋』16 巻 14 号（時局増刊 10・現地報告、1938 年 7 月 10 日）。

39. 寺島特派員：『新民主義を基調に生まれ出づる悩み：戦後北京の文化を見る』、『報知新聞』1938 年 7 月 14 日（朝刊）4 面。

40. 浅原六郎：『支那日本文学通周作人と語る（下ノ二）』、『読売新聞』1938 年 7 月 14 日。

41. 小田嶽夫：『日支事変と支那の文士』、『新潮』1938 年 8 月号。

42. 山本実彦：『北支の文人達（上）——失職教授や思想家の処分』、『東京日日新聞』1938 年 9 月 27 日。

43. 山本実彦：『北支の文人達（中）——魯迅と周作人の行き方』『東京日日新聞』1938 年 9 月 28 日。

44. 竹内好：『周作人随筆集——北京通信の三』、『中国文学月報』

42 号（1938 年 9 月）。

　　45. 山本実彦：『この頃の周作人』、『文芸』1938 年 10 月号。

　　46. 佐藤春夫：『日支文化の融合——如何にして知識階級の融合を図るか』、『日本学芸新聞』62 号（1939 年 1 月 1 日）。

　　47. 上野透：『周作人事件——文芸政策確立の要』、『都新聞』1939 年 1 月 10 日。

　　48. 近藤春雄：『日本における現代支那文芸（上）、（下）』、『大阪毎日新聞』1939 年 2 月 14 日、15 日。

　　49. 武者小路実篤：『牟礼随筆・周作人』『日本評論』1939 年 3 月号。

　　50. 奥野信太郎：『北京の日本学者——老北京第二話』、『文芸春秋』17 巻 8 号（時局増刊、1939 年 4 月）。

　　51. 立野信之：『最近の周作人』、『都新聞』1939 年 9 月 14—17 日。

　　52. 橋川時雄：『北京文学界の現状』『朝日新聞』1940 年 2 月 25（朝刊 7 面）、26 日（夕刊 5 面）。

　　53. 松枝茂夫：『周作人——伝記的素描』、『中国文学』60 号（1940 年 4 月）。

　　54. 奥野信太郎：『周作人のこと』、『大陸』1941 年 2 月号。

　　55.『華北文壇の父入京の弁、文化提携を説く』、『報知新聞』1941 年 4 月 15 日。

　　56. 中村亮平：『北京の文人』、『大陸』1941 年 6 月号。

　　57. 武者小路実篤：『日々草』、『馬鈴薯』1941 年 6 月号。

　　58. 武者小路実篤：『周作人との友情の思出』『文芸』1941 年 6 月号。

　　59. 谷崎潤一郎：『きのふけふ』、『文芸春秋』1942 年 9 月号。

　　60. 小田嶽夫：『「駱駝祥子」と北京』、『理想日本』1944 年第 1 号。

　　61. 小川利康編：『周作人・松枝茂夫往来書簡』、『文化論集』第 30 号（2007 年 3 月）、第 31 号（2007 年 9 月）、第 32 号（2008 年 3 月）、第 33 号（2008 年 9 月）。

62.『日本近代文学馆』第 196 号（2003 年 11 月 15 日）、第 197 号（2004 年 1 月 1 日）、第 198 号（2004 年 3 月 15 日）。

63. 北平日本大使馆陆军武官室编：『清事変北京籠城記』、油印物、未公开出版。

二 相关研究论著（出版时间序）

（一）中文研究著作（含译著）

1. 郭沫若：《创造十年》，《沫若文集》（第 7 卷），北京：人民文学出版社，1958 年 8 月。

2. 福泽谕吉著，北京编译社译：《文明论概略》，北京：商务印书馆，1959 年 4 月。

3. 严绍璗：《日本的中国学家》，北京：中国社会科学出版社，1980 年 1 月。

4. ［日］安藤彦太郎著，卞立强译：《日本研究的方法论——为了加强学术交流和相互理解》，长春：吉林人民出版社，1982 年 3 月。

5. 郑振铎：《蛰居散记》，福州：福建人民出版社，1982 年 12 月。

6. 冯友兰：《三松堂学术文集》，北京：北京大学出版社，1984 年 3 月。

7. 杜文凯编：《清代西人见闻录》，北京：中国人民大学出版社，1985 年 1 月。

8. 周佳荣：《近代日本文化与思想》，香港：香港商务印书馆，1985 年 2 月。

9. 钟叔河编：《走向世界丛书》（第 3 卷），长沙：岳麓社，1985 年 3 月。

10. 梁容若：《中日文化交流史论》，北京：商务印书馆，1985 年 7 月。

11. ［日］内川芳美、新井直之著，张国良译：《日本新闻事业史》，北京：新华出版社，1986 年 6 月。

12. 胡适：《胡适作品集·胡适文选》，台北：远流出版公司，1986 年 6 月。

13. 蓝仁哲编：《现代英国散文选》，重庆：重庆出版社，1986 年 6 月。

14. 中国人民政治协商会议北京市委员会文史资料研究会编：《日伪统治下的北平》，北京：北京出版社，1987 年 7 月。

15. 中国人民政治协商会议北京市委员会文史资料研究委员会编：《北京往事谈》，北京：北京出版社，1988 年 1 月。

16. 林语堂著，郝志东、沈益洪译：《中国人》，杭州：浙江人民出版社，1988 年 10 月。

17. 梁启超：《饮冰室合集·文集之五 立宪法议》，北京：中华书局，1989 年 3 月。

18. ［日］中村元著，林太、马晓鹤译：《东方民族的思维方法》，杭州：浙江人民出版社，1989 年 4 月。

19. ［美］鲁思·本尼迪克特著，吕万和、熊达云、王智新译：《菊与刀》，北京：商务印书馆，2003 年 11 月。

20. ［日］加藤周一著，杨铁婴译：《日本文化的杂种性》，长春：吉林人民出版社，1991 年 3 月。

21. ［日］色川大吉著，郑民钦译：《明治的文化》，长春：吉林人民出版社，1991 年 4 月。

22. ［日］竹中宪一著，天津编译中心译：《北京历史漫步》，北京：中国文史出版社，1991 年 7 月。

23. ［日］源了圆著，郭连友、漆红译：《日本文化与日本人性格的形成》，北京：北京出版社，1992 年 3 月。

24. ［日］近代日本思想史研究会著，那庚辰译：《近代日本思想史》，北京：商务印书馆，1992 年 8 月。

25. 袁枚:《袁枚全集》(第4卷),南京:江苏古籍出版社,1993年1月。

26. 孙郁:《被亵渎的鲁迅》,北京:群言出版社,1994年10月。

27. [日]江口圭一著,杨栋梁译:《1931—1945日本十五年侵略战争史》,天津:天津人民出版社,1995年7月。

28. 刘建国主编:《主义大辞典》,北京:人民出版社,1995年9月。

29. 陈子善编:《闲话周作人》,杭州:浙江文艺出版社,1996年7月。

30. 秦家懿、孔汉思:《中国宗教与基督教》,北京:生活·读书·新知三联书店,1997年7月。

31. 陈平原:《中国现代学术之建立——以章太炎、胡适之为中心》,北京:北京大学出版社,1998年2月。

32. [日]野村浩一著,张学锋译:《近代日本的中国认识》,北京:中央编译出版社,1999年4月。

33. 黄开发:《人在旅途——周作人的思想和文体》,北京:人民文学出版社,1999年7月。

34. [日]吉川幸次郎著,钱婉约译:《我的留学记》,北京:光明日报出版社,1999年9月。

35. [日]若槻泰雄著,赵自瑞等译:《日本的战争责任》,北京:社会科学文献出版社,1999年9月。

36. 张菊香、张铁荣编著:《周作人年谱(1885—1967)》,天津:天津人民出版社,2000年4月。

37. 孟华主编:《比较文学形象学》,北京:北京大学出版社,2001年7月。

38. [美]费正清著,傅光明译:《观察中国》,北京:世界知识出版社,2001年9月。

39. 张杰:《鲁迅:域外的接近与接受》,福州:福建教育出版社,2001年9月。

40. 贺照田主编:《东亚现代性的曲折与展开》,长春:吉林人民出版社，2002年1月。

41.［韩］李御宁著，张乃丽译：《日本人的缩小意识》，济南：山东人民出版社，2003年1月。

42.［英］迈克·布朗著，杨淑华、宋慧敏译：《文化地理学》，南京：南京大学出版社，2003年6月。

43.［日］刘建辉著，甘慧杰译：《魔都上海——日本知识人的"近代"体验》，上海：上海古籍出版社，2003年12月。

44.中国社会科学研究会编：《中国与日本的他者认识——中日学者的共同探讨》，北京：社会科学文献出版社，2004年3月。

45.林少阳：《"文"与日本的现代性》，北京：中央编译出版社，2004年7月。

46.［日］安川寿之辅著，孙卫东、徐伟桥、邱海永译：《福泽谕吉的亚洲观——重新认识日本近代史》，香港：香港社会科学出版有限公司，2004年8月。

47.［日］子安宣邦著，赵京华编译：《东亚论——日本现代思想批判》，长春：吉林人民出版社，2004年9月。

48.蒋梦麟：《西潮与新潮：蒋梦麟自传》，北京：团结出版社，2004年10月。

49.邓云乡：《燕京乡土记》，石家庄：河北教育出版社，2004年11月。

50.黄遵宪：《日本国志》（下卷），天津：天津人民出版社，2005年1月。

51.［日］福泽谕吉著，王桂主译：《福泽谕吉教育论著选》，北京：人民教育出版社，2005年1月。

52.李文海主编：《民国时期社会调查丛编：城市（劳工）生活卷》（下），福州：福建教育出版社，2005年4月。

53.陈平原、王德威编：《北京：都市想像与文化记忆》，北京：北京大学出版社，2005年5月。

54. [法] 朱利安·班达著，佘碧平译：《知识分子的背叛》，上海：上海人民出版社，2005 年 5 月。

55. [英] 齐亚乌丁·萨达尔著，马雪峰、苏敏译：《东方主义》，长春：吉林人民出版社，2005 年 5 月。

56. 王向远：《日本对中国的文化侵略——学者、文化人的侵华战争》，北京：昆仑出版社，2005 年 6 月。

57. 王向远：《"笔部队"和侵华战争：对日本侵华文学的研究与批判》，北京：昆仑出版社，2005 年 6 月。

58. 钱理群：《心灵的探寻》，石家庄：河北教育出版社，2005 年 7 月。

59. [日] 西原大辅著，赵怡译：《谷崎润一郎与东方主义——大正日本的中国幻想》，北京：中华书局，2005 年 8 月。

60. [德] 黑格尔著，王造时译：《历史哲学》，上海：上海世纪出版集团，2006 年 3 月。

61. [德] 阿尔弗雷德·韦伯著，姚燕译：《文化社会学视域中的文化史》，上海：上海人民出版社，2006 年 5 月。

62. 董炳月：《"国民作家"的立场：中日现代文学关系研究》，北京：生活·读书·新知三联书店，2006 年 5 月。

63. 刘杰、三谷博、杨大庆等著：《超越国境的历史认识——来自日本学者及海外中国学者的视角》，北京：社会科学文献出版社，2006 年 5 月。

64. [日] 和辻哲郎著，陈力卫译：《风土》，北京：商务印书馆，2006 年 9 月。

65. 孙郁：《鲁迅与周作人》，沈阳：辽宁人民出版社，2007 年 1 月。

66. 赵晓阳编译：《北京研究外文文献题录》，北京：北京图书馆出版社，2007 年 5 月。

67. [日] 日本读卖新闻战争责任检证委员会撰，郑钧等译：《检证战争责任：从九一八事变到太平洋战争》，北京：新华出版社，2007 年 7 月。

68. 王向远：《中国题材日本文学史》，上海：上海古籍出版社，2007年9月。

69. 刘家鑫：《日本近代知识分子的中国观——中国通代表人物的思想轨迹》，天津：南开大学出版社，2007年9月。

70. 王向远：《王向远著作集（第九卷）·日本侵华史研究》，银川：宁夏人民出版社，2007年10月。

71.［日］圆仁：《入唐求法巡礼行记》，桂林：广西师范大学出版社，2007年12月。

72. 王晓平：《日本中国学述闻》，北京：中华书局，2008年1月。

73. 左芙蓉：《北京对外文化交流史》，成都：巴蜀书社，2008年2月。

74.［日］筑岛谦三著，汪平、黄博译：《"日本人论"中的日本人》，南京：南京大学出版社，2008年2月。

75.［日］铃木贞美著，魏大海译：《日本的文化民族主义》，武汉：武汉大学出版社，2008年4月。

76. 陈平原：《北京记忆与记忆北京》，北京：生活·读书·新知三联书店，2008年7月。

77.［日］木山英雄：《北京苦住庵记——日中战争时代的周作人》，北京：生活·读书·新知三联书店，2008年8月。

78. 吕超：《东方帝都——西方文化视野中的北京形象》，济南：山东画报出版社，2008年9月。

79. 张承志：《敬重与惜别：致日本》，北京：中国友谊出版公司，2009年1月。

80.［日］渡边京二著，杨晓钟等译：《看日本：逝去的面影》，西安：陕西人民出版社，2009年1月。

81. 止庵：《周作人传》，济南：山东画报出版社，2009年1月。

82. 曹汝霖：《曹汝霖一生之回忆》，北京：中国大百科全书出版社，2009年4月。

83. ［日］丸山真男著，区建英、刘岳兵译：《日本的思想》，北京：生活·读书·新知三联书店，2009 年 5 月。

84. ［德］约翰·拉贝著，邵京辉等译：《我眼中的北京》，北京：东方出版社，2009 年 5 月。

85. 史桂芳：《近代日本人的中国观与中日关系》，北京：社会科学文献出版社，2009 年 6 月。

86. 蒋百里、戴季陶：《日本人与日本论》，南京：凤凰出版社，2009 年 11 月。

87. ［日］尾藤正英著，彭曦译：《日本文化的历史》，南京：南京大学出版社，2010 年 3 月。

88. ［日］加藤周一著，彭曦译：《日本文化的时间与空间》，南京：南京大学出版社，2010 年 8 月。

89. ［美］苏珊·B. 韩利著，张键译：《近世日本的日常生活——暗藏的物质文化宝藏》，北京：生活·读书·新知三联书店，2010 年 8 月。

90. 王洁主编：《李大钊北京十年·交往篇》，北京：中央编译出版社，2010 年 9 月。

91. ［日］纐缬厚著，申荷丽译：《我们的战争责任：历史检讨与现实省思》，北京：人民日报出版社，2010 年 10 月。

92. 林语堂著，赵沛林等译：《辉煌的北京》，北京：群言出版社，2010 年 11 月。

93. ［美］汉娜·阿伦特等著，孙传钊编：《〈耶路撒冷的艾希曼〉：伦理的现代困境》，长春：吉林人民出版社，2011 年 1 月。

94. ［日］高桥哲哉著，何慈毅、郭敏译：《反·哲学入门》，南京：南京大学出版社，2011 年 1 月。

95. ［日］柄谷行人著，王成译：《历史与反复》，北京：中央编译出版社，2011 年 1 月。

96. 陈福康：《日本汉文学史》，上海：上海外语教育出版社，2011年5月。

97. ［美］傅佛果著，邓伟权、石井知章译：《中江丑吉在中国》，北京：商务印书馆，2011年6月。

98. 严绍璗：《比较文学与文化"变异体"研究》，上海：复旦大学出版社，2011年6月。

99. ［日］沟口雄三著，孙军悦等译：《沟口雄三著作集》（全8卷），北京：生活·读书·新知三联书店，2011年7月。

100. 赵京华：《周氏兄弟与日本》，北京：人民文学出版社，2011年7月。

101. 杨栋梁主编：《近代以来日本的中国观》（全6卷），南京：江苏人民出版社，2012年6月。

102. ［美］马克·塞尔登、埃尔文·Y.索主编，张友云译：《战争与国家恐怖主义——20世纪的美国、日本与亚洲太平洋地区》，北京：社会科学文献出版社，2012年8月。

103. 王向远编译：《日本古典文论选译·近代卷》（下），北京：中央编译出版社，2012年8月。

（二）中文研究论文

1. 夏应元：《古代日本人来华活动路线研究》，载《世界历史》1992年第6期。

2. 陈平原：《北京学》，载《北京日报》1994年9月16日。

3. 葛兆光：《礼士胡同的槐花飘香：读罗耀信著〈北京风俗大全〉随想》，载《十月》1999年第1期。

4. 文茵：《人力车的发明史》，载《寻根》2001年第4期。

5. 徐静波：《村松梢风的中国游历和中国观研究：兼论同时期日本文人的中国观》，载《日本学论坛》2001年第2期。

6. 陈明远：《"文化人"考》，载《粤海风》2002年第5期。

7. ［日］泊功：《近代日本文学家的"东方学"——以芥川龙之介为

中心》，载《日本学论坛》2002 年增刊。

8. 陈平原：《博士论文只是一张入场券》，载《中华读书报》2003 年
3 月 5 日。

9. 陈明远：《从"文人"到"文化人"》，载《社会科学论坛》2003
年第 5 期。

10. 赵京华：《"无方法"的方法》，载《读书》2003 年第 11 期。

11. 邱岭：《小田岳夫的"城外"与郁达夫的"过去"》，载《外国文
学研究》2004 年第 2 期。

12. ［日］祖父江昭二撰，杉村安几子译：《日中两国文学家的"交
流"——佐藤春夫和郁达夫》，载《中国现代文学研究丛刊》2005 年第 1 期。

13. 王成：《林语堂与阿部知二的〈北京〉》，载《中国现代文学研究
丛刊》2005 年第 4 期。

14. 李雁南：《大正日本文学中的"支那趣味"》，载《国外文学》
2005 年第 3 期。

15. 南海：《佐藤春夫眼中的鲁迅文学》，载《大连民族学院学报》
2005 年第 4 期。

16. ［日］丸川哲史撰，纪旭峰译：《日中战争的文化空间——周作
人与竹内好》，载《开放时代》2006 年第 1 期。

17. 王向远：《中国题材日本文学史研究与比较文学的观念方法》，载
《中国比较文学》2007 年第 1 期。

18. 王升远：《新村：志贺的童话——由志贺文学的"同情"主题作
品群切入》，载《贵州民族学院学报》2007 年第 1 期。

19. 高洁：《"疾首蹙额"的旅行者：对〈中国游记〉中芥川龙之介批
评中国之辞的另一种解读》，载《中国比较文学》2007 年第 3 期。

20. 王升远：《清水安三的中国情缘》，载《环球时报》2007 年 3 月 8 日。

21. 武继平：《佐藤春夫的中国观论考》，载《浙江学刊》2007 年第 5 期。

22. ［日］中田妙叶：《日本"文人趣味"的由来》，载《博览群书》2007 年第 6 期。

23. 孟晓旭：《1644 年日本越前国人的"鞑靼漂流"与清初中日关系》，载《历史教学》2008 年第 2 期。

24. 王彬彬：《鲁迅对鹤见祐辅〈思想·山水·人物〉的翻译》，载《天津社会科学》2008 年第 3 期。

25. 赵京华：《动荡时代的生活史与心灵记录——读周作人致松枝茂夫信》，载《中国现代文学研究丛刊》2008 年第 4 期。

26. 苏明：《"诗意"的幻灭：中国游记与近代日本人中国观之建立》，载《学术月刊》2008 年第 8 期。

27. 张承志：《选择什么文学即选择什么前途》，载《读书》2009 年第 1 期。

28. 陈福康：《关于署鲁迅笔名的周作人文章》，载《鲁迅研究月刊》2009 年第 9 期。

29. 邵毅平：《芥川龙之介与洛蒂：分裂的中国与日本形象》，载《书城》2010 年第 1 期。

30. 王升远：《越界与位相："日本文学"在近代中国的境遇——兼及中国日本文学教育孕育期相关问题的探讨》，载《上海师范大学学报》，2010 年第 2 期。

31. 陈小法：《日本入明僧携回的中国物品——以策彦周良为例》，载《甘肃社会科学》2010 年第 5 期。

32. 王升远：《周作人与北京大学日本文学学科之建立——教育史与学术史的视角》，载《鲁迅研究月刊》2010 年第 7 期。

33. 董炳月：《殖民地的性别——佐藤春夫台湾题材作品中的隐喻》，载姜振昌、刘怀荣主编：《东亚文学与文化研究》（第 1 辑），北京：中国社会科学出版社，2010 年 8 月。

34. 葛兆光口述，盛韵整理：《从历史看中国、亚洲、认同以及疆域——

关于〈宅兹中国〉的一次谈话》，载《东方早报·上海书评》2011年2月27日。

35. 王奕红:《日本文学经典中的"歧视"——兼论中国的日本文学研究状况》，载《解放军外国语学院学报》2012年第1期。

36. 王升远:《今天，我们需要怎样的"日本论"？》，载《中国图书评论》2013年第7期。

（三）日文研究著作

1. 国民精神文化研究所编:『国史資料集』（第3卷）、東京：竜吟社、1943年2月。

2. 竹内実:『現代中国論』、東京：河出書房、1951年9月。

3. 増田渉、松枝茂夫、竹内好編:『魯迅案内』、東京：岩波書店、1956年10月。

4. 吉田精一編:『日本文学鑑賞辞典·近代編』、東京：東京堂、1961年4月。

5. 武田泰淳:『人間·文学·歴史』、東京：筑摩書房、1966年6月。

6. 竹内実:『日本人にとっての中国像』、東京：春秋社、1966年10月。

7. 丸山真男:『現代政治の思想と行動』（増補版）、東京：未来社、1967年12月。

8. 伊藤整、川端康成等編:『新潮日本文学小辞典』、東京：新潮社、1968年1月。

9. 武田泰淳:『黄河海に入りて流る：中国·中国人·中国文学』、東京：勁草書房、1970年8月。

10. 高見順:『高見順全集』（第13卷）、東京：勁草書房、1971年6月。

11. 防衛庁防衛研修所戦史室著:『北支の治安戦(2)』、東京：朝雲新聞社、1971年10月。

12. 大久保典夫、吉田熙生:『現代作家辞典』、東京：東京堂、1973年8月。

13. 村松定孝等編:『近代日本文学における中国像』、東京：有斐閣、

1975 年 10 月。

14. 三好行雄編：『日本近代文学研究必携』、東京：学燈社、1977 年 1 月。

15. 日本近代文学館：『日本近代文学大事典』、東京：講談社、1977 年 11 月。

16. 尾藤正英、島崎隆夫校注：『日本思想大系 45・安藤昌益　佐藤信淵』、東京：岩波書店、1977 年 12 月。

17. 小田嶽夫：『回想の文士たち』、東京：冬樹社、1978 年 6 月。

18. 『日本文学事典』、東京：平凡社、1982 年 9 月。

19. 大久保典夫、高橋春雄編：『現代文学研究事典』、東京：東京堂、1983 年 7 月。

20. 木村毅主編：『明治文化全集（別巻）・明治事物起源』、東京：日本評論社、1984 年 9 月。

21. 小田三月編：『小田嶽夫著作目録』、東京：青英舎、1985 年 6 月。

22. 飯田吉郎編：『現代中国文学研究文献目録——増補版（1908-1945）』、東京：汲古書院、1991 年 2 月。

23. 斎藤俊彦：『「轍」の文化史：人力車から車への道』、東京：ダイヤモンド社、1992 年 11 月。

24. 三好行雄、竹盛天雄等：『日本現代文学大事典・人名事項篇』、東京：明治書院、1994 年 9 月。

25. 水上勲：『阿部知二研究』、東京：双文社、1995 年 3 月。

26. 斎藤俊彦：『くるまたちの社会史：人力車から自動車まで』、東京：中央公論社、1997 年 2 月。

27. 歴史学研究会編：『日本史資料（5）・現代』より、東京：岩波書店、1997 年 4 月。

28. 関口安義：『特派員芥川龍之介：中国でなにを視たのか』、東京：毎日新聞社、1997 年 5 月。

29. 和田博文等：『言語都市・上海 (1840—1945)』、東京：藤原書店、

1999 年 9 月。

　　30. 杉野要吉:『交争する中国文学と日本文学（淪陥下北京 1937－45）』、三元社、2000 年 6 月。

　　31. 小田嶽夫著、小田三月編:『三笠山の月：小田嶽夫作品集』、東京：小沢書店、2000 年 9 月。

　　32. 伊東昭雄、林敏編著:『人鬼雑居：日本軍占領下の北京』、東京：社会評論社、2001 年 1 月。

　　33. 山中恒:『新聞は戦争を美化せよ！：戦時国家情報機構史』、東京：小学館、2001 年 1 月。

　　34. 張蕾:『芥川龍之介と中国：受容と変容の軌跡』、東京：国書刊行会、2007 年 3 月。

（四）日文研究论文

　　1. 竹内好:『支那を書くといふこと』、『中国文学』1942 年 1 月号。

　　2. 吉田精一:『佐藤春夫：現代作家の心理診断と新しい作家論』、『国文学』26 巻 14 号（1961 年 11 月）。

　　3. 堀田郷弘:『アンドレ・マルローと日本行動主義文学運動』、『城西人文研究』第 4 号（1977 年 3 月）

　　4. 祖父江昭二、伊藤虎丸等:『共同研究：佐藤春夫と中国』、『和光大学人文学部紀要』第 12 号（1977 年）

　　5. 渡辺洋:『フランスと日本における行動主義文学』、『歴史と文化』（岩手大学人文社会科学部）、1981 年 2 月。

　　6. 小川利康:『周作人と明末文学——「亡国之音」をめぐって』、『文学研究紀要』別冊第 17 集、1991 年 1 月。

　　7. 馬渡憲三郎:『「城外」旅人の愛、あるいは青春の自己愛』、『国文学解釈と鑑賞』1999 年 4 月号。

8. 伊藤虎丸：『「文士」小田嶽夫と中国』、『国文学解釈と鑑賞』1999 年 4 月号。

9. 石崎等：『苦力の声――文学者は何を聴いたか』、『立教大学大学院日本文学論叢』1 号（2001 年 3 月）。

10. 市川毅：『女の持つ二つの貌――阿部知二「北京」私論』、『アジア遊学』第 40 号（2002 年 6 月）

11. 邱嶺：『小田嶽夫「城外」と郁達夫「過去」』、中京大学文学部『Journal of faculty of letters』2003 年第 2 号。

12. 大久保房男：『戦争責任の追及と佐藤春夫』、『三田文学』82 巻 74 号（2003 年 7 月）。

13. 高峽：『中国近代文学における人力車夫表象の不 / 可能性』、『多元文化』第 7 巻（2007 年 3 月）。

14. 武継平『「支那趣味」から「大東亜共栄」構想へ―佐藤春夫の中国観』、『立命館言語文化研究』19 巻 1 号（2007 年 9 月）。

15. 子安宣邦：『たとえ戦争が無償に終わっても――保田与重郎の戦時と戦後』、『現代思想』35 巻 14 号（2007 年 11 月）。

16. 王俊文：『一九三八年の北京に於ける竹内好と「鬼」の発見――ある「惨として歓を尽くさず」の集まりを中心として』、『東京大学中国語中国文学研究室紀要』第 10 号（2007 年 11 月）。

17. 高峽：『人力車の日本近代』、『Autres』第 1 号（2008 年 3 月）。

18. 高峽：『人力車夫へ「下降」の現象について―樋口一葉文学の人力車夫モチーフ』、『多元文化』第 8 巻（2008 年 3 月）。

19. 林浩平：『佐藤春夫・「神々のひとり」という昂揚――「愛国詩」とはなにか』、『三田文学』87 巻 92 号（2008 年冬季号）

20. 高峽：『人力車の北京―「駱駝祥子」と都市交通』、『野草』第 82 号（2009 年 2 月）。

索　引

本书各章节原发期刊一览

为最大限度地挤出水分，本书各章节的主要内容曾先后发表于《外国文学评论》《外国文学研究》《中国比较文学》等学术期刊，在此按照各自对应章节的次序列于下：

1. 王升远：《日本文学研究视域中"北京"的问题化——兼论日语学者日本文学研究的局限与可能》，《山东社会科学》2011年第3期。

2. 王升远：《明治时期日本文化人的北京体验及其政治、文化心态》，《上海师范大学学报》(哲社版)2013年第5期。(人大复印资料《世界史》2014年第2期全文转载，《历史学报》2013年第6期全文转载)

3. 王升远：《大正时期日本文化人的北京体验及其政治、文化心态》，《社会科学研究》2015年第3期。

4. 王升远：《昭和前期日本文化人的北京体验及其政治、文化心态》，《山东社会科学》2016年第2期。(《新华文摘》2016年第11期"论点摘编")

5. 王升远：《"近代"的明暗与同情的国界——近代日本文化人笔下的北京人力车夫》，《外国文学评论》2013年第4期。(当期首篇)

6. 王升远：《"文明"的耻部——侵华时期日本文化人的北京天桥体验》，《外国文学评论》2014年第2期。(当期首篇)

7. 王升远：《"去政治化"与"理智的行动主义"的破产》，《外国文学评论》2013年第1期。(人大复印资料《外国文学研究》2013年第7期全文转载)

8. 王升远:《晚宴的政治与"大东亚的黎明": 1938 年佐藤春夫的北京之行》,《外国文学研究》2014 年第 6 期。(人大复印资料《外国文学研究》2015 年第 6 期全文转载)

9. 王升远:《身份认同与战时文化、政情隐喻——佐藤春夫"时局小说"〈北京〉论》,《中国比较文学》2016 年第 2 期。(人大复印资料《外国文学研究》2017 年第 4 期全文转载)

10. 王升远:《战争期间日本作家笔下周作人的实像与虚像 (上) ——小田岳夫〈北京飘飘〉中"田有年"之原型初探》,《鲁迅研究月刊》2011 年第 1 期。

11. 王升远:《战争期间日本作家笔下周作人的实像与虚像 (中) ——以鲁迅为参照: 冷静、温和的"爱国者"与文坛宿将》,《鲁迅研究月刊》2011 年第 3 期。

12. 王升远:《战争期间日本作家笔下周作人的实像与虚像 (下) ——"亲日派"周作人形象的生成机制及其与文学译介之关联》,《鲁迅研究月刊》2011 年第 5 期。

13. 王升远:《东方内部的东方主义: 悖论与病理——以村上知行的"北京文人论"为释例》,《上海师范大学学报》(哲社版) 2011 年第 4 期。(人大复印资料《外国文学研究》2011 年第 11 期全文转载)

14. 王升远:《奥野信太郎: 精神故乡的"面影"》,《书城》2015 年 6 月号。

以上所列诸文的字数大多在 15000 字以上，多者达到 30000 字。在学术论文发表讲求学位、职称的今日，若没有前述诸刊物的无私提携，没有程巍、陆晓芳、陈吉、申浩、陆成、严蓓雯、张锦、胡荣、张曼、杜鹃、潘纯琳、齐晓鸽诸位女士、先生的辛苦编辑，这些小文便不会以较为完善的面目进入公共学术领域。近年来在学术上的些微进步离不开"为他人做嫁衣"的前述诸位之认可与成全，在此深致谢忱。

后　记

　　学生生涯即将告结，是回首来路、为自己"秋后算账"的时候了。

　　我曾是个好动的人。六岁前后，不记得因何琐事我与邻家小朋友闹将起来，结果两败俱伤，被家父痛责一通，面壁思过后被关在家中月余，责令深刻反省。而过剩的精力终究需要一个出口，于是家父从抽屉里拿出一支毛笔、一本《九成宫醴泉铭》的字帖和几本泛黄的、竖排繁体字版的"大书"。几年前，我曾经写过一篇小文，对这一段经历有如下记载：

　　　　不知是何时养成的癖好，我喜欢挥舞着树枝在雪地上笔走龙蛇。四围总有着取之不尽、用之不竭的"狼毫"和"宣纸"。根扎大地的枯枝、漫天飘舞的飞雪，天地间立着一个小小的"人"，我深恋那种融于天地的缥缈与豪迈，不可自拔。（中略）祖父用铁锹偷偷将《三国》《水浒》和一本破旧不堪的字典埋在院里的枣树下。在书籍匮乏的岁月，它们曾是我绝无仅有的精神慰藉。在家乡的传统观念中，这些"大书"是孩童的禁书，我也因此被父亲剥夺了阅读的权利。每当父亲在冬日的慵懒中昏昏睡去，我便会一骨碌跃起，从他口袋中取出钥匙，将"大书"取出，趴在一个阴冷的角落里，捧着大红枣，翻着旧字典，一口口、一页页地嚼着、啃着。原本厌烦京剧的我，也曾为此守候在电视机前，盼着背插令旗、手举枪棒的林冲、花荣、夏侯惇……也曾因此用树枝穿上花花绿绿的破布条插在身后，挥舞着"马鞭"，在呼啸的西北风和漫天飞雪中冲锋陷阵，威风八面。至今，那红枣的馨香仍伴着"舌战群儒"的"雄韬伟略"和"三英战吕布"的"刀光剑影"在记忆深处低回不去。（后略）

　　在周围的小朋友被问及理想时，十有八九都以"科学家"作答的年代，我"不求上进"的回答很让父母、师长失望乃至绝望——我想成为一个"秀才"。1990年代初的一部名曰《联林珍奇》的电视剧几乎是决定了我的人生轨迹，男主角凌大岫是一个能出口成对的秀才，一个联林高手。凌氏与师友、敌手们一次次唱和与交锋中吟出的语言妙味令我这个懵懂小童惊叹不已。坐在电视机前，倾听着剧中诸番秀句，在摇头晃脑的吟咏之间体会"言有尽而意无穷"的悠远之韵。想来，高中后弃理从文乃至从本科至博士阶段的专业选择，或许都与儿时的"秀才梦"有着或隐或显的因缘。记得在曹顺庆先生的一次讨论课上，偶然论及而今的"学历泡沫"，在场众生皆慨叹生不逢时、时运不济。曹师更"火上浇油"笑称：今天的博士相当于古时的秀才。众人神伤，独我不然。尽管在理工高才眼里穷酸有余，但成为合格的"秀才"实乃凤愿，甚至曾想过百年后，后来者在我的墓碑上刻上"这里躺着一个穷酸无聊的秀才（文人）"亦足慰平生——宁为"有温度"的无名秀才（文人），亦不愿做一个冰冷的"学者"。

　　我曾是个口吃的人。同样口吃的余杰在《口吃的人》（《铁屋中的呐喊》）中曾论及口吃——这类特殊"残疾人"的个中甘苦，我深有共鸣。进了东北师范大学后，选择了日语专业的我誓言改掉痼疾，在尝试了各种方法均无功而返后，我决定狠狠地羞辱自己一下——报名参加了吉林省大学生日语演讲大赛的东北师范大学选拔赛。即兴演讲抽到的题目是"都市の農村"，登时傻眼，百思不解其意，事后方知此乃徐冰先生之笔误——将"と（和）"误写作"の（的）"了。三分钟准备时间过后，我登台一番胡扯，期期艾艾地试图自圆其说。投票的结果让所有参赛选手（首先是我）大呼意外——原本只想知道自己是否有勇气在系里小范围"表现自我"的我竟不得不作为东北师范大学的"形象代言人"出战"大场面"。那次小"意外"成就了后来的大"意外"。站在决赛的讲坛上，面对台下的听众，竟然丝毫无法紧张起来，甚至几乎笑将出来。流利的演讲之后，伴随着一个鞠躬谢场，我走下讲坛。那一瞬间，我知道，我成功了。那是与比赛成绩完全无关的成功——我玩转了自己。那天坐在台下的徐冰先生其后曾坐在讲坛下为我幼稚的学术发言站台助威，今日又坐在博士答辩的"审判台"上严肃地审视着我——恩师见证了我的学术成长。博士论文收笔之时，谨向先生敬申谢悃，知遇之恩、十余年的关爱厚谊铭感五中。还要向恩师致歉：当年，那位口吃的弟子借比赛之机，"假公济私"，为的只是去"玩自己"。

　　我始终是个资质平庸且不自信的人。若将学士学位论文（现在看来是极为幼稚的作品，获第四届中日友好中国大学生日语专业毕业论文大赛文学组二等奖）视作学术处女作，那么，自徐冰老师将我引上学术之路、授给我实证方法之时起至今的八年间，从资料的搜集整理到最终完成、修改定稿，几乎每篇论文的写作都历时长久。记得在全国日语专业本科生毕业论文大赛评审时，邱鸣先生为我的本科论文所撰写的评语中有这样的评价："（该论文）作为本科生的毕业论文实际上是极为少见的，作者精心做了大量的文献调查，其严谨的研究方法再次启发我们'毕业论文应该是用腿写出来的'。"这些年来，我以透支身体健康作为交换试图写好这篇小文，因为实证研究毕竟要靠一手文献说话，那种感觉有似于考古，常会因某种一手文献的"出土"而使此前的若干假设甚至推断得到进一步的验证或全盘的否定。故此，每篇论文写出乃至发表之后，对问题的思考从不敢间断，且会不断地通过阅读补充新的文献以及见解，通过不断地自我拷问使问题的阐发趋于立体、多面，有时篇幅甚至会涨出三分之一乃至一半，即便如此，仍心有惴惴。《史记》载："阖庐使立太子夫差，谓曰：'尔而忘句践杀汝父乎？'对曰：'不敢！'"［《史记（卷三十一）吴太伯世家第一》］惴然之状、敬畏之心殆与此同。在阅读木山英雄先生的《北京苦住庵记——日中战争时代的周作人》之译者后记时，通过赵京华先生的介绍得知："本书原由日本筑摩书房出版于 1978 年，（中略）后来，随着新史料的不断出现和周作人越来越受到中日两国学术界的瞩目，作者木山英雄也在继续关注战争时期的周作人，并写下一些后续文章。2004 年，在改由岩波书店刊行新版之际，则特别增加了《后日编》部分，并以'补注'的方式把二十余年来新发现的史料和研究成果消化于传记之中。"要感谢木山先生，让我逐渐意识到，原来在"一流大家"中也是有甘于守"拙"者的。对于我这个理论功底浅薄的"舌人"而言，或许在向诸理论大家"见贤思齐"的同时，"守拙"似亦不失为一条可坚守的学术路径。

八年前的某一天，我鼓起勇气致电王向远先生，希望报考他的博士生。自报家门后，先生一愣随即问了句：你叫什么？我答：王升远。先生大笑，原因自不言而喻。博士入学的第一天，负责研究生事务的李秋月老师就端详了我半天，一脸狐疑地问了句：你就是王升远？是王向远老师的弟弟吧。此后，每当与业师同时出现在某个场合，总会被问起同一个问题，先生也常颇感无奈，借他的话说：我们是民族兄弟。他是满族。不敢与业师"兄弟"相称，在我这个随性的"放浪儿"眼里，不弃我可怜的一点文学理想而将我收入门下的王向远先生，是一个严肃的前辈学者，是著作等身的巨大存在。先生藏书甚富，初次走进先生家中，向以"两千册小富翁"自居的我便被这个"两万册大富豪"深深地震撼了。在我看来，向前辈学者问学有多种路径，跟随其购书、观察其藏书不失为一条捷径。（据说，李欧梵曾冲到施蛰存家中拍摄其书架上的"财富"，并以此作为其"影响研究"的切口，李氏的"狐狸"思维真令人叹为观止。）追随先生求学的几年里，最大的乐趣便是"书趣"，徘徊在其书架前，或在先生带领下徜徉于地坛旧书市都让我受益匪浅。这篇不成熟的小文，从选题确定到框架设计都渗透了先生的智慧与心血，四年来，从学问理路到为人处世之道，先生对我的谆谆教诲，感铭斯切。当然，论文中的各种不足由我自负文责。

这篇论文试图处理的是沦陷时期中日文学关系这一敏感学术领域中的一个不小的问题。由于事涉战争责任，不少日本文化人战后将自己创作于战中的作品回购销毁，给文献的搜集带来了不少的困难。读博第一年，我从中国国家图书馆复印了两百余种日文一手文献，回沪后又常年泡在徐家汇藏书楼——我是那里的常客。在民国风的图书室中，昏黄的台灯下，在一本字典和一杯茶的陪伴下，我几乎在那里过着朝九晚五的"上班族"生活。但要回到历史现场、把握各作品发表时的文化语境，尚须对战争期间日本的文学期刊等有更为全面的把握，而这是国内无法做到的。读博第三年，我得到日方财团的资助，公派赴东京大学人文社会研究科任外国人研究员，师从著名学者藤井省三先生。藤井先生是日本的中国文学、中日比较文学关系研究领域的领袖级学者，为人谦和、热心，从安排驹场校区的宿舍、提供生活必需品到介绍参观各式展览、参加学术座谈会，对一个算不上他入室弟子的晚辈，提供了诸多生活便利以及开阔学术视野的机会，提携之恩，寸心铭感。求学东京大学的那段时光，生活简单。每天奔波于国立国会图书馆、日本近代文学资料馆、东京大学图书馆、神保町旧书街等处搜求文献，紧张而充实，至今难忘。

夜阑人静，被书房里的两千多本书、一堆一堆复印来的资料围绕着，平静、安然，尽管有那么一点杂乱。时过境迁，我仍能清楚地回忆起与这一位位"老友"的因缘，它们见证了一个节衣缩食的寒门学子不惜为它们一掷千金的十年。书架上有业师王向远先生、中国社会科学院日本所已故著名学者叶渭渠先生、东北师范大学徐冰先生、藤井省三先生、华中师范大学李俄宪先生、中国人民大学李今先生、中国社会科学院赵京华先生、上海师范大学孙景尧先生等诸公不断惠赐的大著，他们的著作不断地向我这个后生昭示着前辈优秀学者的高度，峻厉的批评和温暖的勉励都给了我前进的动力，也鞭策我三省吾身、虚心向学。前辈的关爱之情，永志于心。

此外，这些年来，北京大学的严绍璗先生、刘金才先生，北京师范大学的王志松先生、黄开发先生，清华大学的王中忱先生，复旦大学的陈思和先生，天津师范大学的王晓平先生，上海外国语大学的谭晶华先生，中国社会科学院的许金龙先生，上海师范大学的刘耘华先生等前辈都以不同形式关注我的学术进展，或对小文提出中肯的修改意见；参加我的博士论文预答辩、答辩的中国社会科学院张中良先生，北京师范大学何乃英先生、吴泽霖先生、曹顺庆先生，东北师范大学徐冰先生，北京市社会科学院张泉先生，首都师范大学冯蒸先生百忙之中不辞劳苦，拨冗审读拙文，并提出了具体的修改意见。在这个发表论文论资排辈的时代，从硕士/助教开始，直到现今的博士生/讲师，我这般小字辈的新人若没有《中国大学教学》、《上海师范大学学报》、《鲁迅研究月刊》、《中国图书评论》、《新闻记者》、《山东社会科学》、《台湾研究集刊》、《作家》、《中国现代、当代文学研究》（人大复印资料）、《外国文学研究》（人大复印资料）等学术期刊、文摘的编辑先生们奖掖后学的精神与魄力，那些粗浅小文断难有付梓发表的机会。台湾的许俊雅教授还将我的论文转载到台湾学界，更让我意识到要让自己的学术经得起港台乃至国际学界的审视，除了埋头苦干，别无他途。在此向以上诸位先生谨致谢忱。此外，在我在职攻博的四年间，我供职的上海师范大学外国语学院及日语系诸位领导在排课、进修诸方面给予了我诸多关照、提供种种便利，使我能从各种杂务中脱身而出，专注于学业。没有他们的鼎力支持，近年来的一点有限成长与进步都是不可能的。

在读博士期间，暇时常与汪青梅、李勇、赵红妹、刘江凯等同级好友谈文论艺，在与他们的闲谈中我不断汲取其他学科的养分，拓展了学术视野、丰富了思考问题的视角与维度；卢茂君师姐、木岛星华师妹、曹睨师妹等还在资料、学习、生活各方面给予了我无私的帮助，请以上诸位接受我最诚挚的谢意。

2008年博士入学至今，我经历了结婚生子、成家立业的一系列重要人生转折。从上海到北京再到东京，几年来与家人聚少离多，让我颇多歉疚。感谢父母与妻子对我人生选择的理解与耐心，希望这篇小文能成为对他们几年来巨大付出的一个小小回报。最后要对我的忠实伴侣——电脑说声谢谢，感谢你数年来超负荷作业、小病不断却未出过重大故障，这才使我能在四年博士生涯的最后时刻，从容地敲下以上文字。

王升远谨识

2012 年 5 月于沪上枕云斋

补　记

　　又是毕业季，昨天置酒为研究生送行。回家后猛然惊觉，自己博士毕业已整三年，一身冷汗。

　　三年间，我和周围的环境都发生了很多变化。如工作单位的变动、职称的变化、儿子的成长等。不变的是对博士论文的增删、修改从未间断。但令人苦恼的是，三年后的今日再回首三年前写作的章节，总会有诸多不满。几年下来，自己的感觉是，人文类学科论文的写作就像塑一尊属于自己的女儿像。先有一个初步构想，然后搭好架子。材料的运用类似于添肉。初步架构起一个人形后，后面的工作就大有不同了。有人匆匆涂抹、上色，包装一下卖了。有人则不慌不忙，今天到郊外玩耍时邂逅一支漂亮的野花，便开心地采回来插在她头上；明朝又发现眉毛似有不足，不妨再让她俊俏一些；又哪天逛街时偶然发现一条丝带，搭在她身上正合适。日复一日，年复一年，总不甘心就这样完结了。去年某天我曾向刘建军先生抱怨：总感觉每个章节都有无限的修改、增删的空间，一直改下去真不知何时是个尽头。刘先生很理解我的感受，他说，我知道你一定会全力以赴，但你也可以通过出版这部著作告诉学界的朋友们，现在的你只能是这个水平了。三年艰辛不足为外人道，精疲力竭的我终于向我的"女儿像"投降。在博士论文基础上修改而成的小作之成败得失只能留待学界评说、指正了。

三年间，包括本课题在内，本人的各项研究获得了国家社科基金、吉林省社科基金、中国博士后基金会特别资助项目、上海市晨光计划、上海市教委科研创新项目、东北师范大学青年团队项目等课题资助，这使我在学术、事业、婚姻生活三重意义上的起步阶段不至于"役于物"、过多地费神于"稻粱"之谋，在喧嚣的时代能保持一份"为学术而学术"的洒脱心境。同时，这从一个侧面折射出中国涉日研究的外部环境、学术研究的经济环境已有较大幅度的改善，令人颇感振奋。

三年间，本书的部分章节获得了吉林省社会科学优秀成果一等奖、宋庆龄基金会孙平化日本学学术奖二等奖、《中国图书评论》年度最佳书评等学术奖项。但我深知，这仅仅意味着在某一时段做了一点有意义的工作获得了前辈们的认可，舍此无他。前路漫漫，岂可止息。

三年间，复旦大学的博士后合作导师陈思和先生、中国社会科学院孙歌先生、上海外国语大学谭晶华先生、华东师范大学高宁先生、东北师范大学刘建军先生等前辈都曾给予过我各种温暖的勉励与指导，在此再致谢忱。我的研究生姚心语、杨淼利用业余时间帮我复印了一些日文文献，黄彩霞、段园、杨淼、仲咏洁、刘璐薇、何佳、孟祺、王近朱、齐琼芝承担了部分校对工作，在此一并致谢。最后，在拙著出版之际，还要对生活·读书·新知三联书店的朱利国、马翀、刘洋等深致敬意。

今年是世界反法西斯战争胜利 70 周年，今天恰逢"七七事变"纪念日，念及不胜感慨。微信朋友圈友人转发的一则无题小诗却令人无言以对：

宛平炮声去日多，从此八年国不国。今人只醉今朝暖，七七抬头看天河。

夏夜静谧，斯人独憔悴。或许该想想，今日之后，我还能做些什么？

2015 年 7 月 7 日晚
于长春浣尘斋

本课题研究受以下项目资助

1. 国家社科基金青年课题"文化殖民与都市空间——侵华战争时期日本文化人的'北京体验'"（项目编号：12CWW013）

2. 吉林省社会科学基金项目："日本文化人在华北沦陷区的侵略活动及其涉华创作的翻译与研究"（项目编号：2014ZX27）

3. 中国博士后科学基金（第八批）特别资助项目（项目编号：2015T80384）和中国博士后科学基金（第56批面上项目）一等资助："文化殖民与都市空间——近代日本文化人的'北京体验'"（项目编号：2014M560285）

4. 上海市"晨光计划"项目（2012）："日本全面侵华时期中日文学关系研究"（项目编号：12CG53）

5. 上海市教委科研创新课题一般项目："文化殖民与都市空间——侵华战争时期日本文化人的北京书写"（项目编号：13YS042）